中国经济特区四十年工业化道路

从比较优势到竞争优势

郭跃文　向晓梅　等 / 著

The Industrialization Road of China's Special Economic Zone in 40 Years

From Comparative Advantage to Competitive Advantage

社会科学文献出版社
SOCIAL SCIENCES ACADEMIC PRESS (CHINA)

序

中国经济特区担负着中国特色社会主义道路先行探索者的使命。习近平总书记指出："兴办经济特区，是我们党和国家为推进改革开放和社会主义现代化建设作出的重大决策。……40年来，深圳、珠海、汕头、厦门、海南5个经济特区不辱使命，在建设中国特色社会主义伟大历史进程中谱写了勇立潮头、开拓进取的壮丽篇章，在体制改革中发挥了'试验田'作用，在对外开放中发挥了重要'窗口'作用，为全国改革开放和社会主义现代化建设作出了重大贡献。"1980~2020年，中国经济特区40年的发展历程，就是以改革开放促进工业化深化，以工业化支撑和激励改革开放持续推进，在工业化深化与改革开放之间建立起互促共进的良性循环的过程。以深圳为代表的中国经济特区从1980年建立伊始，就以体现中国特色为主线，以建立市场经济体制机制为先导，凭借"先行先试"和"敢为天下先"的勇气，率先完成由计划经济向市场经济的转型，极大地解放和发展了社会生产力，找到了适应特区发展并能够复制到其他地区的高质量发展道路，为改革开放在全国范围内的推进发挥了示范效应，带动了中国经济的全面腾飞。

唯改革者进，唯创新者强，唯改革创新者胜。1979年4月，邓小平首次提出要开办"出口特区"；1980年3月改名为"经济特区"并在深圳试点，同年8月正式在广东省的深圳、珠海、汕头和福建省的厦门建立经济特区。我自1990年12月从湖北调任深圳，前后在市人大、市政府、市委主持工作8年多时间，有幸见证了这一重要时期深圳的发展历程，有幸参与了这一重要时期的建设工作，度过了一段激情燃烧的岁月。我切身体会到，深圳之所以能够成为挂在中华人民共和国胸前的大勋章，创造举世瞩目的“深圳奇迹”，承担起建设中国特色社会主义先行示范区的重任，与其“敢闯敢试”的改革锐气密不可分。深圳在改革开放之初就依托沿海城市相对优越的地理位置和内外部市场经济环境，以户籍制度、产权制度、企业制度、劳动制度、分配制度、审批制度、社会保障制度改革打破市场经济发展“瓶颈”，以特区立法权为改革创新提供有力保障，探索产业结构、所有制结构优化调整的创新路径，特别是深圳在“外引内联”条件下建立的市场价格体系、国民经济核算体系、国有资产管理经营体系、社会保障体系、社会服务体系、生产资料占有体系、生产要素市场体系、分配体系、政府调控体系和法律体系等十大体系以及发展的动力机制、市场竞争的压力机制、法律的强制力机制、道德的自制力机制和政府的调控力机制等五大机制，形成了经济特区社会主义市场经济改革的基本框架。可以说经济特区能够成为中国改革开放的排头兵、先行地和实验区，与其借助国家赋予的优惠政策和经济活动的自主权，从基于要素禀赋的比较优势转向基于价值创造的竞争优势，并始终坚持发展实体经济、优先发展高新技术产业、走工业化深化的道路密不可分。例如深圳从依靠价格低廉的劳动力、土地要素资源发展出口加工和“三来一补”产业起步，积极切入市场经济发达地区和国家的产业转型升级链条，以华为等高科技企业为龙头打造高新技术产业集群，以企业为主体提升自主创新能力，以数字要素和实体经济的深度融合孵化新型业态，在贸易结构、产业结构、资金结构、城市功能、城市空间布局等方面形成综合竞争优势，其发展较好地体现了从低端比较优势起步，到不断动态提升资源配置能力、培育竞争优势，在工业化持续深化背景下从“世界工厂”走向世界前沿的创新型城市的过程。中国经济特区成功实现了从比较优势到竞争优势的转化，走出了一条具有中国特色的工业化深化之路。深圳经济特区建成了一座高科技、现代化、国际性超大型城市和区域性金融中心。

退休后，我依然在思考和关注中国经济特区的未来发展方向，尤其当前中国正处于决胜全面建成小康社会、向基本实现社会主义现代化迈进的关键时期，经济社会发展遭遇世界百年未有之大变局，面临竞争优势重塑、国际规则重建、全球格局重构的巨大机遇和挑战。站在历史的新征程上，如何推动工业化持续深化、顺利跨越中等收入陷阱是中国经济社会发展面临的最大问题，中国经济特区40年来以创新驱动和产业升级引领经济社会高质量发展的历程能否为解决此问题提供先行探索的成功经验呢？在这一时刻，由广东省社会科学院郭跃文、向晓梅等学者撰写的《中国经济特区四十年工业化道路——从比较优势到竞争优势》一书在付梓前邀请我为之作序，我欣然接受。该书提出从比较优势到竞争优势的工业化深化理论，并以此为主线，从对外贸易、产业升级、科技创新、金融支撑、城市群建设、海洋空间拓展等角度，对经济特区工业化深化的理论基础、发展历程、动力机制和发展路径进行了全方位的考察和梳理，既提炼升华了经济特区建设的一般规律，为中国经济特区未来发展特别是深圳建设中国特色社会主义先行示范区提供了学术支撑，又丰富了中国特色社会主义市场经济理论，填补了相关理论研究的空白，相信本书能为下一步更好地建设中国经济特区提供理论指导和决策参考。

广东省社会科学院是广东省委、省政府的思想库和智囊团，是广东改革开放的急先锋。我和广东省社会科学院有过一段学术渊源。1996年我在中共中央党校学习期间，写过一篇题为《关于所有制若干问题的思考》的毕业论文，当时曾引起理论界较大的争论，遭到学术界部分人士的“批判”，但广东省社会科学院的专家专门召开研讨会支持我的观点。我的切身体会是深圳的发展是在实践中摸索出来的，是马克思主义中国化的具体体现，经济特区的建设和繁荣发展，必须继续保持敢闯、敢试、敢承担、敢负责的精神状态。随着中共中央、国务院先后印发《关于支持深圳建设中国特色社会主义先行示范区的意见》《海南自由贸易港建设总体方案》，中国经济特区在新时代被赋予了新的历史使命。我殷切期望越来越多的理论研究工作者立时代之潮头，发思想之先声，大力弘扬敢闯敢试、敢为人先、开拓创新的特区精神，进一步总结中国经济特区的成功经验，努力探索新时代经济特区改革开放的新理论、新制度和新模式，向世界展示中国特色社会主义的生动范例。

总结过去，是为了开辟未来。马克思主义中国化，就是根据实践是检验真理的唯一标准的理论，从中国共产党人的实践中总结出对具体国情和未来发展有指导意义的、能指引我们前进的规律性的东西，使我们从胜利走向更大的胜利。本书的意义也在于此，他们总结出一些带有规律性的东西供继续实践参考。我在这里试提出一例也供实践参考。我们从国内到国外、从古到今、从资本主义到社会主义的实践中认识到并无一例外地证明一个真理：劳动与资本相结合能更有效创造价值。无论是具体劳动还是抽象劳动，无论是体力劳动还是脑力劳动，无论是农业劳动、工业劳动还是服务业劳动，都是如此。因此，劳动和资本能和谐共处、和合共生，能共同创造价值，推动社会生产和人类社会进步。

初心不改，使命在肩，未来可期。新时代，中国经济特区建设要把握好新的战略定位，继续成为改革开放的重要窗口、试验平台。今天，就让我们一起奋笔书写新时代中国经济特区开放再扩大、改革再出发的新篇章，为实现“两个一百年”奋斗目标、实现中华民族伟大复兴中国梦作出新的更大贡献！

是为序。

厉有为

2020 年 7 月 16 日

目 录

绪　论　经济特区工业化的“中国方案”与世界意义 …………………… 1

第一章　解读经济特区工业化：从比较优势到竞争优势 ………………… 17

第一节　世界与中国工业化的新挑战 ………………………………………… 18

第二节　优势演化的理论假说 ………………………………………………… 29

第三节　中国经济特区工业化进程中的优势演化 …………………………… 39

第四节　对中国经济特区未来竞争优势的展望 ……………………………… 50

第二章　竞争优势支撑的经济特区工业化深化 ……………………………… 56

第一节　工业化深化理论 ……………………………………………………… 56

第二节　竞争优势支撑经济特区工业化深化的内在机理 …………………… 62

第三节　中国经济特区工业化深化实践 ……………………………………… 80

第三章　禀赋结构与贸易转型 ………………………………………………… 117

第一节　中国经济特区对外贸易的理论基础 ………………………………… 117

第二节　中国经济特区外贸发展的实践探索 ………………………………… 122

第三节　实证分析：深圳经济特区贸易结构转变的驱动要素 ……………… 139

第四节　中国经济特区外贸发展经验总结与面临挑战 ……………………… 148

第五节　中国经济特区实现外贸高质量发展的策略建议 …………………… 156

第四章 走向世界前沿的产业升级…………………………………… 167
第一节 工业化进程中的优势转化与持续性产业升级………… 168
第二节 中国经济特区产业升级的路径分化…………………… 174
第三节 深圳经济特区持续性产业升级的历程与动力演变…… 188
第四节 深圳经济特区的优势演化与产业发展模式转换……… 212
第五节 工业化未来路向：走向全球产业前沿………………… 233

第五章 全球化中的经济特区创新…………………………………… 245
第一节 从模仿创新走向原始创新……………………………… 246
第二节 中国经济特区的创新演进……………………………… 250
第三节 深圳经济特区的创新探索……………………………… 269
第四节 深圳经济特区创新发展的经验………………………… 289
第五节 经济特区创新的未来…………………………………… 295

第六章 金融发展与实体经济………………………………………… 304
第一节 金融发展与竞争优势演化的理论分析………………… 304
第二节 中国经济特区金融业的发展之路……………………… 309
第三节 深圳金融业发展对实体经济的影响…………………… 321
第四节 深圳经济特区金融业服务实体经济经验总结………… 336
第五节 培育与提升深圳金融业竞争优势的战略思考………… 343

第七章 从出口加工区到大都市圈…………………………………… 352
第一节 工业化进程中的优势演化与城市升级………………… 353
第二节 走向世界级大都市圈的深圳实践……………………… 366
第三节 深圳推进城市化与大都市圈建设的经验……………… 385
第四节 先行示范区使命下的深圳大都市圈建设展望………… 388

第八章　拓展特区工业化新空间：打造全球海洋中心城市 …………… 403
第一节　中国经济特区的海洋使命 …………………………………… 403
第二节　中国经济特区海洋经济发展模式：从港口强市到区域极核 ……………………………………………………………… 409
第三节　全球资源整合下深圳海洋经济高端发展重点领域 ………… 422
第四节　深圳建设先行示范区海洋经济体制机制创新 ……………… 428

第九章　走向竞争优势的经济特区：历史跨越与未来展望 …………… 436
第一节　中国经济特区 40 年发展的五大历史性跨越 ……………… 436
第二节　中国经济特区发展趋势与未来展望 ………………………… 443

后　记 ………………………………………………………………… 450

绪 论
经济特区工业化的“中国方案”与世界意义

1980年8月26日，第五届全国人大常委会第15次会议宣布在广东省的深圳、珠海、汕头，以及福建省的厦门四市分别划出一定区域，设置经济特区。如今，40年过去，深圳GDP平均增长率是世界平均水平的4.85倍、全国的1.80倍；珠海是世界的3.69倍、全国的1.36倍；厦门是世界的3.5倍、全国的1.3倍；汕头略高于全国水平，是世界平均水平的2.77倍。可以说过去40年世界每向前走一步，中国经济特区就跨越4步，中国经济特区的长期高速增长堪称奇迹。如此巨大的成就，让来深圳特区考察的国际友人将其誉为“挂在共和国胸前的勋章”（孙锦，2015）。截至2019年，全球已经建成5400多个经济特区，多数特区的定位与中国经济特区类似，以吸引外资、发展外向型经济为政策诉求。但是，没有一个特区能像中国经济特区这样长期保持高速增长。一项对全球364个经济特区样本进行的跨国研究表明，只有19%的经济特区经济增速超过了所在国的经济增速，55%的经济特区增速和所在国一致，还有26%的经济特区增速低于所在国。即便是那些实现了高速增长的经济特区，其高速增长时期往往也只有几年时间，无法做到像中国经济特区这样，保持40年的高速增长（UNCTAD，2019）。这充分说明，经济增长绝不是简单的“一特就灵”，中国经济特区一定是做成了世界多数经济特区没能做到的事情。

具体从中国经济特区自身发展来看，一是第一批经济特区在进入高收入水平区间后依然保持了强劲增长势头。按照增长理论，一个地区的经济增速会随着人均 GDP 的上升而放缓，这被称为增长收敛。2019 年，深圳特区人均 GDP 已经接近 3 万美元，珠海人均 GDP 达到 2.6 万美元，厦门人均 GDP 也超过了 2 万美元，均远高出全国平均水平。而 2019 年深圳、珠海和厦门经济增速分别为 6.7%、6.8% 和 7.9%，依然高于 6.1% 的全国增速。二是第一批经济特区在特区优惠政策取消后依然保持了高速增长。为了吸引投资，世界各国经济特区都会享有一定的税收优惠。中国第一批经济特区所享受的税收优惠到 21 世纪初就已逐步取消，当时许多人预言特区优惠政策取消意味着从此“特区不特”，不可能再复制以前的增长奇迹。但后来的发展表明，优惠政策取消并没有减缓中国经济特区快速发展的势头，经济特区依旧是全中国最有经济活力的地区之一。因此，我们认为中国经济特区已经摆脱了发展早期对税收优惠和低成本劳动力的依赖，形成了强劲的内生增长动能。中国经济特区内生增长动能是如何形成的，又是如何维持与演化的，是理解工业化“中国方案”的关键内容。

本书从工业化的视角来解读中国经济特区持续高速增长之谜。我们认为中国经济特区维持长期高速增长的秘诀在于始终没有偏离工业化发展道路。从经济形态来看，以深圳为代表的第一批经济特区已经从当初的“三来一补”走向“人均收入高、工业在经济中占比高、高科技产业在工业中占比高，对外辐射带动能力强”的“三高一强”形态。坚持走以制造业为主体的实体经济发展道路，不仅有力支撑了中国经济特区开展产业升级和企业创新，也带动了中国经济特区在外贸、金融、城市化、海洋空间拓展等多领域齐头并进，彻底改变了中国经济特区在全球分工体系中的地位，构成了强大的内生增长动能。更进一步说，中国经济特区的工业化成就来自其实现了从比较优势向竞争优势的演化，这种演化支撑中国经济特区在劳动力成本上升后，成功抵御了低收入经济体和发达国家的“双重挤压”。其中，深度参与全球创新分工，扮演越来越重要的角色。在理论上，本书提出了优势演化支持工业化深化的理论假说，解释了为什么多数发展中国家遭遇到发展挫折，提出了开放条件下工业化的“中国方案”，进一步发展完善了全球化时代的工业化理论。

一 工业化在国家发展与经济特区建设中的战略地位

1. 工业化是发展中国家实现后发赶超的基础引擎

工业化的实质是国民经济中一系列重要的生产要素组合方式连续发生由低级到高级的突破性变化进而推动经济增长的过程（张培刚，2009）。之所以称之为工业化，是指在这个过程中，以制造业为主体的工业部门发展发挥着基础性和关键性的作用。首先，工业化所带来的社会大分工和迂回生产形态大大加速了人类的技术进步，并因此成为经济增长的引擎。在工业化之前，人类技术进步和收入水平提高的速度相当缓慢，我们今天所看到的此起彼伏的技术革命和持续的经济增长，都是在工业化之后才出现的。其次，工业化打破了传统小农经济形态，使商品交易的规模和范围出现了爆发式增长，现代市场经济在工业化后诞生。再次，工业化吸引越来越多人口离开农村进入城市，城市化进程由此出现。最后，市场经济发育和城市化进程彻底改变了人类的交往方式，带来了制度变迁和观念变革，推动传统社会向现代社会转型。因此，工业化不仅仅是工业部门对以传统农业为代表的传统生产部门的简单替代，也是现代生产方式和生活方式对传统生产方式和生活方式的替代，带动了包括结构调整、技术进步、收入提升以及城市化在内的一系列经济变革与社会变革。在这个意义上，我们将工业化称为一个国家和民族实现后发赶超、通往现代化的必由之路。

近年来，服务业发展日益受到人们重视，以金融和信息通信为主体的现代服务业改变了服务业劳动生产率偏低、技术进步缓慢的传统认知，服务业已经成为现代经济体系中不可或缺的重要组成部分，但这并没有改变工业在国民经济中的基础引擎地位。服务业的发展水平与工业化深化程度息息相关，高水平的生产性服务业发展一定是建立在高水平的工业化深化基础之上的。所谓工业化深化，指的是工业部门在完成前期的规模扩张之后，转为质量提升，突出表现为技术升级和产业升级。这促使工业部门的迂回生产程度不断提高，派生出金融、信息、咨询、技术支撑、法律商务等大量高端服务业需求。如果缺乏工业部门的依托，单一的服务业发展只会造成经济空心化、泡沫化，并逐渐侵蚀国家的制造力基石和削弱科技创新能力。这种代价，即便是那些已经进入后工业化阶段的国家也难以承受。过去 30 年来，一些发达国家过度追逐资本盈利，出现了过度去工业化，其弊端在近年间已经逐步显露，迫使它们提出再工业化口号。尚处于工业化阶段的发展中国家必须深刻汲取这些教训。

2. 经济特区是发展中国家突破工业化瓶颈的战略平台

由于工业化包含了长时期的结构调整和技术进步，不可能在短期内完成，发展经济学通常将完整的工业化进程细分为工业化早期、工业化中期和工业化后期三个阶段，走完整个过程需要快则几十年，慢则上百年的时间。如何在如此漫长的工业化进程中，始终保持工业化动力不衰竭，成为实现工业化的最大难题。1760 年第一次工业革命爆发迄今 260 多年，全世界能够走完工业化全程进入后工业化社会的国家，仅有 30 多个。长期困扰全球发展的贫困陷阱和中等收入陷阱现象，都与工业化推进乏力息息相关。前者缘于发展中国家难以顺利启动工业化，后者缘于工业化推进到一定阶段后缺乏持续深化的能力。

资金、市场和技术的缺乏是制约发展中国家工业化的头号瓶颈。在经济学术语中，我们将其统称为规模经济，以此说明工业化与传统生产方式之间的根本差异。实施工业化首先要求一个地区有能力投资建设良好的工业基础设施，例如稳定的能源供应体系，良好的港口、交通和通信基础设施，这些大规模的投资往往是发展中国家财力难以承担的。其次，工业生产有赖于规模效益，这需要有足够大规模的市场需求作为支撑，这也是低收入发展中国家不具备的。在 20 世纪 50 ~ 70 年代，一大批发展中国家试图通过国家财政补贴方式发展本土工业，不仅没有取得成功，反而给国家造成沉重的财政负担。缺乏规模经济是这些国家失败的主要原因。经过上述挫折之后，发展中国家转而寻求一种参与全球分工，利用国际资本、技术和市场推动本土工业化的外向型工业化发展思路。经济特区由此成为发展中国家工业化的突破口和战略平台。

经济特区的基本功能是承接国际产业转移，开拓海外市场，发展外向型工业部门。经济特区通常选址在拥有国际贸易区位优势的地区，便于原材料进口和制成品出口，在内部执行比国家正常水平更低的关税和所得税，以吸引外国投资。由于经济特区空间规模不大，即便财政能力有限的国家，也有能力在特区内部建设相对完善的工业基础设施，为承接产业转移提供相对优良的环境。此外，经济特区内部往往会执行更加透明的政府监管和便捷的行政审批，为国际产业转移提供友好的营商环境。通过这些政策组合，发展中国家可以打造出一个基于经济特区载体的国际产业转移承接平台，引进国际资本与本国低成本劳动力对接，发展出口导向型工业。

处于工业化发展不同阶段的经济特区在目标定位上存在一定的差异。对处于前工业化阶段和工业化早期的低收入与中等偏下收入国家，经济特区的主要目标是吸引外国投资启动工业化，集中发展劳动密集型产业。到了工业化中期和后期，国民收入达到中等偏上收入水平，继续推进工业化的瓶颈从规模经济不足转为自主创新能力不足。此时，经济特区的目标转为吸引全球高端创新要素推动工业化深化，产业发展集中在高科技领域，特区形态表现为高科技园区，还有一些以金融、港口等现代服务业为主体的服务园区。只有到了高收入阶段，工业化任务基本完成，经济特区的工业化战略职能才逐渐淡化，设立经济特区的主要目的变为降低国际产业链整合过程中的交易成本，提高贸易自由度。

3. 工业化目标为经济特区改革开放提供了持续倒逼动力

对于需要进行制度转型的国家而言，经济特区往往还承担着为国家改革开放进行先行探索的使命。即使是那些并不需要进行全面制度转型的发展中国家，也往往需要以经济特区为突破口，进行体制机制优化改革试点。实施改革需要跨越三大关卡。第一个关卡是确定正确的改革方向。虽然有其他国家的经验可资借鉴，但哪些适合本国国情，需要进行哪方面的制度创新，只有通过实践试错才能确定。第二个关卡是冲破利益集团和旧有观念的束缚，这除了需要领导人的决心勇气，也需要建立一个支持改革突破的外部环境。第三个关卡是如何长期保持改革激情和改革动力不消褪。工业化建设为经济特区改革提供了一个最好的外部环境，哪些领域需要率先改革、需要实施哪些改革举措，都可以围绕工业化目标进行规划实施。以中国经济特区为例，其能够成功担负起中国改革开放探索者的使命，与其始终坚持发展实体经济，走工业化深化的发展道路密不可分。第一批经济特区成立之初所出台的各项改革举措，目标定位非常明确，就是加速吸引国外资本、加快发展外向型工业。随着工业化逐步向深层次推进，经济特区工业化模式从要素驱动转向投资驱动，最后转向创新驱动。这对经济特区的基础设施供给、开放水平、营商环境、社会治理保障、城市化水平和城市形态等提出了持续改进的要求，迫使经济特区经常处于制度需求超前于制度供给的紧张状态，由此形成强大且持续的改革倒逼动力，为改革创造了最佳的外部环境。工业化深化不仅是中国经济特区经济增长的动力引擎，也是中国经济特区改革开放永不停步的动力源泉。以改革开放促进工业化深化，以工业化支撑和激励改革开放持续深入，中国经济特区成功在工业化建设与改革开放之间建立起互促共进的良性循环，促使其能够一直保持敢为天下先的改革初心，始终站在中国特色社会主义道路探索的排头兵位置。

二　以中国经济特区为样本提炼工业化“中国方案”

1. 过早去工业化正严重威胁全球发展中国家增长前景

全球有相当一批发展中国家由于持续推进工业化动能不足，陷入中等收入陷阱。这种工业化推进动能不足，集中表现为在过去 40 年内，大量发展中国家的工业在国民经济中的占比快速下滑，出现了过早去工业化现象。我们从东亚经济体、拉美经济体、金砖五国以及发达经济体共四类经济体中，提取了 12 个代表性国家样本，分析这些国家 1970 ~ 2018 年的工业化推进情况及其长期增长表现。数据表明，在过去半个世纪，样本中美、日、英、德四个发达国家的工业在国民经济中的占比一直在下降。至于那些本应持续推进工业化的发展中国家，例如拉美国家以及金砖五国中的印度、南非、俄罗斯，要么工业比重长期偏低，要么工业比重出现了长时期的持续严重下滑。在增长方面，这些发生过早去工业化的国家无一例外经济增长缓慢甚至停滞。相比而言，东亚经济体的表现要好得多，韩国成功将工业在国民经济中的比重长期维持在30%左右，跨越了中等收入陷阱。中国同样坚定不移地推进工业化发展，工业在国民经济中的比重最高曾经攀升到2007年的42%，同样实现了长达40年的高速增长。但是，以人均GDP来衡量，中国目前尚未完全跨越中等收入陷阱区域，还需要继续进行10~20年的工业化深化，解决工业大而不强的问题。

虽然上述跨国比较只是选择了少数代表性国家，但是从国际相关研究来看，过早去工业化是发展中国家面临的普遍问题。为什么同样是去工业化，发达国家和发展中国家会有截然不同的后果，原因是导致这两类国家去工业化的机制不同。发达国家已经进入后工业化阶段，生产力高度发达，只需要少量工业部门就足以生产出满足全社会需求的产出，因此，只要这些国家去工业化程度不过度，适度去工业化就不会影响经济增长。进一步研究发现，发达国家工业产出在国民经济中的比重下降更多是价格变化带来的一种观测误差。技术进步使得发达国家制成品价格稳步下降，如果以不变价格来衡量，过去半个世纪，发达国家工业产出比重一直维持着稳定的水平，并没有出现实质性的下降。而在发展中国家，即便以不变价格衡量，多数国家的工业产出比重也是连年下降的。工业部门效率提升缓慢，导致本国工业部门国际竞争力下滑，市场份额被进口商品替代，是发展中国家过早去工业化的根本原因（Rodrik，2016，2017）。而持续的去工业化又进一步削弱了发展中国家技术进步潜力，引发过早去工业化与经济停滞的恶性循环。如何避免国民经济过早去工业化，已经成为广大发展中国家亟须应对的挑战。

2. 过早去工业化问题对工业化理论提出了创新要求

20世纪40年代，张培刚博士第一次系统阐述了经济落后农业国家如何实现工业化的经济思想，工业化随之成为发展经济学的研究主题。此后，对工业化的研究大致经历了两个阶段。第一个阶段是将工业化研究置于封闭经济背景下。这个阶段诞生了许多重要的成果。第一个成果是揭示了工业化的规模经济本质，进而说明了缺乏规模经济环境的发展中国家为什么难以实施工业化（Rosenstein－Rodan，1943）。第二个重要成果是刘易斯的二元经济模型，在理论上建立了工业化与城市化的内在联系，证明了工业化与城市化一体两面的关系，并且将工业化与人口结构变动联系起来。今天我们所讨论的发展中国家人口红利，就得益于刘易斯的研究成果（Lewis，1954）。第三个重要成果是以赫希曼为代表提出的非均衡发展理论，他们针对发展中国家规模经济不足的现实约束，提出了选择主导产业带动国民经济工业化的发展战略，其对产业关联的分析，至今在产业政策设计中依然发挥着重要作用（赫希曼，1991）。在这个阶段的研究中，开放问题通常在工业化理论中不占据重要位置，甚至被一些学者认为是阻碍发展中国家工业化的负面因素。后者认为，来自发达国家的工业品竞争会对发展中国家工业化形成挤压效应。因此，发展中国家工业化最好在贸易保护背景下进行，由此诞生了幼稚产业保护论和进口替代论，在拉美等地区盛行一时。

到了20世纪80年代，随着拉美国家执行的幼稚产业保护工业化路线失败，以及东亚出口导向型工业化取得巨大成功，人们开始意识到发展中国家可以利用开放突破本国资本与技术储备不足、规模经济狭小的瓶颈，工业化理论发展进入以全球化为背景的时代。在这个时期，学者们将工业化与国际直接投资（Foreign Direct Investment，FDI）、技术溢出、全球分工等结合起来，提出了全球价值链和全球创新链理论，逐步发展出一批针对开放经济体的工业化分析工具（例如：金麟洙，1998；Humphrey and Schmitz，2002；Ernst，2009）。中国学者林毅夫基于中国工业化经验，提出了新结构理论（林毅夫，2012），将比较优势引入发展经济学框架中，提出了遵循比较优势的开放经济工业化战略，进一步推动了工业化理论发展，对全球工业化政策实务产生了广泛影响。

但是，全球性过早去工业化现象给林毅夫教授的新结构理论带来了新挑战。按照新结构理论，发展中国家遵循比较优势参与国际分工，会推动本地比较优势自发升级，由此推动发展中国家产业升级和工业化深化。然而过早去工业化现象表明，在工业化推进到一定阶段后，随着国民收入水平上升，工业部门会逐步丧失低成本竞争优势，但又不具备与发达国家进行质量竞争的技术能力，在国际市场受到低收入国家和高收入国家的“双重挤压”，很容易出现过早去工业化现象。这意味着，新结构经济学所提出的比较优势动态升级假说很可能过于乐观。开放一方面有利于发展中国家启动工业化，另一方面又会对发展中国家工业化深化形成挤压。这是开放经济体工业化所遇到的新问题，需要通过进一步发展完善工业化理论予以解决。

3. 从“三来一补”到“三高一强”的中国经济特区工业化道路

40年的中国经济特区工业化道路可以用从“三来一补”到“三高一强”来概括。“三来一补”体现了依赖比较优势启动工业化的阶段特征。第一批中国经济特区刚刚设立的时候，除了厦门之外，其他三个地区都是城市化率很低的农业区。中国经济特区的工业化启动完美地符合了新结构经济学，依靠成立高度开放的经济特区，促成中国丰沛的劳动力资源与国际产业资本对接，实现了快速的工业化启动，这些经济特区也进入了高速增长轨道。但这种工业化模式在当时引起极大争议，批评者认为这种“三来一补”的工业化模式没有技术含量，不具备可持续发展能力。

所谓“三高一强”（指的是人均GDP高、工业在国民经济中占比高、高科技产业在工业部门占比高，对外辐射带动能力强），代表了经济特区处于工业化深化阶段的特征。以深圳为例，从1980年到90年代初期，深圳通过引进外资发展“三来一补”，实现了从农业经济到工业经济的初步转型，跨越了贫穷陷阱。此后，深圳几乎每10年就实现一次产业升级，形成了以高科技产业和现代服务业为主体的产业结构。创新与科技进步是深圳推动工业化深化的主要力量。2017年，深圳经济特区的国际专利申请量达2.04万件，超过德国（1.89万件）和韩国（1.57万件），仅次于东京，位列全球城市第2名，是中国第2名北京（0.51万件）的4倍。深圳在工业化深化进程中培育了一批具有国际竞争力的高科技企业。在国际知名专利数据公司IPLytics 2020年度最新发布的5G行业专利报告中，来自中国经济特区的企业占了相当大的比重，其中华为以3147件排名第一，中兴通讯以2561件排名第三。现在，深圳早已不再是当初那个位于全球价值链低端的出口加工区，已经成为全球创新网络中的重要节点。在此期间，深圳经济特区人均GDP也从早期不到300美元，一路攀升到现在接近3万美元。不仅如此，深圳在工业化深化过程中还产生了强大的辐射带动效应，避免了许多国家经济特区出现的“开放孤岛”现象。深圳的工业化过程一直依托其背后广阔的经济腹地，与珠三角乃至全国存在着密切的产业流动与合作（厉有为，2011a）。特别是党的十八大以来，随着深圳产业升级加速，一大批电子信息制造、汽车制造、新材料、生物医药产业将生产基地、终端甚至是研发中心从深圳布局到东莞、惠州、河源、汕尾等周边城市，形成了“研发—制造”和“总部—分支”形态的区域分工，逐步发展出一个空间绵延、梯度有序、功能互补的高质量发展城市群。

中国经济特区工业化经验表明，过早去工业化的危险并非不可避免，开放经济体完全有条件支撑一国或地区进行持续的工业化深化。对经济特区工业化道路的深入研究会促进工业化理论进一步发展完善，是提炼工业化“中国方案”的最佳样本。

三　本书的主要观点和理论创新点

基于中国经济特区的工业化实践，本书提出了一个从比较优势到竞争优势的工业化深化理论假说，并以此为视角，对中国经济特区工业化道路40年实践进行了一次系统全面的梳理总结。

1. 主要观点

第一，中国经济特区是在比较优势动态升级的基础上建立起的竞争优势。在开放经济体中，存在一条从比较优势向竞争优势的演化路径。低收入经济体依靠比较优势参与全球分工，推动本国工业化启动。随着分工持续和工业化推进，发展中国家会出现要素禀赋升级。但是仅仅依靠要素禀赋升级尚不足以帮助发展中国家应对收入水平上升出现的“双重挤压”威胁，需要进一步借助工业化进程中的规模经济扩张和专用性技术积累，发展自身有别于高收入经济体的创新优势，即形成竞争优势。从比较优势到竞争优势的演化，支撑了发展中国家参与全球创新分工，推动工业化深化。经济特区是一国的对外开放窗口和高地，是典型的开放型经济，但其依托比较优势推动工业化的发展模式有着很高的陷入中等收入陷阱的风险。中国经济特区的独特之处在于不仅高效率地建设了一流的软硬件基础设施，而且通过健全产业链条、培育区域创新文化，超越了由禀赋结构决定的单一比较优势，全面囊括了现阶段的工业化成果，包括产业集群、内需、全球资源整合能力、企业家精神和创新文化等多方面因素，建立起创新导向的竞争优势。并且，这种竞争优势会随着工业化深化推进而升级，从专长于应用创新逐步进入基础创新和原始创新引领阶段，由节点型竞争优势发展到领导型竞争优势。

第二，中国经济特区的竞争优势是一个持续演化的过程，即对传统的竞争优势钻石模型进行拓展，加入对国际市场的开拓和利用，用产业和创新体系替代传统钻石模型中的产业配套概念，用经济特区创新文化统合传统钻石模型中的“同业竞争和企业战略”因素以及“政府”因素，形成依托生产要素、国际国内市场、产业和创新体系，以及特区创新文化，并耦合国际技术革命和产业分工机遇的“经济特区钻石模型”，建立起依靠资源禀赋升级、规模经济、技术进步和特区文化激励的竞争优势，从工业规模扩张转向工业质量的提升，不断支撑竞争优势持续演化。

第三，从比较优势向竞争优势的演化需要国家能力支持，并受到市场环境和社会文化约束。市场体系是否完备影响要素配置效率，决定了禀赋升级速度。政府是否能为善为，决定了各阶段发展政策能否得到有效执行。是否具备强烈的赶超渴望与创新文化，影响企业战略导向和政府的改革力度。在这三个方面存在欠缺，导致大量发展中国家没有在工业化进程中及时演化出竞争优势。这是全球各国出现过早去工业化问题的主要原因。

第四，工业化和改革开放互为促进。中国经济特区的成功，在相当程度上是缘于中国经济特区在完成工业化启动之后，又成功利用改革开放推动了工业化深化。这一是缘于中国共产党领导下的国家能力和特区政府能力建设，把准了改革方向，在全国率先建立起相对健全的市场经济体系，有效配置利用全国和全球资源；二是缘于特区充分利用广阔的经济腹地（尤其是珠三角），发展出完善的制造业体系，建立起从生产到创新的规模经济优势；三是得益于特区浓郁的创新文化特质激励政府和企业在各自领域不断创新进取（厉有为，2011b）。因此，特区竞争优势的钻石模型构成也有别于迈克尔·波特（Michael Porter）提出的经典钻石模型（diamond method），全球市场、全球要素、本地创新文化都是特区竞争优势的重要来源。展望未来，特区要全面实现工业化还需要对现有竞争优势进行升级，从目前专长于应用创新逐步升级到在基础创新和原始创新领域具备领导能力。本书将其称为从节点型竞争优势升级为领导型竞争优势。

第五，中国经济特区的工业化深化进程从纵向、横向两个维度展开。纵向为1980～1992年的寻找比较优势阶段、1993～2000年的优化比较优势阶段、2001～2012年的培育竞争优势阶段以及2013年至今的提升竞争优势阶段，这四个阶段的发展较好地体现了从低端比较优势起步，到不断动态提升资源配置能力、培育竞争优势的过程，其产业持续性迭代升级是工业化不断深化背景下，成功实现从外生动力到内生动力有效转化后，发展路径不断突破的结果。横向从贸易结构、企业创新、产业转型升级、金融支撑体系、大都市圈和海洋经济等多角度展开，以创新作为驱动工业化深化的第一动力，始终坚持实体经济发展、制造业强市的原则，通过金融发展助力产业升级走向前沿产业，以工业化与城市化的互动发展提升城市化水平，通过发展海洋经济拓展工业化深化的新空间。在横向、纵向多种因素的交织作用下，中国经济特区成功实现了从比较优势到竞争优势的转化，走出了一条具有中国特色的工业化深化之路。

第六，中国经济特区的工业化发展实践为探索中国特色社会主义现代化道路积累了成功经验，形成了工业化的“中国方案”。中国经济特区坚持对外开放，从渐进有序的开放中吸引和整合全球资源，实现高端优质要素聚集，成为全球生产供应链的重要空间载体；坚持以实体经济为主线，大力发展民营经济，形成纵向深度延伸与横向融合发展的完备产业链条，为工业化深化构筑了牢固的产业基础；坚持创新驱动战略，由企业、产业、研发机构等构成全过程产业创新生态体系，加速创新成果转化和产业跨界融合，走向国际科技创新中心；坚持文化引领，全要素创新系统为特区提供了与时俱进的思想观念和价值取向，并与政府及社会组织形成良性互动，共同形成独特的特区创新文化；坚持工业化辐射带动城市化，从出口加工区到粤港澳大湾区中心城市，努力走向全球标杆城市，率先建设中国特色社会主义先行示范区。中国经济特区成功实现了从比较优势到竞争优势的转化，跨越了华盛顿共识、卡夫丁峡谷、数字鸿沟、刘易斯拐点和中等收入陷阱，向世界展示了中国特色社会主义的生动范例和璀璨蓝图，为全球后发地区实现赶超贡献了“中国智慧”和“中国方案”。

2. 理论创新点

本书最大的理论贡献与理论创新是在国内外现有比较优势和竞争优势理论成果之上，结合中国问题和中国经济特区实践，在理论上做了四点推进。

第一，发展了现有的比较优势理论和竞争优势理论，提出了一个从比较优势向竞争优势演化的分析框架，提出了不同阶段的演化路径和约束条件，区分了发展中国家和发达国家两类不同的竞争优势，拓展了现有竞争优势钻石模型，将全球市场拓展、全球资源配置、地域文化因素引入钻石模型之中，使之更适用于分析发展中国家和开放型经济体。

第二，发展了工业化理论，从纵横两个维度解读了开放经济体的工业化过程。纵向维度是参与全球分工的优势演变，横向维度是工业化进程中的系统性经济社会变迁，包括贸易结构、企业创新、产业结构、金融体系、城市化等等。开放经济体下的工业化启动和深化进程，是纵横两个方面相互作用、互为支撑、相互强化的过程。此外，文化通过影响竞争优势的演化形成，在发展中国家工业化中发挥着不可忽视的重要作用。

第三，引入市场、政府和文化因素，阐述了阻碍比较优势向竞争优势顺利演化的约束机制，解释了为什么在全球化时代大多数国家会出现过早去工业化的危险，为发展中国家破解工业化道路上的“双重挤压”、应对过早去工业化风险提供了理论指引。

第四，主要以深圳为例，对经济特区工业化深化过程中比较优势向竞争优势的演化进行了多角度实证分析，丰富发展了工业化的“中国方案”与中国经济特区理论。

四　本书的框架结构和主要内容

全书主要由绪论和九个章节构成。绪论阐释了从工业化视角研究中国经济特区经验的理论意义和现实意义，阐明了全书的主要观点和理论创新点。其后九章内容依次为：

第一章，解读经济特区工业化：从比较优势到竞争优势。本章提出了一个从比较优势到竞争优势的工业化深化理论假说，以第一批中国经济特区为案例，阐释了从比较优势向竞争优势的演化过程、约束机制，以及发展中国家竞争优势与发达国家竞争优势的差异。中国经济特区工业化经验表明，发展中国家可以建立起与发达国家既有错位竞争又有分工合作的创新竞争优势，破解过早去工业化难题。

第二章，竞争优势支撑的经济特区工业化深化。本章明晰了工业化深化的内涵与外延，提出开放型经济下建立竞争优势支撑工业化深化的双循环开放路径，将波特的钻石模型拓展为要素集聚、国际国内市场、产业体系和创新体系、特区文化四个方面，形成了推动特区产业比较优势动态更迭、工业化持续推进的耦合动力机制。本章在比较分析工业化深化的国际案例和中国经济特区发展历程的基础上，总结出中国经济特区工业化深化的成功经验。

第三章，禀赋结构与贸易转型。本章以资源禀赋与贸易结构从匹配到不匹配的演变过程，证明走可持续发展工业化道路的经济特区需要从比较优势走向竞争优势，描述了中国经济特区对外贸易的实践历程，针对深圳经济特区的外贸情况进行实证分析，概括总结了中国经济特区外贸发展的模式、经验和示范效应，针对当前面临的挑战提出经济特区对外贸易高质量发展的对策建议。

第四章，走向世界前沿的产业升级。本章基于比较优势和竞争优势理论，总结以深圳特区为代表的中国经济特区 40 年工业化不断深化过程中产业转型升级的路径与经验。40 年来深圳特区产业的持续性升级得益于发展政策的有效调适。深圳特区适时动态调整了内外动力结构以匹配产业发展的阶段性需求，在中国整体的特区制度框架内，成功实现了各类先进生产组织方式与本地文化的协同演化，掌握了工业化深化过程中优势转化的能力，推动了产业路径的阶段性突破，从而带动中国产业逐步走向世界前沿。

第五章，全球经济中的特区创新。本章提出经济特区由模仿创新走向自主创新的理论框架，描述了中国经济特区由先行先试到先行示范的创新演进历程，以深圳为例探索经济特区由要素驱动到创新驱动的发展实践，总结经济特区从资源约束到禀赋突破的创新发展经验，指出特区创新的未来是打造具有全球影响力的国际科技创新中心。

第六章，金融发展与实体经济。本章提出金融发展与竞争优势演化的理论分析框架，概括总结了改革开放 40 年中国经济特区金融业发展历程，以深圳为例探讨了金融比较优势对实体经济发展的重要影响，指出新时代下培育与提升深圳金融业竞争优势的路径与举措。

第七章，从出口加工区到大都市圈。与工业化进程相匹配的城市化推进对于开放经济体发挥比较优势、建立竞争优势至关重要。深圳经济特区在 40 年时间里，从一个偏远小渔村转型为出口加工区，再迅速崛起为国家经济中心城市，在珠江东岸推动形成了一个以深圳为核心、具有较强竞争力和影响力的大型都市圈。本章聚焦深圳工业化进程中的优势演化、城市升级与大都市圈建设实践，总结其成功经验，并对先行示范区目标下的深圳大都市圈建设前景进行了展望。

第八章，拓展特区工业化新空间：打造全球海洋中心城市。中国经济特区肩负发展海洋经济的重要使命，在高端要素集聚、创新体系开放、海洋文化引领、规划政策保障四大因素的共同作用下，培植出经济特区工业化新的经济增长点，拓展了经济特区工业化的新空间。本章提出经济特区海洋经济从比较优势到竞争优势的发展机理，总结深圳由港口城市到湾区极核城市形态转变的典型模式，为海洋科技创新和海洋高科技产业竞争优势引领下的海洋经济高端化发展提供创新思路和体制机制突破。

第九章，走向竞争优势的经济特区：历史跨越与未来展望。本章总结了中国经济特区在 40 年工业化发展历程中，从基于要素禀赋的比较优势到基于价值创造的竞争优势的转变，以及对华盛顿共识、卡夫丁峡谷、数字鸿沟、刘易斯拐点和中等收入陷阱等的“五大跨越”，展望了经济特区从“改革开放先行先试区”走向“中国特色社会主义先行示范区”，从“城市经济”走向“湾区经济”，从“国际化大都市”走向“全球中心城市”，从“经济特区”走向“自由贸易试验区”的未来发展趋势。

参考文献

赫希曼，艾伯特，1991，《经济发展战略》，经济社会科学出版社。

金麟洙，1998，《从模仿到创新：韩国技术学习的动力》，新华出版社。

厉有为，2011a，《深圳实践说明了什么》，《厉有为文集》，海天出版社。

厉有为，2011b，《创新是我们这座城市的品格》，《厉有为文集》，海天出版社。

林毅夫，2012，《新结构经济学》，北京大学出版社。

孙锦，2015，《深圳市委原书记厉有为：“擦亮挂在共和国胸前的勋章”》，《深圳特区报》8 月 11 日。

张培刚，2009，《农业与工业化》，华中科技大学出版社。

Ernst, D. 2009. *A New Geography of Knowledge? Asia's Role in Global Innovation Networks.* the East - West Center.

Humphrey, J. and H. Schmitz. 2002. "How Does Insertion in Global Value Chains Affect Upgrading in Industrial Clusters?" *Regional Studies* 36: 1017 - 1027.

Lewis, A. W. 1954. "Economic Development with Unlimited Supplies of Labor." *The Manchester School* 22: 113 - 152.

Rodrik, D. 2016. "Premature Deindustrialization." *Journal of Economic Growth* 21: 1 - 33.

Rodrik, D. 2017. "Premature Deindustrialisation in the Developing World." *Frontiers of Economics in China* 12: 1 - 7.

Rosenstein - Rodan, P. N. 1943. "Problems of Industrialisation of Eastern and South - Eastern Europe." *The Economic Journal* 53: 202 - 211.

UNCTAD. 2019. *World Investment Report 2019*. New York: UN.

第一章
解读经济特区工业化：从比较优势到竞争优势

推动中国工业化进程深化，避免经济脱实向虚，是当前面临的重大而紧迫的问题，是中国特色社会主义政治经济学必须重点攻关突破的领域。习近平总书记始终高度重视实体经济发展，他深刻指出：工业化很重要，我们这么一个大国要强大，要靠实体经济，不能泡沫化（习近平，2013）。在党的十九大报告中，习近平总书记又围绕如何加快建设制造业强国进行了战略性的部署（习近平，2017）。改革开放尤其是党的十八大以来，以深圳为代表的中国经济特区成功走出了一条国民收入高、工业在经济中占比高、高科技产业在工业中占比高、对外辐射带动能力强的“三高一强”工业化道路。总结中国经济特区工业化经验，将其经验提炼为一般规律，发展中国特色社会主义政治经济学理论，为广大发展中国家贡献更多中国智慧中国方案，是本书的研究目标。

本章提出了一个从比较优势到竞争优势的工业化深化理论假说。工业化深化是在工业化完成规模扩张后，通过创新完成质量提升的过程。多数发展中国家难以顺利实现工业化深化，出现了过早去工业化现象，落入中等收入陷阱，根本原因在于基于人口红利的比较优势仅能支撑工业化早期的规模扩张，但无法满足工业化后期应对国际创新竞争的需求。中国经济特区发展经验表明，发展中国家可以建立起与发达国家既有错位竞争又有分工合作的创新竞争优势，破解过早去工业化难题。这种竞争优势建立在比较优势动态升级的基础之上，但又超越了由禀赋结构决定的单一比较优势，全面囊括了现阶段的工业化成果，包括产业集群、内需、全球资源整合能力、企业家精神和创新文化等多方面因素，是一种综合能力的体现。竞争优势也需要随着工业化深化的推进而升级，从专长于应用创新逐步进入基础创新和原始创新引领阶段。

第一节　世界与中国工业化的新挑战

二战以来，全球地缘政治格局发生了翻天覆地的变化。一大批发展中国家打破了殖民枷锁，走上了独立自主的发展道路。工业化是实现后发赶超的必由之路。经过长期艰苦卓绝的实践和理论探索，以中国为代表的发展中国家成功摸索出一条发挥比较优势参与全球分工的工业化道路。但是，工业化是一个长期过程，早期的工业化成功并不代表可以顺利完成工业化。1990年以来，已经进入中等偏上收入水平的国家在工业化道路上遭遇了新的重大挫折，相继落入中等收入陷阱。这种挫折提出了工业化深化的紧迫命题，这是现有工业化理论尚未充分讨论的问题。

一　全球性过早去工业化威胁

全球收入不平等现象正在持续加剧。按照世界银行统计，2018 年，全球高收入经济体的人均国民收入为 44275 美元，中等偏上和中等偏下收入经济体分别为 8869 美元和 2242 美元，低收入国家为 840 美元，高收入经济体的人均国民收入是中等偏上收入经济体的近 5 倍、中等偏下收入经济体的 15 倍、低收入经济体的 53 倍。

是否充分实现了工业化是造成全球贫富悬殊的主要原因。基于对近代世界各国发展的历史规律总结，英国经济学家尼古拉斯·卡尔多提出了被称为卡尔多定律（Kaldor's Law）的经济增长的三大规律：一是 GDP 增长与制造业产出增长高度正相关，二是制造业劳动生产率增长与制造业产出增长高度正相关，三是整个经济中的劳动生产率增长与非制造业部门的就业增长率之间存在负相关关系（Kaldor，1966）。卡尔多定律表明，工业化是经济增长的主引擎，是后发国家赶超发达国家实现跨越的必经环节。

就在卡尔多定律提出后不久，西方发达国家陆续进入后工业化时代，经济结构中开始出现去工业化趋势。从 20 世纪 60 年代到现在，美国和英国制造业部门就业人口比重分别从 25% 和 30% 下降到现在的不足 10%，整个欧盟制造业就业岗位在过去半个多世纪减少了 1/3（罗德里克，2013）①。迄今为止，这些国家依然保持着持续增长，主要有三个方面的原因：一是后工业化国家已经走完了工业化全程，资本深化程度深、劳动生产率高，维持同样产出水平所需要的劳动力数量大大减少；二是高国民收入产生了大量高端服务业需求，导致工业比重下降；三是信息技术革命催生了以信息通信为代表的现代服务业发展，服务业不再完全是传统意义上的低生产率部门，一定程度降低了经济增长对工业部门的依赖。但即便如此，那些去工业化过快过猛的发达国家也逐步感受到过度去工业化的种种弊端，除了引发严重社会失业和贫富分化问题外，更为严重的是它很可能会腐蚀国家创新能力，逐步削弱一国的可持续增长潜力。这是因为现代科技创新是实验室研发和生产制造紧密合作的产物，失去了制造业这个基石，科技研发也就成了无源之水、无本之木。基于这个原因，以美国为代表的一批西方国家近年来纷纷推出了“再工业化”举措（王展祥，2019）。

如果说西方国家遇到的是过度去工业化问题，发展中国家遇到的则是过早去工业化问题。过早去工业化是在一国工业化进程还没有完成、技术水平

① 由于可获得数据的统计口径不同，本文混合使用第二产业产出比重、工业产出比重、制造业产出比重、制造业就业比重四类结构性指标来衡量经济体的工业化强度。这四类指标彼此之间是高度相关的，在给定的工业化强度下，四类结构指标的关系是：第二产业产出比重 > 工业产出比重 > 制造业产出比重 > 制造业就业比重。但是，最新研究发现，由于劳动生产率存在差异，发达国家和发展中国家就业比重与产出比重之间的相关程度存在巨大差异，发达国家就业比重下降对应的产出比重下降幅度远远小于发展中国家。如果扣除制造品价格下降因素，在过去半个世纪，发达国家实际上只出现了就业比重下降，产出比重几乎没有下降。而那些去工业化的发展中国家，即便用真实价格衡量，制造业产出比重也随着就业比重下降出现了同步下降。这个发现对我们研究工业化与经济增长的关系非常重要，我们将在后续章节做进一步讨论。

和国民财富积累程度尚不充分的背景下发生的（Dasgupta and Singh，2007）。进入 20 世纪 90 年代以来，过早去工业化像一种快速扩散的病毒，出现在正处于工业化过程中的广大发展中国家（Dasgupta and Singh，2007；Castillo and Martins，2016；Rodrik，2017）。在 20 世纪 80 年代，发展中国家的制造业产出比重通常在达到 GDP 的 20% 后才开始下降。进入 21 世纪后，下降拐点提前到 14%（Newfarmer et al.，2018）。金砖五国是最具经济发展潜力的全球明日之星，但过早去工业化让这些国家的发展前景蒙上阴云。1980 年南非工业产出占 GDP 比重曾高达 45.3%，到 2018 年仅为 25.9%；1989 年巴西工业占 GDP 比重攀升到了 42.3% 的历史最高点，到 2018 年只剩下了 18%；俄罗斯从 1989 年的 46.6% 下降到 2018 年的 31.1%；印度 2009 年工业比重达到历史最高点 31.1%，随后一路下降到 2018 年的 26.7%。即便坚持工业立国的中国，在全球金融危机之后，受国内人口红利耗尽和全球经济增速放缓的双重冲击，工业产出比重也从 42% 的峰值下降到 2018 年的 32.7%。

在工业化尚未完成的情况下过早去工业化对经济发展的危害较后工业化社会过度去工业化更加严重和直接。为充分理解这种现象及其危害，我们挑选了四类国家，对比它们从 1970 ~ 2018 年半个世纪的工业化与增长表现：第一类是以金砖五国为代表的全球新兴经济体；第二类是以中国、韩国为代表的东亚经济体；第三类是以阿根廷、巴西和墨西哥为代表的拉美经济体；第四类是以美国、德国、英国和日本为代表的高收入国家。其中中国和巴西分别同时出现在两类组别中，一共得到 12 个国家样本。各国的工业化趋势用工业产出比重的变动反映，经济增长表现用人均 GDP 增长衡量。[①] 为了便于进行跨期比较，将各国各期的人均收入统一换算成 2010 年美元不变价格。结果如图 1 - 1 所示，横轴是不同国家、不同时期以 2010 年美元不变价衡量的人均国民收入（GNI）[②]，纵轴是工业产出占 GDP 比重（以下简称“工业

① 由于数据缺失，中国和俄罗斯的数据分别从 1995 年和 1990 年开始，其他国家均是从 1970 年开始。除美国数据截止于 2017 年外，其他国家数据均截止于 2018 年。

② 一般认为，GNI 与 GNP 等同，那么 GNI 就是扣除来自国外要素的净收入之后的 GDP，和 GDP 数值相差不大。

产出比重”）。

从图 1 - 1 来看，12 个样本按照人均收入高低分别位于图的两侧，中间存在大区间的空白，直观显示了中等收入陷阱的影响。在过去半个世纪中，只有韩国跨越了图形中部空白区，初步实现了向高收入水平的跨越。结合纵坐标的工业产出比重变化，不难发现长期增长与工业产出比重变化存在直接的关系，由此可以划分出三种长期增长路径。

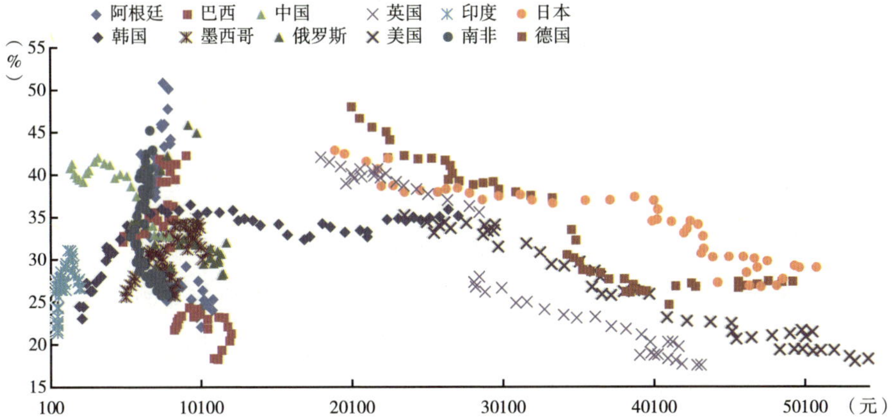

图 1 - 1　工业产出比重与人均 GNI：12 个代表性国家的长期演进路径

资料来源：世界银行全球数据库。

路径一：高收入经济体的去工业化增长（下斜线形“\”）

图1 - 1 中四个高收入经济体都呈现工业产出比重持续下降和国民收入稳定增长的发展形态，其工业产出比重—国民收入关系走势可以拟合为一条右下倾斜线。这似乎意味着处于后工业化阶段的经济体可以在去工业化的同时保持长期经济增长，但实际情况可能更加复杂。由于在长期走势中，一般商品价格是上升的，而工业品价格是下降的，不考虑这种价格变动效应测算出来的工业产出比重实际上低估了国民经济中的真实工业产出比重。罗德里克发现，由于发达国家劳动生产率快速增长，用真实价格衡量的工业产出比重在过去半个世纪实际上始终保持相对稳定，去工业化主要表现在就业上（Rodrik，2016）。

路径二：中等偏上收入经济体的去工业化停滞（“I”字形）

在图 1 – 1 中对应着阿根廷、巴西、俄罗斯、墨西哥和南非五个样本，前四者人均国民收入均超过了 1 万美元，南非也有 7000 美元（2010 年美元不变价），都属于中等偏上收入国家。在历史上，这 5 个国家的工业产出比重也都曾经处于高位，但随即出现了经济增长停滞不前、工业产出比重持续下降的现象，工业产出比重—国民收入的走势线近乎垂直，类似于字母“I”的形状。罗德里克发现，即便用考虑了物价变动因素的实际工业品价格衡量，这些国家的工业产出比重也出现了严重的真实下降（Rodrik，2016）。

路径三：跨越中等收入陷阱的工业化深化赶超（“一”字形）

韩国是图 1 – 1 所描述时间段中唯一跨越中等收入陷阱、完成发展赶超的国家。在图 1 – 1 中，虽然韩国的工业产出比重超过 35% 后也出现了一定程度的下滑，但下滑幅度非常小，属于从工业化早期进入工业化中后期发生的正常结构调整，不属于过早去工业化。如果把时间窗口放宽到 20 世纪 50 年代，日本也是成功跨越中等收入陷阱的赶超国家。虽然限于数据可得性，图 1 – 1 没有反映出日本在中等收入阶段的工业产出比重变化情况，但根据 1970 年日本在高收入阶段工业产出占比仍高达 42.4% 的情况，可以合理推断出日本也是通过避免过早去工业化，实现发展赶超的。在下一节我们将要论述，中国经济特区走出了一条类似的工业化深化赶超路径。

在这里，我们提出了工业化深化概念，需要结合对过早去工业化的成因分析来理解这个概念。中等偏上收入经济体之所以会普遍出现过早去工业化现象，原因在于工业尤其是制造业是全球竞争的可贸易部门，中等偏上收入国家的工业部门往往既无力应对低收入经济体的成本竞争，也无法应对高收入经济体的质量竞争。国际市场竞争失败促使资本从工业部门流出，转移到生产率较低但无须直接参与国际竞争的本土服务业部门（Rodrik，2016；白雪洁、于庆瑞，2019；中国社会科学院工业经济研究所课题组，2020）。因此，过早去工业化直接导致生产率改善步伐停滞乃至倒退，进而导致增长停滞。与过早去工业化相对应，工业化深化的目标是加快工业部门的技术进步和效率改善，以此增强工业品的国际竞争力（盛朝迅，2019；史丹、白骏骄，2019)。

最后，还有中国和印度两个发展路径尚待观察的经济体。这两个经济体都是从低收入起步。由于中国的工业产出比重远远高于印度，长期增长表现也远远好于印度。1995 年，中国人均 GDP 为 1208 美元（2010 年美元价），印度为 667 美元（2010 年美元价），中国是印度的 1.8 倍。此时中国工业产出比重高达 40.8%，印度只有 28.6%。到 2018 年，中国人均 GDP 已经达到 7723 美元（2010 年美元价），和印度的差距拉大到 3.7 倍，已经迈入中等偏上收入经济体行列的靠前位置。而印度人均 GDP 只有 2079 美元（2010 年美元价），工业产出比重停留在 26.7%，依旧处于中等偏下收入经济体位置。过去几年来，印度开始有了较快的增长速度，但是如果不能进一步加快工业化步伐，这种增速是否能够持续，非常值得怀疑。从图中来看，中国经济已经走到了发展路径二和发展路径三的分岔口位置，人均收入水平已经逼近其他国家遭遇中等收入陷阱的临界点，以工业产出比重衡量，中国 2018 年是 32.7%，在全球范围内依然处于高位。但从趋势来看，自 2007 年开始中国工业产出比重持续下降，过早去工业化警报并没有解除（黄群慧、黄阳华、贺俊，2017)。按照其他国家的发展经验，中国能否顺利跨越中等收入陷阱，关键就在于能否推动工业化深化，避免重蹈其他国家过早去工业化的覆辙。

综上所述，我们得到两个基本结论：一是处于后工业化阶段的发达国家存在过快过度去工业化风险，损害了就业基础和创新潜力，客观提出了再工业化的需要；二是尚未完成工业化的发展中国家随着收入增长，面临着过早去工业化威胁，需要把工业化深化提上议事日程。

由此看来，卡尔多关于工业化是长期增长基石的论断并没有过时。对于广大发展中国家而言，如何推动工业化深化，是其继工业化启动后必须面临的第二轮关键挑战。只有成功应对这个挑战，一国才能取得工业化的最终胜利。

二 中国经济特区工业化深化取得“三高”成就

大致来看，1949 年以来中国经历了内向型和外向型的两轮工业化，目前正处于第三轮的工业化深化阶段。第一轮工业化发生在中华人民共和国成立以来的30年，除了早期获得来自苏联的技术援助外，走的是封闭式计划经济发展道路。第二轮始于改革开放，走的是外向型市场经济发展道路。这条道路的优势在于能够充分发挥中国劳动力充裕的比较优势，有效利用国际市场上的资金、技术和市场。中国经济特区是为探索改革开放道路而设立的，也是最早启动第二轮外向型工业化的地区。实践证明，发挥比较优势起到了立竿见影的效果。

深圳、珠海、厦门、汕头是中国最早开放的四个经济特区城市。1980年经济特区成立之初，除厦门外，其他三个经济特区几乎完全没有工业基础，深圳和珠海完全是南海边疆的偏僻渔村，收入水平低于全国平均水平。通过参与全球分工，经济特区很快发展出“产业构成以工业为主、资金来源以外资为主、产品市场以外销为主”的三来一补式工业结构，完成了工业化启动，经济发展水平快速跃居全国前列。图1－2显示了深圳、珠海、汕头和厦门四个经济特区和全国整体2000～2018年的人均GDP和第二产业占GDP比重变化趋势，纵轴是第二产业比重，横轴是人均GDP。2000年，全国平均人均GDP为7942元人民币，第二产业比重为45.5%。深圳人均GDP已经达到了32800元，第二产业比重为50.6%。珠海人均GDP为27770元，第二产业比重为52.5%。汕头人均GDP为9741元，第二产业比重为48.3%。厦门人均GDP为24481元，第二产业比重为50.6%。总体来看，四个经济特区收入水平和工业比重都高于全国平均水平。尤其是收入水平，除汕头与全国平均水平相近外，其他三个经济特区的收入水平都在全国平均水平3倍以上，深圳经济特区更是达到了全国收入水平的4倍以上。

但是，由于高度依赖低成本比较优势，缺乏技术含量，中国经济特区依靠“三来一补”发展外向型工业的做法在当时也引发了极大争议。在21世纪第一个10年，连续两个事件对中国外向型工业化模式产生了巨大冲击。一是中国人口红利消退带动工资成本快速上涨。从2006年开始，中国制造业部门的工资水平开始快速上升，极大地冲击了基于低成本优势的工业部门。二是2008年全球金融危机后的全球经济增长放缓和外需市场萎缩，对

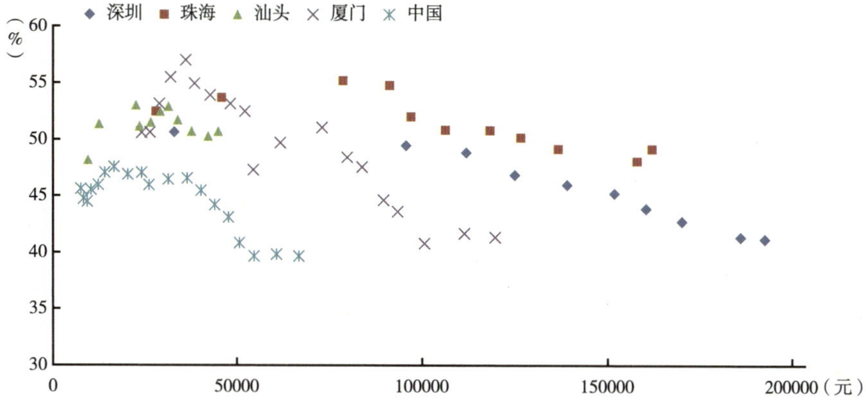

图 1－2　2000～2018 年中国四个经济特区城市以及全国人均 GDP 及第二产业占比变化

资料来源：Wind 数据库。

高度出口导向的工业部门产生了巨大冲击。受供需两端冲击影响，自 2006 年以来，中国第二产业占比开始逐步下降[①]，从 2006 年的 45.5% 下降到 2018 年的 39.7%，平均每年下降 0.3 个百分点。如果考虑工业部门比重，下降幅度更大，从 2007 年的 42% 逐步下降到 2019 年的 32%，几乎每年下降 1 个百分点。经济特区同样也经历了这两个冲击，而且由于经济特区人力成本更高、经济的外向度更高，理论上受到的冲击应该更大。不仅如此，经济特区优惠政策逐步取消，经济特区丧失了在招商引资中原本相对其他城市而言更为占优的种种优惠政策。但是，尽管出现了三重叠加冲击，经济特区（除汕头外）依然维持了高增长势头。2018 年，深圳人均 GDP 达到 189568 元，按当年美元价折算接近 2.9 万美元，是全国人均 GDP 的 2.87 倍；珠海人均 GDP 达到 159428 元，按当年美元价折算为 2.4 万美元，是全国人均 GDP 的 2.42 倍；厦门人均 GDP 达到 118015 元，折当年美元价 1.79 万美元，是全国人均 GDP 的 1.79 倍。中国经济特区的持续高速增长，是建立在成功避免过早去工业化基础上的。2018 年，深圳经济特区工业部门比重保持在 41%，珠海为 49%，厦门为 41%，均持续高于全国平均水平。

① 工业在国民经济中占比下降是从 2007 年开始的。

中国经济特区之所以能在高人均 GDP 的发展阶段，成功避免了过早去工业化，关键在于经济特区依靠技术进步和产业升级成功推动了工业化深化。表 1－1 显示了深圳、珠海和汕头三个经济特区规上工业中先进制造业和高技术制造业增加值占比情况。可以看到，除汕头这两类部门在整个工业部门中占比较低外，珠海和深圳的这两类产业部门都在规上工业中占了相当高的比例。其中深圳尤为突出，其先进制造业增加值占规上工业比重达到 72.1%，高技术制造业增加值占比也达到了 67.3%。

由此看来，以深圳为代表的中国经济特区依靠低成本比较优势启动的工业化，已经成功摆脱了“三来一补”的低成本发展模式，进入“人均 GDP 高、工业部门占比高、高科技产业占比高”的工业化深化阶段。

表 1－1　三个经济特区城市先进制造业和高技术制造业增加值占规上工业比重

单位：%

	2012 年		2019 年	
	先进制造业增加值占规模以上工业比重	高技术制造业增加值占规模以上工业比重	先进制造业增加值占规模以上工业比重	高技术制造业增加值占规模以上工业比重
深圳	71.0	56.8	72.1	67.3
珠海	44.0	24.6	54.9	29.7
汕头	16.5	5.7	32.5	5.6

资料来源：各城市统计年鉴。

三　工业化深化的理论问题

在中国经济特区成功推动工业化深化的背后，是经济特区工业增长动力逐步从低成本要素驱动转变为创新驱动。由此引出的一个问题是，发展中国家工业化如何加速提升创新尤其是科技创新能力。难点在于，生产活动的技术含量越高，对科技投入和高端生产要素（高技能劳动力）投入的要求越高。但人力资本提升和技术发展是需要长期积累的，发展中国家不可能在短时间内拥有与发达国家相媲美的高端生产要素，激烈的国际竞争也不可能再留给发展中国家足够时间去重复西方国家花费上百年时间才完成的技术积累和禀赋提升路径。因此，发展中国家工业化深化难题的核心，是创新的紧迫需求与高端要素供给滞后的禀赋结构之间的矛盾。

解决这个问题的简单思路是，通过贸易保护政策隔绝国际竞争，然后通过进口替代工业化进行滚动积累。但是经济发展史已经用无数事实证明，任何一个国家都不可能在封闭的状态下进行卓有成效的创新。20 世纪 50 ~ 70 年代，全球许多发展中国家试图依靠贸易保护政策隔绝国际竞争，完全依靠自身的滚动积累完成工业化深化所需要的技术进步。例如，拉美国家实施了进口替代政策，试图走出一条停止进口国外制成品，先进口外国资本品（机器设备）由本国企业生产制成品、最终过渡到本国企业完全掌握技术，可以本地制造资本品的工业化道路。这种深化思路导致本土企业对政策保护和财政补贴的严重依赖，生产效率长期得不到改进，政府背负沉重的财务包袱，最终宣告失败。

另一种思路是，通过积极参与全球分工来克服本土高端要素供给短缺，从基于低成本的专业化逐渐升级为创新的专业化。表 1 - 2 是哥特 · 达斯特和约翰 · 哈哥多对 1980 ~ 1995 年国际战略技术联盟的数据统计。他们发现，在发达国家与发展中国家所建立的战略技术联盟中，早期的技术含量非常有限，主要是集中于本地化生产和市场开发的，但自 20 世纪 80 年代中期以来，联盟中的研发导向越来越明显，所涉及的产业部门也逐渐集中到高科技领域。1980 ~ 1984 年，发达国家—新兴经济体之间的技术联盟，只有 24% 是研发导向的，其余 76% 是以产品和市场开发为导向的。1990 ~ 1995 年，发达国家—新兴经济体之间的技术联盟中研发导向比例上升为 72.9% 。在产业门类上，1985 ~ 1989 年所建立的技术联盟中只有 43% 属于高科技领域，到 1990 ~ 1994 年，电脑、微电子、软件、通信等几个领域技术联盟占了所有联盟总数的 56% ，生物技术联盟占比达到 12.3% ，新材料以及空天技术占到 7% 。这种技术合作是高度互利的，对于发达国家而言，开展跨国合作有利于分摊巨大科技研发投入的风险，充分发挥不同国家在各自领域的知识优势（例如基于全球分工的专业化知识、对本地市场需求的了解等）。对于发展中国家而言，开展跨国创新合作有利于克服知识储备和要素结构的短板，实现快速技术进步。因此，诸多创新文献都将参与全球创新合作视为发展中国家实现发展赶超的必由之路（埃德奎斯特、赫曼，2012；刘志彪，2012）。

表 1－2　国际战略技术联盟的研发导向（1980～1995 年）

单位：%

	1980～1984 年	1985～1989 年	1990～1995 年	1980～1995 年
发达国家内部				
研发	54	58	85	66
产品/市场	46	43	16	35
发达国家—新兴经济体				
研发	24	27	72	41
产品/市场	76	73	29	59

资料来源：达斯特、哈哥多（2011）。

参与全球创新分工推动工业化深化已经在韩国、中国经济特区等少数东亚经济体得到验证。韩国的工业化进程被归纳为一条“从模仿到创新”的发展道路（金麟洙，1998），中国经济特区工业化深化则得益于高水平的“引进来、走出去”。无论是韩国还是中国经济特区企业，都在全球建立了广泛的研发合作网络，通过联合攻关、建立技术联盟等方式，实现了知识生产的互通有无，共担研发风险，共享科创成果，最大程度弥补了本土技术储备不足和高端要素禀赋供给滞后的短板。但是今天全球大部分国家都深入参与全球分工，其中绝大多数发展中国家都被长期锁定在全球产业链和价值链低端，仅有少数发展中国家和地区能够成长为全球创新网络重要节点。例如自 20 世纪 80 年代以来，拉美实施了比东亚更加自由、激进的对外开放，相比于东亚地区，其历史、地理、语言文化也与西方国家更接近，有更好条件与西方发达国家建立创新合作联系。但在现实中，全球大部分发达国家与发展中国家之间的创新合作，都是以东亚地区为对象的，很少看到拉美国家的身影。是什么因素决定了只有少数发展中国家能够在全球创新竞合中取得成功？工业化理论必须对此问题给予回答，并提出解决方案。一些基于东亚经验的研究文献给出的答案是，东亚政府和企业有更长远的战略眼光，在引进外来技术开展生产的同时，长期坚持投资对引进技术的消化吸收研发，建立了一条从引进到模仿再到创新的技术进步通道。但是这是否意味着一国就可以忽视高端生产要素供给滞后的禀赋结构限制，采取违背比较优势的工业化战略呢？现有理论并没有给出明确的解释，客观上提出了发展工业化深化理论的要求。

第二节　优势演化的理论假说

当今对工业化深化的讨论焦点集中在产业政策的有效性上，不同学者之间存在巨大分歧。支持产业政策的学者强调，发展中国家不可能具备与发达国家技术竞争的能力，各种创新与产业升级都需要得到政府的帮助引导。反对产业政策的学者则担心，产业政策会破坏市场有效性，而且会引发国家之间的贸易保护对抗。从实践来看，我们既可以轻易找到大量产业政策成功的例子，也可以找到大量产业政策失败的案例。这说明还有比产业政策更底层的因素，决定了产业政策是否有效。林毅夫教授深入研究了中国工业化崛起经验，认为有效的产业政策必须遵循比较优势原则。但是，对于这种观点是否适用于工业化深化阶段，还存在激烈的争论。一些学者提出，工业化深化更多依赖竞争优势而不是比较优势。这就涉及两种优势之间的关系辨析问题。我们认为，竞争优势是建立在比较优势基础之上，但又适当超越了比较优势的，存在一条依靠比较优势建立竞争优势的工业化路径，只是发展中国家市场体系和国家能力发育得不充分，各种制度缺陷和约束使得大部分国家未能顺利实现优势演化。

一　比较优势的逻辑与争议

比较优势理论的提出一开始只是为了解释全球贸易分工格局。因为工业化不可能回避国际分工与国际竞争问题，使得比较优势渐渐成为现代工业化理论中的一个关键性概念，是不同学派的争议中心。

比较优势理论是一种建立在分工学说上的相对优势理论。李嘉图最早提出了比较优势理论，他指出任何经济活动都存在机会成本，不同国家应该只专业化于自身最擅长的工作，而将其他工作分工给其他国家，双方通过贸易互通有无，实现双赢。赫克歇尔和俄林对比较优势理论的完善做出了巨大贡献，他们提出，各国的资源禀赋丰裕度决定了各自拥有的比较优势（俄林，2008）。例如，国内拥有大量森林的国家更适合发展木材相关产业，而邻近海洋的国家更适合从事远洋贸易和捕捞业。在现代经济中，最重要的资源禀赋不是自然资源，而是物质以及人力资本。处于不同发展阶段的国家，在资本构成和劳动力构成上存在显著差异。按照比较优势原则，发达国家拥有充裕的资本和技术，在知识密集和资本密集领域具有比较优势，就应该专业化于资本密集和知识密集型产业。发展中国家人口密集工资低廉，在劳动密集型生产上具有比较优势，就应该专业化于劳动密集型产业。从工业化角度看，这种比较优势学说等于划定了发展中国家与发达国家各自的工业发展范围，由此引发了激烈的争议。

一种观点认为，发展中国家如果遵循比较优势规定的发展道路，将永远无法缩小与发达国家的技术代差。要实现发展赶超，发展中国家必须实施积极的产业政策，补贴本国企业进入那些违背比较优势原则、与发达国家同步的现代产业部门。这些学者论证道，历史上所有成功实现赶超的国家，无论是早期的英国、美国、德国，还是后来的日本，都是通过跨越式发展先进产业取得成功的（张夏准，2008；贾根良，2018）。20 世纪 50 ~ 70 年代，这种观点一度成为发展中国家的主流观点。但是，随着拉美国家进口替代战略的失败和东亚开放型工业化模式尤其是中国工业化的巨大成功，逆比较优势的工业化理论遭遇挫折，一种顺比较优势的工业化观点应运而生。

中国学者林毅夫教授提出的新结构经济学是顺比较优势的工业化理论代表。林毅夫教授指出，工业化是建立在规模经济前提下的现代经济活动，逆比较优势的工业化战略将使得一国工业化长期陷入“缺乏规模经济——市场扭曲效率低下——企业无法赢利——缺乏规模经济”的恶性循环（林毅夫、蔡昉、李周，1999）。顺比较优势的好处是可以让一国工业部门顺利嵌入全球分工体系，充分利用外国资本、技术和市场，弥补本国资本不足、本土市场需求不足的缺陷，突破制约工业化的规模经济壁垒。对于工业化深化阶段可能出现创新需求与高端要素供给滞后的矛盾，林毅夫教授乐观地认为，只要政府扮演好公共品供给者角色，再做好产业升级引导，确保一国潜在比较优势能够充分转化为实际比较优势，就不会出现这方面的问题。一国参与全球化分工可以实现比较优势的动态升级。企业参与全球分工获得了足够利润，可以转化为资本积累和技术积累，改变一国的要素禀赋。这意味着，工业化各个阶段的发展逻辑是一致的，产业政策核心都是确保比较优势可以得到充分发挥（林毅夫，2011；林毅夫，2017a，2017b）。

但是，林毅夫教授关于工业化深化的逻辑似乎缺乏充分的证据支持。在罗德里克与林毅夫的辩论中，罗德里克就质疑中国的工业化是否完全遵循了比较优势原则。他认为，中国的出口结构比较好，通常只在人均 GDP 较高的国家才出现这样的结构，他将这归因于中国产业政策并未完全遵循比较优势原则，并且也取得了成功（林毅夫，2012）。另一方面，从产业结构来看，无论是日本还是韩国，在其工业化过程中都获得了大量来自政府的研发补贴，用于加速资本密集型和知识密集型产业发展，很难说这些产业政策都是顺比较优势的。由此看来，比较优势理论能够很好应用于发展中国家工业化早期阶段，但能否适用于工业化深化阶段尚缺乏足够的证据和说服力。

二　竞争优势的逻辑与争议

和比较优势理论一开始就着眼于合作共赢，为全球化提供理论依据不同，竞争优势理论的提出是为了找出全球贸易竞争中的赢家。各国政府普遍欢迎竞争优势理论，力图使用这个理论为本国产业经济把脉，提升本国在国际市场上的产业竞争力。但也有少数反对者指责竞争优势有诱发重商主义之嫌，而且会诱使人们错误理解西方国家的经济问题（克鲁格曼，2016）。但我们认为，将竞争优势与重商主义联系起来完全是一种误解，因为竞争优势理论从来都不赞同贸易保护，它的目的在于寻找提高区域生产效率的源泉，进而改善国民福祉。

准确理解竞争优势的方法是从其与比较优势理论的差异入手。在我们看来，竞争优势和比较优势理论存在两个基本差异。第一个差异是研究的出发点不同。比较优势是建立在对机会成本的分析之上，侧重分析两个地区（经济主体）之间的分工机制。而竞争优势则是分析为什么某个地区的生产效率会高于其他地区（Delgado et al.，2012），所以竞争优势也被称为绝对优势。第二个关键差异是对市场结构的假设不同。比较优势理论采用新古典研究范式，假设市场是完全竞争的。在这种假设前提下，市场之中不存在交易成本，也不存在不确定性，生产技术和生产成本完全由资源的稀缺性决定，这也是比较优势理论集中讨论禀赋结构而忽略其他影响因素的原因。这种研究方法的好处是通过对复杂现实的高度抽象，可以从纷繁复杂的现实中提炼出最为关键的因素。但也因为抽象度极高，使得新古典范式对分析者理论素养要求极高，很容易陷入对问题认识简单化教条化的误区。竞争优势理论则充分认识到市场是不完全竞争的，市场交易存在交易成本，经济活动中存在不确定性。在这种情况下，竞争优势理论认为，决定地区生产效率的除了要素禀赋结构外，产业规模和产业组织形态也会影响到规模经济和交易成本，需求偏好、竞争强度乃至企业战略都会影响企业当下以及未来的生产决策，这些都会对地区的生产效率和创新能力产生长远而深刻的影响。基于这种认识，竞争优势理论的提出者波特构建了著名的钻石模型，归纳出四类决定地区生产效率和创新能力的基本因素，分别是本地生产要素、本地产业配套（供应链）、本地市场需求，以及本地的竞争结构和企业战略。一个地区的生产效率和创新能力，是由这四大要素的相互作用所决定的（波特，2002）。

通过钻石模型，竞争优势理论为提升区域创新能力提供了一个简单便捷的政策分析框架，这使得竞争优势理论在政策研究界得到广泛使用。和比较优势理论要求政府只采取顺应市场的行动不同，竞争优势理论强调多途径培育竞争优势。例如，竞争优势理论强调高端生产要素在创新行动中的关键作用，建议国家和企业必须有意识进行人力资本投资，培养尽可能多的高技能劳动者。又如，竞争优势理论特别重视企业的战略取向。竞争优势理论认为，如果企业只着眼短期利润，不愿意为未来竞争投资，就可能长期停留在低成本竞争阶段，无法发展出创新竞争优势。竞争优势理论最重要的政策含义是产业集群培育，认为集群可以充分降低交易成本，发挥规模经济优势，加快技术溢出、激励企业实施创新导向的企业战略，因此不同国家和地区的竞争优势实际上是建立在产业集群之上的（Porter，1998）。竞争优势理论的提出引发了全球产业集群培育热潮，已经成为发达国家和发展中国家最重要的产业政策工具。

一些学者对波特关于竞争优势的形成机制提出了质疑。波特认为本土是跨国公司建立全球竞争优势的基石，跨国公司所有全球配置资源的行动都是建立在本国强大竞争优势基础之上的（波特，2002；Ketels，2017）。因此，波特将建构竞争优势的四大基本因素全部限定在本地，强调本土生产要素、本土供应链、本土市场需求和本土企业战略。批评者则认为，全球存在大量小型经济体，不可能如波特所说，完全通过本土资源建构竞争优势。对于那些小型经济体而言，建立竞争优势的关键在于，能否充分利用国际要素市场和国际商品市场有效进行全球资源整合。例如，瑞士的钟表、以色列的高科技、新加坡的航运等等，都是小国整合全球资源建立竞争优势的典型案例（Dunning，1992；Pitelis，2009）。通过对加拿大汽车产业深度融入北美自贸区的案例研究，一些学者提出了同时包含国内国际两个要素市场和商品市场的双钻石模型（Rugman and D'Cruz，1993）。另外，波特的竞争优势研究基本是以发达国家为对象的，没有讨论发展中国家的竞争优势问题。按照波特的钻石模型，发展中国家既不具备丰裕的高端生产要素、也缺乏挑剔的本地市场，似乎无法建立创新导向的竞争优势。但是，从中国经济特区尤其是深圳的工业化深化实践来看，中国经济特区在高端创新要素相对缺乏的背景下，成功培育出诸如华为、腾讯、大疆、比亚迪这样具有全球创新竞争力的高科技企业和产业集群，说明发展中国家一样可以建立创新导向的竞争优势。

三　解释工业化的全程演进：优势演化假说的提出

比较优势理论的成功之处在于很好地解释了东亚工业化腾飞的内在机制，基本可以确认的是，发展中国家工业化启动是由比较优势主导的。比较优势理论最大的问题是不能令人信服地解释为什么多数国家出现了过早去工业化。要解决工业化深化问题，还需要寻找更合适的理论工具。由于工业化深化的首要问题是要应对发达国家的创新竞争，竞争优势理论是一个更合适的分析工具。

将竞争优势理论应用于工业化深化分析，首先需要明晰比较优势和竞争优势的关系，究竟二者是截然对立的，还是存在一定关联。一些学者将这两种优势视为完全不同的两种工业化模式（洪银兴，1999；洪银兴，2002；洪银兴，2010），这种观点往往将比较优势与低成本优势和劳动密集型产业等同起来，忽视了比较优势存在动态升级的可能。也有学者认为二者是高度一致的，其理由是一国只有遵循比较优势，才能发展产业集群，提升内需市场，完成物质资本积累和人力资本积累，进而建立竞争优势（林毅夫、李永军，2003）。更多学者则认为，竞争优势包含了比较优势，但又不限于比较优势，引进了更多影响因素。竞争优势包含了对本地高级生产要素的需求，体现了比较优势思想。同时，竞争优势又强调产业配套和挑剔的内需市场，体现了新贸易理论对规模经济的重视（Gupta，2009）。一些学者据此认为，产业竞争力是随着工业化进程深化，沿着多条路径加强的。一条路径是比较优势理论主张的禀赋动态升级，另外还包括本地产业发展和市场扩张带来的规模经济扩张，以及工业化进程“干中学”的技术积累（朱富强，2020）。根据这种观点，我们可以提出一个从比较优势到竞争优势的工业化深化假说。在工业化早期，发展中国家由比较优势主导参与全球化分工，专业化于劳动密集型生产。随着工业化推进，一方面发展中国家出现了禀赋结构的动态改进，另一方面具备了由产业发展和收入提升带来的规模经济。此外，“干中学”取得的技术进步为本地企业从实行低成本竞争战略转为实施创新导向的竞争战略提供了必要的资源和信心。这三条路径推动了竞争优势的建立，支撑发展中国家从最初专业化劳动密集型生产进入更复杂的生产制造和创新研发。

然而，发展中国家在禀赋结构的高级化上始终是落后于发达国家的，因此不具备与发达国家进行全面创新竞争的优势。发展中国家的竞争优势，应该与发达国家有所区别，实施错位竞争，由此形成了全球创新分工网络。由此，可以在工业化阶段、主导优势、全球化角色之间建立起对应关系（见表 1－3）。

表 1－3　优势演化假说分析框架

发展阶段	工业化早期	工业化中期和后期	后工业化阶段
工业化任务	工业化启动和规模扩张	工业化深化	开展原始创新，孵化前沿产业
主导优势	比较优势	节点型竞争优势	领导型竞争优势
优势来源	资源禀赋	资源禀赋＋规模经济＋技术进步	资源禀赋＋规模经济＋技术进步
全球化角色	商品生产者/知识应用者（全球创新网络边缘）	商品生产者/知识生产者（全球创新网络节点）	关键商品生产者/核心知识生产者（全球创新网络中心）
政策重点	改善基础设施	改善基础设施 维护规模经济 鼓励企业创新	改善资源禀赋 避免过度去工业化 推动基础创新和前沿创新
支撑体系	市场体系：市场体系是否完备，影响要素配置效率 国家能力：政府是否能为善为，决定了各阶段发展政策能否得到有效执行 文化观念：是否具备强烈的赶超意愿与创新文化，影响企业战略导向		

工业化早期的中心任务是启动从农业国向工业国的结构转型，迅速打破制约工业化的规模经济瓶颈。这一阶段应该由比较优势主导，引进成熟技术，从事劳动密集型的简单生产。这个阶段尽管也存在模仿创新，但基本上不能为全球知识进步提供新增量，属于商品生产者和知识应用者，在创新网络中处于外围边缘位置。

从工业化中期直至整个工业化后期，工业化深化成为工业化的主要任务，需要从之前的要素驱动和投资驱动逐步转向创新驱动。依托于工业化前期建立起来的工程师团队、制造业体系，发展中国家可以建立有别于发达国家的竞争优势，专长于应用性创新。这个阶段的发展中国家依然是全球重要的商品生产者，但同时也成了知识生产者，在全球创新体系中的位置从边缘上升为重要节点。因此，我们将这个阶段的竞争优势称为节点型竞争优势。

到了后工业化阶段，一国迈入高收入经济体行列，曾经制约工业化深化的高级生产要素供给不足的结构性短缺问题已经得到了彻底解决，专长于基础创新和原始创新，孵化新兴产业。由于人力成本上升，主要从事价高利大的关键性零部件生产和前沿产业创新发展，处于全球创新网络中心位置。为了与发展中国家的竞争优势相区别，我们将这个阶段的竞争优势称为领导型竞争优势。

从比较优势到竞争优势的转化假说意味着产业政策需要因应工业化阶段变化及时调整。在工业化早期遵循比较优势发展的阶段，国家的产业政策应聚焦于弥补市场失灵，通过提供良好的软硬件基础设施，让潜在比较优势得到充分发挥，这和林毅夫教授新结构经济学的逻辑是完全一致的。在工业化中期和后期，工业化重心转为推动工业化深化，要建立和发挥竞争优势，政府一方面要继续做好软硬件基础设施供给工作，继续发挥好比较优势。基础设施的供给重点从工业化早期的道路港口等生产性基础设施，转变到大学、科技实验室、研发平台等创新性基础设施。另一方面，政府还应该加强集群培育，有针对性开展产业链强链补链，完善产业配套，进一步优化规模经济。最后，政府还应该出台大规模的创新扶持政策，鼓励企业开展创新，在专利保护策略上，要从原来以鼓励技术扩散为主转变为鼓励技术原创为主，加强专利保护力度。

我们推断到了后工业化时代，一国的政策重心应该集中到三个方面：一是进一步强化在高端要素禀赋上的比较优势，培养和集聚更多一流的科技人才；二是维持合理的工业比重，避免过度去工业化带来的社会就业冲击，满足高水平的基础创新和源头创新对制造业基础的需要；三是实施前瞻性的国家创新政策，鼓励制度创新和科技金融创新，引导资本进入周期长、风险大的源头创新领域。由于现代研发投入越来越大，回报期越来越长，即便是如美国这样金融市场高度发达的国家，也难以完全通过金融市场筹措到足够的研发资金。因此，即便是号称自由放任的美国，其高科技产业的技术源头大部分都是来自国家规划立项的科研项目带动（马祖卡托，2017）。此外，保持制度创新和金融创新的活力也非常重要，例如风险投资制度的创新，为美国高科技产业筹措了大量资金，对产业成长起到了决定性作用。但是，越是基础地位特别突出，或者属于关键技术瓶颈的科研项目，其回报周期越长风险越大，使得现有的风险投资体系都无法满足，需要进一步开发新的科技金融工具。因此无论处于哪个发展阶段，对制度创新的需求永远不会停止。

四　优势演化的支撑体系

在理论上，优势演化会伴随着一国工业化进程的推进而自发实现。但是迄今为止，只有少数发展中国家充分建立起竞争优势。原因在于优势演化是需要外部条件保障的，需要一国具备相对健全的市场体系有效配置资源，需要足够的国家能力正确制定和实施发展政策，需要创新导向的社会文化，后者决定了一个社会在基础设施和技术研发等回报周期长的领域所能提供的耐心资本投资数量。

发展中国家工业化建立竞争优势的第一个阻力是市场机制不健全。竞争优势建立在禀赋改善、规模经济扩张和技术进步三者结合的基础之上。首先，如果市场机制不健全，经济效率低下，发展中国家就很难在前期工业化阶段获得足够的利润、充足的税收，从而影响政府对基础设施和要素禀赋改善的投资。其次，经济效率低下意味着这个国家的工业部门赢利能力低，产业集群成长和人均收入提升迟缓，从而影响建立竞争优势所要求的规模经济扩张和技术进步。最后，有效市场中的优胜劣汰机制也非常重要。拉美的幼稚产业保护政策之所以会失败，主要原因在于消灭了竞争性市场，导致企业技术进步缓慢（江时学，1995）。东亚的外向型工业道路要求建立与国际接轨的营商环境，企业必须直面国际市场的激烈竞争，只有最优秀的企业才能生存下来，为东亚地区建立竞争优势提供了大批高质量的市场主体。

第二个约束是国家能力不足。所谓国家能力，是指一国将一些重大国家愿景转化为现实的能力。顺利的工业化推进需要政府制定和实施大量发展政策予以配合（郭跃文、王珺，2019；万陆、赵细康，2019）。在上文中我们已经分析了各个阶段的政策重点，但是不同国家在政策执行力上存在巨大差异（Cárdenas，2010）。研究表明，在发展中国家中，东亚新兴经济体的国家能力远远高于其他地区，东亚地区具有威权政府传统，普遍建立了高素质的公务员队伍。政府是由社会精英组成的，具有强大的学习能力，他们能充分吸收西方国家工业化经验，又能够摆脱对西方理论的简单复制，制定出符合自身国情的恰当政策，并有效予以贯彻落实（Wade，1990；约翰逊，2010）。相比之下，大部分发展中国家政府缺乏足够的组织动员和项目管理能力，导致许多公共建设事业往往达不到预期目标。这可以合理解释为什么东亚国家的工业化深化推进要远远领先于其他地区（CAF - 拉丁美洲开发银行，2016）。

最后，经济学分析往往忽略文化在经济发展中的重要作用，但大量证据显示，文化会通过影响经济主体行为、决策，显著影响一个地区的物质资本形成、人力资本积累和技术进步，进而对经济增长产生深远影响（Galor and Ozak，2016）。林毅夫教授认为，发展中国家的发展面临着基础设施供给、人力资本供给瓶颈，需要进行大量立足长期回报的耐心资本投资。而耐心资本投资的供应多寡，在相当大程度上是由一个地方的文化特质决定的（林毅夫、王燕，2017）。在那些具有长期导向文化特质的地区，人们更重视耐心、恒心与毅力，拥有更高的储蓄率，也更愿意进行耐心资本投资，经济增长绩效要显著好于缺乏长期导向文化特质的地区（Franke et al.，1991）。鉴于文化特质会显著影响一个地区可动员资本的数量（储蓄率）以及投资流向，因此林毅夫教授建议，应该将文化特质与其他资源禀赋共同列入比较优势范畴之中（林毅夫、王燕，2017）。这种文化作用机制也同样深刻影响从比较优势向竞争优势的演化进程。例如，如果发展中国家希望通过参与全球分工实现技术进步，就不能满足于对引进设备和技术的直接应用，还需要对引进设备与技术进行消化吸收再开发。这类投资的数额往往要大于对设备和技术引进的投资，而且需要相当长时间才能见到成效。在短期内，这会降低企业的赢利空间。在这种情况下，企业家必须做出企业战略选择，这种选择很大程度上受到文化特质的影响。按照竞争优势理论，企业的战略选择是影响竞争优势建立的重要因素之一。换言之，竞争优势的建立与文化特质息息相关。

第三节　中国经济特区工业化进程中的优势演化

中国经济特区的工业化普遍起步于“三来一补”，凸显了经济特区工业化启动时期低成本的比较优势。今天的经济特区经济依然高度外向，但是其产业结构、科技创新能力已经发生了明显的变化，培育了一批具有全球竞争力的高科技企业和高科技产业集群。尤其是深圳，依靠自身以及周边生产制造体系支撑，发展出全球领先的硬件创新能力，被称为“硬件硅谷”。中国经济特区卓越的创新表现为从比较优势向竞争优势的工业化深化假说提供了有力证据。本节着重阐述经济特区竞争优势的特征及其表现、演化路径与构成因素（经济特区钻石模型）。从这些论述中可以看到，中国经济特区的改革特征、开放特征以及创新文化特质，对于经济特区成功建立竞争优势发挥了关键性作用，也解释了为什么中国经济特区能够在工业化深化阶段有如此优异的表现。

一　中国经济特区竞争优势的特征与表现

（一）中国经济特区竞争优势的特征

中国经济特区在应用创新领域建立了成本领先、速度领先、与发达国家错位竞争的节点性竞争优势。在从比较优势向竞争优势演化的工业化深化假说中，发展中国家在工业化深化阶段，建立起的是一种与发达国家错位竞争的节点型比较优势。这种错位竞争，指的是发展中国家不直接和发达国家在基础创新、原始创新上进行竞争，而是充分利用自身的禀赋结构与产业基础，在应用创新领域取得成本领先、速度领先。这种节点型竞争优势特质在中国经济特区得到了充分的体现。根据麦肯锡全球研究院在2015年发布的《中国创新的全球效应》报告，中国已经成为对全球企业和创业者最具吸引力的“开放式创新”平台之一，在中国最快完成原型设计的时间只相当于西方国家公司内部研发的1/5，并利用按需生产产能实现产品的全面投产（麦肯锡全球研究院，2015）。随着全球技术变革速度不断加快，在创新上的速度领先优势不仅对发展中国家，对发达国家一样是至关重要的。麦肯锡报告指出，“中国速度”已经从生产制造进入创新领域。中国企业在产业链完整、快速响应的产业集群基础上，发展出了快速商业化的独特创新模式，能够以领先全球的速度对市场反馈做出反应，迅速转化为新的功能和设计。依靠成本优势和速度优势，中国经济特区进一步发展出科技成果产业化的竞争优势，一项在硅谷完成的原始技术研发，投资人往往会优先选择在深圳而不是硅谷进行后续的产业化研发。

（二）中国经济特区竞争优势的表现

中国经济特区的节点型竞争优势在研发投资结构、相对成本优势以及出口结构方面均有体现。

首先，中国经济特区研发投资结构侧重于应用性研发。2017年，深圳经济特区的国际专利申请量达2.04万件，超过德国（1.89万件）和韩国（1.57万件），仅次于东京，位列全球城市第2名，是中国第2名北京（0.51万件）的4倍。在国际知名专利数据公司IPLytics 2020年度最新发布的5G行业专利报告中，来自中国经济特区的企业占了相当大的比重。华为以3147件排名第一，中兴通讯以2561件排名第三（C114，2020）。但在研发投入方向上，中国（包括中国经济特区）与发达国家存在显著差异。表1-4对比了中国和部分国家的研发结构投入差异。中国已经是仅次于美国的全球第二科技研发投入大国，但是在投入结构上，中国只有5.1%投入基础研究，应用研究和试验发展占研发总支出的95%左右。美国研发投入中用于基础研究的比例达到了16.9%，日本也达到了11.9%。由于中国从事基础研究的高校科研院所大部分都不在经济特区，经济特区基础研究所占比重只会更低。当然，从长远来看，中国经济特区需要提升自主创新能力，从节点型竞争优势走向领导型竞争优势，势必要不断加大对基础研究的投入力度。但这个过程不是一蹴而就的，在目前发展阶段，将主要资本投入在应用研发领域，是与中国经济特区所处的工业化深化发展阶段相适应的。

表 1－4　2015 年部分国家的研发投入结构

单位：亿美元，%

国家	研发投入	基础研究		应用研究		实验发展	
		投入	占比	投入	占比	投入	占比
美国	4966	839	16.9	973	19.6	3153	63.5
中国	4088	208	5.1	442	10.8	3442	84.2
日本	1700	202	11.9	338	19.9	1083	63.7
德国	1148	—	—	—	—	—	—
韩国	741	127	17.2	154	20.8	459	61.9
法国	608	148	24.4	229	37.6	211	34.7
印度	503	80	16.0	112	22.3	118	23.5
英国	463	78	16.9	200	43.3	184	39.8

数据来源：蔡郁文、刘灿（2018）。

其次，中国经济特区节点型竞争优势在科技创新与成果产业化方面相对发达国家具备相对成本优势。为了与领导型竞争优势错位竞争，节点型竞争优势依然需要具备一定的低成本优势。只不过，这种低成本优势不再针对简单生产制造，而是针对科技创新与科技成果产业化。中国经济特区创新领域的低成本优势在很大程度上得益于国家大规模普及高等教育创造的工程师红利。根据教育部发布的 2016 年度《中国高等教育质量报告》，2015 年，中国在校大学生规模达到 3700 万人，位居世界第一；各类高校 2852 所，位居世界第二，由此推动了中国的技术劳动力供给大幅增加。2000～2014 年，理工科本科毕业生数量从 35.9 万人左右增加到 165 万人，是美国理工科本科毕业生数量（74.2 万人）的 2 倍多。根据著名企业家曹德旺的估计，目前中国制造业岗位普通工人的劳动力成本是美国的 1/8 左右，生产线工程师的价格大约是美国的 1/2。曹德旺投资的行业在美国属于劳动密集型行业，在生物医药、IT 等美国当前的支柱性产业中，中美之间工程师价格差异会更大。

最后，中国经济特区节点型竞争优势还表现在出口结构的升级上。由竞争优势替代低成本比较优势带动了经济特区产业升级和出口结构升级。表 1－5 显示了 2008 年、2018 年深圳的进出口结构，低成本比较优势支撑的“三来一补”贸易活动在进出口比重中大幅下降，一般贸易占比则大幅上升。从行业类别来看，依赖低成本比较优势的纺织家具行业进出口额大幅下降，技术含量较高的机电产品和高新技术产品在这 10 年间比重有了明显上升。进出口结构是地区在全球分工体系中角色的直接体现，有力地佐证了深圳经济特区已经建立起参与全球创新分工的节点型竞争优势。

表 1－5　深圳的进出口结构变化

单位：%

进口结构	2008 年	2018 年	出口结构	2008 年	2018 年
一般贸易占比	25.89	48.94	一般贸易占比	26.66	44.36
“三来一补”	55.08	31.19	“三来一补”	61.07	38.64
纺织家具	1.01	0.42	纺织家具	10.10	6.38
机电产品	42.31	45.12	机电产品	26.68	22.82
高新技术产品	51.25	69.44	高新技术产品	44.16	50.58

资料来源：2009 年、2019 年《深圳统计年鉴》。

二　中国经济特区竞争优势建立的路径

（一）改善要素禀赋结构

在比较优势与竞争优势理论争议中，最重要的分歧点在于要素禀赋的动态改进能否完全满足工业化深化对高端生产要素的需要。通过对中国经济特区人口结构中大学文化人口比例进行纵向与横向对比，我们发现，工业化推进确实带来了要素禀赋的动态改善，但是与中国经济特区在科技创新领域所取得的巨大进步相比，禀赋改善的水平相对滞后，说明禀赋结构改善仅仅是中国经济特区竞争优势的形成途径之一。

要素禀赋结构会随工业化的推进而升级。表 1 - 6 列出了中国四个经济特区 1990 ~ 2015 年几个重要年份常住居民中的大学（包括大专）文化程度人口占比情况。深圳居民中大学文化人口比例从 1990 的 4.47% 上升到 2015 年的 22.67%，增加了足足 4 倍。珠海的劳动力结构改善程度更大，从 1990 年的 2.56% 上升到 2015 年的 21.52%，增加了 7.4 倍。厦门和汕头的数据只到 2010 年，改进幅度同样非常大，厦门从 1990 年的 4.64% 提升到 2010 年的 17.80%，20 年提升了 2.8 倍。汕头 20 年间大学文化程度人口比例也提升了 3 倍。从纵向对比来看，伴随着工业化推进，中国经济特区的要素结构的确实现了大幅度升级。

表 1 - 6　全国与国内部分城市 25 年间大学文化程度人口占常住人口比重

单位：%，倍

		1990 年	2000 年	2010 年	2015 年	2010 年相比 2000 年大学居民比例提升倍数
经济特区城市	深圳	4.47	8.06	17.18	22.67	1.13
	珠海	2.56	7.50	18.39	21.52	1.45
	厦门	4.64	8.37	17.80	—	1.13
	汕头	1.03	2.22	4.16	—	0.87
其他城市样本	北京	9.30	16.84	31.50	—	0.87
	上海	6.53	10.94	21.95	—	1.01
	广州	—	9.31	19.23	23.65	1.07
	福州	—	4.95	12.46	15.22	1.52
全国		1.42	3.61	8.93	12.45	1.47

数据来源：历次全国人口普查数据。

但这种程度的要素禀赋结构升级尚不足以解释中国经济特区竞争优势的形成。要判断经济特区禀赋改善水平是否能够充分支撑工业化深化的创新需求，可行的方法是与其他地区所拥有的禀赋结构进行横向对比。我们首先进行国内对比，选择三个一线城市北京、上海和广州①，再加上厦门经济特区

① 广州既是中国四大一线城市之一，又是三个经济特区城市所在省份的省会。

所在福建省的省会福州，同时将中国大陆作为一个整体，组成国内对照组，与四个经济特区城市进行比较。2000～2010年10年间，大学人口比重增长最快的是珠海，增长了1.45倍，增长最慢的是汕头，增长了0.87倍。这个速度快于北上广，但是慢于福州和全国水平。这说明全国范围内的禀赋结构改善速度存在很强的地区趋同效应，基数越低的地方增长相对更快，并不完全由地区之间的工业化进程差异决定。另外，尽管四个经济特区城市中的大学文化人口比例提升很快，但迄今依然低于北上广，尤其是显著低于北京和上海。例如2010年，深圳居民中大学人口比例为17.18%，北上广三市分别为31.5%、21.95%和19.23%。到2015年，深圳常住居民中的大学学历人口比例上升为22.67%，但依然低于同期广州23.65%的水平。鉴于深圳在应用性创新领域的全球竞争中已经领先于北京和广州，说明仅仅用要素禀赋结构改善，不能完全解释中国经济特区为什么拥有如此突出的竞争优势。

为了验证此判断，可以将中国经济特区的禀赋结构与其他国家进行对比。表1－7列出了西方、东亚和拉美部分国家25岁以上成年劳动者中大学学历人口比例的数据。除越南是2006年数据外，其他国家数据都位于2010年前后。虽然存在统计口径差异（中国经济特区数据是全部人口中大学生比例，各国数据统计的是25～65岁年龄段人口中大学生比例），但仍能够说明问题。可以大致认为，中国经济特区在劳动力结构的高级化程度上超过了多数发展中国家，但与发达国家以及其他东亚成功赶超经济体之间依然存在明显差距。在发达国家中，美国成年劳动者中受高等教育人口比例达到了40%，其他发达国家也普遍在25%以上。鉴于目前是用中国经济特区城市与其他国家总体水平进行对比，可以合理推断，各个国家大城市的高技能劳动者比例会远远高于全国整体水平，因此中国经济特区与发达国家大城市在禀赋结构上差距会更大。这进一步验证了我们关于中国经济特区竞争优势具有多种来源的判断。

表 1－7　世界各国 25～65 岁人口中大学文化程度人口比例

单位：%

国别	比例	国别	比例	国别	比例
美国	40.66	日本	29.88	巴西	11.45
英国	33.06	韩国	35.32	墨西哥	16.30
德国	25.60	越南	6.70	阿根廷	—

数据来源：OECD 全球经济数据库。

（二）促进规模经济扩张与技术进步

制造业基础雄厚有利于规模经济扩张与“干中学”，加速了中国经济特区竞争优势的建立。尽管中国经济特区在高端要素供给上与发达国家甚至是北上广等一线城市依然存在显著差距，但是良好的制造业基础为中国经济特区铺就了一条集中于应用创新与科技成果产业化、扬长避短发展竞争优势的道路。中国是全球第一制造业大国，珠三角是全球重要的生产基地，这又进一步增强了深圳、珠海等经济特区的规模经济优势，使得这两个经济特区尤其是深圳竞争优势的建立速度要远远快于其他经济特区。麻省理工学院的一项研究表明，中国制造业的供应链优势和巨大规模让中国太阳能电池板生产商获得了 22 美分/瓦的成本优势，相当于比国际同业的成本低 15%～20%（麦肯锡全球研究院，2015）。此外，在工业化过程中，经济特区及整个珠三角地区逐步成为世界制造业基地，通过“干中学”积累了丰富的工程技术知识以及现场解决生产问题的技术经验，这是后工业化阶段许多发达国家已经逐渐丧失了的能力。这些因素都是中国经济特区能够吸引全球科技成果在经济特区进行产业化的重要动力。

麦肯锡全球研究院 2015 年发布的《中国创新的全球效应》报告清晰描述了深圳经济特区的规模经济优势是如何转化为创新的竞争优势的。以特区为圆心，在两小时车程范围内，集聚了超过 1000 家电气制造商、2000 家电子制造商、1300 家材料生产商、300 家服装生产商，以及平均年龄 33 岁的 900 万劳动力大军，这使得深圳设计公司能够将原型开发时间从以往的 10～15 周缩短到 2～3 周，开发成本从 10 万～20 万美元降低到 3

万~5万美元。此外，深圳及其周边还拥有全球吞吐量领先的港口群和机场群，确保深圳制造能够快速覆盖全球市场。这种优势在全球范围内都是独一无二、难以企及的。

庞大内需市场支撑下的规模经济优势，也在竞争优势的建立过程中发挥了巨大作用。巨大的人口规模、快速成长的中产阶级人口，使中国成为全球增长速度最快的消费市场。根据中信证券2020年发布的《寻找中国消费市场的新亮点》研究报告，以多种标准来衡量，中国中产阶级大概占中国总人口的20%~30%。以全球财富标准10000~100000美元（7万~66万元人民币）衡量，全国约有28%（3.9亿人）是中产阶级，这个数字超过了美国的总人口。而且，中产阶级数量还在快速增长之中，这使得中国成为全球各种工业产品，尤其是数字经济产品的最大或者第二大市场，通常能占到全球市场需求的10%~30%。2016年，中国互联网用户达到7.31亿，超过了欧盟和美国网民的总和。中国还拥有6.95亿移动互联网用户（占互联网用户总数的95%），而欧盟仅有3.43亿（79%），美国仅有2.62亿（91%）。属于“数字原住民”（年龄25岁及以下的互联网用户）的中国互联网用户多达2.8亿，几乎与美国互联网用户总数相当。中国庞大的移动互联网用户群体和年轻用户群体加快了数字化的普及速度，使得中国企业拥有了全球最好的互联网和数字科技发展市场，能够更快地把握全球新一轮技术革命机遇，在相关科技和产业领域建立先发优势。深圳是中国经济特区的龙头，其优势产业和优势技术均集中体现在新一代信息技术领域，这一领域能够最大程度发挥生产端规模经济优势和需求端规模经济优势。

（三）整合全球资源弥补要素禀赋短板

通过改革开放整合全球资源，弥补要素禀赋短板，是中国经济特区建立竞争优势的一个重要路径。中国经济特区最大的特征是改革与开放，这两者对经济特区成功建立竞争优势发挥了举足轻重的作用。改革的作用在于发展市场经济，提升政府治理能力（国家能力），为经济特区实现优势转化提供了高质量的制度和体制机制支撑。开放，则是通过与各个发展阶段相适应的“引进来、走出去”成功弥补了本地高端生产要素供给不足的禀赋短板。

波特是竞争优势理论的提出者，但是波特认为，一个国家只有先建立竞争优势，才能进行全球资源配置。波特的这种认识受到了其他学者的质疑，人们发现，全世界有很多小型经济体，单单依靠本土经济规模不可能支撑竞争优势建立。对于这些国家而言，只有实施广泛深入的全球资源整合，才有可能建立竞争优势。中国经济特区背靠整个中国，并不算小型经济体，但是从禀赋结构来看，中国经济特区依然处于发展中国家的水平，存在高端要素供给不足短板。中国经济特区的做法是充分发挥开放优势，不断拓展“引进来、走出去”的内容和范围，从引进外国资本到引进外国知识，从产品走出去到企业走出去。从20世纪90年代中期开始，深圳首先引进IBM、微软、朗讯等跨国高科技企业，利用外国的先进技术和资本发展本土的高新技术产业，打通了高科技产业和科技创新领域的国际交流合作通道。随着高科技产业基础逐步建立，深圳开始利用高科技产业发展的规模经济优势，以集成创新为突破口，吸引世界500强企业的核心制造环节和研发中心等落户，引进要素的技术含量进一步提升。近些年来，深圳引进的对象又从企业扩展到高校、研究院所等教育和科技研发机构，引进了一批国际知名的高水平大学和科研机构（见表1－8），围绕科技创新进一步完善深圳的创新生态体系，补齐深圳高端人才培养以及基础研发短板。随着中国经济特区本土企业技术能力快速提升，高端生产要素的供给缺口越来越大，这又促使经济特区企业走出国门，通过在境外建立生产基地、销售中心、研发中心以及开展海外并购等方式，拓展对全球高端生产要素的利用广度和深度，开启了“引进来、走出去”并举的全球资源配置新阶段。2014～2018年5年间，深圳在境外投资1000万元以上建立的研发机构有255家。华为在全球设有16个研究所、36个联合创新中心。这种积极的引进来和走出去使得中国经济特区深度嵌入全球创新网络中，将全球范围内的创新合作推进至更高水平，是中国经济特区建立竞争优势的另一条重要路径。

表 1－8　深圳引进的部分外资研发机构

研发机构	设立目标意义
美国英特尔全球智能设备创新中心	与本地伙伴在平板电脑、智能手机、可穿戴设备、物联网等全新计算产品开展协同创新
美国英特尔中国南方创新中心	进行最前沿研发活动，强化对深圳合作伙伴的技术支持。设立了华大基因－英特尔 BT&IT 联合实验室
美国高通深圳创新中心	美国之外全球首个无线通信和物联网的技术展示中心
美国微软移动技术孵化器	推动云与移动应用产业的创新孵化
美国微软教育产业联盟创新中心	以深圳现有智能终端生产集聚地为中心，提供技术支持、对接全球资源，扩大产业应用
韩国三星通信技术研究院	面向中国及全球通信设备市场进行基站设备、通信前沿技术等领域的研发
韩国 SK 电讯生命健康研发中心	引进韩国先进的医疗和诊疗技术，提供个性化的医疗服务
德国西门子血管造影（AX）产品的全球生产和研发中心	西门子医疗磁共振事业在本土之外，集研发、生产和市场推广等为一体的世界级研发生产基地
中德微纳米制造产业创新中心	中德工业 4.0 联盟计划联合相关机构推进德国先进制造技术在深圳实现产业化
德国莱茵 TüV 集团海洋产业技术研发中心	海洋生物资源开发、海洋环境治理工程、海洋能源利用、海洋健康产品生产等专业性检测检验技术的研发及服务工作
法国法雷奥新能源汽车动力系统全球研发中心	带动深圳汽车电子业在新一代信息技术、节能与新能源汽车技术领域实现智能化核心技术新一轮的突破
瑞士 ABB 新能源和电力保护业务研发制造中心	重点发展太阳能逆变器产品，支持深圳及全国可再生能源、高端制造业等领域的快速发展

资料来源：张菲（2017）。

三　构建具有中国经济特区特色的竞争优势钻石模型

钻石模型描绘了竞争优势四大因素是如何相互作用并形成合力优势的。现有的波特钻石模型是以发达国家为分析对象构建的。通过上述讨论，我们发现，除了波特所讨论的因素外，创新文化孵化出改革精神和长期导向、对外开放引进和配置全球高端生产要素，对于中国经济特区竞争优势的建立同样必不可少。将这些因素纳入竞争优势分析中，可以从三个方面进行拓展，从而构建具有中国经济特区特色的竞争优势钻石模型（见图 1－3）。

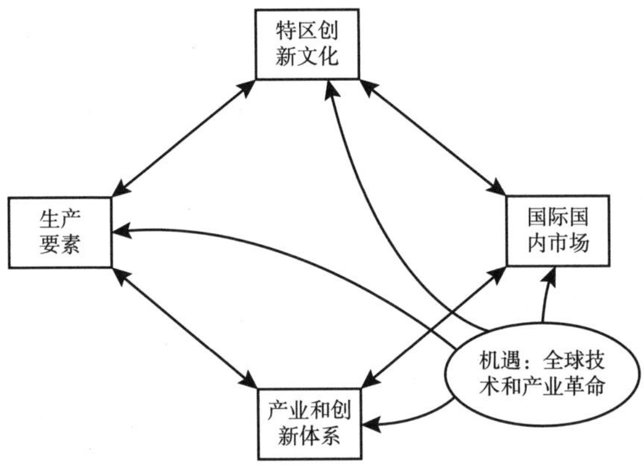

图 1-3　中国经济特区竞争优势的钻石模型

第一个拓展是竞争优势不仅需要依靠国内市场，同时也需要开拓和利用国际市场。中国经济特区经济是典型的出口导向型经济，企业对国际市场需求变化高度敏感，其产品设计、质量要求都不仅仅是针对国内的，在很大程度上是针对国际市场的挑剔需求和国际标准的。例如中国生产的传音、华为等品牌手机，就在待机时间、曝光度、白平衡上做了针对性研发设计，使之更加适应非洲市场的需求。在俄罗斯圣彼得堡，比亚迪纯电动大巴即将投入当地公交运营测试，为的是更好地适应当地严寒气候。在以新一代信息与通信技术为代表的高科技产业领域，经济特区企业积极参与国际标准制定，使自己的产品最大程度符合包括发达国家在内的全球市场的客户需求。正如以色列、瑞士、韩国等开放的中小型经济体的企业都必须依赖国际市场生存，对国际市场客户需求高度敏感一样，中国经济特区企业对海外市场的出色拓展能力，决定了在考虑中国经济特区的竞争优势构成时，不仅要考虑国内市场，也要同等考虑国际市场需求。

第二个拓展是我们用产业和创新体系，替代了传统钻石模型中的产业配套概念。中国经济特区竞争优势的形成得益于产学研的深度结合。为了提升产学研效率，尤其是增强经济特区基础研发实力，经济特区引进了大量高校科研院所、组建重大科技平台和产学研合作平台，同时大规模推进创新孵化器建设，鼓励创新创业，这种在深厚制造业基础上发展起来的科研创新体系，有效弥补了经济特区在基础创新能力上的相对短板，是中国经济特区竞争优势的重要组成部分。

第三个拓展是我们用经济特区创新文化，统合了传统钻石模型中的“同业竞争和企业战略”因素以及辅助因素中的“政府”。文化是影响企业战略方向选择以及建立改革型和服务型政府、提升国家治理能力的深层次重要力量。中国经济特区能够在改革开放和工业化建设上始终保持全国领先地位，一个重要原因在于经济特区已经形成了从最初依靠国家赋予的政策优惠优势到依靠敢闯敢试的文化优势。文化优势决定了中国经济特区能够持续保持开放优势和市场优势，巩固提升产业优势和创新优势。使中国经济特区在本地禀赋结构不具备显著优势的情况下，能够孵化出一大批创新型高科技企业。将经济特区创新文化特质纳入经济特区竞争优势分析框架中，不仅符合事实，也有利于强调发展中国家建立竞争优势必须高度重视先进文化建设。

第四节　对中国经济特区未来竞争优势的展望

改革开放以来，中国经济特区已经经历了经济特区初期建设和突破出口加工区“路径依赖”的两次创业。第一次创业，中国经济特区依靠比较优势，完成了早期的工业化启动。第二次创业，中国经济特区以企业为创新主体，以制造业为支撑，在应用创新和科技成果产业化领域建立起了节点型竞争优势。节点型竞争优势是中国经济特区发展的中间阶段而不是终点。中国经济特区的长期目标是建立起领导全球基础创新和原始创新的领导型竞争优势。基于这个奋斗目标，面临后疫情时代国际政治经济格局加快调整的机遇与挑战，中国经济特区应该启动第三次创业，围绕以下四个方面持续发力。

一是要发力补齐基础创新和原始创新能力不足的短板，彻底解决重大技术关键技术“卡脖子”问题。为此，中国经济特区一方面要进一步加大创新孵化力度，培育更多高科技产业集群；另一方面要加快高端人才和大科学装置、高等级研发平台等的引进和建设，形成更加紧密高效的产学研协同创新体系。同时，中国经济特区要进一步加快“引进来、走出去”步伐，抓住共建“一带一路”以及粤港澳大湾区、深圳先行示范区“双区”建设带来的机遇，冷静应对后疫情时代的逆全球化挑战，深化与世界各国的多层次、全方位产业合作与创新合作。

二是要保持实体经济和制造业主导的经济结构，以科技创新和产业升级推动工业化深化，将制造业和服务业比重维持在合理水平。避免经济脱实向虚，推动制造业高质量发展是事关中国经济可持续发展全局的问题，作为改革开放的前沿阵地和中国道路的探索先锋，中国经济特区责无旁贷。在发展高端商务、现代金融和物流等现代服务业进程中，中国经济特区必须始终警惕并规避过早和过度去工业化风险，通过科技创新和产业升级，始终保持实体经济尤其是制造业的国际竞争力，为科技创新提供强大的制造业支撑。

三是要以中国经济特区为中心，加快推动大都市圈和城市群建设，不断拓展经济特区的经济腹地，加快构建高质量发展的区域经济布局。建立和提升竞争优势，不仅要关注产业层面的要素配置优化，还要关注空间层面的要素配置优化。中国经济特区之所以能在全球创新分工体系中站住脚并有所作为，依靠的是经济特区周边发达的制造业腹地乃至全国超大产业腹地和市场腹地。进一步提升中国经济特区竞争优势对经济特区腹地建设提出了更高要求，中国经济特区需要进一步加强与周边地区乃至全国其他地区的产业合作与创新协同，建立促进要素更加便捷流动的跨区域合作机制，建设世界级的大都市圈和城市群，将中国经济特区建设成为以城市群形态参与国际产业分工和创新竞争的核心枢纽。

四是要进一步弘扬中国经济特区的创新文化，保持战略定力和创业激情。中国经济特区创新文化的作用不仅仅在于激励企业创新，同时也激励政府和全社会长期保持改革精神和创业激情，始终保持对内外部环境变化的灵敏反应，不断完善市场制度和治理体系。尤其在后疫情时代，面对去全球化和全球产业链供应链创新链重组的大变局，中国经济特区推进高水平对外开放、适应国际格局变动继续配置整合全球要素尤其是高级生产要素，都有赖于在商业层面、科技层面、制度层面、社会治理层面的全面创新，以创新不断提升发展内生动力，以创新打破发达国家的围堵，以创新开拓高水平开放新格局。

参考文献

埃德奎斯特，C.、L. 赫曼，2012，《全球化、创新变迁与创新政策：以欧洲和亚洲10个国家（地区）为例》，胡志坚、王海燕译，科学出版社。

波特，迈克尔，2002，《国家竞争优势》，李明轩、邱如美译，华夏出版社。

白雪洁、于庆瑞，2019，《劳动力成本上升如何影响中国的工业化》，《财贸经济》第8期。

蔡郁文、刘灿，2018，《全球主要国家（地区）研发投入与产出的比较分析》，《中国科学基金》第7期。

C114，2020，《5G标准必要专利最新全球排名：华为第一中兴第三》，https://tech.sina.cn/5g/2020-02-27/detail-iimxyqvz6254572.d.html?vt=4&pos=108&his=0。

CAF-拉丁美洲开发银行，2016，《建设一个更有效率的国家：提高设计、执行和学习公共政策的能力》，中国社会科学出版社。

达斯特，哥特、约翰·哈哥多，2011，《国际技术合作：对于新兴工业化经济的启示》，载金麟洙、理查德·R. 尼尔森编《技术、学习与创新——来自新兴工业化经济体的经验》，知识产权出版社。

俄林，伯特尔，2008，《区际贸易与国际贸易》，逯宇铎译，华夏出版社。

郭跃文、王珺，2019，《国家能力支撑下的市场孵化——中国道路与广东实践》，人民出版社。

洪银兴，1999，《从比较优势到竞争优势——兼论国际贸易的比较利益理论的缺陷》，《经济研究》第6期。

洪银兴，2002，《经济全球化条件下的比较优势和竞争优势》，《经济学动态》第12期。

洪银兴，2010，《以创新支持开放模式转换——再论由比较优势转向竞争优势》，《经济学动态》第11期。

黄群慧、黄阳华、贺俊，2017，《面向中上等收入阶段的中国工业化战略研究》，《中国社会科学》第12期。

贾根良，2018，《演化发展经济学与新结构经济学——哪一种产业政策的理论范式更适合中国国情》，《南方经济》第1期。

江时学，1995，《对拉美进口替代工业化发展模式的初步总结》，《拉丁美洲研究》第6期。

金麟洙，1998，《从模仿到创新：韩国技术学习的动力》，新华出版社。

克鲁格曼，保罗，2016，《流行的国际主义》，张兆杰、张曦、钟凯峰译，中信出版社。

林毅夫，2011，《新结构经济学——重构发展经济学的框架》，《经济学（季刊）》第1期。

林毅夫，2012，《新结构经济学》，苏剑译，北京大学出版社。

林毅夫，2017a，《产业政策与我国经济的发展：新结构经济学的视角》，《复旦学报》（社会科学版）第2期。

林毅夫，2017b，《新结构经济学、自生能力与新的理论见解》，《武汉大学学报》（哲学社会科学版）第6期。

林毅夫、蔡昉、李周，1999，《比较优势与发展战略——对“东亚奇迹”的再解释》，《中国社会科学》第5期。

林毅夫、李永军，2003，《比较优势、竞争优势与发展中国家的经济发展》，《管理世界》第7期。

林毅夫、王燕，2017，《新结构经济学：将“耐心资本”作为一种比较优势》，《开发性金融研究》第1期。

刘志彪，2012，《基于内需的经济全球化：中国分享第二波全球化红利的战略选择》，《南京大学学报》（哲学·人文科学·社会科学版）第2期。

罗德里克，丹尼，2013，《过早开始去工业化的危险》，《南风窗》第22期。

Liveris, A. N. , 2012，《美国制造》，蔡中为译，东方出版社。

马祖卡托，玛丽安娜，2017，《创新、政府与耐心资本》，载迈克尔·雅各布斯、玛丽安娜·马祖卡托编《重思资本主义：实现持续性、包容性增长的经济与政策》，李磊等译，中信出版集团。

麦肯锡全球研究院，2015，《中国创新的全球效应》。

茹晴，2001，《梁广大珠海为官16年》，中国经济出版社。

盛朝迅，2019，《推动我国工业化向更高水平迈进》，《经济日报》7月9日。

史丹、白骏骄，2019，《产业结构早熟对经济增长的影响及其内生性解释——基于互联网式创新力视角》，《中央财经大学学报》第6期。

陶一桃、鲁志国等，2017，《经济特区与中国道路》，社会科学文献出版社。

万陆、赵细康，2019，《市场孵化、发展政策与国家能力——建设有效市场的政策逻辑》，《南方经济》第12期。

王展祥，2019，《美国再工业化问题前沿研究评述》，《学习与探索》第11期。

习近平，2013，《2013年7月22日在湖北武汉重型机床集团有限公司考察时讲话》，http://news.youth.cn/gn/201307/t20130722_3568386.htm。

习近平，2017，《决胜全面建成小康社会夺取新时代中国特色社会主义伟大胜利——在中国共产党第十九次全国代表大会上的报告》，人民出版社。

约翰逊，查默斯，2010，《通产省与日本奇迹——产业政策的成长（1295－1975）》，金毅、许鸿艳、唐吉洪译，吉林出版集团有限公司。

张菲，2017，《利用外资促进技术创新和产业升级——基于深圳市调研的几点思考》，《国际经济合作》第11期。

张夏准，2008，《富国陷阱：发达国家为何踢开梯子》，社会科学文献出版社。

中国社会科学院工业经济研究所课题组，2020，《“十四五”时期中国工业发展战略研究》，《中国工业经济》第2期。

朱富强，2020，《产业竞争优势的动态演变：基于新结构经济学拓展的战略模式》，《社会科学研究》第1期。

Cárdenas, M. 2010. "State Capacity in Latin America." *Economía* 10: 1－45.

Castillo, M. and A. Martins. 2016. "Premature Deindustrialization in Latin America." *ECLAC Production Development Series* No. 205.

Dasgupta, S. and A. Singh. 2007. "Manufacturing, Services and Premature Deindustrialization in Developing Countries: A Kaldorian Analysis." *Advancing Development*, 435－454.

Delgado, M., C. Ketels, et al. 2012. "The Determinants of National Competitiveness." *NBER Working Papers* (18249).

Dunning, J. H. 1992. "The Competitive Advantage of Countries and the Activities of Transnational Corporations." *Transnational Corporations* 1: 135－168.

Franke, R. H., G. Hofstede, et al. 1991. "Cultural Roots of Economic Performance: A Research Note." *Strategic Management Journal* 12: 165－173.

Galor, O. and W. Ozak. 2016. "The Agricultural Origins of Time Preference." *American Economic Review* 106: 3064－3103.

Gupta, S. D. 2009. Comparative Advantage and Competitive Advantage: An Economics Perspective and A Synthesis. 43rd Annu Conf CEA. Toronto.

Kaldor, N. 1966. *Causes of the Slow Rate of Economic Growth of the United Kingdom: An Inaugural Lecture*. Cambridge University Press.

Ketels, C. 2017. "Structural Transformation a Competitiveness-based View." *Working Paper Series* No. 258, African Development Bank.

Newfarmer, R., J. Page, et al. 2018. *Industries Without Smokestacks: Industrialization in Africa Reconsidered*. Oxford University Press.

Pitelis, C. N. 2009. "The Sustainable Competitive Advantage and Catching-up of Nations: FDI, Clusters, and the Liability (Asset) of Smallness." *Management International Review* 49: 95－119.

Porter, M. E. 1998. "Clusters and the New Economics of Competition." *Harvard Business*

Review 76: 77 - 90.

Rodrik, D. 2016. "Premature Deindustrialization." *Journal of Economic Growth* 21: 1 - 33.

Rodrik, D. 2017. "Premature Deindustrialisation in the Developing World." *Frontiers of Economics in China* 12: 1 - 7.

Rugman, A. M. and J. R. D'Cruz. 1993. "The 'Double Diamond' Model of International Competitiveness: The Canadian Experience." *Management International Review* 33: 17 - 39.

Wade, R. 1990. *Governing the Market: Economic Theory and the Role of Government in East Asian Industrialization.* Princeton University Press.

第二章
竞争优势支撑的经济特区工业化深化

工业化深化的进程实质就是从比较优势向竞争优势演化的过程。推动工业化从规模扩张转向质量提升，需要走竞争优势支撑的开放路径。基于本研究建立的特区竞争优势“钻石模型”，中国经济特区的工业化深化主要是来自四个核心要素的合力作用，即依托生产要素、国际国内市场、产业和创新体系，以及特区创新文化，并耦合国际技术革命和产业分工的机遇，建立了依靠资源禀赋升级、规模经济、技术进步和特区文化激励的竞争优势，从工业规模扩张转向工业质量提升，不断支撑工业化深化发展。在这个过程中，创新是驱动工业化深化的第一动力；始终坚持实体经济发展、制造业强市的原则，通过金融发展助力产业升级走向前沿产业，不断推动先进制造业与现代服务业融合发展；通过工业化与城市化的互动发展提升城市化水平；通过发展海洋经济拓展工业化深化的新空间。在这些因素的综合作用下，中国经济特区成功实现了从比较优势到竞争优势的转化，走出了一条具有中国特色的工业化深化之路，为世界工业化发展提供了中国经验。

第一节　工业化深化理论

本节基于经典的工业化理论，并结合对发展中国家过早去工业化的反思，明晰工业化深化的内涵与外延，对工业化深化的实现路径展开探讨，提出开放型经济下建立竞争优势支撑工业化深化的双循环开放路径，为中国经济特区 40 年从比较优势走向竞争优势的工业化道路追溯理论依据。

一　工业化深化的理论内涵

工业化是发展经济学的核心概念之一，关于工业化的含义有不同的理解。狭义上看，工业化就是经济发展中工业产出和就业比重不断上升的过程。广义上看，工业化是由一国工业增长引起的、体现为人均国民收入水平增加和经济结构高级化的经济发展和经济现代化过程（黄群慧，2018）。传统理论将工业化阶段划分为工业化初期、中期和后期三个阶段。工业化初期是靠要素禀赋驱动工业规模扩张，到了工业化中期特别是工业化后期，为避免过早去工业化问题和陷入“中等收入陷阱”，需要推动工业化进程不断深化，提升工业发展质量。因此，工业化是一个长期的过程，工业化中后期是工业化深化的阶段。

工业化深化是从工业规模的扩张转向工业经济质量提升的过程，涵盖工业发展质量、工业竞争力提升以及工业对国民经济的重要支撑和引领作用等。在发展动力上，不同于早期的工业化启动和工业规模扩张阶段，工业化深化主要是依靠创新驱动来提高工业质量和竞争力；在要素结构上，工业化深化阶段要以高级要素替代低级要素，以先进技术替代落后技术；在发展目标上，主要表现为提高工业企业的全要素生产率；在产业结构上，注重先进制造业与现代服务业的融合发展，发展服务型制造业，形成高质量发展的前沿产业体系。

工业化深化的提出，一方面拓展了工业化理论研究的视野，丰富了工业化阶段理论的内涵，避免了过度强调工业规模和工业比重指标的局限性。另一方面，工业化深化是一个大国提升工业经济发展质量和竞争力的必经阶段。

二　工业化深化的外延

不同于早期的工业规模扩张，工业化深化主要是依靠创新驱动来提高工业质量和竞争力。工业化深化的核心是创新驱动产业结构的高级化，是一个连续性结构调整的艰难过程。具体而言，工业化深化的外延至少应包括以下几个方面。

一是贸易结构优化。进出口贸易是驱动经济增长的三驾马车之一，在工业化深化阶段，应转变外贸增长方式，优化对外贸易结构，增强出口竞争力，大力提高外贸质量和效益。推动加工贸易产业链向研发设计、营销服务两端延伸和一般贸易发展，提升进出口商品的质量，支持企业“走出去”，培育竞争合作新优势。

二是持续性产业升级。持续性产业升级是工业化深化的外在表现。在开放型经济下，发展中国家依托要素的升级与技术进步推动产业向技术密集型和高附加值型转变，并构建根植于国内市场的国内价值链突破发达国家的低端锁定，进而通过融入全球创新网络，以全球创新链推动全球价值链升级，实现走向世界前沿的产业升级。

三是实施创新驱动。进入工业化深化阶段，必须以创新驱动代替早期的要素驱动和投资驱动，以创新作为第一动力，向全球价值链中高端攀升。以全球视野谋划和推动创新，建立工业化的创新驱动机制，坚持“引进来”和“走出去”相结合，积极融入全球创新网络，从模仿创新走向原始创新，从全球价值链低端走向中高端。

四是金融发展助力。在工业化深化阶段，金融发展是工业化、城市化和现代化发展的强有力支撑。应通过产融结合提高工业竞争力，通过金融发展加快技术进步，并分散技术创新的风险，助力实体经济融入全球创新链和全球价值链，提高工业发展的质量。

五是城市化水平的提升。城市群或都市圈经济逐渐成为国家参与国际竞争和提升世界影响力的空间单元，工业化深化驱动城市化和大都市圈发展的过程也是城市功能持续优化升级的过程。在市场化探索以及持续开放创新的综合作用下，形成的资源要素逐步自由流动、持续技术创新以及参与全球产业链、创新链，实现城市化水平的提升。

六是海洋经济拓展工业化深化的新空间。工业化发展与资源环境约束之间的矛盾是工业化深化过程的突出矛盾之一。海洋经济作为陆域经济向海洋的延伸，对于解决工业化深化进程中所遭遇的土地、资源、环境问题，破解供给侧结构性改革短板，形成新的供给空间具有关键性作用。海洋经济和陆域经济在动态反馈过程中形成各自螺旋式上升的态势，培植出工业化深化阶段新的经济增长点。

三　工业化深化的路径

工业化道路是实现工业化的方式和途径，涉及实现工业化的基础条件、发展目标、体制机制、战略方针和发展步骤等。从发展经济学看，工业化实质是国民经济中一系列重要的生产要素组合方式连续发生由低级到高级的突破性变化、进而推动经济增长的过程（黄群慧，2020）。结合经典的工业化阶段理论、开放经济理论，我们进一步探讨工业化深化的实现路径。

（一）基于内部循环累积的封闭路径

长期以来，学术界对工业化进程的经济结构演变进行了研究。基于配第的工商业发展思想，科林·克拉克认为，随着经济发展和国民收入水平的提高，劳动力首先从农业转移到工业，然后再转移到服务业，这就是配第—克拉克定律，代表了早期的工业化阶段理论。在此基础上，西蒙·库兹涅茨对国民经济的产业数据进行了测算，验证了上述观点。基于此，霍利斯·钱纳里等人把工业化过程划分为前工业化阶段、工业化阶段、后工业化阶段，其中工业化阶段包括工业化初期、中期、后期三个阶段。钱纳里等人的工业化阶段理论，成为学术界划分工业化阶段的基准。基于上述经典的工业化阶段理论，早期国内外学者关于工业化的研究主要围绕是否推进平衡增长理论或者赶超战略，如 Rosenstein-Rodan（1943）以外部性为核心提出工业化大推进的平衡增长理论。然而，Hirschman（1958）认为大推进平衡增长理论忽略了前发达国家资源供给能力的限制，因此提出不平衡发展理论，主张集中有限资源优先发展部分工业，再通过互补作用和外在经济而逐步扩大对其他工业的投资。

回顾中国工业经济发展史，20 世纪 30 ~ 40 年代，翁文灏等人提出了重工业优先发展的非平衡赶超战略。他提出，工业建设中，“各种重工业必须持为看重，尽先建设，然后方能在短时期内，培成经济的基本，与国防的实力”①（翁文灏，2009）。重工业赶超增长模式实质上是一种基于内部循环累积的封闭路径：从突破资源稀缺对经济增长的约束入手，通过对产品和要素施以严格的行政控制、价格管制和计划配给制度，以保证资源以较低的经济成本优先流向重工业部门，克服产业结构中重工业薄弱对国家安全和经济发展产生的“短边效应”，使国民经济在最短的时间内加速增长，实现工业化赶超甚至超过发达经济体的强国目标（王宏淼、张平，2019）。不可否认，对后发大国来说，要实现持续的、长时段的经济增长，有必要在某个特定阶段实施具有正外部性和外溢性的基于内部循环累积的封闭路径，构建基础性的工业体系和国民经济体系，为全方位实施比较优势战略转变准备必要的“门槛条件”。然而，这种增长模式的偏差也产生了巨大的社会经济代价，如经济大起大落，经济结构失衡，居民生活水平提高缓慢，物品短缺现象严重。在20世纪70年代，国计与民生、积累与消费、城市与乡村等等之间的矛盾已经日趋激化，传统的生产关系及资源配置模式严重束缚了生产力及社会发展水平的提高，基于内部循环累积的封闭路径难以为继。

（二）基于竞争优势支撑的开放路径

在全球化背景下，工业化启动需要嵌入全球价值链，工业化深化则需要向全球价值链中高端攀升。基于内部循环累积的封闭路径较好地解决了工业化启动阶段规模经济不足、资本短缺、技术不足等问题，但是不足以解决工业化深化面临的全球竞争“双重挤压”问题。发展中国家应通过走开放路径推进工业化，建立竞争优势，通过全球创新链攀升实现价值链攀升。

竞争优势理论来源于波特创作的著名三部曲②，其间波特较系统地建立了自己的竞争优势理论。波特认为，竞争优势可以分为低层次的竞争优势和

① 翁文灏（2009）认为，铁路、钢铁、煤矿、电力等基本事业具备后，“则中国经济，如水有源，其流可以不枯，如树有根，其枝叶可以繁荣。国民经营衣、食、住、行、建筑、文化许多事业，动力有所取舍，材料克能供应，运输复能便捷，自必欣欣向荣，日益进步”。

② 即《竞争战略》（1980）、《竞争优势》（1985）、《国家竞争优势》（1990）三部曲。

高层次的竞争优势，前者是一种源于特殊资源优势而形成的“低成本竞争优势”，而后者是通过持续的投资和创新形成的“产品差异型竞争优势”，相比前者，后者很难被竞争对手模仿从而更有可能长期保持下去（林毅夫、李永军，2003）。波特将形成竞争优势的因素归结为“钻石模型”，包括资源要素、需求条件、辅助支持行业、企业战略等四个核心要素，以及政府功能和机遇这两个辅助要素。符正平（1999）认为竞争优势分析了企业创新、企业组织等因素，弥补了比较优势的不足。

随着工业化的发展，后发经济体面临其他发展中国家和发达国家的“双重挤压”问题。一方面是来自发展中国家的低端挤压。随着要素成本尤其是劳动力价格的快速上升，中国东部沿海地区发展劳动密集型工业的比较优势逐渐丧失，存在被其他发展中国家“挤出”全球价值链的风险（魏龙、王磊，2017）。中国社会科学院工业经济研究所课题组（2020）的研究发现，2017 年中国从业人员平均月收入为 847 美元，大约相当于柬埔寨、印度尼西亚等发展中国家的 4 倍以上，中国劳动密集型产业逐渐失去成本优势。另一方面是来自发达国家的高端挤压。国际金融危机后，以美国为代表的发达国家出台了一系列的“再工业化政策”，给中国的工业化发展带来了新的挑战。此外，随着中国工业向全球价值链中高端升级，中国与发达国家在同一产业链环节的竞争将更加激烈。根据朱富强（2020）的研究，要素低成本优势的丧失和竞争优势的缺乏是造成“中等收入陷阱”的原因。

面临全球竞争的“双重挤压”问题，必须通过建立竞争优势支撑工业化深化发展。早期通过发挥比较优势启动工业化，为后发国家建立竞争优势提供了必要的“门槛条件”。但是在工业化深化阶段，比较优势战略必须向竞争优势转型，这样才能成功跨越“中等收入陷阱”，走完工业化的全部进程。波特将一国优势产业的发展划分为四个阶段：第一阶段为生产要素推动阶段，产业主要靠丰富的自然资源和廉价的劳动力获得优势；第二阶段是投资推动阶段，持续的资本投入可以大量更新设备，引进技术并提高人员素质，提升产业价值链；第三阶段是创新推动阶段，这一阶段是竞争优势理论对于传统理论的突破所在；第四阶段是财富推动阶段。工业化深化阶段对应的就是上述第三阶段，即创新驱动阶段。吴杨伟、王胜（2017）的研究发现，竞争优势是相对于竞争对手所拥有的可持续性优势，表现为优于竞争对手的核心竞争力。因此，实现工业化深化，必须通过全球创新链攀升实现价值链攀升，从依靠资源禀赋结构决定的比较优势，逐渐转移到依靠禀赋结构、规模经济和技术进步构成的竞争优势。

第二节　竞争优势支撑经济特区工业化深化的内在机理

一　中国经济特区竞争优势的构成要素

波特将竞争优势的构成要素归结为“钻石模型”，包括资源要素、需求条件、辅助支持行业、企业战略等四个核心要素，以及政府功能和机遇这两个辅助要素。后来经过 Dunning（1993）、Kim and Marion（1997）等的发展，拓展了竞争优势的影响因素分析。此外，芮明杰（2006）在波特“钻石模型”的基础上，增加了“知识吸收与创新能力”一项，提出了产业竞争力的“新钻石模型”。基于此，本研究根据对工业化深化理论和特区工业化阶段的演进历程分析，将波特的钻石模型进行了拓展，形成了中国经济特区竞争优势的构成要素，即要素集聚、国际国内市场、产业体系和创新体系、特区文化四个方面。相比较波特的“钻石模型”有三方面的拓展：一是将需求条件中的国内市场扩展为国际国内两个市场，二是用产业和创新体系代替了原模型中的辅助支持产业，三是引入了特区文化，涵盖了核心要素中的“企业战略”以及辅助要素中的“政府”。其中，“特区文化”的引入是本研究对“钻石模型”最大的创新。在开放型经济下，中国经济特区 40 年通过持续扩大对外开放，充分利用国际国内两个市场，有效整合全球资源，建立了支撑特区工业化深化的竞争优势。

（一）生产要素

生产要素指的是生产需要的各种投入，包括初级生产要素和被创造出来的生产要素（也称高级生产要素）。早期的生产要素主要是天然形成或只需要少量投资就能获得的“初级生产要素”，如自然资源、地理位置、非技术与半技术劳动力等。随着生产力水平的提高与分工的细化，生产要素的范围扩大到高素质人力资本、现代化基础设施、高水平的管理、丰富的数据等方面。这些生产要素是需要持续的大量资本与人力资源投入才能获得，被称为“高级生产要素”（波特，2002）。在工业化的早期阶段，能够利用的基本都是初级生产要素。到了工业化深化阶段，初级要素禀赋逐渐弱化，同时工业经济投入中高级生产要素所占的比重越来越高。因此，能够不断形成并强化高级要素的国家或地区才能在更广泛的产业领域形成更强的国际竞争力。

在开放型经济下，以跨国公司为主体、以国际直接投资为载体的要素跨国流动是经济全球化的表现形式，通过将不同要素进行深度融合，实现高级易流动要素向低级不易流动要素所在区域流动。外部高级要素与中国经济特区内部未被有效配置的劳动力、土地、技术、资本等要素相结合，可以使国内生产要素发挥学习效应、溢出效应，进而提高生产效率（黄先海、王煌、刘堃，2019）。中国经济特区成立40年来，通过体制机制创新，吸引高端人才、技术、资本等高级要素在特区集聚，发挥要素的集聚效应、溢出效应和关联效应，提升要素层级，并结合投资、研究和开发实现要素创新，从而推动要素结构和质量的动态升级。此外，在“引进来”与“走出去”战略融合发展背景下，特区将不断拓展要素禀赋的外延，逐渐强化在全球层面的要素整合和集聚能力，形成支撑工业化深化发展的竞争优势。

（二）国际国内两个市场

波特的“钻石模型”用需求状况代表国内市场的作用，包括国内需求的结构、市场大小和成长速度、需求的质量等。一国的内部市场对某一产业提供的产品或服务需求复杂程度影响了该国这一产业的竞争优势（张吉国、周娟、田野青，2007），国内消费者的结构、性质、需求的增长、需求结构的变化对一国竞争优势有决定性作用。开放型经济下，本研究将波特“钻石模型”里的国内市场扩大到国际国内两个市场。

中国经济特区出口导向型的工业化战略极大地开拓了国外市场，故巨大、丰富的国际国内两个市场，是中国经济特区在国际比较中具有的独特优势。武义青、高钟庭等（2001）认为，一国（地区）工业化的推进，最终要靠其产品（或劳务）市场份额的不断扩大来拉动。中国经济特区通过国内外市场，一方面为国内产业可持续发展与升级过程突破资源约束拓展了战略空间；另一方面，也为其核心技术和关键设备的创新创造领先市场，从而实现规模经济和跨越式发展。

（三）产业和创新体系

在波特的“钻石模型”里，辅助支持产业及相关产业状况包括纵向的支持和横向的支持。[①] 本研究在波特钻石模型的“辅助支持产业”的基础上，增加了创新体系对特区工业化深化的支撑作用。乔晓楠、何自力（2016）的研究发现：技术进步推动迂回生产，工业化的本质就是延伸生产链条以及持续的资本品积累过程。完善的工业体系和产业链条也能够减少工业配套生产成本，有利于生产品类丰富、质优价廉的产品。对于一个国家或地区来说，产业体系越完备，工业经济的韧性越强，在激烈的国际竞争中越能够顶住压力、抵御风险，越能够变被动为主动（国务院发展研究中心课题组，2020）。中国经济特区既可以凭借丰富的劳动力资源长期占据价值链中低端，又可以依靠丰富的研发资源和创新投入攀升至价值链高端，从而形成更加完备的产业体系。

由企业、产业及研发结构等构成的创新组织是产业创新的主体，也是价值链创新的“发起者”和商业模式创新的“组织者”。以深圳为代表的中国经济特区之所以能够走上创新驱动的发展道路，除了得益于研发投入的高增长外，创新主体的开拓精神以及综合创新组织的共同作用等同样使特区受益。特区鼓励和支持企业自主创新，打通从创新到产业化的中间环节，加速创新成果转化，打造特区发展的核心竞争力。经过 40 年的发展，中国经济特区已经建立了比较完备的产业体系和创新体系，形成了其他地区不可替代的比较竞争优势，有利于工业化深化进程的持续推进。

---

① 纵向的支持指企业的上游产业在设备、零部件等方面的支持，横向的支持指相似的企业在生产合作、信息共享等方面的支持。

（四）特区的创新文化

有为政府、具备国际竞争力的企业、开拓型企业家及具有首创精神的民众等构成的创新主体，衍化为一种特区创新文化，是推动中国经济特区工业化深化的主体力量，也是特区竞争优势的来源。

首先，在波特的“钻石模型”中，政府是构成竞争优势的辅助因素之一。波特认为政府应当是市场竞争的催化剂和挑战者，政府可以通过自己的活动来影响四种核心因素中的任何一种，达到影响产业竞争优势的目的。对于中国经济特区来说，有为政府在特区工业化深化中扮演了极为重要的角色。特区政府从创立初期至今，一直都有一股“敢为天下先”的闯劲，为市场化改革和市场经济建设提供良好的制度和治理环境。特区政府在遵循工业化深化发展一般规律的前提下，制定了一系列工业战略、规划和政策、标准等，使特区在实现后发赶超和工业化深化方面少走弯路，创造了特区工业化的奇迹。

其次，在中国经济特区建设进程中，一批优秀的企业家群体逐渐发展壮大，而且新兴产业的企业家日趋年轻化，并且具备敢于冒险和创新的特质，成为推动特区工业化深化的主体力量。此外，特区尊重群众的首创精神，鼓励民众积极探索适合本地区的产业升级模式和路径，是特区工业化成功的又一条重要经验。中国经济特区的创新精神和创新文化也为其提供了与时俱进的思想观念和不断向现代社会趋近的价值取向，这反过来为创新和产业升级提供精神动力和智力支持，并与政府及各类社会组织形成良性互动，共同形成“特区文化”，为中国经济特区工业化深化发展创造了良好的创新生态环境。

上述几方面构成了中国经济特区竞争优势“钻石模型”的四个核心因素。此外，发端于美国的新一轮科技革命和产业升级引发了传递性的国际产业转移浪潮，对中国经济特区的工业化发展带来极大的机遇。根据波特（2002）的分析，形成低层次的竞争优势一般并不需要“钻石模型”的全部因素来配合，但是高层次的竞争优势必须由“钻石模型”的上述各因素的相互配合才能形成。中国经济特区 40 年来，高层次人力资本、专业化的研究机构、优良的基础设施为特区产业和创新体系的建立提供了必要的生产要素条件；来自国际国内市场的需求和竞争，促进并激励了创新主体的投资和创新活动；同时，特区的创新文化和体制机制改革又为特区要素禀赋和产业的升级提供了良好的外部环境保障；最后，耦合全球技术革命和国际分工的机遇，共同支撑着中国经济特区的工业化深化发展（见图 2－1）。

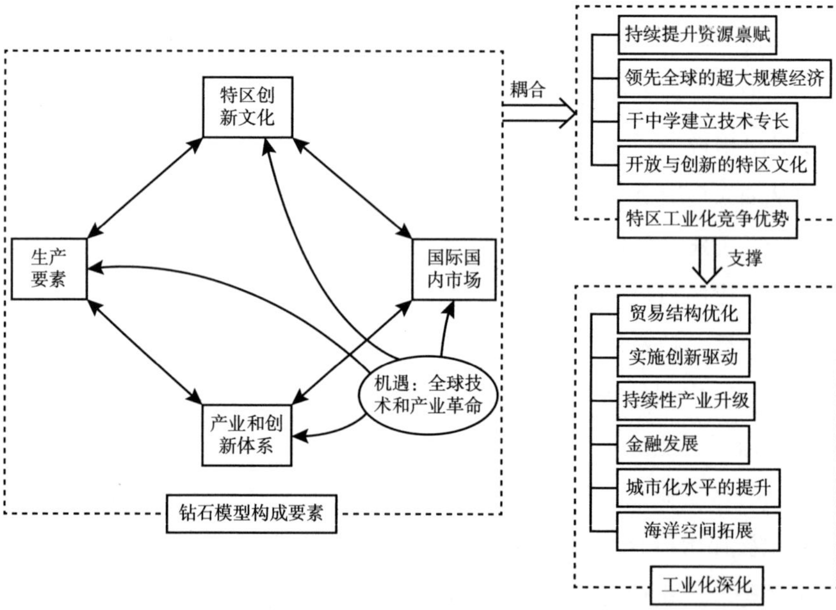

图 2－1　特区竞争优势支撑工业化深化的理论框架

二　特区竞争优势"钻石模型"四因素的耦合效应

波特的竞争优势理论为研究国家（地区）竞争优势问题开辟了新的分析范式。将不同国家（地区）的"钻石模型"的四因素进行比较分析，可判断一国（地区）的优势产业情况。对于中国经济特区来说，通过融入全球分工体系，发挥比较优势开启工业化历程，但是进入工业化中后期，就需要将比较优势转换成竞争优势，支撑工业化深化发展。那么，竞争优势如何转化？波特认为最重要的行动就是持续的投资和创新（波特，2002）。在这个转换过程中，由资源禀赋差异形成的比较优势的作用越来越小，而后天学习、培养规模经济、知识与技术创新、政府政策、市场需求等竞争优势成为国际贸易格局的决定因素（邹统钎，2001）。然而，中国经济特区竞争优势的形成不是一次性跃迁，而是在竞争中动态渐进演变而成的。40年来，中国经济特区在开放型经济下，通过特区竞争优势“钻石模型”的四要素即生产要素、国际国内市场、产业和创新体系、特区创新文化的交互作用，并耦合国际技术革命的机遇，形成了持续升级的资源禀赋、领先全球的超大规模经济、技术进步和创新的特区文化，成功实现了从比较优势向竞争优势的转变，支撑特区工业化深化发展。

（一）持续提升资源禀赋

资源禀赋是一国（地区）所拥有并能为生产活动选择的生产要素的集合。在工业化起步阶段，中国经济特区主要利用的是自然资源、地理位置、非技术劳动力等初级生产要素。特区按照比较优势原则，主要生产使用本地资源禀赋丰富的产品。随着工业化的深化，高素质人力资本、技术、管理经验等高级生产要素的比重越来越高。因此，特区必须不断形成并强化高级要素，持续提升资源禀赋，只有这样才能提高自身的国际竞争力。从初级要素到高级要素，竞争优势的演变是一个渐进的过程，是在竞争中动态演变形成的，是产业和创新体系、国内外市场需求和特区文化等因素耦合作用的结果。

1. 产业链条的延伸激发高级要素的培育和成长

产业链条的延伸衍生出对高端要素的需求，激发了对持续提升资源禀赋的投资。中国经济特区依靠低成本比较优势，发展轻型及外向型加工贸易启动工业化。到了工业化中后期，特区不断推动传统资源密集型产业向技术和资本密集型产业升级，形成电子信息、高端装备制造、新材料等高新技术产业集群发展。以深圳为例，既有高新技术产业的高端化发展，又有传统产业的转型升级，而且产业的跨界融合非常活跃，制造的服务化、服务的网络化，催生很多新兴业态，产业链条不断延伸。产业链条的延伸及新业态的发展，为特区要素禀赋的结构升级和高级生产要素的培育提供了丰厚的土壤。

2. 国内外市场需求拉动要素禀赋升级

在《国家竞争优势》一书中，波特（2002）将“内行而挑剔的客户”列为需求条件中一个最为重要的内容。波特认为，这些客户的存在能够推动企业进行持续的创新活动。随着经济的发展，初级产品为主的时代已被工业制成品、服务为主且技术快速演进的经济所取代。为满足国外挑剔消费者需求以及国内日益挑剔消费者需求，中国经济特区对高级生产要素的需求不断增长和升级，充分利用腹地资源优势和挖掘国际市场而形成的国内外大市场，催生了高级生产要素的培育和升级。

3. 特区创新文化激励要素禀赋结构不断升级

高素质人才、知识、技能、工艺以及专利等高级生产要素是需要通过大量的资金、人力投入才能形成的。因此如果有来自外界的干预，如集中资金、人力投入某些特定产业部门，那么一个国家就会在该产业更快地形成高级生产要素。波特认为，对于后发国家和转轨国家，依靠“看不见的手”自发形成市场交易秩序与规则是一个漫长的过程，国家在创造良好的经营环境和支持性制度从而确保投入要素能够得到高效使用和升级换代方面发挥着积极的作用（波特，2002）。中国经济特区的创新文化形成的冒险精神、赶超共识，激发政府和企业愿意对高级要素的培育进行立足长远的耐心资本①投资。特区对大学、科研机构的投入和招生规模不断扩大，工业企业的资金、技术、人力资本不断积累；人才存量和结构不断优化，逐渐培育了人力资本优势。此外，特区形成了涵盖创新全链条的科技政策体系，研发投入、专利申请和授权量等快速增长，持续提升着特区的资源禀赋能级。

（二）领先全球的超大规模经济

整体上看，中国经济特区领先全球的超大规模经济优势日益显现，是相对于其他国家经济特区不可替代的优势之一。早期的规模经济主要表现在制

---

① 耐心资本（Patient Capital）是长期投资资本的另一种说法，泛指对风险有较高承受力且对资本回报有着较长期限展望的资金。

造业部门的规模扩张，其后的规模经济还包括制造业部门的产业链条延伸、内需升级，以及国际市场新开拓。因此，中国经济特区建立了领先全球的规模经济，包括超大的制造业体量，完备产业体系，超大规模内需市场，消费者对产品挑剔程度的改善以及对数字产品的旺盛需求等，较为成功地完成了从低成本的价格优势向规模经济优势的转变。

首先，超大规模经济优势的建立主要集中在产业体系和市场需求的耦合。借助于全球产业转移的机遇和充分发挥自身的比较优势，中国经济特区建立了根植于国内的完备的工业生产体系，为国内消费者提供品种多样、花色齐全的工业产品，在全球产业链中占有重要地位。[①] 2001 年加入世界贸易组织（WTO）后，由于国际贸易条件的改善，中国经济特区工业的价格优势得到充分释放，国际市场对特区工业产品的需求不断增长，反过来又带动特区工业企业生产规模的扩大，规模经济进一步得到发挥。特区工业的优势产业逐渐扩大到 IT 制造业的装配环节以及部分资本密集型行业。郑乐凯、王思语（2017）的研究表明，1995 ~ 2011 年，中国的劳动密集型行业始终保持较强的国际竞争力，资本密集型行业和技术密集型行业的国际竞争力不断增强。随着网络与数字化时代的到来，我国人口数量最多，网民规模、手机网民规模和社交网站用户的数量远超任何一个国家，超大规模的市场体量优势凸显。[②] 因此，国内外市场和完备的产业体系耦合作用形成了中国经济特区超大的规模经济优势。

其次，中国经济特区的创新文化激发政府和企业在工业化深化过程中进行强链补链。技术创新的转化所需要的制造业环境与激发创新的环境并不能等同，创新能力与制造能力在很大程度上相辅相成，但又存在较大差异。以有为政府、开拓型企业家等为代表的特区工业化深化的主体力量，也是特区

---

① 中国已建成了全球唯一的拥有 41 个大类 207 个中类 666 个小类的工业生产体系，中国的工业产品和投资分别遍布 230 多个国家（地区）和 190 个国家（地区）（中国社会科学院工业经济研究所课题组，2020）。

② 中国网民规模、手机网民规模、社交网站活跃用户分别超过 10 亿、10 亿和 7 亿，超过美国和欧洲相加的数字（江小涓，2019）。

创新文化的精髓所在。经济特区在政府、市场、企业以及各种社会组织等创新主体的共同努力下，逐步建立起官产学研资介相结合的创新体系，激发科技人员和企业家的创新活力，建立起完善的产业链和创新链，将经济特区发展成为中国高新技术产业的聚集地和拥有上百万科技创新人员的创新创业基地，进而发挥高技术产业规模经济效应，实现产品技术优势对成本优势的替代，重塑经济特区在国际市场上的竞争格局。

最后，生产要素的耦合作用表现在为规模经济优化提供了人力资源保障。经由多年对外开放积累的产业实践经验与国内教育体系快速发展形成的叠加效应，推动特区人力资本优势实现内涵升级。以深圳为代表的中国经济特区的高新技术产业已形成一定的技术、人才和研发投入优势，尤其是对各类创新资源的吸引力和集聚力快速提升，要素禀赋结构的升级进一步促进了特区超大规模经济优势的发挥。中国经济特区工业化起步阶段，人力资源构成的主体是庞大的农村剩余劳动力；进入工业化深化阶段，特区低素质劳动力成本优势日渐弱化。特区 40 年的产业升级道路催生了一支优秀的工程师队伍，不仅在数量上优于其他发展中国家，而且较之发达国家特区工程师的低成本优势凸显，这是特区跨越“中等收入陷阱”的主导因素之一。这可能诱致以高端研发环节类为代表的服务外包产业规模快速扩张。因此，中国经济特区要素禀赋结构的升级为工业化深化中规模经济优势的发挥提供了重要的人力资本保障。

（三）“干中学”建立技术专长

在工业化深化阶段，面临要素边际报酬递减和资源环境承载力的约束，研发投入、技术进步成为驱动工业化发展的主要力量。尤其是到了工业化后期，随着投资回报率的下降，经济增长动力主要是外生的技术进步或者内生的知识生产规模报酬递增。纵观世界部分国家的工业增长史，非洲和拉美国家的工业增长主要靠外部需求单轮驱动，因而陷入“中等收入陷阱”。而亚洲主要经济体的经济增长是靠制造业扩张和效率提升的双轮驱动，进而创造了工业化发展奇迹。中国经济特区 40 年来，通过“钻石模型”各因素的耦合作用，在“干中学”中建立技术专长，支撑工业化深化发展。具体来说，特区的要素禀赋升级适应了建立技术专长对高级生产要素的要求；国内外市场的激烈竞争加速了技术进步的步伐；产业体系的完备支撑了技术进步，为“干中学”创造了实践条件；创新文化激励了企业投资耐心资本、提升技术吸收能力，从模仿走向了创新。

1. 不断升级的要素禀赋结构适应了技术专长对高级生产要素的需求

技术进步的源泉来自人力资本投资、知识创新等，而这需要相应的高级生产要素与之相匹配。相关理论研究表明，开放条件下的大量技术引进、“干中学”和竞争性低成本模仿，会加速一国的技术进步。但是，随着技术水平与国际前沿的距离日渐缩小，最终还是要靠研发投入、人力资本积累和知识创新等驱动技术进步。人类的工业技术革命经历了以机械电气化为特征的工业技术和以信息自动化为特征的信息技术时代之后，现已进入以人工智能技术为特征的智能技术时代。新一代信息技术、智能制造、生物医药、新能源等新兴产业必须以科技创新战略为支撑，并需要高知高能人才、丰富的数据等高级生产要素与之相匹配。中国经济特区 40 年来，不断升级的要素禀赋结构适应了新技术革命以及建立技术专长对高级生产要素的需求。

2. 国内外市场的激烈竞争是技术进步的催化剂

竞争性的市场结构是技术进步的催化剂，来自国内外市场的激烈竞争加速了技术进步。中国经济特区设立 40 年来，初始阶段面临外商投资企业的竞争时，本土企业由于缺乏竞争力和市场经验，会感受到巨大压力和发展困难。但是，基于企业的要素升级、产业配套以及企业家的创新意识和精神等多方面优势，特区企业不但未被压垮，反而在巨大的压力下加大了技术创新、企业重组和利用全球技术资源的力度。引进国外技术与自主研发相结合，全球采购零部件和关键设备，发挥大规模制造的优势，从而生产出具有国际竞争力的产品（江小涓，2020），不断提高本土企业在国内外市场上的份额。

3. 完备的产业体系是支撑技术进步的实践条件

每一次的工业革命均带来工业技术的颠覆和进步，并催生出相应的新兴产业。工业技术的进步和新产业的发展都需要相应的配套产业体系为其提供实践条件，进而支撑新技术的发展和应用。中国经济特区设立40年来，在政府“有形之手”和市场“无形之手”的合力下，形成了以战略新兴产业、现代服务业及优势传统产业为代表的梯次型现代产业体系。以深圳为例，从20世纪80年代大力发展“三来一补”加工业开始起步，到90年代以电子信息产业为龙头向高新技术产业进军，21世纪前10年初步构建起以高新技术产业、金融业、物流业、文化产业为支柱的现代产业体系，再到目前大力发展战略新兴产业和未来产业，已建立了根植于国内的完备产业体系。完备的产业体系为“干中学”创造了实践条件，共同支撑了中国经济特区的技术进步和工业化深化。

4. 创新文化激励特区从模仿走向创新，加速技术进步

开放型经济下，FDI的技术溢出、进口外国先进设备以及引进海外人才等，都有助于中国经济特区的技术进步。在这个过程中，要形成经济特区的竞争优势，进而支撑工业化深化发展，必须加强培养特区的知识吸收和创新能力，从模仿创新走向原始创新。中国经济特区创新文化的衍化孕育满足了这一条件。如深圳特区政府通过补贴、减税、鼓励高新技术企业折旧等一系列政策和措施激励企业投资耐心资本、提升技术吸收能力，进而逐渐实现自主创新。此外，在工业化深化阶段，由于工业技术的高复杂性、创新过程的长周期性和高风险性，创新驱动和技术进步面临阻力。中国经济特区通过依托有为政府、优秀的企业家队伍、创新开拓型的企业以及开放、多元、包容的移民创新创业文化，初步构建起特区的创新生态体系，形成集成创新优势，不断推进特区的知识创新和技术进步，形成特区工业化深化发展的内生动力，提高特区在全球创新链和价值链上的节点位置。

（四）开放与创新的特区文化

特区创新文化的培育和深化是中国经济特区具有的独特优势。陶一桃、鲁志国（2017）认为，“特区的快速发展在很大程度上得益于文化的精神动力，特区的经济与文化犹如车之两轮，鸟之双翼，并驾齐飞，相辅相成。”工业化进程的内生性主要取决于经济系统较高的自主创新程度，从工业初期

到工业化中后期，主要的转变是工业结构的复杂化和高端化，以及自主创新能力的增强。中国经济特区在40年形成的创新文化的激励下，发挥改革先锋、开放先行、创新先发的优势，通过融入全球创新链、产业链和价值链，打通国际国内循环的堵点和连接断点，推动国际国内双循环互促发展，支撑特区工业化深化的推进。

1. 开放的国际国内两个市场是培育特区文化的市场因素

一个群体的文化形成并不是凭空而来的，需要一定的市场因素为其提供培育的场所。一方面，中国经济特区的国内外市场有很强的开放性和包容性，而且容易接受新事物，这有利于创新文化的形成；另一方面，中国经济特区均位于中国东南沿海地区，有着临海混居的市场特征，有着海洋社会和海洋文化的底蕴。而海洋社会有着更强的冒险精神①，海洋文化有利于企业创新和创新文化的形成（赵子乐、林建浩，2019）。此外，海洋社会有大量的海外侨胞，跨国族群的市场结构有利于信息和技术扩散，最终培育了以“敢于冒险、崇尚创新、追求成功、宽容失败”为内核的创新文化和氛围。

2. 生产要素的流动与集聚是特区文化形成的基础

竞争优势可以通过多方面培养，其中的一个重要途径是通过发展开放型经济培植国际竞争优势。要素的跨国跨地区流动是开放型经济的主要特征之一，生产要素的转移、嫁接、融合、创新构成了特区创新文化形成的基础。中国经济特区是改革开放的前沿阵地，深圳毗邻香港，厦门与台湾隔海峡相望，珠海靠近澳门，在这种情况下，外来要素的流动、集聚和融合创新成为必然。以深圳为例，40年来，深港之间以及深圳与内地之间的经济合作和文化交流活动十分频繁，大量港人和内地人在深圳投资创业。中国香港地区文化乃至西方文化的个性张扬意识、宽容意识、时效意识，以及中国内地的吃苦耐劳、勤奋好学的精神和较强的集体意识，最终在特区的大熔炉里，形成了东西方文化融合、互补的特区文化。

① “人类在大海的无限里感到他自己无限的时候，他们就被激起了勇气，要去超越那有限的一切。大海邀请人类从事征服，从事掠夺，但是同时也鼓励人类追求利润，从事商业。”（黑格尔，1956）

3. 持续的产业和城市升级是特区文化深化的可持续因素

在《经济落后的历史透视》一书中，亚历山大·格申克龙指出：先发国家和后发国家在工业化道路方面的显著差别不仅体现在工业增长速度上，也体现在生产和组织结构上。在中国经济特区40年的工业化进程中，政府、产业和企业组织及各种社会组织共同调配社会资源，持续性推动产业和城市升级，实现对先发国家的赶超，不断推进工业化深化发展。以深圳特区为例，根据中央“杀出一条血路来”和“跳出现行体制之外”的指示精神，为推动产业升级实现科技兴市，先后在价格、流通、外贸、金融、外汇、土地等领域推进一系列重大改革，逐渐形成了特区的创新文化氛围。随着粤港澳大湾区和中国特色社会主义先行示范区（简称“双区”）战略的提出，企业、高校、科研机构、行业协会、青年组织等各种市场主体和社会力量共同参与“双区”建设，全面展现出了经济特区的创新文化内核。从简单的加工出口区，发展“三来一补”起步，再不断迭代升级形成具有国际竞争力的高新技术产业集群，引领中国高端产业不断走向世界前沿。产业结构的优化升级和城市能级的不断提升，持续性推进中国经济特区文化的形成和深化发展。

三　特区竞争优势支撑工业化深化的路径

在推进工业化深化发展的进程中，中国经济特区采取内外兼修的模式，凭借劳动力低成本的比较优势，以加工贸易方式嵌入全球价值链，启动工业化；进入工业化中期直至工业化后期，工业化深化成为特区工业化的主要任务。特区通过引进、吸收与借鉴，不断升级生产要素禀赋结构；通过制造业部门的产业链条延伸、内需升级，以及国际市场新开拓建立了领先全球的规模经济；通过“干中学”、市场竞争以及创新文化的激励建立技术专长；由政府、各种产业和企业组织及社会民众等衍化形成的特区创新文化，共同构成了特区的竞争优势，支撑特区工业化深化发展。在这个过程中，低劳动力成本优势是基础，持续的创新是实现技术赶超的主要动力，金融发展给工业化发展提供了有力支持，城市化水平提升为特区参与国际竞争提供了空间载体，特区文化的创造与激励是工业化深化的必备条件。适应于不同的工业化阶段特征和红利条件，起主导作用的要素不断更替和升级，同时耦合其他因素的影响和相互作用，成功地将比较优势转化为竞争优势，创造了特区高速工业化的奇迹。

（一）工业化初期：发挥比较优势

在工业化初期阶段，原始资本积累严重不足，资源极度匮乏，工业基础薄弱，技术落后，人均资源占有量较少，人均收入处于较低水平，而且城镇化发展水平明显低于工业化发展水平。这个阶段，中国经济特区工业化发展的动力主要是要素驱动，能够利用的生产要素基本都是初级生产要素。同时，利用特区的优惠政策和毗邻港澳台的区位优势，承接港澳台的制造业转移。特区通过“外引内聚”吸纳了一批优质的稀缺资源，如劳动力和外资等，并结合国外市场和资源，发展劳动密集型和资源密集型产业，启动工业化，充分发挥了特区的比较优势。这一阶段，中国经济特区通过对高级要素的引进与复制，实现与国内劳动、土地等低级要素相结合，从农业经济走上了工业化和贸易化的道路。

1. 特区政策吸引劳动力的流动和集聚，促进经济结构调整升级

根据蔡昉、王德文（1999）估计，早期劳动力从农业向非农产业转移，带来全要素生产率的提高，对经济增长的贡献率高达21%。工业化初期，中国经济特区利用“先行先试”的优惠政策，吸引劳动力要素自西向东、自内地向沿海流动，从农村向城市的转移，从农业向工业、服务业转移，优化了资源配置效率，提高了劳动生产率，促进了经济结构调整升级。第一产业占比由升转降；第二产业占比稳步提升，劳动力密集型的轻工业发展迅速；第三产业中商业、饮食、居民服务、交通运输等领域增长较快。实际上，这个阶段充分体现了比较优势在二元经济条件下释放“人口红利”对特区工业化启动和经济增长的贡献。

2. “外资+外贸”的外向型经济促进工业化发展

工业化初期阶段，顺应世界范围内结构调整和产业转移的发展趋势，及毗邻港澳的沿海区位优势，中国经济特区实行“以市场换技术”策略，通

过利用外商直接投资（FDI）和发展出口贸易，推进工业化进程。发展经济学创始人之一张培刚在其著作《农业与工业化》中提出，鉴于中国的情况，外国资本的利用是值得极力推崇的。FDI 的引进不仅为特区工业化发展提供了重要的资金，而且外资企业还带来了先进的技术支持和更好的企业制度与管理经验，极大带动了特区工业企业和产业的发展与升级，成为推动工业经济发展的主导力量之一（赵建，2019）。这一阶段，本着工业投资以吸收外资为主、产品以出口为主的基本原则，中国特区经济在迅速发展的同时，逐步形成了以工业为主，工贸结合，外向型、城市型经济为基本特征的产业结构（陈其林，1995）。正是这种“两头在外”的外向型经济，充分发挥了特区的政策优势，利用 FDI 发展加工贸易并进行出口，最大限度地利用外国市场，发挥规模经济效应，促进工业化发展。

（二）工业化中期：培育竞争优势

进入工业化中期阶段，由于要素边际报酬递减和资源环境约束，基于比较优势的粗放式发展模式难以为继，工业化发展由要素驱动转向投资驱动和创新驱动，研发投入、科学技术、产业配套体系等高级生产要素的作用逐渐增强。这个阶段，中国经济特区通过投资驱动和创新驱动培育高级要素，促进高新技术产业的发展，形成了电子信息、电气机械等高新技术产业集群。按照美国经济学家罗斯托（1962）的主导产业特征理论，在经济发展的任何时期，持续发展的动力，来源于一组主导产业的带动和刺激，主导产业的迅速成长，创造了新的技术发展空间和新的需求，从而推动了其他产业的发展。同时，通过城市化与工业化协同发展释放国内市场，为产业升级和工业深化发展拓展了空间，发挥规模经济效应；竞争政策与产业政策联动推进技术和产业升级的机制也有助于培育特区工业化深化的竞争优势。

1. 投资驱动和创新驱动合力推进高新技术产业集群发展

进入工业化中期，产业亟须进一步高度化并同时承接发达经济体的资本密集型和技术密集型的产业转移，因此，投资驱动和创新驱动是该阶段工业化发展与转型升级的动力源泉。在工业化进程中，无论是核心技术的研发，还是产业的转型升级，都需要金融资本的支持，金融资本肩负着科技创新、产业升级和高端化的“粮资”功能，在科技创新及高新技术成果产品化、产业化过程中发挥着重要作用。在工业化中期，中国经济特区为防范国际分工的“价值链低端锁定”风险，从低成本要素驱动转向创新驱动，持续性推进产业升级，向高端化和高附加值的方向转变；同时特区的资本市场发展也为产业结构转型和升级插上了腾飞之翼，促进特区工业发展由要素驱动向投资驱动和创新驱动转型。风险资本等现代金融在新技术、新产业的开发、培育和快速成长中起着关键作用，助力特区形成电子信息、先进制造等高新技术产业集群发展。① 高技术企业集群的发展壮大，一方面从量上拓展了特区的产业结构，发挥规模经济效应，另一方面从质上改造了特区产业结构，提高特区工业的国际竞争力，持续推进工业化深化发展的进程。

2. 城市化与工业化协同发展促进工业化深化

一个国家的经济现代化过程是工业化与城市化互动发展的过程。工业化为城市化提供了经济基础，而城市化为工业化提供了优质要素和广阔的需求市场。从工业化与城市化历史演进互动关系看，在工业化初期，主要是工业化进程推动了城市化的进程，而到工业化中后期，城市化进程的加快又牵引了工业化进程的推进。伴随城市化进程的推进，要素、经济活动集聚度日益提高，在规模经济效应与溢出效应作用下，城市群逐渐成为经济中心与创新中心的空间主体。一方面，城市群的发展加剧了高级要素的集聚，助力工业化深化；另一方面，城市群促进了国内需求的升级，进而推动工业结构升级和进程深化。以深圳为代表的中国经济特区在工业化中期阶段从出口加工区发展到大都市圈，为工业化进程深化、产业升级提供弹性空间，使不同类型、不同技术路线的产业具备了广阔的市场空间与价值链拓展空间的可能性，实现了城市化与工业化的协同发展，促进工业化深化发展。

3. 竞争政策与产业政策联动推进工业化深化

工业化进程的顺利推进，需要完善的政策支撑作为保障，尤其是促使企

---

① 按照罗斯托的主导产业特征理论，高新技术产业在21世纪初已成为深圳产业结构中的最重要主导产业，其技术水平特征将决定其对其他产业的带动能力和推力，而其技术水平主要取决于其产业技术创新能力（高俊光等，2007）。

业形成稳定预期的政策导向十分重要，在此过程中，必须明确政府与市场的功能定位与分工。中国经济特区是外向型市场经济的试验区和先行区，从市场的角度来说，充分的竞争政策是一种长效机制。[①] 波特（2002）认为，激烈的同业竞争能够给企业提供足够的压力来增加对高级生产要素的投资和研究发展活动的投资，从而有利于推进企业的创新活动。有效的竞争政策可以促进市场机制对资源配置作用的发挥，但是，工业经济领域长期存在的结构、技术、效率等供给侧问题，不是市场经济能自动解决的（洪银兴，2016），产业政策成为发展中国家推动工业化发展的核心政策（郑宇，2019）。因此，工业化中期阶段，中国经济特区出台的一系列激励技术创新的产业政策，有助于有效联动竞争性政策，有利于政策协同效应的发挥。此外，结合市场竞争机制选择的适宜性新技术，联动推进特区的工业化进程。

（三）工业化后期：深化竞争优势

进入工业化后期阶段，随着“人口红利”的消失和投资回报率的下降，经济的持续增长必须依靠索罗模型中外生的技术进步或者内生增长理论中知识生产的规模报酬递增，而技术进步是由高素质劳动力的创新来实现的，因此工业化后期创新驱动将成为经济增长的主要动力。这一阶段，中国经济特区通过技术进步提升全要素生产率，发展先进制造业，推动互联网、大数据、人工智能和实体经济深度融合，给工业化提供了科技创新的引擎。同时，通过先进制造业与现代服务业的融合发展，以及特区创新文化激励原始创新等机制，提高工业化发展的质量和特区工业化深化的竞争优势，成功跨越中等收入陷阱。

1. 科技进步促进经济国民收入升级

从各国经验看，一个国家的工业化并不是遵循直线轨迹推进，而是按照倒 U 形曲线变化。制造业增加值占 GDP 比重通常会先经历一个逐渐上升的

① “中国经济特区的性质与世界上其他国家的经济特区具有本质区别。其他国家的特区大体是在一个定型的、成熟的体制内，采取更加特殊的优惠政策，来达到局部的、暂时的利益，它们的目的绝不是为了推广。而中国的经济特区则是一种试验、一种探索，充当排头兵、‘率先’角色。现在的各种试验都是为了以后的推广。”（苏东斌，2009）

过程，达到峰值后便转而缓慢下降。然而，制造业比重下降，并不意味着该产业的重要性降低了，而是此时的工业化推进要转向以技术创新和结构升级为内涵的工业化新阶段。此外，乔晓楠、何自力（2016）的研究发现，后发国家在工业化进程中，如果没有在高技术生产环节实现突破，则会陷入“劳动力成本悖论”，无法从中等收入水平跨入高收入水平。进入工业化后期阶段，以深圳为代表的中国经济特区，以技术创新提高劳动生产率，促进制造业向技术密集型和知识密集型高端升级，进而实现产品技术优势对成本优势的替代，重塑产业在国际市场上的竞争格局。同时，新的工业化阶段是制造业攀升价值链阶梯的关键时期，特区高技术支撑的工业化生产环节向全球价值链的高端攀升，进而实现从中等收入阶段进入国民高收入阶段，成功跨越中等收入陷阱。

2. 先进制造业与现代服务业融合推进工业化深化发展

在新一轮科技革命的推动下，先进制造业与现代服务业尤其是生产性服务业融合互动发展已经成为全球产业发展趋势。一方面，生产性服务业的主要职能是为制造业提高配套服务，生产性服务业的发展壮大有赖于制造业的专业化、规模化、高端化；另一方面，生产性服务业的发展又是制造业效率提升、转型升级的重要支撑。生产性服务业可以通过深化价值链分工、降低价值链内部的生产及交易成本、促进价值链内部的创新等途径（周鹏、余珊萍、韩剑，2010），推动制造业企业向价值链高端升级。在工业化后期，经济特区充分借助新一轮科技革命带来的信息化和智能化机遇，大力发展智能制造和服务型制造，积极推动制造业服务化进程。通过发展生产性服务业，促进先进制造业与现代服务业融合、协同发展，推进工业化不断深入发展。

3. 特区的创新文化激励工业化深化发展

以深圳为代表的中国经济特区成立伊始就具备一种敢闯敢冒的创新精神。苏东斌（2009）认为，特区的概念已经由实体转化为精神了，而这一精神的核心就是创新；深圳最主要的贡献就是创造了一个崭新的社会主义市场经济体制，以及形成了一种崭新的敢闯敢冒的创新精神。伴随着特区工业化的发展，特区精神不断提升并衍化为特区的创新文化，是特区工业化深化发展的精神激励。经济特区的“精神激励”比“物质激励”的作用和效果更加明显，这也是特区为何不按国际通例称为出口加工区、自由贸易区、工业区而叫“特区”的原因（陶一桃、鲁志国，2017）。被誉为“政治企业家”的政府、具备国际竞争力的企业、开拓型企业家及具有首创精神的民众等构成的创新主体，衍化为特区的创新文化。在工业化后期阶段，正是这种特区文化将创新驱动内生化，实现了特区从模仿创新向原始创新和前沿创新的转变，从注重工业发展速度向提升工业化质量转型，形成了中国经济特区工业化深化的竞争优势。

第三节　中国经济特区工业化深化实践

20 世纪 80 年代以来，随着改革开放在中国沿海地区逐渐拉开序幕，孕生了不少崭新的城市，尤以深圳、珠海等经济特区为典型。这些经济特区的工业化进程不仅带有改革开放的烙印，而且表现出与其他国家工业化迥然不同的特点。经过 40 年的发展，中国经济特区以“杀出一条血路”的勇气，创造了世界工业化、城市化发展史上的奇迹，不仅迅速改变了自身面貌，而且为推动全国改革开放发挥了重要窗口和示范作用，为探索中国特色社会主义现代化道路积累了成功经验。

中国经济特区 40 年来的工业化道路是在多种因素的综合作用下实现的，通过比较优势的动态化调整，使要素资源从低附加值领域向资本、技术密集型的高附加值领域转移，实现了工业化的不断深化。高端要素、产业链、国内外市场、创新文化这四大动因相互影响、相互作用，形成了推动特区产业比较优势动态更迭、工业化持续推进的耦合动力机制。高端要素集聚和国内外市场的动态转化是特区主导产业更迭的直接拉动力，特区依托开放经济的优势，促进要素、商品与服务自由地跨国界流动，引进国际投资，内外联动，从而实现全球资源整合；完整的产业链是特区工业化发展的坚实基础，以民营经济为主体的实体经济，形成纵向深度延伸与横向融合发展的完备产业链条，为工业化推进提供了强大的基础。特区创新文化是工业化的外部保障，以企业为核心，以市场价值为导向，以政府战略规划为引导，以创新友好的社会环境为依托，以“科技—经济—科技”有效循环为演化动力的创新系统，有力推动了特区工业化的深化发展。在这四大动因的综合作用下，中国经济特区成功实现了从比较优势到竞争优势的转化，走出了一条具有中国特色的工业化发展道路。

一　工业化深化的国际经验与教训

（一）德国：以科技进步为核心建立竞争优势的工业化深化模式

德国在工业革命初兴之时，还是一个政治四分五裂、经济比较落后的国家，同时它又比英、法、美三国工业化起步晚。然而，它以无可比拟的速度突飞猛进，在较短的时间内实现了工业化深化。到 20 世纪初，德国工业发展已经超过了法国、英国，一跃成为欧洲头号工业强国，实现了德国历史上第一次大飞跃。

从 19 世纪初的施泰因——哈登堡改革开始到 19 世纪 50 年代，普鲁士政府陆续不断地进行农业方面的改革，农业机械化水平大为提高。1850～1870 年，德国农业净产值从 50 亿马克增长至 67 亿马克。农业的发展，在原料、市场、劳动力等方面配合了正在进行的工业革命。到 1852 年，关税同盟扩大到德国全境，以经济为纽带，突破政治分裂状态，把全德意志联结成统一的国内市场，大大促进了资本主义工商业的发展。19 世纪 50～60 年代，德国出现了工业高涨。各种名目繁多的信贷机构和股份公司也纷纷出现，它们集聚社会游资投入工业生产，在很大程度上克服了工业资金不足的弱点。德意志帝国政府于 1873 年建立了帝国银行，实行金本位货币制度，统一商业法规和度量衡，对交通运输业进行统一管理，实施了保护关税政策。所有这些措施为最终消除分裂状态、加强国内统一市场和促进经济向更高层次发展创造了极为有利的条件。全德统一市场的形成促进了交通运输业的大发展。1850～1870 年，德国掀起了修筑铁路的热潮，铁路线长度增加几倍，达到 1.88 万公里，铁路运货量增长了 27 倍。修筑铁路对冶金业及相关的其他工业有很大刺激，1850～1870 年，德国的煤产量增加了 4.1 倍，生铁产量增加了 5.6 倍，钢产量增加了近28倍。在19世纪50～60年代德国的工业高涨中，重工业的发展最为突出，这就为德国较快地发展成资本主义工业强国奠定了基础（姜正军，2013）。

德国工业革命的重要特点之一，是它对新的科学技术成果的运用。这与德国重视教育，注意科学研究与生产发展的结合有着密切的关系。早在19世纪20年代，德意志许多邦就开始实行强制性义务教育并大力兴办职业学校。德国是19世纪后半期文盲率最低的国家，德国的高等教育既注重基础理论的教学，又重视应用科学的研究。19世纪20年代，著名化学家李比西在基森大学创办的化学实验室，被誉为化学家的摇篮。19世纪70年代，德国又建立起许多国家级的科研机构，如国立物理研究所、国立化工研究所和国立机械研究所，等等。德意志民族在工艺技巧、科学文化水平及实际运用能力方面都居欧洲之冠，拥有许多高级专门人才。19世纪后半期，英国科学家法拉第提出的电磁感应定律，在德国得以付诸实践。1867年，西门子制成了第一台发电机。德国的酸、碱等有机合成工业也有很大的进展，TNT炸药也是这一时期发明的。科学技术的研究及广泛运用，大大促进了产业的发展，使德国成功实现了工业化深化。

（二）日本：以产业政策为手段培育竞争优势的工业化深化模式

日本的工业化是在明治维新之后，在近代工业发展的基础上形成和发展的。日本用不到一百年的时间实现了工业化，成为亚洲第一个实现工业化的国家。20世纪80年代，日本拥有世界第二大经济体的规模，而且在工业技术装备、技术成熟产品的加工能力、产业结构等方面均居世界前列。

与英美国家的工业化相比，日本由政府主导推动工业化深化的特征更为明显。日本政府将政府对经济的干预发挥到了极限，几乎达到“政府主导型”的水平，主要采取追赶型现代化的产业政策，它以欧美先进工业国的产业结构和先进技术水平为蓝本，有计划、有步骤地推行产业结构高级化的政策。日本政府将新兴产业、成长产业、出口产业列为保护扶植的战略产业，先后对钢铁、汽车、石油化工、机械、电子、计算机高级化等战略产业实行贸易保护、税收金融扶植等政府干预。如20世纪50年代的钢铁工业和70年代的电子信息产业，鼓励节能和高技术产品，将资本密集型的“工业化结构”转变成技术和知识密集型的“后工业化结构”。此外，日本政府实行了金融统制，用法律限制最高利率，形成人为的低利率，以保证企业获得充足的低息资金，同时实行外汇统制，将紧缺的外汇用于引进先进技术和设备的需要。

日本仅用一百年左右的时间就走完了其他发达资本主义国家用几百年走过的工业化道路。政府为了摆脱舶来品充斥市场，积累资本，在资金匮乏的情况下选择了充分发挥比较优势的棉纺织业作为产业振兴的突破口，18 世纪 90 年代棉纺织业已经发展成为日本的主导产业。战后经济恢复阶段以后，日本政府将经济复兴的突破口选为煤炭和钢铁产业。同时为了解决电力不足的问题，通过引进技术和开发新技术，实现了火力发电的大容量化。在此过程中，仪表工业和自动化机器工业逐渐发展起来，同时带动的还有石油加工工业和石油化学工业。战后在人民生活得到逐步改善后，日本耐用消费品产业如汽车和家用电器产业不断发展起来。20 世纪 80 年代以后，在石油危机的打击下，化学产业、造船产业和钢铁产业在不同程度上衰落了，日本政府随即将工业结构转向“创造性知识密集化”，提出了“技术立国”的战略。政府重点发展的产业转向新能源、信息、电子、新材料、汽车等产业，并以研究与开发为基础，促进所有产业领域的技术升级换代。

日本在工业化深化过程中也很注重科学技术的研发和应用，在推动自主技术的研究与开发方面做出过很多努力。比如从注重民间研究转向加强官方研究，而且加强同其他先进国家的科学技术合作；另外注重培养富有创造、开拓精神的技术尖子与基础研究人才。日本的工业化是在不断采用各国新技术中发展起来的。生产的发展要求技术的不断进步，而技术进步又推动了生产力的前进。日本十分重视吸取欧美各国的先进技术和经验，不断派遣政府官员去先进的国家参观、学习和考察，加以整理利用。同时举国大力兴办教育，开办各种训练班，举办展览会，普及科技知识，极力输入推广先进技术和管理经验（周蓉，2006）。

（三）韩国：以模仿到创新为路径建立竞争优势的工业化深化模式

韩国的工业化是从 1953 年的朝鲜战争结束后开始的。韩国更是用了短短二三十年的时间走完了英美发达国家用几百年、日本用一百年的时间才实现的工业化道路。

韩国国内市场狭小，容易达到饱和。因此，韩国在实施短暂的进口替代之后立即转向出口导向模式。正逢第三次科技革命开始兴起，发达国家经济发展迅速，韩国充分利用其廉价劳动力优势和发达国家产业转移的机遇，大力吸收外资，引进外国先进技术，发展劳动密集型出口加工业，许多行业在国际市场中逐渐形成了自己的相对比较优势。进入 20 世纪 70 年代，当进一步发展劳动密集型产业遇到困难时，韩国又采取进口替代政策，发展重化工业，将钢铁、石油化工、有色金属、造船、电子和机械这 6 个部门作为“具有战略意义”的部门，对其加以有力的扶持。一方面是为了实现工业原料的自给自足，另一方面则是为了出口，以实现产业结构和出口产品结构的升级，让大量资本和技术密集型产品参与国际市场的激烈竞争。到 1981 年，其重化工业品出口已超过了轻工业品的出口。此后 30 年，韩国的出口以 4 倍于全球贸易的增长速度持续增长（陈才兴，2008）。

韩国在工业化深化过程中非常重视“自立化”问题。工业化初期，韩国政府就意识到“建立自立经济，是韩国经济的当务之急。建立自立经济基础的当务之急，是通过振兴工业原料出口获取外汇”。因此韩国充分利用本国廉价而众多的劳动力，集中人力、物力、财力，大量引进国外的先进技术以及半成品，在国内进行深加工，然后以较低的价格出口，以赚取外汇，用这种方式不断循环，达到出口扩大化的目的。在加工半制成品及引进技术的同时，注重消化吸收和改造，逐步达到自立。在通过上述方式积累了一些资金和技术及经验后，又开始发展重化工业（李怡、罗勇，2006）。韩国就是通过这样的方式，实现了工业化深化：先依附他国，引进技术、资金、设备及管理经验，然后消化吸收，最后摆脱依附，走向自立，实施“进口为了出口”的发展战略，进一步增强了实力，实现了真正的“自立化”。

（四）新加坡：以建设国际枢纽城市发展竞争优势的工业化深化模式

新加坡的工业发展历程从 20 世纪 60 ~ 90 年代开始，各个阶段发展重点各不相同。总体而言，新加坡的工业化深化是高效政府主导下产业依次升级，并逐步建设国际枢纽城市发展竞争优势的过程。

从1960年起，新加坡人民行动党执政后提出多项工业化政策，如颁布《新兴工业法案》和《工业扩展法案》，大力发展民族工业；实施进口替代工业战略，解决失业和经济结构单一问题；实行进口配额制度，保护新兴工业。同年，大规模开发裕廊工业园，对入园投资的新兴工业和“后新兴工业”企业给予一系列政策优惠。

由于被迫脱离马来西亚而独立，国内市场骤然缩小，原料供应受到极大限制，新加坡政府及时调整战略，提出面向出口的工业化战略，吸引外资，大力发展制造业。同时成立国家生产力局和工程工业发展局，加强技术人员和工人的培训，提高劳动者素质。这期间软饮料、橡胶纺织、电子部件业等获得迅速发展，劳动密集型产业逐步形成。1965～1979年，GDP年均增长10%，制造业占GDP比重由1965年的15%增加到1979年的27%。

20世纪70年代，新加坡劳动力供应一度紧张，工资成本持续增加，周边发展中国家以较低的商业成本吸引外国投资者，成为新加坡引进外资的有力竞争对手。新加坡的经济结构重组和向高附加值领域发展的要求极为迫切。同时鉴于从20世纪70年代后半叶开始的技能培训初见成效，新加坡技术人员和工人技能丰富，政府连续3年提高工资，用提高劳动成本的方法促进产业结构升级同时，采取各种投资和税务优惠政策，扶持技术密集型企业发展，逐步淘汰劳动密集型企业。此外，新加坡还进一步加强社会教育和劳动力培训，加强高科技产业的招商，鼓励企业进行技术改造，推行机械化和自动化，使工业逐步向高附加值领域发展（明晓东，2003）。

20世纪80年代，新加坡经济发展步入成熟阶段，资源制约工业成本增加和科技基础薄弱的问题日益显现出来，来自发达国家和发展中国家的竞争日益激烈。为此，新加坡政府提出大力发展高新技术产业，提高企业的国际竞争力。一是加强科技基础建设，推动科学技术的发展，发展高科技基地。一批科技型企业成长起来，电子业发展成为制造业的龙头，到2000年其产值已占制造业的48%，电子产品出口占国内产品出口55%，使新加坡成为全球重要的集成电路、芯片和磁盘驱动器的生产基地。二是提升制造业和服务业，使之成为经济发展的双引擎，新加坡的金融、交通、商业、酒店餐饮等服务业取得了快速发展，被公认为东南亚地区的金融中心、运输中心和国际贸易中心。

从20世纪90年代后期开始，在新加坡政府的倡导下，以信息产业为中心的知识密集型工业迅速发展。为寻求新的经济增长点，倡导研究生命科学，开发具有自主知识产权的新产品和新技术。

（五）印度：比较优势未被充分激发，工业化进程缓慢

印度的工业化之路坎坷曲折。通过继承英国殖民建设的遗产和计划经济时期大力推进的进口替代工业建设，印度曾经建立起比较齐全的工业体系，但后来却由于政治经济体制的错配而逐渐放弃了这一体系，并未发挥其支柱和引领的作用。20世纪90年代的改革虽然使印度的经济活力大增，但并未激发其在用工、土地等要素成本上的比较优势，工业发展依然较慢。自2014年印度人民党上台执政以来，纳伦德拉·莫迪推出的“印度制造”（Make in India）计划是推动工业化进程的举措，虽然取得局部成功，但是迄今仍未激发整个国民经济体系产生积极的链式反应。印度的工业化深化至今仍然充满艰难险阻，偿还工业化的欠账依然是印度政府面临的一项艰巨任务。

资源要素不足导致印度资本匮乏。一是土地改革不力导致工业资本积累不足。印度农业部门无法为工业化提供充分支持。土地改革的失败也导致印度庞大的农业部门无法提高生产效率，贫困普遍存在，无法形成足以支撑其工业化的内需消费市场。二是对投资限制过多，导致外国资本无法进入。印度1990年改革之后虽然逐步对国内资本放松投资限制，但是对外资一直限制较多，各方也难以在这个问题上达成一致。由于土地、劳工等政策法规的桎梏，印度吸引外资的规模和成效不明显。

产业发展没有契合比较优势，导致产业结构难以迭代演进。印度人口基数庞大，劳动力素质偏低，资本相对缺乏，却走了一条发展技术密集型、资本密集型产业的道路。与服务业相比，工业制造对土地征收、劳工制度、基础设施和营商环境的要求反而更高。漫天要价的土地征收、冗员无数尾大不掉的劳工体系、供应短缺价高质低的基础设施、权力寻租无心发展的官员，

再低的用工价格也无法补偿巨大的隐性生产成本。服务业和高新技术产业不涉及大量的土地、劳工问题，对交通能源基础设施要求也比较低，因此反而成了“门槛较低”“易于发展”的行业。从这个角度上说，印度发展制造业面临的核心挑战在于如何激活和利用其资源禀赋，从而在国际经济竞合中更好利用其内生的比较优势（毛克疾，2019）。

（六）巴西：未能及时建立竞争优势，陷入“中等收入陷阱”

20 世纪 30 年代的世界资本主义大萧条使拉美国家的初级产品出口导向增长模式遭受重创，并促使部分具有初步工业基础的国家（如阿根廷、巴西、墨西哥、智利、乌拉圭、哥伦比亚等）逐步转向进口替代工业化的早期探索。这种进口替代工业化模式给巴西带来了长达 30 年持续、较高的经济增长期，但长期的内向发展也导致一系列结构性失衡现象的形成和加剧。

“进口替代”模式导致“失去的 10 年”。世界经济大萧条大危机导致的国际贸易萎缩及第二次世界大战带来的外部条件变化，迫使巴西加快发展原先需进口的本国工业消费品，实施“进口替代”。政府不仅对汽车、钢铁工业和家用电器等一些基础工业部门投入了大量人力、财力和物力，而且还为保护这些能促进经济增长的“幼稚工业”制定了严加保护国内市场的政策措施。到 20 世纪 60 年代末，由国家高投入、靠高保护和大量吸收外国直接投资推进的进口替代工业化，导致民族工业失去了发展活力，造成国内积累不能满足经济快速增长的需要，工业产值增加主要来自电力、钢铁、汽车家电等国家重点保护的行业。而为大众消费的工业品供应量却增加不大，出现了高档消费品工业快速发展但大众化的消费品工业却一直处于相对停滞状态的现象。丰富的劳动力资源也未被充分利用，就业创业举步维艰（陈才兴，2008）。

过度依靠国外资本，陷入“中等收入陷阱”。巴西在 20 世纪 50 年代开始发展重化工业后，机械产品和耐用消费品的生产需要更多的资金和技术，为此巴西政府在许多方面放松了对外资的限制。一方面，由于外资企业与其民族工业争夺产品市场和兼并民族企业的加剧，跨国公司加强了对巴西经济命脉的控制；另一方面，巴西从外国私人银行举借的长期债务从 1970 年的不足10亿美元，上升到1982年的400亿美元。巴西经济增长过度依赖外资的状况，被研究经济发展史的专家称之为“依赖性的工业化”。巴西工业化进程严重依赖外部的贷款、投资、发明、技术、人才以及意识形态，伴随工业化发展的是经济的殖民化和依附性程度的不断加深，从而导致陷入“中等收入陷阱”。

二　中国经济特区工业化深化的历史进程

（一）工业化初期（1980～1992年）——利用要素成本优势切入国际产业链制造环节，成功实现工业化起步

中国经济特区在工业化初期，利用改革开放的特殊政策，率先开启市场经济体制和开放型经济体制探索，同时利用毗邻港澳台的独特区位优势，充分发挥低技术劳动力、土地等要素资源禀赋和后发优势，形成了以对外加工贸易为特色的“轻型、外向”产业结构。这个阶段也是特区发展很重要的一个时期，投资软硬环境得到改善，外向型工业经济初步形成，高新技术产业、服务经济（金融、物流）开始起步，为后续经济实现起飞并迅速做大做强奠定良好基础。

1. 开启市场经济体制新探索，为全国以市场为导向的改革先行探路

工业化初期，中国经济特区打破旧的计划经济体制，通过“以立为主，破立结合”的大胆试验，初步搭建了市场经济的基本框架。

一是大力推进所有制改革，发展混合所有制经济，为市场经济体制的建立和发展培育了多元化的市场竞争主体。以深圳经济特区为例，这一时期大力引进“三资企业”，尤其是高度重视引进香港大财团和国外跨国公司来深圳投资发展，同时鼓励民营企业的发展，有组织地对民营科技企业进行培育和扶持，出台了全国第一个《关于鼓励科技人员兴办民间科技企业的暂行规定》，为高科技产业发展和创新能力的提高打下了体制机制的基础。此外，对国有企业实行股份制改造，推进了股份制改革和股票证券市场的建立。

二是大力发展要素市场，逐步形成比较完善的市场体系和比较规范的运作机制。如深圳经济特区深化土地使用制度改革，通过拍卖建立土地交易市

场，这项改革不仅促进了《宪法》的修改，而且对中国经济发展、城市建设的影响也是巨大的。除了继续完善土地市场、劳动力市场、商品市场、建筑市场等专业性市场外，特区还特别重视并大力推动证券、外汇、保险、基金等资本市场，奠定了在全国资本市场体系中的重要位置，而且对国有企业的改革，高新技术产业的发展，以及市民增加资本性收入、提高生活水平也起了重要的推动作用。

三是推进政府机构和行政管理体制改革，探索建立与社会主义市场经济相适应的政府管理框架。如深圳经济特区在全国率先成立政府监察局，探索政府内部决策、执行、监督三者既分工协调又相互监管制约的政府运作新机制，加强对政府运作内部的监督，以保持政府的廉洁、高效，改善党风、政风，监督党和政府的路线、方针、政策的落实情况。还率先成立投资管理公司，开启国有资产监督管理体制改革的序幕，探索政资分开、政企分开、以产权为纽带加强国有资产管理的新路子（张思平，2018a）。

2. 率先推行对外开放，初步形成以工业为主、工贸结合的外向型经济体系

深圳经济特区按照邓小平同志和中央关于特区建设的总方向，根据深圳建设的实践，最早提出实行“四个为主”的方针，即“建设资金以吸收和利用外资为主，经济结构以中外合资和外商独资经营企业为主，企业产品以出口外销为主，经济活动在国家计划经济指导下以市场调节为主”。实际上是提出了外向型经济的发展新模式，为后来国家提出“大进大出”沿海发展战略提供了成功的示范（张思平，2018a）。

通过大力招商引资、对外开放吸引了最早的一批港资进入深圳特区，包括第一家引进来的酒店、第一座引进来的加工厂等，迅速打开了深圳招商引资、对外开放的新局面。深圳利用外资和技术先后兴建了赤湾港、蛇口港、广深高速等一批基础设施，先后开放了大亚湾核电站码头、东角头码头、皇岗口岸、妈湾码头和盐田港口岸。率先建设了沙头角保税区和福田保税区，扩大招商引资力度，积极利用境外资本和技术积极发展“三来一补”企业和“三资”企业，同时积极组建了一批外贸骨干企业，积极发展转口贸易和远洋贸易。1987 年，深圳特区出口贸易大于进口贸易，扭转逆差局面。

1988 年，深圳出口总额居广东省首位，居全国大中城市第三。1992 年，深圳出口总额 120 亿美元，成为全国首个出口超百亿美元的城市，居全国大中城市第 1 位，至此初步形成以工业为主、工贸结合的外向型经济体系。经济特区通过实行对外开放，引进外资和先进技术、设备以及管理经验，大力发展加工贸易，充分利用国际产业结构调整的机遇，改善投资环境，从而使广东奠定了多层次、多类型、多功能的对外开放格局。

3. 以比较优势参与国际分工，建立起以对外加工贸易为特色的“轻型、外向”的产业结构

中国经济特区在工业化初期，充分发挥了低技术劳动力、土地等要素资源禀赋和后发优势，利用改革开放的特殊政策及毗邻港澳台的独特区位优势，承接港澳台转移进来的劳动密集型轻纺加工业和家电制造业；在市场结构上形成“两头在外”的格局，依靠加工贸易占主导的外需拉动，开启了工业起飞的进程，形成以对外加工贸易为特色的“轻型、外向”结构。比如，深圳充分发挥毗邻香港的区位优势，顺应香港等亚洲“四小龙”加工业向低成本地区转移的趋势，利用中央赋予的特殊政策，积极营造良好的投资环境，以土地价格和劳动力价格优势切入，大力引进外资、技术、设备和人才，发展“三来一补”和加工贸易。凭借着低成本的土地空间和劳动力资源，深圳逐步形成了以电子、轻纺、建材工业为主导的工业园区，主要工业产品有电子表、印染布、服装、彩色电视机、自行车、微型电子计算机、塑料制品等。1992 年，深圳出口产值占规模以上工业总产值比重达到 55.4%，“三资”企业产值占规模以上总产值的比重达到 72.9%，初步建立起以纺织服装、家用电器、食品饮料、日用化工等为支柱工业的外向型经济体系。

以比较优势参与国际分工的工业化发展模式在中国经济特区发展进程中发挥了巨大的作用。正是“三来一补”加工贸易开启了特区对外开放的大门，获得了巨大的社会经济效益。一是沿海地区加入国际分工体系，解决了沿海与内地争夺加工制造业、原料和争夺市场等问题，加快了沿海产业升级和内地承接产业转移；二是通过进口原材料、技术设备，引入外资，

缓解了国内资金、资源不足和技术瓶颈困难，加快了工业化以及现代化进程；三是加快承接国际产业转移，提高了轻纺产业和部分机电产业的国际竞争力，提高了出口能力，增加了外汇收入；四是创造了大量就业机会，增加了国家和地方财税收入，1991 年仅进料加工一项就带动了 2800 万工人就业（邓娜、侯少夫，2012）。

（二）工业化中期（1993～2012年）——通过“引进→消化→吸收→再创新”，实现从加工贸易向高技术产业的转变，成功跨越比较优势陷阱

进入 20 世纪 90 年代以后，以深圳为代表的中国经济特区依托仍具有成本优势的人口红利以及工业发展形成的资本积累，在生产结构上通过承接国际信息产业转移，引入资本、技术密集度更高的电子信息产品加工制造业从而加快了产业间升级，新产业的引入使企业在“干中学”中提升了工艺创新和产品创新能力，迅速获取了动态比较优势；市场结构上形成“内外两个市场”的格局，在空间结构布局中以政府主导下的开发区和工业园区为载体，以电子信息产业为主体的高新技术产业群迅速崛起，特区开始进入经济内生增长和跨越式赶超阶段。

1. 在市场经济体制方面继续大胆探索，初步形成社会主义市场经济体制的基本框架

这一阶段，中国经济特区在建立现代企业制度、完善市场体系、转变政府职能等方面继续进行大胆探索，初步形成社会主义市场经济体制的基本框架。推动产权制度改革，把财产占用社会化作为产权改革的总方向，为不同类型的产权改革和创新提供了良好的外部环境。通过股份制改造和证券市场的建立，吸引大量资金涌入，奠定了作为国家区域性金融中心的基础。以深圳特区为例，深圳率先在中小国有企业中推广经营者和员工持股，出台了《深圳市国有企业内部员工持股试点暂行决定》，从而为国有企业转换经营机制、进行产权改革提供了依据；通过鼓励民办科技企业的发展，允许技术、专利、商标等无形资产入股办企业，吸引全国科技人才南下创业，诞生了华为等第一批全国高科技企业；通过劳动工资改革和劳动力市场的建立，吸引几十万劳动力，满足了“三来一补”制造业的用工需求，为深圳及珠

三角“世界工厂”的形成做出了重要贡献；通过对干部人事制度、工资制度的改革，吸引内地一大批优秀人才参加特区建设，形成了20世纪90年代初“孔雀东南飞”的全国人才大流动格局。

2. 进一步提高对外开放水平，努力与国际惯例接轨

这一阶段，中国经济特区注重引进外资的质量和产品技术含量，优先引进高技术和知识密集型企业。如深圳特区引进香港和记黄埔建设盐田港，开放盐田港口岸和深圳机场口岸，利用外资和外国技术建设大亚湾核电站，建设盐田港保税区。同时，开始建设龙岗大工业区和深圳出口加工区，建立外商投资服务中心和外商投诉中心，率先对外商和外籍人实行国民待遇，提高对外商的服务水平，不断提高利用外资水平。按照国际惯例推进口岸体制重大改革，进一步简化查验手续，文锦渡、皇岗、沙头角口岸实行统一报关，提供一条龙服务；皇港口岸试行24小时通关，实行集中报验；到港旅游的外国人到深圳72小时免签；口岸实行查验方法改革，取消进出车辆通道申报查验环节。深圳特区还进一步扩大对外贸易，实施走出去战略，拓展国际市场，提高对外贸易质量和水平，促进对外贸易持续增长，积极推进深港投资与贸易合作，推进基础设施和口岸合作（盐田港扩建、深圳河治理等）、金融服务业合作、旅游合作等（钟坚，2018a）。

3. 低成本要素和投资双重驱动重化工业及高新技术产业群崛起

20世纪90年代以来，发达经济体信息技术水平快速发展，产业结构进一步高度化，开始向中国等发展中经济体转出资本密集型的重化工业以及技术密集型的电子信息产业加工生产环节。由于外来人口的不断流入，中国经济特区在劳动力要素方面仍具有低成本优势，同时经过经济起飞阶段，已具备较好的工业基础及一定的原始资本积累，社会资本及投资资金逐步丰裕。凭借要素比较优势以及进一步扩大开放的政策红利，特区抓住机遇成为新一轮国际产业转移的主要承接地，吸引到大批外商在深圳等地投资设立计算机和通信产品加工制造基地，带动了电子信息等高新技术产业规模快速扩张，并与消费需求转换方向相契合。1993年后，深圳市委、市政府把发展高新技术产业作为深圳的第一经济增长点，

陆续颁布一系列支持高新技术产业发展的政策法规。1996 年，出台高新技术产业“三个一批”发展战略，批准建设国家级高新区深圳市高新技术产业园区。1999 年，创办国家级展会深圳国际高交会。这一时期，一批本土企业相继诞生，如金蝶、研祥、联创科技、比亚迪、大族激光、腾讯、华大基因等（钟坚，2018a）。

4. 成功跨越比较优势陷阱，初步实现经济的内生增长和跨越式赶超

这一时期，是中国经济特区经济实现跨越式发展时期，通过扶持高新技术产业推动工业转型升级，从粗放型扩张开始转向追求质量效益的提升，内部结构逐步调整优化，实现了工业发展向以高新技术产业为主导的转变。部分加工贸易企业也已经开始将业务延伸到贸易、采购、营销和售后服务方面，逐步成为管理运营中心和研究开发中心，形成总部经济的雏形。产业结构实现由劳动密集型向资金密集型和技术密集型转变，工业行业结构逐步转向以计算机、通信和其他电子设备制造业为代表的高技术制造业，生物、新材料、新能源等新兴产业崛起成为工业发展的新增长点。以深圳为例，高新技术产业、现代物流业和现代金融业异军突起，成为三大支柱产业，城市功能不断完善，社会事业全面进步，人民生活大幅提升。2000 年，深圳经济总量超越天津，居全国大中城市第 4 位。

（三）工业化后期（2013年至今）——以高新技术产业为主导，推动产业跃向全球创新链顶端，成功实现比较优势到竞争优势的转变

改革开放以来，中国经济特区经济奇迹的形成，主要还是依赖“追赶模仿型”发展模式，通过劳动力、土地等低成本要素组合、以“低端嵌入”方式参与国际竞争，依靠模仿国外技术和发展传统加工产业来获取财富积累，这一过程累积了日益尖锐的矛盾和问题，存在价值链“低端循环锁定”风险。特别是 2008 年之后，受全球金融危机的深层次影响，供需结构的变化迫使特区反思要素驱动的粗放型增长方式之弊，开始由投资和外需带动向创新和内需带动转型。党的十八大以来，特区不断推动工业内部结构向技术含量高的高新技术产业调整，主动淘汰和转型处在价值链低端的落后产业，实现了工业发展从依靠“三来一补”到以高新技术产业为主导的转变，高

新技术产业发展由引进技术加工制造向自主研发、自主创新的转变。技术创新由“跟跑”向“并跑”“领跑”的转变，推动产业跃向产业价值链的高端和全球创新链的顶端，从跟随式发展转向引领式发展，成功实现了从比较优势到竞争优势的转变。

1. 继续深化产权改革，形成以民营经济为主体的混合所有制结构

21 世纪初，以深圳为代表的中国经济特区以产权改革为主线，对国有经济布局进行大调整，国有企业从商贸、流通、工业、建筑业、服务业等竞争性领域退出来，形成“国退民进”的战略格局，为民营经济的发展提供了广阔的空间，使国有企业主要集中在城市的基础设施、公共服务和保障城市安全的领域，形成以民营经济为主体的混合所有制结构，为产业结构调整、高科技发展、经济增长方式转变提供了牢固的产权制度保障（张思平，2018b）。

深圳市政府高度重视民营及中小企业发展，不断加大工作力度，促进民营经济健康平稳发展。深圳自 2004 年设立了民营及中小企业发展专项资金，对中小企业改制上市培育、新三板挂牌、信息化建设等 8 类项目予以资助。同时，还通过设立中小企业贷款风险补偿资金池、搭建创业创新金融服务平台、实施企业家培育工程、大力推进紧缺人才培训等多形式，为民营企业培育发展保驾护航。深圳特区民营经济在数量规模、发展质量、创新能力、国际化水平等方面形成显著的引领态势和名片效应，为深圳创新发展提供了重要支撑。民营企业数量连续多年保持两位数以上增长，深圳每千人拥有商事主体约 240 户、企业 150 户，创业密度全国第一。深圳 7 家世界 500 强企业中，有 6 家是民营企业。深圳不仅涌现了腾讯、华为、比亚迪、大族激光等一批行业龙头民营企业，还孕育了一大批细分领域行业冠军。在战略性新兴产业方面，民营经济对经济增长贡献率超过 50%，成为名副其实的“主引擎”。特区以民营经济为主体的企业产权制度创新，充分激发了企业创新活力，逐步构建起完备的产业链条和“科技 + 金融 + 产业”的横向一体化产业体系。

2. 推动高科技产业和高端服务业高度集聚，打造完备的产业链条和强大的产品配套能力

2013 年以来，中国经济特区在通信、汽车电子、计算机及外围接口、

消费类电子、光电、仪器仪表等领域，均构建了完整的上下游产业链，打造了全球独有的完整而高效的制造产业链。

深圳特区积累起了极具优势的全产业链基础，特别是形成了从芯片到整机完备的电子信息上下游产业链，产业规模超2万亿元，约占全国行业规模的1/6，成为全球最大的电子信息产业聚集地，而且周边100公里范围内的产业链也非常完整，东莞、惠州等地的产业配套齐全，智能制造研发所需的零配件能迅速找到，服务也能及时跟上。产业链完备的优势也吸引着国内外越来越多的研发资源和人才，世界各地电子产品的创新开发基本都会到深圳来，或者购买元器件，或者做原型机，这都有助于把有创意的想法快速变成落地的产品。这得益于深圳完备的产业链优势，尽管受土地空间不足以及厂房租金、员工工资、原材料成本等要素成本上升等多种因素的影响，深圳电子信息产业仍然在“企业外迁”“产业空心化”等误读中快速发展。产业链完备也是近年来深圳机器人快速崛起的重要原因，除了传统的硬件优势，上游研发能力的增强，以及下游应用市场的成熟，打造了深圳机器人产业链的“闭环”。当前深圳企业在机器人系统集成、控制器、伺服器、多传感融合、信号处理、人机交互等方面的技术处于国内领先，比如富士康的本体、雷柏的系统集成、汇川的伺服器、固高的控制器等。

3. 由企业、产业、研发机构等构成全过程产业创新生态体系，实现从跟随模仿式创新向源头创新、引领式创新跃升

党的十八大以来，以深圳为代表的中国经济特区在全国率先建立起了“以企业为主导、市场为导向、政产学研资相结合”的创新综合生态体系，推动形成了由国内外著名高科技企业为引领，一大批新崛起的创新企业为中坚力量，创客空间以及各类创业型企业为重要补充的大、中、小、微企业间的阶梯式企业创新版图。如深圳特区先后组建了大数据研究院、人工智能与机器人研究院、先进电子材料研究院、合成生物学创新研究院等10家新型基础研究机构，主要聚焦新兴产业的前沿技术领域，可为深圳产业技术创新、源头技术供给提供保障。在建平台的同时，深圳还加速汇聚全球创新资源，走出一条“欧美技术、周边资源、国内市场”的可复制可推广的创新

之路。通过政策引导，推动企业为主体的孵化载体快速发展，形成别具特色的孵化培育生态链，覆盖从创客创意到批量生产全过程全要素。

以深圳经济特区为例，通过打造创新综合生态体系，特区高新技术产业在行业结构、企业结构、产品结构上日趋优化，高端制造、新一代信息技术、人工智能、生命科学、新材料、新能源、绿色低碳等领域的新技术新产品比重不断提高，已打造出战略性新兴产业、未来产业、现代服务业和优势传统产业“四路纵队”，形成经济增量以新兴产业为主、工业以先进制造业为主、第三产业以现代服务业为主等“三个为主”的产业结构，在5G、超材料、基因测序、3D显示、石墨烯太赫兹芯片、柔性显示、新能源汽车、无人机等领域的创新能力处于世界前沿。特区正从应用技术创新向基础技术、核心技术、前沿技术创新转变；从跟随模仿式创新向源头创新、引领式创新跃升，实现了向梯次型现代产业体系的跃升。

4. 充分利用腹地资源优势并挖掘国际市场，率先打造粤港澳大湾区核心引擎和“一带一路”枢纽城市

以深圳经济特区为例，2013年以来，深圳特区加快前海战略平台开发开放步伐，22条先行先试政策顺利落地，深港合作、基础设施建设、制度创新、产业发展全面推进。启动深圳前海蛇口自贸片区建设，创新自贸片区和前海合作区管理体制机制，探索全面实行准入前国民待遇加负面清单管理制度，建立健全法治化、国际化、便利化营商环境。粤港澳大湾区将深圳作为核心城市之一，纳入国家“一带一路”愿景与行动和国家发展规划，提出发展湾区经济，建设海上丝绸之路桥头堡。深莞惠与河源、汕尾“3+2”经济圈合作加快，深汕特别合作区建设提速。深圳特区目前正加快构建更高层次开放型经济体制，主动融入和服务粤港澳大湾区规划建设，突出抓好前海蛇口片区开发建设，率先打造粤港澳大湾区核心引擎。

三　中国经济特区工业化深化的重点领域

（一）贸易优化

面对国内外环境的复杂变化和风险挑战，中国经济特区始终牢牢把握历

史发展机遇，深化改革，扩大开放，率先在外贸领域先行先试，开启对外贸易跨越式发展的新局面，外贸竞争力不断增强，形成全方位、多层次、宽领域、高水平的对外开放新格局，对特区工业化深化和竞争优势的构建起到重要的促进作用，并为全国构建开放型经济新体制提供重要的经验。

1. 率先发展外向型经济，承接国际产业转移，成功实现工业化起步

中国经济特区成立之后，比照世界自由港区的相关运营模式，以关税减免等优惠措施为手段，通过营造良好投资与营商环境，鼓励外资进入，承接国际产业转移，引进先进技术与管理方法，以特殊经济政策与管理体制，把特区发展成为外向型经济的桥头堡。在这一时期，特区积极扩大开放，通过兴建港口、招商引资、创建保税工业区、组建一批外贸骨干企业、开放码头和口岸等一系列开放措施，迅速形成了以工业为主、工贸结合的外向型经济。如深圳特区较早打破外贸经营权由外贸专业公司独家经营的传统模式，允许具备条件的各种经济形式的企业从事外贸业务，实行贸工农技相结合、内外贸一体化。由于实行各种经济形式，多层次结构的运营模式，外贸企业从原来仅有的国有专业外贸公司，发展为由中央、各省市驻深外贸企业、本地地方外贸公司、生产自营出口企业、外商投资企业、“三来一补”企业组成的外贸队伍，对外贸易实现了飞速发展。1992 年，深圳进出口贸易总额居全国大中城市第 1 位。

2. 吸引全球高端资源聚集，形成全方位开放新格局，有力推动工业化深化

在邓小平同志视察南方谈话和党的十四大精神鼓舞下，中国经济特区进一步加大对外开放的力度，积极转变政府管理体制和改善投资软环境，构建对外开放新体制，对外开放新格局初步形成。特区采取更加灵活的方式，继续完善投资环境，为外商投资经营提供更方便的条件和更充分的法律保障；促进对外贸易多元化，扩大出口贸易，改善出口商品结构，提高出口商品的质量和档次；同时适当增加进口，更多地利用国外资源和引进先进技术；深化外贸体制改革，加快建立适应社会主义市场经济发展的、符合国际贸易规范的新型外贸体制；赋予有条件的企业、科技单位以外贸自营权，积极扩大特区企业的对外投资和跨国经营。

党的十八大以来，深圳等经济特区继续发挥全国新一轮对外开放的“窗口”“试验田”作用，充分利用国际国内两种资源，以开放合作拓展发展空间，促进要素有序流动、资源高效配置、市场深度融合，推动粤港澳大湾区建设，着力构建全方位、宽领域、多层次、高水平的开放合作新格局。深圳特区按照“依托香港、服务内地、面向世界”的要求，高标准建设中国（广东）自由贸易试验区深圳前海蛇口片区，加快前海深港现代服务业合作区开发开放，进一步推动贸易投资便利化，打造中国自贸区建设的新标杆。此外，特区还充分发挥地缘、商缘、人缘优势，全面深化与共建“一带一路”国家的合作，成为建设海上丝绸之路的有力支撑，主动参与“信息丝绸之路”建设，推进海港、空港、信息港等多港联动，有力推动了工业化深化。

（二）产业升级

中国经济特区设立40年来，抓住全球产业转移浪潮机遇，借助加工外贸嵌入全球生产体系，从简单的加工出口和“三来一补”起步，通过整合内外资源和市场，不断动态提升资源配置能力，再不断迭代升级形成具有国际竞争力的高新技术产业集群，引领中国高端产业不断走向世界前沿，有力推进了特区工业化的深化。

1. 利用低端要素比较优势，发展轻型及外向型加工贸易工业，顺利实现工业化的起步

20世纪80年代至90年代初，深圳特区在生产结构上发挥低技术劳动力、土地等要素资源禀赋和后发优势，利用改革开放的特殊政策及毗邻港澳的独特区位优势，承接香港劳动密集型轻纺加工业和家电制造业转移；在市场结构上形成“两头在外”的格局，依靠加工贸易占主导的外需拉动，开启了工业起飞的进程，形成以对外加工贸易为特色的“轻型、外向”结构。随着“三来一补”企业和“三资”企业的兴办，特区经济得到了初步发展。1987年深圳特区出口贸易额在全国大中城市中排第3位，1992年则跃居第一。初级加工业和贸易成为深圳发展初期的两大支柱产业，第二产业占比迅速提升。深圳凭借着低成本的土地空间和劳动力资源，逐步形成西部以制造业为主的蛇口工业区和沙河工业区，东部在华强北、上步、皇岗片区形成了

以电子、轻纺、建材工业为主导的工业园区。随着国内外劳动力、资本与技术不断向深圳涌入，对城市功能发展的需求越来越大，深圳特区服务业也相应有所发展。

2. 大力发展高新技术产业，推动先进制造业和现代服务业双轮发展，成功实现工业化深化

20 世纪 90 年代后，随着我国全方位改革开放浪潮的掀起，中国经济特区的政策优势明显减弱，同时面临其他城市在人才、资源和市场方面的激烈竞争。随着“三来一补”企业的高能耗、高污染等后果开始显现，产业转型势在必行。如 1993 年底深圳特区出台决议，停止登记注册新的“三来一补”企业，标志着深圳利用低成本要素发展出口加工贸易工业的结束，深圳进入培育新兴产业的新阶段。1995 年，深圳在“八五”计划中明确制定“以高新技术产业为先导，先进工业为基础，第三产业为支柱”的产业发展战略，提出“把深圳市建设成高新技术产业开发和生产基地”的目标，电子信息产业的规模不断壮大。电子信息产业作为深圳特区绝对的第一主导产业，在规模扩张的同时，实现了产品的升级，从低端的电子配件生产组装到程控交换机、集成电路等领域的生产，技术密集程度不断提升。

党的十八大以来，中国经济特区通过制定“互联网 +”和“中国制造 2025”行动计划，主动、全面地实施创新驱动战略，自主创新能力不断提升，并通过强化创新基因和夯实创新优势，推动工业化进入全面创新驱动的高质量发展阶段。以深圳经济特区为例，这一时期新兴产业成为特区经济发展新引擎，经济发展的创新性和内生动力明显增强。产业内部结构不断向价值链高端延伸，高技术制造业和现代服务业成为经济高质量发展的主要动力。以金融业、信息传输、软件和信息技术服务业为主的现代服务业主要行业占服务业增加值比重不断提高。数字经济作为深圳特区重点发展的战略性新兴产业，获得快速发展。深圳以数字经济与实体经济的深度融合为主线，以推进智能制造、“互联网 + 服务”等产业新业态、新模式为主攻方向，推动经济高质量转型发展，成功实现了工业化深化。

（三）创新驱动

在中国经济特区发展由要素驱动转向创新驱动的过程中，其创新模式的探索与演进有效支撑了特区创新能力的快速提升和工业化深化。外资的进入为特区企业提供了技术学习机会，经过不断积累，特区企业逐渐拥有了内生的技术能力，逐步从模仿创新走向原始创新，为全国其他地区建立并完善区域创新体系，建立创新驱动的动态竞争优势提供了路径探索和经验积累。

1. 从“专业代工”起步，逐步嵌入跨国公司生产网络，推动技术学习与模仿创新

1979 年，蛇口出口加工区设立。以深圳为代表的中国经济特区开始依靠廉价劳动力、土地的比较优势引进人力、资金、设备等生产要素，承接中国香港、台湾和日本、欧美的电子、玩具、纺织服装等产业转移。特区以出口加工区为平台，通过“专业代工”经营模式得以引进生产环节所需的人力、资金、设备等生产要素，并采取引进技术、成果转让、合作发展、委托开发、借用人才等模式与中国香港及台湾、日本等国家和地区进行“技术对话”。与此同时，特区还积极利用侨资、外资，引进适用、先进技术和科学管理方法，改革科研与生产脱节的体制，积极支持企业建立研究开发机构。

20 世纪 90 年代，中国经济特区政府采取“以市场换技术”的策略引进世界先进技术。如深圳特区大力吸引世界 500 强企业及其研发中心落户深圳，为本地企业模仿创新提供资源与条件，先后引进了 IBM、微软、朗讯等 17 家世界 500 强高科技企业在深圳投资。在与跨国公司的互动过程中，深圳企业通过与中国香港、中国台湾、韩国、美国、日本以及欧洲部分发达国家和地区的跨国公司合作，引进先进技术和资本，迅速形成高新技术产业的生产能力。这种“两头在外，一头在内”模式引进了国际先进技术、设备和管理经验，也为特区本地科技企业创新积累了人才、资金、信息、知识等要素。经过若干年的发展，计算机产业的跨国巨头，与深圳特区本土知名企业以及数量庞大的中小企业形成配套关系，构成深圳计算机、生物、新材料

生产的创新生态链。通过消化吸收再创新，深圳科技企业逐渐具备独立生产能力。

2. *以自主创新战略为引领，提升原始创新能力，打造国际科技创新中心*

进入 21 世纪，以深圳为代表的中国经济特区开始有意识地培育及厚植城市自主创新土壤，逐渐把自主创新战略从科技发展战略、产业发展战略层面提升为城市发展的主导战略。2008 年，深圳颁布了《深圳经济特区科技创新促进条例》，这是中国第一个在体制改革中制定的促进创新性法规，营造了鼓励创新、宽容失败的社会创新文化。通过与香港的深度合作，深圳特区一方面利用产业配套优势和优良的物流环境，吸引了世界著名大公司、大项目和跨国公司的核心制造环节、研发中心、地区总部、采购中心等落户深圳，另一方面也开始通过支持企业在境外建立研发中心、营销网络等方式帮助企业构建全球创新网络，推动国际科技创新合作。深圳充分利用国家对外科技合作的有关资源，与硅谷、以色列等国家和地区搭建 8 条“创新创业直通车”，构建起信息、技术、知识、人才等海内外科技创新资源顺畅流动的国际科技合作基本格局。民营企业创新能力得到进一步增强，华为、中兴通信、迈瑞、朗科、大族激光、大疆 DJI、华大基因等企业在此阶段得到快速发展，并成为集成创新的典范。

党的十八大以来，中国经济特区积极把握全球新一轮科技创新和产业革命带来的重大历史性机遇，逐步完善“基础研究 + 技术攻关 + 成果产业化 + 科技金融”的全过程创新生态链，科技创新逐渐实现从“跟跑”向“领跑”转变。如深圳特区把握新一轮科技革命的重大机遇，积极建设深港科技创新合作区等重大科技创新战略平台，光明科学城等重大科技基础设施，以及 5G、人工智能、第三代半导体、智能装备、生命健康、高端医学诊疗器械等领域的重大产业创新发展平台，通过平台建设为科技企业创新集聚全球高端创新资源，培育了华大基因、光启研究院、深圳先进院等 90 余家集科学发现、技术发明和产业于一体的“三发”新型研发机构，在 4G 和 5G 技术、超材料、基因测序、3D 显示、石墨烯太赫兹芯片、柔性显示、新能源汽车、无人机等产业领域的创新能力跃居世界前沿。

（四）金融深化

金融业是推动中国经济特区发展的第一推动力，对于特区工业化深化起着举足轻重的作用。以深圳为代表的中国经济特区金融市场历经从无到有、从小到大的跨越式发展，监管体系和制度建设不断成熟，市场规模日益壮大，经济效益显著提高，改革创新亮点迭出，综合实力全国领先，形成了具备主板、中小板、创业板的多层次资本市场体系，呈现银行业、证券业、保险业共同蓬勃发展的良好局面。

1. 为工业化起步提供初始资本要素支持，以服务实体经济理念逐步培育竞争优势

中国经济特区经济建设初期以吸引外商投资和成品出口外销为主，外向型经济和劳动密集型产业构成了产业的比较优势。这一阶段金融和实体经济发展特征表现为“本土金融改革 + 外资投入”共同推动特区发挥产业比较优势。以深圳经济特区为例，在不考虑通货膨胀的情况下，1979 ~ 1992 年间，深圳人民币贷款余额增长了接近 500 倍，进出口总额增长了 1300 多倍，利用外资金额增长了 47.67 倍。1989 年，全国第一个证券交易所——深圳证券交易所成立，为企业发展拓宽了融资渠道。显而易见，这一时期深圳外向型经济初具规模，金融对经济的支持作用初显。党的十四大后，特区在全国率先建立起比较完善的社会主义市场经济体制，经济发展重点推进高新技术产业发展和扩大出口贸易，这同时要求金融业与时俱进，满足经济发展的需求。在这一阶段，深圳全面发展资本市场、货币市场、外汇市场、离岸业务市场、保险市场和黄金市场，构建新中国最齐全的金融机构体系，逐步形成以国有商业银行为主，包括股份制及外资银行，业务范围拓展至银行存贷款、离岸业务、外汇、保险、证券、期货、典当等方面的较成熟的金融体系。

2. 金融助力创新驱动战略，服务高新技术产业提升竞争优势

依托于经济的持续增长和协调发展，中国经济特区金融业发展拥有了更加广阔的发展空间，金融业配合产业转型升级，大力服务实体经济，金融改革创新提速，建立起多层次资本市场体系。以深圳经济特区为例，金融业

作为与高新技术产业、物流业并列的三大战略性支柱产业之一，被写入《深圳市国民经济和社会发展“十五”计划》。2006 年 1 月，深圳市政府公布了《关于加快深圳金融业改革创新发展的若干意见》，以其为指导，深圳开始积极探索金融发展的自主创新之路。中小企业板和创业板的先后推出，为科技型、中小型企业提供了新型融资渠道。同时，深圳特区加快建设金融创新示范区、金融服务优质区、金融运行安全区，进一步巩固和强化区域性金融中心城市的地位，多层次资本市场逐渐形成，金融政策体系不断完善、营商环境持续深化、开放程度不断提高，成为全国性金融中心之一。

党的十八大以来，中国经济特区走出了一条金融助力创新深化竞争优势的再出发之路。如深圳特区创新处于高速发展阶段，科技回报（即高新技术企业工业总产值）增速远高于科技投入增速。同期，深圳金融也处于高速增长期，金融业增加值年均增速超过 10%。创新和金融的领先优势加速“科技＋金融”双轮驱动的基因分裂。深圳金融机构针对科技型中小企业经营、风险、融资特点，特别开发的科技金融产品，如银行业的“科技智慧贷”“科技助保贷”“e 科贷”等科技金融复合信贷产品、政府直接投入或参股成立的创投及科技创新引导基金、深交所的创新平台跨境服务项目等，均有力支持了本土科技成果转化和技术跨境合作，金融服务科技创新成效显著。

（五）城市化升级

在 40 年的发展中，中国经济特区始终坚持“产业第一”，在积极发展金融、房地产、互联网等现代服务业的同时，尤其高度重视以制造业为主体的实体经济发展，以工业化辐射带动城市化，正是有了工业化形成的牢固产业基础，才拥有持续稳定的税收，形成了城市运营的良性循环，抗风险能力大大增强。以深圳经济特区为例，随着工业化的不断推进，特区城市战略定位以及功能也不断发展，其城市角色和职能经历了从最早的出口加工区到后来的改革开放试验区，继而成为区域中心城市，携手周边共建世界级大都市圈。

1. 以出口加工区起步，推动城市化的快速发展

以深圳经济特区为例，从改革开放到20世纪90年代初，特区作为“试验田”和“改革开放窗口”的城市功能定位非常清晰，主要是依靠自身毗邻港澳的区位优势，以及比较优势和政策优势，通过大规模引进外资，大力发展“三来一补”加工贸易业来发展经济，企业规模较小，环保水平较低，主要通过简单加工赚取一些微薄的加工费，产业发展基本处于产业链与价值链的最底端。20世纪90年代以后，随着特区工业发展的逐步壮大，对移动性要素产生更大的聚集力，致使城市的经济进一步优于都市圈中的其他城市。随着交易成本的降低和交易效率的提高，经济特区的生产性服务从制造业逐渐分离出来而成为一种新的产业业态。此时，特区凭借区位、政策等比较优势率先发展，经济体量和人口规模都大幅扩张，城市化进程加快，逐步发展形成核心城市，核心城市的部分传统产业也开始出现空间转移。

2. 建设区域中心城市，携手周边共建世界级大都市圈

进入21世纪后，中国经济特区作为地区核心城市聚集资源的能力进一步强化，经济特区逐步成为区域内的强核心，与周边城市的经济联系更加紧密。特别是2008年世界金融危机后，低成本、外向型的经济发展模式受阻，走向转型发展的产业推动了区域空间格局的重组，都市圈内部产业和城市功能方面都已产生明显分工，经济特区作为都市圈核心城市与城市群内外其他核心城市的联系强度大。以深圳经济特区为例，此时相对发达的金融、物流、文化、会计、律师、评估、咨询等现代服务业，能为深莞惠三地制造业发展提供更加优质、高效的服务支撑，深圳作为珠三角的金融、贸易、信息、交通等区域中心城市地位逐步确立。同时，随着深圳高新技术产业集群的逐步发展壮大，深圳工业的溢出效应也日趋明显，制造业开始与周边东莞、惠州等城市形成分工，部分传统产业以及高新技术产业加工制造环节不断向周边城市扩散。

党的十八大以来，深圳特区工业不断增强自主创新能力，提高质量效益，持续深入向高质量发展要求迈进。为增强深圳的辐射带动作用，推进深圳与周边地区一体化发展，国务院2010年8月批复了《深圳市城市总体规

划（2010－2020）》，深圳的城市定位由华南地区中心城市转为全国经济中心城市。2013 年，深圳出台了《深圳市人民政府关于优化空间资源配置促进产业转型升级的意见》等一系列文件，开始自身全面的产业转型升级，并加快了产业向周边地区辐射的步伐，辐射半径已经到达珠三角以及粤东、粤北等地区，开始形成强大的辐射带动作用。2019 年，深圳国民生产总值 2.69 万亿元，已超越广州跻身国内四大一线城市中的第 3 名，仅次于上海、北京，国际客运通航城市总数达 60 个，机场旅客吞吐量突破 5000 万人次，其中国际旅客吞吐量超过 500 万人次，并成功举办高交会、中国质量（深圳）大会、全球青年创新集训营、国际友城智慧城市论坛等国际性活动，城市国际影响力不断提升。

（六）海洋空间拓展

海洋经济发展在中国经济特区工业化进程中有着重要的地位。作为滨海城市，特区 40 年的发展历史从本质上讲就是开放型海洋经济发展史，特区凭借高端的海洋产业、开放的产业集群、优越的信息共享、便利的营商环境、领先的综合管理，使海洋经济成为特区经济发展的新增长点，也成为特区不断推进工业化深化，实现高质量发展的重要支撑。

1. 以港口物流主导，形成都市海洋产业

20 世纪 80 年代以来，中国经济特区海洋经济得到快速发展，初步形成了以海洋交通运输业、滨海旅游业、海洋渔业、海洋油气业和滨海电力为主体的海洋产业。以深圳特区为例，20 世纪 90 年代初，深圳市委、市政府确定了“双港齐飞”的发展战略，2006 年首次编制海洋经济发展规划——《深圳市海洋经济发展规划（2006－2010）》，2008 年又召开建市以来首次全市海洋工作会议，开始全面实施“海洋立市”战略，重点发展海洋油气业、港口交通业、海洋旅游业、临海工业、远洋渔业、海洋生物产业等六大行业，初步形成了以海洋交通运输业、滨海旅游业、海洋油气业为主的三大优势海洋产业，及以海洋渔业、海洋设备制造为主的两大特色海洋产业。海洋经济呈现高度集群化、都市化、国际化特征。集群化特征表现在已形成海洋油气业、海洋工程业、海洋交通运输业、海洋商务服务业、滨海清洁能源产业等类型各异的高密度海洋产业集群，产业链的抗风险能力明显提升；都市化特征表现在海洋经济与城市协同发展，融合共生；全球前五大石油服务公司聚集蛇口赤湾、外籍海员来往不断、各种海洋国际会议会展相继举行，国际影响力稳步提升。

2. 创新引领，海洋新兴产业全面发展

党的十八大以来，中国经济特区海洋经济的发展也进入新常态。如深圳特区依据《全国海洋经济发展“十三五”规划》的要求，制定了一系列政策文件，进一步完善产学研用创新体系与合作平台，出台“创新链+产业链”融合专项扶持计划，全面推进国家海洋经济创新发展区域示范项目建设，海洋经济进入全面发展阶段。2018年深圳海洋产业总产值约为2011年的2.3倍，海洋经济已成为经济发展的重要支撑。海洋电子信息、海洋生物、海洋高端装备等海洋新兴产业快速发展，年均增长率超过30%，成为深圳市战略性新兴产业培育的重要增长点。海洋交通运输业、滨海旅游业、海洋油气业等三大传统产业优势突出，在国内处于行业领先地位，拥有涉海企业数千家，集聚了中集、招商、盐田港等一批涉海龙头企业，形成了以企业为主体的海洋创新生态，中集集团、研祥智能、云洲创新、光启等在海洋未来产业领域科技创新已走在世界前列。深圳特区正向建设全球海洋中心城市的目标定位发力，努力建成陆海融合、经济发达、科技创新、生态优美、文化繁荣、保障有力，具有国际吸引力、竞争力、影响力的全球海洋中心城市。

四　中国经济特区工业化深化的经验总结

与全球其他后发国家（地区）工业化道路相比，中国经济特区充分利用特区开放经济的优势，促进要素、商品与服务自由地跨国界流动，引进国际投资，内外联动，从而实现全球资源整合，实现最优资源配置和最高经济效率；坚持发展以民营经济为主体的实体经济，推动了高科技产业和高端服务业的高度集聚，实现区域产业链的纵向深度延伸与横向融合发展，构建了完备的产业链条和“科技+金融+产业”的横向一体化产业体系；同时积极鼓励和支持企业自主创新，打通从创新到产业化的中间环节，加速创新成果转化，打造特区发展的核心竞争力；此外，创新精神和创新文化也为特区提供了与时俱进的思想观念和不断向现代社会趋近的价值取向，并与政府及各类社会组织形成良性互动，共同形成“特区文化”，为经济和社会发展创造了良好的生态环境，为特区跨越“中等收入陷阱”打下坚实的经济基础和文化根基，成功实现了从比较优势到竞争优势的转化，走出了一条具有中国特色的工业化深化之路。

（一）坚持对外开放，从渐进有序的开放中吸引和整合全球资源，实现高端要素聚集，成为全球生产供应链的重要空间载体

中国经济特区成立之初，中央对特区最大的投入是政策，最大的政策就是对外开放。经济特区充分利用中央给予的政策和毗邻港澳的区位优势，坚持对外开放，积极利用国际国内两个市场、两种资源，成功吸引了国外境外资金、技术、人才和管理经验。

以深圳特区为例，1980～1999 年，有 66 个国家和地区的客商到深圳投资，外商投资企业达 1.2 万家，其中知名跨国公司 150 多家，世界 500 强企业中有 6 家来深投资，外商设立驻深机构 2000 家、金融机构 52 家，利用外资对深圳资本形成的贡献率接近 60%，三资企业占到深圳企业固定资产的 76.5%，产值占 78.2%。近年来，深圳为发展高新技术产业，聚集全球“脑矿”，精准对接“优势智慧资源”，先后组建了 5 个诺贝尔科学家实验室，与美国、日本、德国、以色列和英国等世界创新高地建立了超过 20 条全球创新创业直通车一级网络和二级网络，24 小时无间断互通信息、技术、人才等创新要素，形成“主干网络全球高速运转，子微创新体系全市链接”的立体化动态创新创业体系。全方位对外开放，使深圳不断地学习和引进国外先进的管理经验，在许多方面形成了符合国际惯例运作的体制和机制，培养了一大批比较熟悉市场经济运作规律和国际经济的人才。

通过 40 年的对外开放，中国经济特区不仅吸引了大量外资，引进了大量的先进技术和管理知识，同时也利用国外市场资源，实现了大量的出口，极大促进了产业发展和工业化进程。特区在对外开放过程中，加速了自身的市场化进程，同时顺应制造业全球价值链的分工合作共赢趋势，为世界制造

业发展和全球经济增长做出了巨大贡献。

（二）坚持以实体经济为主线，大力发展民营经济，形成纵向深度延伸与横向融合发展的完备产业链条，为工业化深化构筑了牢固的产业基础

中国经济特区在发展外源经济的同时，积极促进内源经济发展，一大批本土民营企业先后诞生，成为特区经济发展中的一道亮丽风景线。如深圳特区政府高度重视民营及中小企业发展，不断促进民营经济健康平稳发展。深圳自 2004 年设立了民营及中小企业发展专项资金，对中小企业改制上市培育、新三板挂牌、信息化建设等 8 类项目予以资助；同时，还通过设立中小企业贷款风险补偿资金池、搭建创业创新金融服务平台、实施企业家培育工程、大力推进紧缺人才培训等多形式，为民营企业培育发展保驾护航。深圳民营经济在数量规模、发展质量、创新能力、国际化水平等方面形成显著的引领态势和名片效应，民营企业数量连续多年保持两位数以上增长，每千人拥有商事主体约 240 户、企业 150 户，创业密度全国第一，为创新发展提供了重要支撑，不仅涌现了腾讯、华为、比亚迪、大族激光等一批行业龙头民营企业，还孕育了一大批细分领域行业冠军。在战略性新兴产业方面，民营经济对经济增长贡献率超过 50%，成为名副其实的“主引擎”。

中国经济特区以民营经济为主体的企业产权制度创新，充分激发了企业创新活力，推动了高科技产业和高端服务业的高度集聚，实现区域产业链的纵向深度延伸与横向融合发展，构建了完备的产业链条和“科技 + 金融 + 产业”的横向一体化产业体系。从三来一补的加工制造业起家，走过模仿式创新到如今原始创新的发展全程，经济特区在通信、汽车电子、计算机及外围接口、消费类电子、光电、仪器仪表等领域，均构建了完整的上下游产业链，打造了全球独有的完整而高效的制造产业链。以深圳特区为例，经过改革开放 40 年的发展，深圳积累起了极具优势的全产业链基础，特别是形成了从芯片到整机完备的电子信息上下游产业链，产业规模超 20000 亿元，约占全国行业规模的 1/6，成为全球最大的电子信息产业聚集地，周边产业链也非常完整。产业链完备的优势也吸引着国内外越来越多的研发资源和人才。尽管受土地空间不足，要素成本上升等多种因素的影响，深圳电子信息

产业仍然保持了高速的增长，在机器人系统集成、控制器、伺服器、多传感融合等方面处于国内领先水平。

（三）坚持创新驱动战略，由企业、产业、研发机构等构成全过程产业创新生态体系，加速创新成果转化和产业跨界融合，走向国际科技创新中心

中国经济特区的成功就是坚持创新发展的成功。特区发展理念已从昔日的“时间就是金钱，效率就是生命”升级为“创新驱动发展，质量成就未来”。特区经过自身的不懈努力，逐步建立起以市场为导向、以企业为主体、以国内高等院校和科研院所为依托、官产学研资介相结合的创新体系，自主创新能力不断增强，走出了一条在开放条件下自主创新的新路子。在没有任何产业基础的情况下，特区发展成为中国高新技术产业的聚集地，从起初只有少量科技人员的“科技荒芜地带”，迅速成为拥有上百万科技创新人员的创业创新基地。这主要是由于把自主创新作为城市发展的主导战略，不断破除影响自主创新的体制性和机制性障碍，通过人事制度、分配制度、要素市场和投融资制度等相关方面的改革，激发科技人员和企业家的创新活力，建立了完善的产业链和创新生态链（钟坚，2018b）。

以深圳特区为例，经过 40 的发展，深圳从一个加工制造基地向科技产业创新中心转变，建立了强大的互联网和信息产业基础，形成了“设计—研发—孵化—生产—运营”的创新生态系统，成为吸引全球创新企业和创客人群的“硬件产业硅谷”。当前，深圳全年全社会研发投入占 GDP 比重超过 4%，PCT 国际专利申请占全国近一半，每万人有效发明专利拥有量达到全国平均水平的 13 倍。相对于其他一线城市，深圳第二产业占比仍超过 40%，制造业仍是城市创新的重要产业支撑，全球数一数二的完整电子制造和互联网产业链，为创客发展提供了最好的土壤，也是全球创新资源汇聚于深圳的重要原因。当前，深圳正在加速汇聚全球创新资源：ARM 中国总部、空客中国创新中心等 80 个优质项目落户深圳；苹果、微软、高通、英特尔、三星等跨国公司在深圳设立研发机构、技术转移和科技服务机构；诺贝尔奖科学家实验室在深圳陆续挂牌成立。

1988 年珠海特区提出要从劳动密集型产业向技术密集型产业转变。面

对经济基础薄弱和人才缺乏的情况，珠海建立了一套新的科技进步激励机制。1992 年，珠海在全国首次对有突出贡献的科技人员实行重奖，吸引了大量的科技人员和海外留学人员。此后珠海高新技术企业蓬勃发展。据统计，自 1991 年金峰电子公司成为珠海第一家高新技术企业至 2018 年，珠海高新技术企业总数已突破 1900 家，全社会研发经费支出占地区生产总值比重达 2.8%，以云洲智能、格力电器、罗西尼表业为代表的企业，形成了“海陆空 + 智能制造”齐头并进的产业格局。

（四）坚持文化引领，全要素创新系统为特区提供了与时俱进的思想观念和价值取向，并与政府及社会组织形成良性互动，共同形成独特的特区创新文化

中国经济特区工业化的腾飞，离不开开放包容的创新文化生态系统。这个创新文化生态系统是全要素全方位的创新，包括科技创新、理念创新、观念创新、制度创新、体制创新、金融创新等。创新文化生态以企业为核心，以市场价值为导向，以政府战略规划为引导，以创新友好的社会环境为依托，以“科技—经济—科技”有效循环为演化动力，有效推动了特区工业化深化。

以深圳特区为例，1979 年成立经济特区时，深圳第一产业比重是 37%，仅用 5 年时间就降到 10% 以下，以建筑业和电子工业为代表的第二产业迅速发展。此后，深圳政府根据国内外形势变化，主动调整产业结构，1986 年，提出建立外向型、多功能的现代化经济特区，技术政策的导向是促进企业提高产品质量、引进生产技术，政府加大科技投入力度、制定技术引进计划。20 世纪 90 年代后，深圳政府提出建立以高新技术产业为龙头、外向型工业为主导的现代化国际性城市，技术政策向高新技术产业倾斜，形成了计算机及其软件、通信、微电子及基础软件、视听产品等 7 大产业，通过技术政策促进产业结构调整，使传统产业逐步引退，高新技术产业迅速崛起，不断形成新的经济增长点。为鼓励创新，深圳市政府对科技创新进行长期支持和引导。一方面持续加大科技投入；另一方面，有选择地面向全球大量引进优势科技资源，如合作建立南方科技大学、深圳大学、清华伯克利深圳学院等多所特色学校，以及深圳清华研究院、光启研究院、华大基因研究院等多

家新型科研机构。2016 年以来，深圳市政府开始在化学、医学、光电等领域建立 10 个由诺贝尔奖获奖科学家领衔的实验室，目前，从研发投入强度、重大科技基础设施、应用类研发机构、技术成果、高新技术企业等指标来看，均在全国处于前列（李哲，2018）。

作为中国最大的移民城市，深圳孕育了海纳百川、包容万象的城市文明，其独特的城市气质为这里成长的商业力量赋予了一种敢于冒险、开拓创新的商业精神。在多年的发展过程中，深圳的许多企业家都在行业里“第一个跳出来吃螃蟹”，在极大的风险下抢抓机遇，在外部条件不成熟和外部政策环境不明晰的情况下，果断投入开展研发和产业化。在深圳的各类经验中，企业家精神是最难简单复制的，因为企业家精神是创新的起点，又是创新的结果。这样的文化已经产生独特的创新溢出效应，以华为系、腾讯系为首的大企业精英离职后各自创业，再度衍生、裂变出一批优秀的创新企业。腾讯“单飞企鹅俱乐部”已经成为典型的“裂变式创业”重要平台，目前已有超过 1.5 万名“单飞企鹅”加入创业创新大军，项目覆盖众多领域。而华为通过打造开放共享的创新平台，将创新资源对中小创新企业有序开放，与供应链上的企业结成优势互补、资源共享、风险共担、盈利共享的利益共同体，实现了对上下游上千家企业的带动发展。企业、政府及社会组织形成良性互动，引导社会形成与时俱进的思想观念和价值取向，共同形成深圳独特的特区创新文化。

（五）坚持工业化辐射带动城市化，从出口加工区到粤港澳大湾区中心城市，努力走向全球标杆城市，率先建设中国特色社会主义先行示范区

中国经济特区建立 40 年来，随着经济的发展，其战略定位以及自身功能也不断发展变化。特区产业从无到有、从弱到强，从“三来一补”的简单加工，到科技制造，到研发设计、自主创新；城市功能也从出口加工区，到工业城市，并逐步发展成为国际化创新型城市、大都市圈核心城市；特区以工业化带动城市化发展，并通过不断深化与周边地区的产业分工和功能分工，有力地推动了工业化深化进程。

改革开放初期，中国经济特区与周边地区的分工主要表现为工业水平

分工，即各城市专业化处于不同的生产制造行业，技术水平差别不大，区域一体化水平较低，各城市间生产制造业的技术含量和迂回生产程度都较低，对生产性服务的需求并不大。改革开放之后，特区很快进入了工业化快速发展阶段。特区由于生产效率高，从而对移动性要素产生更大的聚集力，致使城市的经济进一步优于都市圈中的其他城市。此时，特区凭借区位、政策等比较优势率先发展，经济体量和人口规模都大幅扩张，逐步发展成为核心城市，核心城市的部分传统产业也开始出现空间转移。以深圳经济特区为例，20 世纪 90 年代初期以来，深圳有序引导部分以“三来一补”为主要特征的加工贸易型传统产业转移，大力发展以电子信息为主导的高新技术产业，促进产业结构转型升级。通过工业化大发展，深圳国内城市排名从第 6 位上升到了第 4 位，综合经济实力跃居全国大中城市前列，奠定了国内一线城市的基础，逐步形成向周边地区的辐射带动能力。

2001 年中国加入 WTO 后，在土地、住房制度改革的推动下，中国经济特区作为地区核心城市聚集资源的能力进一步加强。这个阶段各类产业园区、新城新区蓬勃发展，区域发展的主角转移到城市。特区依托特色的城市政策优势大幅提升各自的城市地位。经济特区逐步成为区域内的强核心，与周边城市的经济联系更加紧密。经济特区作为核心城市通过改善营商环境，大力发展高新技术制造业，推动产业结构转型升级，提高了工业整体的技术水平和附加值。与此同时，高新技术制造业在核心城市的发展产生了大量的生产性服务需求，经济特区快速发展的生产性服务业集中于产业链的高附加值环节。与此同时，迫于土地、劳动力、资源等要素成本上涨的压力，那些附加值较低、占用空间较大的劳动密集型制造业开始向周边城市转移，促进周边城市经济加快发展，从而形成产业分工明确的核心—外围的都市圈层结构。

党的十八大之后，中国经济特区作为都市圈核心城市的规模进一步壮大，伴随高快交通网的一体化，以及通信技术进步及应用，都市圈内城市职能分工的形成与发展进一步加速，进入城市功能协同发展的阶段。特区作为都市圈核心城市，专业化于生产性服务业和高技术制造业，主要发挥生产性服务功能，而外围城市专业化于生产制造业，主要发挥生产制造功能。在深圳特区的实践中，以围绕深圳强核心形成的深莞惠经济圈（3+2）都市圈已经形成，成为高端人才、全球投资、科技创新、优势产业的聚集地，成为资源配置合理、创新发展协同、产业分工协作、空间对接便捷、人才流动流畅和公共服务共享的共同体，成为经济最具活力、开放程度最高、创新能力最强的区域之一，着力打造成更具竞争力的世界级都市圈。此外，深圳特区还出现了突破都市圈空间邻近性限制，探索出“飞地经济”这一都市圈发展新模式，如深汕特别合作区，使得深圳都市圈的领域外溢出传统的边界。2019年8月，《中共中央、国务院关于支持深圳建设中国特色社会主义先行示范区的意见》正式发布，深圳再一次迎来历史性时刻。站在新起点上，深圳改革再出发，朝着竞争力、创新力、影响力卓著的全球标杆城市大步前行。

参考文献

波特，迈克尔，2002，《国家竞争优势》，李明轩、邱如美译，华夏出版社。

蔡昉、王德文，1999，《中国经济增长可持续性与劳动贡献》，《经济研究》第10期。

陈才兴，2008，《二战后巴西与韩国工业化发展道路比较研究》，《世界近现代史研究（第五辑）》。

陈峰君，2012，《世界现代化历程：南亚卷》，江苏人民出版社。

陈佳贵等，2004，《中国工业现代化问题研究》，中国社会科学出版社。

陈其林，1995，《90年代后期中国经济特区的产业结构和产业政策》，《经济学家》第5期。

邓宏图、徐宝亮、邹洋，2018，《中国工业化的经济逻辑：从重工业优先到比较优势战略》，《经济研究》第11期。

邓娜、侯少夫，2012，《中国加工贸易的发展历程与政策演变》，《开放导报》第6期。

樊纲，2009，《中国经济特区研究——昨天和明天的理论与实践》，中国经济出版社。

符正平，1999，《比较优势与竞争优势的比较分析——兼论新竞争经济学及其启示》，《国际贸易问题》第8期。

高俊光等，2007，《产业技术创新对深圳产业结构升级的影响》，《哈尔滨工业大学学报》（社会科学版）第7期。

高丽娜、蒋伏心，2018，《阶段特征、比较优势演化与中国特色新型工业化发展》，《经济学家》第2期。

格申克龙，亚历山大，2009，《经济落后的历史透视》，商务印书馆。

国务院发展研究中心课题组，2020，《充分发挥“超大规模性”优势，推动我国经济实现从“超大”到“超强”的转变》，《管理世界》第1期。

黑格尔，G. W. F.，1956，《历史哲学》，三联书店。

洪银兴，1997，《从比较优势到竞争优势——兼论国际贸易的比较利益理论的缺陷》，《经济研究》第6期。

洪银兴，2016，《准确认识供给侧结构性改革的目标和任务》，《中国工业经济》第6期。

黄群慧，2018，《改革开放40年中国的产业发展与工业化进程》，《中国工业经济》第9期。

黄群慧，2020，《“十四五”时期深化中国工业化进程的重大挑战与战略选择》，《中共中央党校（国家行政学院）学报》第4期。

黄先海、王煌、刘堃，2019，《新全球化背景下中国外贸战略重构——基于要素跨国自由流动视角》，《社会科学战线》第12期。

霍利斯·钱纳里等，1988，《发展的型式：1950－1970》，经济科学出版社。

霍利斯·钱纳里等，1995，《发展的型式：工业化和经济增长的比较研究》，上海人民出版社。

江小涓，2019，《新中国对外开放70年：赋能增长与改革》，《管理世界》第12期。

江小涓，2020，《对外开放：争议问题再讨论与未来展望》，《经济研究参考》第1期。

姜正军，2013，《社会保障与经济社会发展的协调关系研究》，博士学位论文，天津财经大学。

金明善，1998，《战后日本产业政策》，航空工业出版社。

乐正、黄发玉，2010，《深圳之路》，人民出版社。

李怡、罗勇，2006，《韩国工业化历程及其启示》，《韩国研究论丛》第10期。

李哲，2018，《深圳营造创新生态的经验与启示》，《科技中国》第5期。

林毅夫、蔡昉、李周，1994，《对赶超战略的反思》，《战略与管理》第6期。

林毅夫、蔡昉、李周，1999，《中国的奇迹：发展战略与经济改革》，上海人民出版社。

林毅夫、李永军，2003，《比较优势、竞争优势与发展中国家的经济发展》，《管理世界》第7期。

罗斯托，W. W.，1962，《经济成长的阶段》，商务印书馆。

毛克疾，2019，《“印度制造”的双重困境——印度工业化的曲折道路》，《文化纵横》第3期。

明晓东，2003，《新加坡工业化过程及其启示》，《宏观经济管理》第 12 期。
欧阳峣、生延超、易先忠，2012，《大国经济发展的典型化特征》，《经济理论与经济管理》第 5 期。
欧阳峣等，2014，《大国经济发展理论》，中国人民大学出版社。
乔晓楠、何自力，2016，《马克思主义工业化理论与中国的工业化道路》，《经济学动态》第 9 期。
芮明杰，2006，《产业竞争力的“新钻石模型”》，《社会科学》第 4 期。
苏东斌，2009，《中国经济特区的三大历史性贡献》，《中国经济特区研究》第 1 期。
苏东斌、钟若愚，2010，《中国经济特区导论》，商务印书馆。
苏振兴，2005，《智利经济发展战略研究》，载《苏振兴文集》，上海辞书出版社。
孙大权，2012，《赶超战略与平衡发展——翁文灏与马寅初两种工业化道路的比较研究》，《复旦学报》（社会科学版）第 5 期。
谭崇台，2008，《发达国家发展初期与当今发展中国家经济发展比较研究》，武汉大学出版社。
陶一桃、鲁志国，2017，《经济特区与中国道路》，社会科学文献出版社。
王宏淼、张平，2019，《从工业化赶超到高质量增长：中国经济增长理论研究 70 年》，《经济纵横》第 9 期。
魏后凯、王颂吉，2019，《中国“过度去工业化”现象剖析与理论反思》，《中国工业经济》第 1 期。
魏龙、王磊，2017，《全球价值链体系下中国制造业转型升级分析》，《数量经济技术经济研究》第 6 期。
翁文灏，2009，《科学与工业化——翁文灏文存》，中华书局。
吴杨伟、李晓丹，2020，《论贸易优势理论的当代发展》，《云南财经大学学报》第 2 期。
吴杨伟、王胜，2017，《中国贸易优势培育与重释》，《经济学家》第 5 期。
武力，2005，《中国工业化路径转换的历史分析》，《中国经济史研究》第 4 期。
武义青、高钟庭等，2001，《中国区域工业化研究》，经济管理出版社。
向晓梅、胡晓珍、吴伟萍，2017，《广东经济与产业发展：演进特征与趋势研究》，广东经济出版社。
依沙贝等，1983，《近百年美国经济史》，中国社会科学出版社。
张吉国、周娟、田野青，2007，《从比较优势走向竞争优势：中国对外贸易战略转变的依据和路径》，《商业研究》第 7 期。
张思平，2018a，《深圳与中国改革开放四十年（上）》，《特区经济》第 6 期。
张思平，2018b，《深圳与中国改革开放四十年（下）》，《特区经济》第 7 期。
张文木，2005，《印度国家发展及其潜力评估》，《大国》第 2 期。
张跃、王图展、刘莉，2018，《比较优势、竞争优势与区域制造业转移》，《当代经济科学》第6期。

赵建，2019，《中国的“工业化革命”历史回顾、演进动力与微观案例》，《经济研究参考》第3期。

赵子乐、林建浩，2019，《海洋文化与企业创新——基于东南沿海三大商帮的实证研究》，《经济研究》第2期。

郑乐凯、王思语，2017，《中国产业国际竞争力的动态变化分析——基于贸易增加值前向分解法》，《数量经济技术经济研究》第12期。

郑宇，2019，《全球化、工业化与经济追赶》，《世界经济与政治》第11期。

中国社会科学院工业经济研究所，2018，《2018中国工业发展报告——改革开放40年》，经济管理出版社。

中国社会科学院工业经济研究所课题组，2020，《“十四五”时期中国工业发展战略研究》，《中国工业经济》第2期。

钟坚，2018a，《历史性跨越（上）——深圳经济特区改革开放和现代化建设回顾与思考》，《特区实践与理论》第4期。

钟坚，2018b，《历史性跨越（下）——深圳经济特区改革开放和现代化建设回顾与思考》，《特区实践与理论》第6期。

周鹏、余珊萍、韩剑，2010，《生产性服务业与制造业价值链升级间相关性的研究》，《上海经济研究》第9期。

周蓉，2006，《日本新型工业化对中国的启示》，《法制与社会》第10期。

朱富强，2020，《产业竞争优势的动态演变：基于新结构经济学拓展的战略模式》，《社会科学研究》第1期。

邹统钎，2001，《从比较优势到竞争优势：国际贸易格局决定因素的大转变》，《北京第二外国语学院学报》第10期。

Dunning, J. H. 1993. “Internationalizing Porter's Diamond.” *Management International Review* 33: 7 – 15.

Hirschman, A. 1958. *The Strategy of Economic Development.* New Haven: Yale University Press.

Kim, D., B. W. Marion. 1997. “Domestic Market Structure and Performance in Global Markets: Theory and Empirical Evidence from U.S. Food Manufacturing Industries.” *Review of Industrial Organization* 12: 335 – 354.

Kuznets, S. 2016. *Modern Economic Growth: Rate, Structure, and Spread.* New Haven: Yale University Press.

Maddison, A. 1980. “Economic Growth and Structural Change in the Advanced Countries.” in Leveson, I. , and W. Wheeler, eds. *Western Economies in Transition.* Croom Helm.

Rosenstein-Rodan, P. N. 1943. “Problems of Industrialization of Eastern and South-Eastern Europe.” *Economic Journal* 53: 202 – 211.

第三章
禀赋结构与贸易转型

本章以资源禀赋与贸易结构从匹配到不匹配的演变过程，证明走可持续发展工业化道路的特区需要从比较优势走向竞争优势，从理论到实践在国际贸易理论基础上，描述了中国经济特区对外贸易的实践，特别针对深圳经济特区外贸情况进行实证分析，总结中国经济特区外贸发展的模式、经验和示范效应，以及当前面临的挑战，提出未来发展对策。

第一节　中国经济特区对外贸易的理论基础

自亚当·斯密 1776 年提出绝对优势理论以来，250 年间各类贸易理论层出不穷，无一例外从各个视角解释“为什么会出现国际贸易，哪些因素确定贸易结构以及如何扩大贸易?”半个世纪以来，国际贸易领域最具影响力的事件就是中国占世界贸易的份额急剧上升。中国经济特区作为中国对外贸易的领头羊，中国经济特区建立 40 年的贸易实践成为贸易理论的最佳实证案例。

一　中国经济特区外贸实践的理论依据

1992 年 1 月，邓小平同志在“南方谈话”中强调，“社会主义要赢得与资本主义相比较的优势，就必须大胆吸收和借鉴人类社会创造的一切文明成果，吸收和借鉴当今世界各国包括资本主义发达国家的一切反映现代社会化生产规律的先进经营方式、管理方法”（《社会主义要赢得与资本主义相比较的优势》，2017）。现有的（国际）贸易理论为中国经济特区（对外）贸易实践提供了基本逻辑。

（一）动态比较优势与中国经济特区贸易结构的转变

大卫·李嘉图在1817年出版的《政治经济学及赋税原理》中提出了比较优势理论，成为产品均处于劣势的国家开展对外贸易的依据。伯尔蒂尔·俄林在1933年出版的《地区间贸易与国际贸易》中正式提出要素禀赋理论，阐述了比较优势产生的原因。尽管此后有多种多样的贸易理论诞生，但“比较优势是国与国之间贸易的基本动力，要素禀赋与技术差异是决定国际分工方式与贸易结构的主要因素”（鞠建东、林毅夫等，2004）已经成为产官学界的共识。

中国经济特区的发展过程正是对比较优势理论、要素禀赋理论的充分实践。就产品价格而言，从最初的劳动密集型产业到现在高科技产业中的劳动密集型环节，经济特区从依靠廉价的“人口红利”到相对廉价的“工程师红利”切入国际产业分工链条，产品价格低廉。从最初的“三来一补”到现在的外商投资企业，深圳通过对外开放承接了来自发达国家和地区的产业转移，再通过对关键设备与技术的引进吸收，在某些产品领域短期内就实现了与国外相同的技术水平和产品品质。因此，产品相同与价格低廉是经济特区对外贸易的最大优势。从本质上说，经济特区发展的40年正是贸易结构和要素禀赋相互促进的40年。通过积极开展对外贸易，要素禀赋得到了不断积累和提升，进而能够吸引更为高端的外部要素，从而实现贸易结构的进一步优化。贸易结构和要素禀赋相互促进是动态比较优势理论的核心要义。

当然，关于中国经济特区陷入“比较优势陷阱”的担忧也存在。其主要观点是：经济特区在提升要素禀赋时过于依赖要素引进，本土要素的改进相对缓慢。贸易结构优化更多的是归功于外来要素的升级，如关键设备的引进。经济特区的产业升级、贸易结构优化部分归因于产品生命周期的更迭。作为被动的接受者，我们在贸易升级中获得了一定的贸易利益，但也形成了新一轮的国际贸易利益分配不均，特区繁荣的成果较多地被外资所获取。

（二）竞争优势与经济特区贸易利益的分配

起源于西方发达国家的主流贸易理论在诞生初期专注于研究贸易产生的原因，以及贸易行为对总体福利的改善，证明扩大对外贸易与分工对贸易双方都有利。随着实践的深入，贸易利益分配、贸易条件改善才逐步被主流学界青睐，即证实对外贸易存在利益分配不平衡的现象，并研究其衡量标准、产生原因和改善路径。经济特区从追求以产品同质、成本更低为主的比较优势到追求以产品差异、技术领先为主的竞争优势，理论上属于贸易利益分配、贸易条件改善的范畴，即发展中国家和地区唯有通过培育竞争优势才能改变不公平的贸易利益分配格局。

关于贸易竞争力的来源，不同理论存在不同视角。约翰·穆勒在研究贸易福利分配时提出相互需求理论，通过构建商品贸易条件指数将贸易福利分配的程度进行直观量化。他认为贸易利益分配的大小与供求关系有关。庞大市场需求能够带来较高的商品价格，进而改善贸易利益分配的状况。格鲁伯、维农在新生产要素理论中将研发视为生产要素，认为研发密集度与对外贸易竞争力存在正向关联，研发强度越大，贸易竞争力越强。弗尔维在产业内贸易理论中认为特定产业的对外贸易存在垂直差异性的产品系列，相同属性的产品可依质量高低排列成“产品链”，生产高质量产品的国家才有对外贸易优势。然而，现实比理论更复杂。在全球化资源配置的情况下，单纯地从商品价格、研发强度、产品质量来看，无法准确衡量一国或地区贸易利益的真实情况。贸易实践表明，对外贸易是否具有竞争优势取决于贸易结构的改善是否由本土要素禀赋所主导，贸易品所蕴含的核心要件是否为本土所掌握。这种竞争优势无法通过全球化，以及一味地遵循动态比较优势来实现，需要强有力的政府能力/公权力的干预。日本、韩国、中国台湾培育本地竞争优势的历程都清楚地证明了这一点。

是否需要政府干预是比较优势和竞争优势的重要分歧。与比较优势理论一味推崇自由贸易、排斥政府干预不同，竞争优势理论对政府干预的态度比较复杂。政府干预最早由弗里德里希·李斯特在幼稚产业保护理论中提出，他认为产业竞争力的形成离不开初创期的政策保护。然而，波特在1990年出版的《国家竞争优势》中对政府干预的态度是复杂的。一方面，波特没有把政府干预设置为“钻石模型”的节点要素。波特认为，保护会延缓产业竞争优势的形成，使企业停留在缺乏竞争的状态。另一方面，波特也承认，政府通过采购、基建、法治、信息整合等方式影响四大节点要素，成为扩大钻石体系的力量。值得一提的是，中国经济特区延续以往的路径，以更积极、更大胆的姿态参与全球分工，试图以此缓解本土高端要素供给短缺。从长远来看，这一路径还是成功的。当然相比前40年，经济特区在未来面临更为严峻的外部环境。一方面，大国博弈白热化，西方发达国家对中国的高科技制裁日趋严峻；另一方面，全球范围内还没有出现能够引爆新一轮工业革命的划时代技术。这使得西方发达国家有强烈意愿巩固现有领域的竞争优势，即使本土产业部门和科技部门与境外尤其是技术领先的发达国家建立紧密的技术合作关系，前者将更难获得核心技术学习和分享的机会。换言之，经济特区的要素禀赋和贸易结构之间必须良性互动，贸易结构的改善必须不断带动本土要素禀赋的提升。但由于倾向于市场化的理论与实践都无法解决这个问题，需要从体制机制、文化氛围、国际关系等非经济层面着手解决，也就是要通过以特区文化为特征的竞争优势培育来解决。

二　中国经济特区贸易实践的理论价值

（一）经济特区贸易实践对构建中国特色贸易理论的启示

中国经济特区全面参与对外贸易，取得了举世瞩目的成就，也出现了一些问题，因此，有必要在现有贸易理论的基础上，将40年的贸易实践进行总结并上升到理论高度，以指导中国应对可能的机遇和挑战。本研究认为，现有的贸易理论注重实证分析，专注于分析贸易活动的原理和机制。中国特色贸易理论则注重于规范分析，将发展中国家、新兴经济体的价值观和愿景纳入理论分析框架。

从目前特区的贸易实践来看，中国特色贸易理论应该包含两方面内容。

其一，把贸易公平纳入理论框架。一方面是涉外公平，即论证国际贸易封锁对国际贸易的负面影响。以美国为首的发达国家实施的科技封锁和贸易禁运不仅损害了中国的贸易利益，也损害了全球的贸易福利。中国经济特区受制于科技封锁，面临低端贸易萎缩和高端贸易不足的双重挤压。另一方面是对内公平，即探讨国有企业、民营企业等不同所有制结构的企业在对外贸易中的分工与利益分配。国有企业及带着国有色彩的其他企业在对外贸易中享有先天优势，也面临不公正对待。全力确保国有企业和民营企业在贸易领域的公平，不但可以提升国有企业的对外形象，也能够以公平促进竞争，提升整体贸易的规模和实力。

其二，把国际贸易规则的稳定纳入理论框架，即论证稳定持续的国际经贸规则对全球贸易发展的贡献。中国加入 WTO 后，逐步摒弃保护贸易政策，确立了与 WTO 相符的自由贸易型政策。深圳、厦门、珠海等地已从传统的以财税为主的显性优势过渡到以降低市场准入、提升营商环境为主的隐性优势。中国的贸易发展受益于稳定的国际贸易规则，中国愿意与其他国家一道，通过完善、巩固国际经贸规则，促进各国共同发展，建立更加平等、均衡的新型全球发展伙伴关系。

（二）中国经济特区贸易实践对现有贸易理论的验证

中国经济特区的贸易实践，证实了现有贸易理论的主要观点。林德在偏好相似理论中提出，对外贸易是对内贸易的延伸。内部的需求层次和偏好，能够影响乃至决定对外贸易的结构、规模和流向。经济特区发展初期，境内外贸易基本上处于二元市场分割状态。外资企业通过“三来一补”主导特区的贸易结构。如今，中国既是“世界工厂”又是“世界市场”，特区贸易结构调整的动力中源自境内的比重越来越大，从纯粹的境外贸易到境内外贸易并举，由境内市场带动境外市场的案例比比皆是。例如，继电子资讯产业之后，深圳在新世纪初就前瞻性地选择医疗器械、生物医药作为深圳的战略性新兴产业，正是针对境内不断增长的医药医疗、基因检测的市场需求。借助境内庞大的市场需求和政策支持，深圳市已基本形成较为完整的生物医药产业链，诞生了一批国家级的龙头企业和创新型企业，也吸引了大量的外资生物医药公司和科研团队。最终，生物医药与医疗器械产业的出口市场遍布各大洲，出口产品既能满足东南亚、非洲等市场，也能被美国、日本等市场所接受。随着改革开放的深入推进，境内外贸易结构的相互影响将更为普遍。

与此同时，中国经济特区的贸易实践打破了现有理论的部分观点。例如，波特将成本领先与差异化视为不可调和的矛盾。他认为，企业或产业要想标新立异就必须牺牲成本优势，反之亦然。但是，中国具有庞大的市场规模，特定市场在经过很多细分后，其产业或者企业相对于境外依然能够具备规模优势。以深圳为例，在印刷电路板（俗称 PCB）和电子通信及制造领域诞生了诸多隐形冠军，成为深圳 500 强里的中流砥柱。

国际贸易是一个重要的经济现象，全球化与科技进步使得当代贸易形势和形态发生迅速的变化。各国和地区的贸易实践远远走在相关理论的前面，任何一种贸易理论都不能精准地确定贸易结构，都无法解释所有的贸易实践。不仅如此，国际政治与国际关系、地缘政治与区域关系都在影响着特定国家或地区的贸易结构，而且影响力在不断增强，现有贸易理论都未曾涉及这个领域。经济特区作为中国参与全球化的重要生力军，它的发展历程与趋势都呼唤着崭新的、多样的贸易理论诞生，并为之提供最鲜活的素材和案例。

第二节　中国经济特区外贸发展的实践探索

改革开放 40 年来，面对国内外环境的复杂变化和风险挑战，深圳、珠海、汕头、厦门经济特区始终按照中共中央、国务院、省委、省政府的工作部署，深化改革、扩大开放，率先在外贸领域先行先试，开启外贸跨越式发展新局面。外贸发展日新月异，外贸总额不断攀升，外贸结构持续优化，外贸伙伴更趋多元，外贸竞争力不断增强，形成全方位、多层次、宽领域、高水平的对外开放新格局，对经济社会发展起到重要的促进作用，并为广东乃至全国构建开放型经济新体制提供重要的经验和借鉴。

一 中国经济特区对外贸易发展历程

深圳、珠海、汕头、厦门经济特区作为中国改革开放的试验田、先行区，以“摸着石头过河”的勇气、“杀出一条血路”的精神，充分利用毗邻港澳、华侨众多的地缘人缘优势，灵活运用中央赋予“特殊政策、灵活措施”的先行先试条件，统筹利用国际国内“两个市场、两种资源”，积极引进“三资”企业，大力发展加工贸易和推动产业转型升级，不断形成全面开放新格局。

外贸进出口作为带动特区经济发展的“三驾马车”之一，经历了从无到有、从小到大的飞速发展过程。外贸高速发展大大促进了特区乃至全国国民经济的快速发展。站在新的历史起点上，中国经济特区对外贸易必将乘势而上，继续发挥引领作用，再创外贸跨越式发展新辉煌。

回顾中国经济特区 40 多年的外贸发展历程，大致经历了四个阶段，各阶段的发展情况与中国经济总体发展相协调，与同期国内外环境相适应，与中国对外开放政策的变化发展密不可分，对经济特区各个时期的开放发展起到不可替代的推动作用。

（一）1979～1991年：对外贸易高速增长阶段

1. 设立经济特区发展对外贸易

在 1978 年 2 月召开的全国五届人大一次会议的政府工作报告中，明确发出“对外贸易要有一个大的发展”的号召（李妍，2007）。1979 年 5 月 5 日，广东省委向中共中央、国务院上报《关于试办深圳、珠海、汕头出口特区的初步设想》。随后，中央决定发挥广东毗邻港澳、华侨众多的优势，让广东在改革开放中先行一步。6 月 6 日，广东省委向中央上报《关于发挥广东优势条件，扩大对外贸易，加快经济发展的报告》。7 月，中共中央、国务院批转《广东省委、福建省委关于对外经济活动实行特殊政策和灵活措施的两个报告》，拉开了广东、福建改革开放和创办经济特区的序幕。

当年 7 月，中共中央、国务院同意在深圳、珠海、汕头和厦门试办出口特区。1980 年 5 月，“出口特区”正式更名为“经济特区”，经济特区通过营造良好投资与营商环境，鼓励外资进入，承接国际产业转移，引进先进或次新技术与管理方法，以特殊经济政策与管理体制，把特区发展成为外向型经济的桥头堡。闻名全国的“深圳速度”与“深圳奇迹”就是创办经济特区后的直接结果。

2. 打破外贸独家经营模式

1993 年，深圳制定《深圳经济特区外贸企业进出口业务管理暂行规定》，赋予企业进出口经营权，并引入优胜劣汰的竞争机制。1994 年，深圳颁布“深圳市外贸出口计划体制改革方案”，各外贸企业可根据自身的经营能力、经营水平和发展规划，自行制定出口计划目标，报市外贸主管部门备案。

由于深圳较早打破外贸经营权由外贸专业公司独家经营的传统模式，建立企业自主经营、自负盈亏、自我发展、自我约束的经营机制，外贸企业从原来仅有的国有专业外贸公司，发展成由中央、各省市驻深外贸企业，深圳本地外贸公司、外商投资企业、“三来一补”等企业组成的外贸队伍，深圳对外贸易实现了飞速发展。

3. 确立以加工贸易为重点的出口导向战略

在这一时期，中国在广东和福建两省设立深圳、珠海、汕头、厦门四个经济特区，并在特区对外经济活动中实行特殊政策和灵活措施，这也为广东和福建两省就近承接来自港澳台地区的加工装配业务提供了政策便利（《深圳晶报》，2019）。

起初，加工贸易企业只能从事纺织、服装、鞋帽等少数低端轻工产品的简单加工。到 20 世纪 90 年代初，随着越来越多外资企业加入加工贸易阵营，中国的加工贸易已经拓展至电子、家电、塑胶、玩具和工艺品、家具和生活用品等数千种产品，加工贸易已成为特区出口创汇的重要支柱。

加工贸易是现代国际贸易发展进程中产生的一种新型国际制造业分工方式，1979 年开始发展起来的加工贸易，也是中国经济特区积极参与国际分工的重要形式。

加工贸易对深圳的经济发展起到重要的推动作用，它的迅速增长给深圳经济特区的高速发展注入了动力，产生了闻名遐迩的深圳速度。

4. 扩大开放促进对外贸易飞速发展

在这一时期，中国经济特区（尤其是深圳）通过兴建港口、招商引资、创建保税工业区、组建一批外贸骨干企业、开放口岸等一系列扩大开放措施，迅速形成了以工业为主、工贸结合的外向型经济。深圳进出口规模由1979年的1676万美元提升到1992年的235.77亿美元，年均增长61.0%，其中出口规模由1979年的930万美元提升到1992年的120亿美元，年均增长60.6%；进口规模由1979年的746万美元提升到1992年的115.75亿美元，年均增长61.5%。1987年，深圳出口规模超过进口规模，扭转1983～1986年连续4年的贸易逆差局面，到1988年深圳出口总额居全国大中城市第2位，到1992年深圳进出口贸易总额居全国大中城市第1位（见图3－1）。

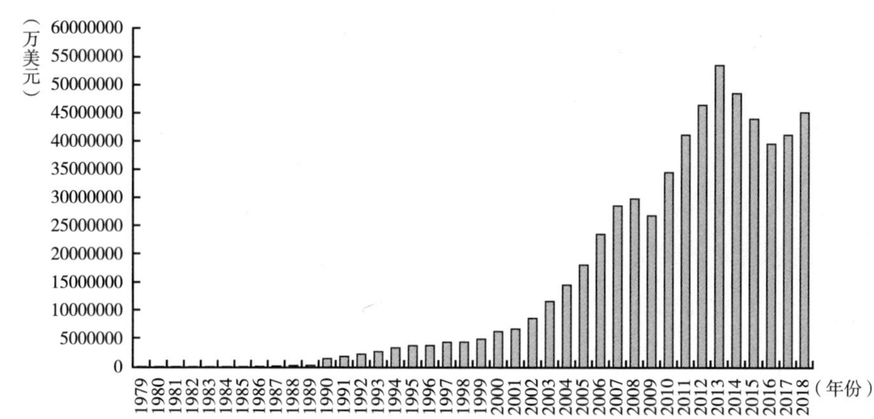

图3－1　1979～2018年深圳市进出口总额

数据来源：《深圳统计年鉴》。

（二）1992～2008年：对外贸易快速增长阶段

1. “南方谈话”强调要坚定不移地对外开放

1992年初，邓小平发表“南方谈话”，明确指出“计划多一点还是市场多一点，不是社会主义与资本主义的本质区别，市场经济不等于资本主义，社会主义也有市场经济”（转引自胡金焱，2020）。邓小平同志的这一重要论断，为党的十四大将“建立社会主义市场经济体制”作为中国经济体制改革目标定了基调。

“南方谈话”强调“社会主义要赢得与资本主义相比较的优势，就必须大胆吸收和借鉴人类社会创造的一切文明成果，吸收和借鉴当今世界各国包括资本主义发达国家的一切反映现代社会化生产规律的先进经营方式、管理方法”。邓小平同志还讲道，只要是讲效益，讲质量，搞外向型经济，就没有什么可以担心的。科学技术是第一生产力。高科技领域，中国也要在世界占有一席之地。搞科技，越高越好，越新越好。自“南方谈话”以后，中国（尤其是经济特区）进入了一个改革开放的新时期，经济增长突飞猛进，综合实力明显增强。

2. 党的十四大标志着中国进入改革开放新时期

党的第十四届全国代表大会明确提出：必须用邓小平同志建设中国特色社会主义的理论武装全党，进一步加强党的建设和改善党的领导。大会强调要进一步扩大对外开放，更多更好地利用国外资金、资源、技术和管理经验。

（1）扩大对外开放

中国经济特区形成多层次、多渠道、全方位开放的格局，继续办好经济特区、沿海开放城市和沿海经济开放区，力争经过 20 年的努力，使广东及其他有条件的地方成为中国基本实现现代化的地区。

（2）拓宽利用外资领域

中国经济特区采取更加灵活的方式，继续完善投资环境，为外商投资经营提供更方便的条件和更充分的法律保障，引导外资主要投向基础设施、基础产业和企业的技术改造，投向资金、技术密集型产业，适当投向金融、商业、旅游、房地产等领域。

（3）积极开拓国际市场

中国经济特区促进对外贸易多元化，发展外向型经济，扩大出口贸易，改善出口商品结构，提高出口商品的质量和档次，同时适当增加进口，更多地利用国外资源和引进先进技术，积极扩大特区企业的对外投资和跨国经营。

（4）大幅降低进口关税

1992 年初，中国的平均进口关税仍为 42%；到 1994 年乌拉圭回合谈判期间，关税降到了 35%；在接下来的 3 年里，中国进口关税又降低了一半左右，到 1997 年底，简单平均进口关税已降到 17% 左右。

广东积极贯彻落实小平同志“南方谈话”和党的十四大精神，进一步加大经济特区对外开放的力度，积极转变政府管理体制和改善投资软环境，构建对外开放体制。对外开放新格局的初步形成，促使经济特区引进外资、先进技术和设备的步伐进一步加快，商品出口能力和出口创汇能力进一步增强。

3. 加入 WTO 全面融入世界经济贸易体系

在健全社会主义市场经济体制和推进对外开放进程中，中国在 2001 年正式加入了 WTO，开启了中国开放型经济发展的又一个新阶段（新华社，2009）。

中国加入 WTO，不仅以前所未有的速度嵌入国际经济与贸易价值链分工中去，而且通过扩大开放反过来促使国内市场进一步开放，并开始探索构建竞争性的市场体系。中国“入世”，不仅无须再像过去那样每年都要争取所谓的“最惠国待遇”，而且堂堂正正融入了全球贸易体系。同时，中国本就有相当完整的制造业体系，通过技术进步和价值链延伸，也在一定程度上提高了自身的国际分工地位。

在成功加入 WTO 之后，中国经济特区在这一阶段的主要任务是推进外贸和利用外资方式从“粗放型”向“集约型”转变，推动中国企业参与全球价值链分工的位置由组装加工等最底端环节，向零部件生产、产品研发与设计等上游环节，以及产品营销、品牌运营等下游环节攀升，深化特区企业融入全球价值链分工网络的深度，提升开放型经济的经济效益、环境效益和社会效益。

4. 对外贸易规模进一步扩大

在小平同志“南方谈话”和党的十四大精神指引下，中国经济特区对外开放进入了一个崭新阶段。特别是 2001 年中国加入 WTO 后，深圳对外贸易呈现加速扩张态势。

这一阶段，深圳进出口规模进一步扩大，进出口总额由 1992 年的 235.77

亿美元提升到2008年的3000.66亿美元。其中出口总额由1992年的120亿美元提升到2008年的1797.12亿美元，并自1993年至2018年连续26年居内地城市首位；进口总额由1992年的115.75亿美元提升到2008年的1203.54亿美元。深圳进出口总额在1999年首次突破500亿美元，2003年突破1000亿美元，2006年突破2000亿美元，2008年突破3000亿美元。加入WTO后的2002~2007年是深圳出口贸易发展最快的时期，年均增长27.0%（见图3-2）。

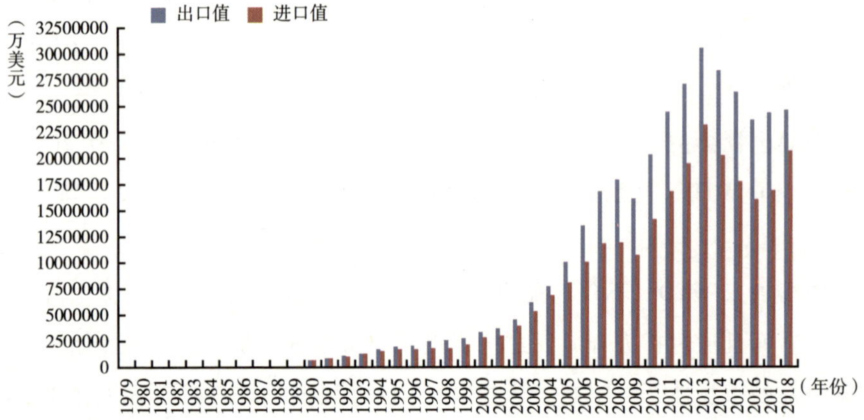

图3-2 1979~2018年深圳进出口值

数据来源：《深圳统计年鉴》。

（三）2009~2012年：对外贸易稳增长调结构阶段

2008年美国金融危机发生后，全球经济格局加快调整，经贸环境日趋严峻。面临新形势和新要求，以深圳为首的中国经济特区以科学发展观为指导，主动适应全球经贸格局的深刻调整，坚持速度规模与质量效益并重，打造新时期外贸竞争新优势，继续发挥示范引领作用。

1. 大力提高外贸质量

中国经济特区切实转变外贸增长方式，提高外贸质量与效益，在增长方式上，从规模速度增长型向质量效益型增长转变；在竞争模式上，从低价格和低成本优势向增强核心竞争力转变；在结构导向上，从强调出口、追求贸易顺差向重视进口、保持贸易平衡转变。

2. 推动一般贸易发展

中国经济特区优化一般贸易经营主体结构，培育一批年出口额超亿美元的民营企业，优化一般贸易出口商品结构，继续支持电子、通信设备等高新技术产品出口，对服装、钟表、家具、家电、自行车等优势传统出口产业进行技术改造；大力培育精细化工、汽车电子、装备制造业等产业的竞争优势，培育新的外贸增长点；同时，扩大自主品牌的商品一般贸易出口，资助企业自主开拓国际市场，支持出口产品在海外注册商标和专利，支持出口企业在海外进行品牌宣传推广，支持企业开拓国际市场，建立国际营销网络和售后服务体系，提高对国际市场的控制能力；鼓励出口企业与跨国公司合作，进入跨国公司的全球供应和采购体系。

3. 巩固提升加工贸易

中国经济特区抓住新一轮全球生产要素优化重组和产业转移的重大机遇，着重提高加工贸易产业层次和加工深度，重点引进电子信息、汽车电子、装备制造、精细化工、新型材料、生物医药等产业的加工贸易，吸引跨国公司把技术含量、增值率高的加工制造环节放在深圳。

4. 提高经济效益和社会效益

中国经济特区（尤其是深圳）把转变外贸发展方式作为新追求、新标杆，解决发展难题、提升发展水平，为促进外贸发展水平激发新活力、拓展新空间。

（1）加快转变外贸发展方式

经济特区推进对外贸易向货物贸易与服务贸易并重转变，向商品输出与技术、标准、品牌输出并重转变（商务部，2016），增加具有自主知识产权、自主品牌、高附加值的产品出口，促进加工贸易产业链向研发设计、营销服务两端延伸。深圳扩大对东盟的外贸进出口，同时增加战略性资源、先进技术、高端装备等进口。

（2）加快推进“走出去”战略

以深圳经济特区为例，鼓励龙头骨干企业通过并购、联盟、新建等多种投资方式，获取境外资源、能源、技术、人才等要素，提升在配置全球资源的能力；支持企业开展境外加工贸易、在新兴市场建立海外生产基地，参与海外基础设施建设；健全支持企业“走出去”的政策措施，重点培育一批本土跨国公司和国际知名品牌，着力打造中国企业国际总部基地。

（3）提升进出口商品的质量

中国经济特区建立质量提高、效益改善、结构优化、资源节约的外贸绩效评价机制，严把进出口产品质量关；依靠科技进步和创新，把提高质量、研发技改、设计创新、品牌建设有机结合起来，进一步提升高科技含量、高附加值制成品出口的比重，严控“两高一资”产品出口；增强外贸核心竞争力，积极参与国际各类技术标准和具有自主知识产权的技术标准、行业标准制定，争取外贸竞争主动权。

5. 应对国际金融危机考验

广东三个经济特区认真落实中央和省的各项部署，坚持以科学发展观为统领，抓住《珠三角地区改革发展规划纲要》颁布后的重大机遇、积极应对国际金融危机的严峻挑战（《深圳特区报》，2009）。

面对复杂多变的国际背景，特区企业加快转型升级，以生产高附加值、高技术含量的外贸产品，在欧美及全球新兴市场攻城略地，从容应对金融危机的影响，促进外贸出口强劲复苏和增长，为经济特区率先实现外贸发展方式转变奠定坚实基础。

6. 外贸规模进一步扩大

以深圳经济特区为例，外贸发展经受住经济发展三期叠加的巨大冲击，对外贸易实现稳定增长，机电和高新技术产品进出口保持优势地位，一般贸易进出口比重大幅上升，加工贸易转型升级效果明显。在这一阶段，深圳外贸进出口规模进一步扩大，进出口总额由 2009 年的 2701.54 亿美元提升到 2012 年的 4668.03 亿美元。

（四）2013～2019年：对外贸易平稳增长阶段

党的十八大以来，中国经济特区在新一轮改革开放中率先突破，打造创新发展新高地，对外贸易取得显著成效，在全国率先实现由外贸大市向外贸强市的转变。

1. 主动融入全球创新链

以深圳为典型代表的经济特区加快促进外贸发展方式转变，积极融入全球创新链，在新的全球经济坐标系中推进更高质量发展，打造成为国家参与全球经济竞争的重要引擎。

2. 推动形成全面开放新格局

在国内外形势发生深刻复杂变化的背景下，党的十九大报告指出“推动形成全面开放新格局”，强调“中国开放的大门不会关闭，只会越开越大”（《光明日报》，2018），深刻揭示了新时代更好地推动开放发展的新内涵和新要求。这是以习近平同志为核心的党中央准确判断国际形势新变化、深刻把握国内改革发展新要求而做出的重大战略部署。

（1）发挥“窗口”“试验田”作用

以深圳为典型代表的中国经济特区，充分利用国内外两种资源，推进要素便捷流动、资源有效配置、市场深度融合，加快粤港澳大湾区建设，构建全方位宽领域多层次的开放合作新格局。

（2）积极参与“一带一路”建设

中国经济特区加强和共建“一带一路”国家的全面合作，成为建设海上丝绸之路的重要支撑；积极参与“信息丝绸之路”建设，推进海港、空港、信息港等多港联动；着力扩大经贸合作，力争在“一带一路”的重点国别、优先领域、关键项目取得突破性进展。

（3）打造全方位对外开放战略平台

深圳经济特区高水平大格局建设深圳前海蛇口自贸片区，推进前海深港现代服务业合作区开发开放，进一步推动贸易投资便利化，构建与全球贸易投资规则相适应的制度框架，加快体制机制和法治建设的创新发展，打造我国自贸区建设的新标杆。

3. 探索集约式外贸发展新模式

（1）培育竞争合作新优势

以深圳为典型代表的经济特区实施“全球价值链跃升”工程，推动产品、技术、服务“全产业链出口”，实施“自主品牌出口增长”计划，支持企业提高数字化、网络化、智能化制造能力，大力帮助特区企业建立自主营销体系。

（2）推进跨境电商合作

以深圳为典型代表的经济特区打造跨境电商产业链和生态链，形成一套适应和引领全球跨境电商发展的管理制度和运行规则，增加市场采购贸易方式试点，培育一批外贸电商综合服务企业。

（3）创新加工贸易模式

以深圳为典型代表的经济特区鼓励加工贸易由单一加工制造功能向研发设计、品牌营销领域延伸，加快加工贸易企业由单一实体向综合营运主体转变。引导加工贸易的组织方式从当前“海外接单，大陆生产，海外出口”的受托型引导方式向“大陆接单，大陆生产，大陆直接出口”的方式转变。

（4）推进保税监管区整合升级

深圳经济特区大力推动前海湾保税港区、盐田港保税区、盐田港保税物流园区、沙头角保税区、福田保税区、深圳机场保税物流中心（B 型）等保税监管区域整合升级，建设具有国际一流水平的监管示范区；拓展各类海关特殊监管区在物流、商品展示、贸易服务、跨境电商等方面的功能，引导各保税区增加汽车机械、珠宝首饰、品牌服装、红酒等高端消费品进口，把各保税区建设成为深圳至珠三角乃至全国的主要进口商品集散地。

（5）实施积极的进口战略

以深圳为典型代表的中国经济特区鼓励先进技术、关键零部件进口，增加一般消费品进口，满足居民多元化消费需求；积极发展战略性资源进口，结合深圳及珠三角产业发展及升级需求，加大石油、天然气、特种钢材、有色金属、木材等能源资源性产品进口，提高深圳及珠三角产业发展所亟须资源、能源的供应和保障能力。

4. 对外贸易实现稳定增长

党的十八大以来，以深圳为典型代表的中国经济特区全面深化改革、扩大对外开放，有效应对国际金融危机后续影响等一系列重大挑战和风险，加快推进从规模速度型向质量效益型转变，外贸进出口进入稳定增长阶段。

经过上一阶段的高速发展，特区经济贸易也面临一些突出问题和困难。例如，受一些特殊因素的影响，深圳进出口总额从 2014 年起连续 3 年出现回落，随着全球经济逐渐回暖，也得益于深圳产业转型升级步伐加快，2017 年深圳进出口增速扭亏为盈，重新实现正增长。2017 年，深圳进出口总额 4141.46 亿美元，同比增长 6.5%，其中外贸出口总额 2443.59 亿美元，同比增长 5.5%；外贸进口总额 1697.87 亿美元，同比增长 7.9%。

二　中国经济特区对外贸易的成就及特点

改革开放 40 年来，中国经济特区顺应经济全球化趋势，充分利用国家给予的特殊政策、灵活措施，积极与世界各国开展经贸合作。经过 40 年的艰苦奋斗，中国经济特区对外贸易取得了长足的发展，外贸总量持续攀升，外贸结构不断优化，贸易方式更趋合理，外贸市场更趋多元化，外贸竞争力不断提升，为中国经济特区的经济发展做出了巨大贡献，成为带动广东、福建经济起飞的重要引擎。

（一）外贸进出口总额大幅攀升

以深圳经济特区为例，对外贸易总额居内地城市第 2 位，外贸出口连续 26 年居内地城市首位。1979 ~ 2018 年，深圳外贸进出口总额从 1676 万美元增加到 4539.22 亿美元，年均增长 26.4%，其中，外贸出口总额从 930 万美元增加到 2463.54 亿美元，年均增长 26.5%，外贸出口连续 26 年居内地城市首位；外贸进口从 746 万美元增加到 2075.86 亿美元，年均增长 26.3%。

经过近 40 年的发展，深圳进出口总额占全国和全省比重由 1979 年的微不足道分别大幅提升至 2018 年的 9.8% 和 43.4%，其中出口总额占全国和全省比重分别提升至 10.7% 和 40.9%，进口总额占全国和全省比重分别提升至 9.7% 和 47.4%。深圳外贸总额占全国比重的大幅增加，证明深圳外贸创造了举世瞩目的历史性成就，有力地促进了中国对外贸易的迅速发展（见图 3－3）。

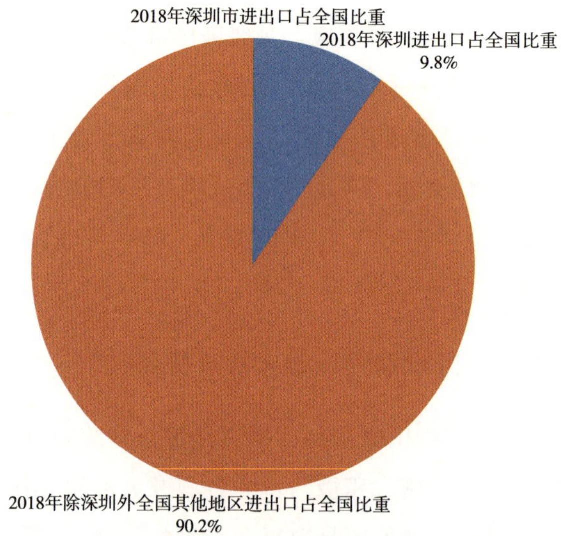

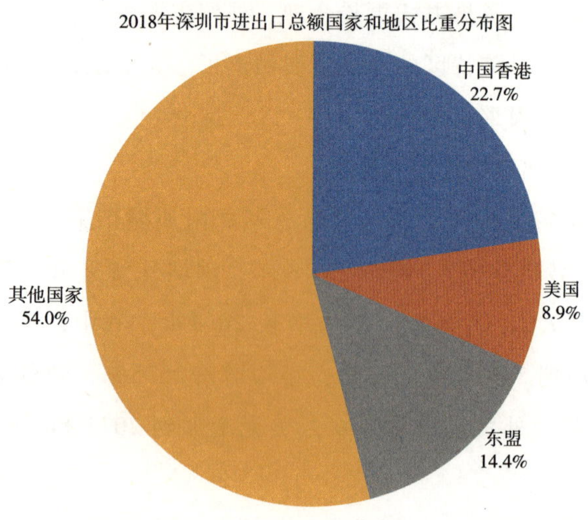

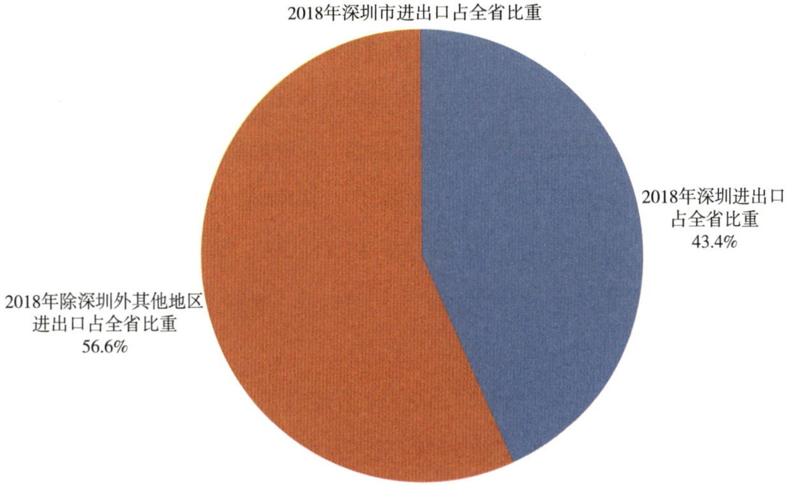

图 3－3　深圳市进出口占全国和广东省的比重

资料来源：《深圳统计年鉴》、《广东统计年鉴》和《中国统计年鉴》。

（二）外贸结构不断优化

改革开放后，尤其是从 20 世纪 90 年代开始，以深圳为首的经济特区不断调整优化外贸结构，主要体现在以下两个方面。

1. 贸易方式由单一向多元化方向转变

从 20 世纪 80 年代开始，中国经济特区加大招商引资力度，积极利用海外资本和技术，发展“三来一补”和“三资”企业，有效地促进了对外贸易的发展，深圳加工贸易出口占出口总额的比重由 1987 年的 38.7% 逐步上升到 2011 年的 56.5%。党的十八大以来，中国经济特区加大调结构转方式，培育外贸竞争新优势，调整优化货物贸易结构和促进转型升级，使深圳加工贸易出口占比开始缓慢下降，由 2012 年的 53.0% 下降到 2018 年的 39.14%，而一般贸易出口占比逐渐由 2012 年的 28.0% 上升到 2018 年的 44.4%。

随着中国对外开放的进一步扩大，经济特区贸易方式也逐渐向多元化方向转变。外贸方式由以加工贸易为主逐步发展到易货贸易、保税监管场所进出境货物、海关特殊监管区域物流货物等多种贸易方式。2018 年，占深圳出口比重前三位的贸易方式依次为：一般贸易出口占 44.4%，加工贸易出口占 39.14%，海关特殊监管区域物流货物出口占 10.2%。

2. 实现由初级产品到机电产品，再向高新技术产品转变

改革开放初期，中国经济特区外贸出口主要以初级产品为主。例如深圳出口产品主要包括肉类、粮食类、服装类，特别在 1990 年肉用活猪、服装类出口增速较快，分别同比增长 42.4% 和 81.0%，而同期机电产品的出口规模较小，但增长潜力已渐露端倪，如电话机、收录音机、电视机的出口分别增长 24.8%、23.1% 和 16.8%。

20 世纪 90 年代，深圳出口产品结构呈现较大变化，机电类、高附加值产品的出口大幅增加，实现了由初级产品为主向机电产品为主的方向转变。1990 年，深圳机电产品出口额超过 10 亿美元，但占全市出口的比重仍然较低，约为 30%。2001 年中国加入 WTO 后这一比重不断增加，2002 年达 69.2%，2003 年超过 70%，此后比重均保持在 70% 以上，2015 年最高，达到 82.2%，2018 年为 78.6%（见图 3-4）。1990~2017 年，中国机电产品出口从 10 亿美元左右增加到 1936.19 亿美元。2018 年深圳机电产品出口占全国的比重在 13% 以上，为中国连续 10 年保持机电产品全球第一大出口国地位做出了重要贡献。

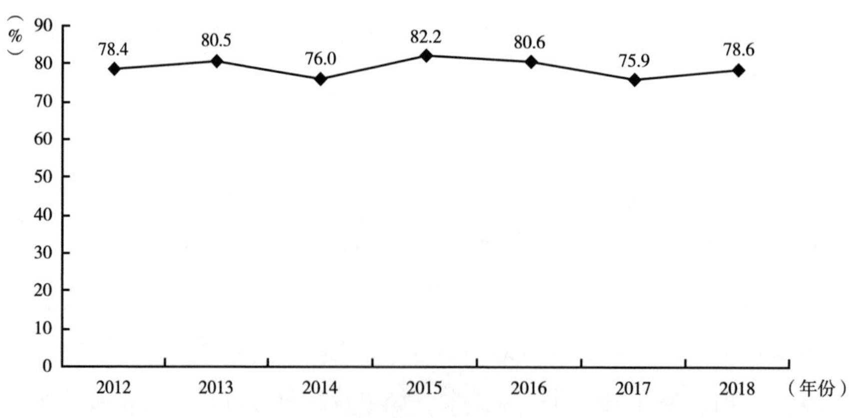

图 3-4　2012~2018 年深圳市机电产品出口额占出口总额比重

资料来源：《深圳统计年鉴》。

进入21世纪以来，深圳已形成以高新技术产品为支柱的先进制造产业。以人工智能和信息技术为代表的高新技术产品出口占比不断提高，高新技术产品的进出口贸易成为深圳现在到未来一段时间外贸发展的强劲增长点。2002年深圳高新技术产品出口占出口总额的比重为33.7%，2003年达到40.0%，此后保持在40%左右，2009年比重首次突破50%，达到52.5%。党的十八大以来，这一比重保持在50%左右，2013年达到最高的58.0%，2018年仍有50.7%（见图3－5）。另一方面，集成电路、液晶显示板等高新技术产品进口值均继续居全国第一。

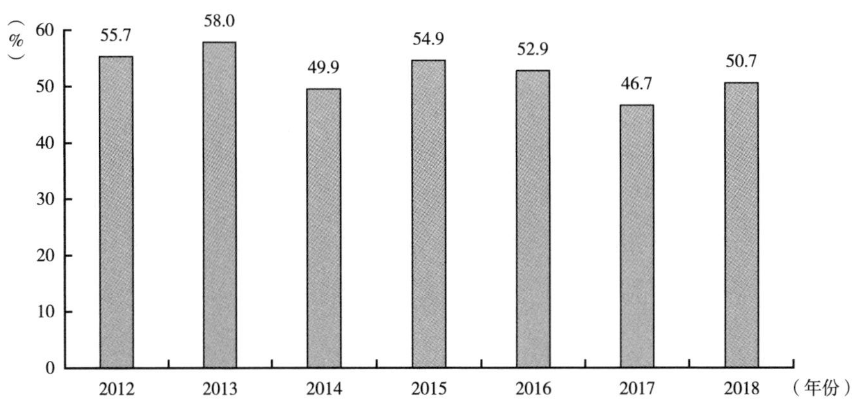

图3－5　2012～2018年深圳高新技术产品出口额占出口总额比重

资料来源：《深圳统计年鉴》。

（三）外贸经营主体呈现共同发展态势

改革开放以前，整个国家对外贸易都是由中央以指令性计划直接管理的专业性贸易公司所垄断。改革开放以后，经济特区外贸经营主体由最初的以国有企业为主，到外商投资企业快速发展，再到民营企业渐成主力，多种经济类型平等竞争，共同发展。

党的十八大以来，深圳民营企业异军突起，成长为推进外贸高质量发展的主力军。2018年以来，国际贸易形势复杂多变，深圳部分企业订单减少、经营困难，民营企业首当其冲。但随着国家一系列扶持民营经济发展政策的实施，激发起民营企业更大活力，促进外贸向高质量方向发展。加之近年来中国连续调整部分产品出口退税率，减税降费政策效应显现，有利于降低企业成本，增加进出口动力。不断提高自身创新能力，加大研发投入，是深圳民营企业开拓新兴市场、赢得市场的关键。至 2018 年，深圳国有企业、民营企业和外商投资企业进出口总额比重分别为 5.5%、53.8%和 40.7%，可见民营企业已经成为深圳第一大进出口经营主体。

（四）进出口市场格局日趋多元化

改革开放以来，与中国经济特区有贸易联系的国家和地区不断增多。1990~2018 年深圳的贸易伙伴已由 61 个发展到 239 个国家和地区，与全球绝大部分国家和地区都有贸易往来。深圳的主要贸易伙伴为：美国、欧盟、东盟、日本、韩国，以及我国香港和台湾地区。从进出口方面看，2018 年对这 7 个国家和地区合计进出口额占全市进出口总额的比重高达 72.68%，其中对美国、欧盟、东盟，以及我国香港和台湾地区的进出口占进出口总额的比重分别为 9.2%、9.1%、14.4%、22.7%和 9.1%。从外贸出口看，2018 年深圳对我国香港出口 1023.99 亿美元，增长 4%；对东盟出口 201.56 亿美元，下降 10.8%；对美国出口 361.24 亿美元，下降 5.8%；对欧盟出口 312.80 亿美元，下降 3.4%；对我国台湾出口 21.8 亿美元，增长 8.7%。从外贸进口看，2018 年深圳对我国香港进口 7.49 亿美元，下降 8.9%；对东盟进口 452.21 亿美元，增长 35.7%；对美国进口 57.62 亿美元，下降 2.6%；对欧盟进口 98.66 亿美元，增长 6.6%；对我国台湾进口 393.35 亿美元，增长 22%。

以 2013 年金秋为起点，“一带一路”作为承载时代使命的世纪工程，掀开了世界发展进程的新一页。“一带一路”倡议从理念转化为行动，从愿景转化为现实，取得了积极成效。2014~2018 年，深圳与共建“一带一路”国家和地区进出口贸易总额占全市的比重在 2 成左右。随着深圳主动服务和加快融入国家“一带一路”倡议，全面提升开放型经济水平，深圳外贸发展潜能得到进一步的挖掘和提升。2018 年，深圳对共建“一带一路”国家和地区贸易额达到 6216.8 亿元人民币，比上年增长 9.9%，深圳出口到共建“一带一路”国家和地区的产品中，机电产品占比达 7 成以上，高于全市外贸整体水平。深圳加强与共建“一带一路”国家和地区贸易往来，已成为推动中国外贸高质量发展的一大亮点。

三 开创新时代中国经济特区外贸发展新局面

2018 年 10 月，习近平总书记再次亲临广东视察并做出系列重要指示（《南方日报》，2019），赋予深圳经济特区“朝着建设中国特色社会主义先行示范区的方向前行，努力创建社会主义现代化强国的城市范例”的崇高使命；提出要深化改革开放，加快建设粤港澳大湾区，高标准建设广东自由贸易试验区。广东省委、省政府深入贯彻落实习近平总书记重要讲话和重要指示批示精神，提出一系列扩大开放政策举措，全力推进粤港澳大湾区建设，积极参与“一带一路”建设，大幅度放宽市场准入，创造更有吸引力的营商环境，主动扩大进口，将广东自由贸易试验区打造成广东高水平对外开放门户枢纽，为加快构建全面开放新格局注入新动力。

处于中国经济特区成立 40 周年的历史节点，中国在国际舞台上发挥着越来越重要的作用，习近平总书记倡导的“人类命运共同体”“一带一路”国际倡议得到世界各国积极响应（高祖贵，2019）。与此同时，世界经济艰难复苏，全球贸易形势复杂严峻，“逆全球化”思潮涌动，贸易保护主义抬头、经贸摩擦加剧升级，对外贸易的不确定因素不断增加。深圳经济特区作为国家的“外贸大市”，将会面临更多的机遇和挑战。

站在新历史起点，面对新形势新要求，中国经济特区将在以习近平同志为核心的党中央坚强领导下，坚持走开放融通、互利共赢之路，加快贸易转型升级，推动贸易创新发展，培育外贸新业态、新模式，转变外贸发展方式，增强外贸发展质量和效益，率先实现由“外贸大市”向“外贸强市”的转变，在形成全面开放新格局上继续走在全国前列，谱写新一轮改革开放的壮丽篇章。

第三节 实证分析：深圳经济特区贸易结构转变的驱动要素

中国经济特区成立 40 年来，深圳充分发挥“天时地利人和”的优势条件，包括国家赋予的特区政策优势、毗邻香港的地理优势，通过外引内联集聚了大量资本、廉价劳动力和高端人力资源，由此推动了对外贸易的超高速发展，外贸超高速发展又对工业化起到了极其重要的拉动作用。改革开放初期，深圳依靠要素成本低廉的比较优势参与国际分工和贸易，从20世纪90年代开始，深圳积极鼓励和大力支持科技创新，扶持高新技术产业发展及其产品贸易，这一前瞻性的政策是保证深圳工业化拥有持续动能与巨大潜力的重要基础。到今天，高端人力资源的快速增长、科技创新活动的蓬勃开展、科技成果的高效率转化成为深圳领先于全球的竞争优势，使得深圳在全球产业链、贸易链和价值链中朝着高端位置攀升，这一点已在贸易商品与贸易方式的变化上得以体现：高新技术产品占进出口总额中占一半以上，贸易方式也从以加工贸易为主转变成以一般贸易为主。

一　模型构建

前文的理论分析中提出，来源于要素禀赋结构的比较优势启动了深圳的工业化进程。到了工业化深入发展阶段，要素禀赋结构改善、规模经济效益提升以及专业化技术能力积累所形成的竞争优势，则在全球产业链分工中发挥着更为重要的作用。如果以贸易商品与贸易方式的升级作为特区参与国际分工的竞争力增强的直接体现，那么是何因素驱动了特区外贸商品结构与方式结构的转变？本节运用实证分析方法，基于深圳1992～2018年的数据进行分析，探究外贸商品与方式发生转变的驱动要素。

在考虑模型可操作性以及数据可得性之后，将本国资本和FDI、劳动力和技术水平作为影响贸易商品与方式的主要因素。其中，本国资本和FDI、劳动力属于较传统的要素禀赋，而技术水平则属创新的要素禀赋。我们以对外贸易的商品结构、方式结构为因变量，以资本存量和FDI、劳动力和技术水平作为自变量，采用时间序列回归方法来研究这些变量之间的相关关系。所构建的数学模型如下：

$$GS = \beta_0 + \beta_1 \ln K + \beta_2 \ln L + \beta_3 \ln TECH + \beta_4 \ln FDI + \mu \tag{1}$$

$$MS = \beta_0 + \beta_1 \ln K + \beta_2 \ln L + \beta_3 \ln TECH + \beta_4 \ln FDI + \mu \tag{2}$$

其中，因变量 GS 代表商品结构，MS 代表方式结构；自变量 K 代表资本存量，L 代表劳动力，TECH 代表技术水平，FDI 代表外商直接投资。由于因变量均为比重指标，单位为%，而自变量均为总量指标，为避免异方差过大，将对自变量取自然对数。

二　指标选取与数据说明

商品结构：高新技术产品的出口和进口差别较大，因此选取高新技术产品在出口中、进口中的占比来分别表示出口、进口的商品结构。国内外学者研究出口商品结构时，常用的指标大致分为两类：一是从商品的技术含量着手，通过测度技术含量来说明商品结构，Hausmann et al.（2007）和 Xu（2006）等学者提出的出口贸易复杂度即属于这种方法；二是直接利用分类商品进出口值占总值的比重来衡量商品结构，一般采用国际分类标准对不同要素密集的产品进行分类，例如采用国际贸易分类 SITC 将产品划分为资源密集型、资本密集型、技术密集型、劳动密集型等（杨汝岱、朱诗娥，2008）。我们采用《深圳统计年鉴》《深圳年鉴》公布的高新技术产品进出口值，计算其占进出口总值的比重，由此来衡量商品结构。

方式结构：国际贸易方式可分为一般贸易、加工贸易、保税贸易和其他贸易。深圳最早于 1987 年设立保税区，保税贸易涉及保税区建设与政策影响，不适宜此模型的分析。因此，本节只将一般贸易和加工贸易纳入研究范围，并采用一般贸易进出口额占进出口总值的比例，作为贸易方式结构的象征数据。数据来源同样是《深圳统计年鉴》和《深圳年鉴》。

资本存量：对于资本存量的计算，采用 Goldsmith（1951）所开创的永续盘存法，即采用如下公式：

$$K_t = K_{t-1}(1 - \delta_t) + I_t / PIF_t \tag{3}$$

其中，K_t表示 t 期资本存量，δ_t表示 t 期折旧率，I_t表示 t 期投资额，PIF_t表示固定资本投资价格指数。

我们也用此方法来计算深圳资本存量，并参考薛占栋（2011）对深圳物质资本存量的估算来进行计算。对基期资本存量的测算，把深圳 1979 年固定资本投资除以 10%；对折旧额的确定，考虑到国家经济水平的提高，按照 1993 年以前折旧率为 5%、1993 年以后折旧率为 9.6% 进行计算；对固定资本投资价格指数，以广东省城市居民消费价格指数来代替，原因在于，深圳从 1993 年开始公布固定资本投资价格指数，广东省则在 2001 年才开始公布，故选取与之几乎相近的广东省城市居民消费价格指数作为替代，该数据来自《深圳统计年鉴》。

劳动力：采用年末从业人口作为劳动力指标，该数据来源也是《深圳统计年鉴》。

技术水平：用全员劳动生产率表示，因技术水平对贸易结构的影响主要是通过提升各产业的生产率来实现，数据来源于《深圳统计年鉴》。

外商直接投资：采用实际利用外商投资的每年增加量，并去除价格因素的影响，同样用资本存量计算时消除价格因素的方法，以 1979 年为基期，除以城市居民消费价格指数，数据也来源于《深圳统计年鉴》。

指标选取情况见表 3－1。

表 3－1　指标选取

变量	变量解释	变量类型	数据来源
商品结构(GS)	高新技术产品进/出口占对外贸易进/出口总额的比例	因变量	《深圳统计年鉴》《深圳年鉴》
方式结构(MS)	一般贸易进出口总额占全部进出口总额的比例		
技术水平(TECH)	全员劳动生产率	自变量	
资本存量(K)	按上述公式(3)计算		
劳动力(L)	年末从业人员的数量		
外商直接投资(FDI)	实际利用外商投资的增加量		

三　实证分析与结果

（一）平稳性检验

在经典计量经济模型中，具有单位根的时间序列易出现伪回归现象，因此在进行回归之前，有必要进行平稳性检验，本节采用 ADF 方法检验各个时间序列是否存在单位根过程。

ADF 检验基本模型包括以下三种：

$$Y_t = \gamma Y_{t-1} + u_t(\text{无趋势项,无常数项}) \tag{4}$$

$$Y_t = \alpha + \gamma Y_{t-1} + u_t(\text{无趋势项,有常数项}) \tag{5}$$

$$Y_t = \alpha + \beta t + \gamma Y_{t-1} + u_t(\text{有趋势项,有常数项}) \tag{6}$$

商品结构指标中，用 exhightech 表示高新技术产品出口比重，imhightech 表示高新技术产品进口比重，gentra 表示一般贸易产品在进出口总额中所占比重。高新技术产品出口比重为 1995 ~2018 年数据，高新技术产品进口比重为 2001 ~2018 年数据，其余变量均为 1992 ~2018 年数据。由于高新技术产品出口比重的缺失值较少，采取线性插值法来插补缺失值，最终取得 1992 ~2018 年数据。

采用 stata16 软件对各变量进行 ADF 检验，结果如表 3 -2 所示。

表 3 -2　ADF 检验结果

变量	检验类型(c,t,k)	ADF 统计量	1% 临界值	5% 临界值	是否平稳
exhightech	(c,0,1)	-2. 391	-2. 492	-1. 711	平稳**
imhightech	(c,0,1)	-1. 683	-2. 602	-1. 753	平稳*
gentra	(c,t,2)	-3. 541	-4. 380	-3. 600	平稳***
lnK	(c,0,1)	-2. 495	-2. 492	-1. 711	平稳***
lnL	(c,0,1)	-4. 877	-2. 492	-1. 711	平稳***
lnTECH	(c,0,1)	-2. 186	-2. 492	-1. 711	平稳**
lnFDI	(c,0,1)	-3. 804	-2. 492	-1. 711	平稳***

注：(c，t，k) 中，c 表示模型中是否具有常数项，t 表示是否含有时间趋势项，k 表示滞后项长度；*、**、*** 分别表示在 10%、5%、1% 的显著性水平。

有 ADF 检验结果显示，这些序列的 ADF 统计量至少在 10% 水平下显著，证明这些序列是平稳的，即为零阶单整序列 I (0)，故可在此基础上进行 OLS 回归分析。

（二）回归分析与结果

将指标代入所构建的模型，具体的回归模型如下：

$$exhightech = \beta_0 + \beta_1 \ln K + \beta_2 \ln L + \beta_3 \ln TECH + \beta_4 \ln FDI + \mu \tag{7}$$

$$imhightech = \beta_0 + \beta_1 \ln K + \beta_2 \ln L + \beta_3 \ln TECH + \beta_4 \ln FDI + \mu \tag{8}$$

$$gentra = \beta_0 + \beta_1 \ln K + \beta_2 \ln L + \beta_3 \ln TECH + \beta_4 \ln FDI + \mu \tag{9}$$

用 stata 16 软件进行回归，回归结果如表 3－3 所示：

表 3－3　回归结果

	(1)	(2)	(3)	(4)
VARIABLES	exhightech	imhightech	gentra	imhightech
lnK	-27.56***	28.90	46.26***	
	(7.49)	(19.70)	(5.306)	
lnL	31.80***	-23.47	-34.67***	17.45
	(9.87)	(30.62)	(6.993)	(13.132)
lnTECH	27.84***	-2.88	-15.84***	7.24
	(5.673)	(8.984)	(4.018)	(5.988)
lnFDI	-1.79	-4.501	2.818	1.922
	(3.822)	(7.914)	(2.707)	(6.858)
Constant	-125.74***	32.30	3.518	-111.35**
	(24.87)	(107.0)	(17.62)	(44.81)
Observations	27	18	27	18
R-squared	0.951	0.854	0.964	0.829
Adj－ R-squared	0.9424	0.8085	0.9572	0.7927
Prob > F	0.0000	0.0000	0.0000	0.0000

注：括号中为标准误，*** $p<0.01$，** $p<0.05$，* $p<0.1$。

从第一列可以看出，方程 7 进行 OLS 回归的结果显示，修正的可决系数较高，且 Prob > F ＝0.0000，表示解释变量联合起来对于因变量的解释程度较高。lnK、lnL、lnTECH 的系数都具有 1% 的显著性水平，虽然 lnFDI 系数不显著，但不影响解释变量对于因变量的解释。

从第二列可以看出，方程 8 进行回归的修正可决系数较高且 F 检验的 p

值为 0.0000，但系数均不显著，初步判断方程可能存在多重共线性。因此采用方差膨胀因子法检验其多重共线性，检验结果如表 3－4 所示，VIF 值越大，表示多重共线性越强。如果 VIF 值大于 10，一般认为方程具有较严重的多重共线性。

表 3－4　方差膨胀因子法检验结果

Variable	VIF	1/VIF
lnK	132.74	0.007533
lnL	65.41	0.015288
lnTECH	22.74	0.043971
lnFDI	2.63	0.379700
Mean VIF	55.88	

经过方差膨胀因子法检验，方程平均的 VIF 值大于 10，故存在较高的多重共线性。采用剔除变量法降低多重共线性，尝试剔除造成多重共线性较大的 lnL 变量，剔除后的结果如第 4 列所示。结果显示，剔除变量并不能使得其他变量变得显著，且可能导致方程设定误差。考虑到多重共线性只能降低不可剔除，为避免设定误差仍然保留 lnK 这一变量，不再多做处理。

从第三列可以看出，方程 9 回归结果的修正可决系数较高，为 0.9572，F 检验 p 值为 0.0000，且除 lnFDI 外其他系数均在 1% 的显著性水平下显著，说明解释变量联合起来对于因变量的解释程度高，系数估计较为准确。

根据回归结果，可得出以下三个拟合方程：

$$\widehat{exhightech} = -125.74 - 27.56\ln K + 31.8\ln L + 27.8\ln TECH - 1.79\ln FDI \tag{10}$$

$$\widehat{imhightech} = 0.0319 + 28.9\ln K - 23.47\ln L - 2.88\ln TECH - 4.501\ln FDI \tag{11}$$

$$\widehat{gentra} = -0.495 + 46.26\ln K - 34.67\ln L - 15.84\ln TECH + 2.818\ln FDI \tag{12}$$

从方程（10）可以看出，资本存量、FDI 两者都与高新技术产品出口比重负相关，劳动力、技术水平两者都与高新技术产品出口比重正相关。资本存量每增长1%，高新技术产品出口比重将减少0.2756个百分点；FDI每增长1%，高新技术产品出口比重将降低0.0179个百分点；劳动力每增长1%，高新技术产品出口比重将增加0.318个百分点；技术水平每增长1%，高新技术产品出口比重将增加0.278个百分点。引起高新技术产品出口占比增加的原因可能在于，技术水平的提升推动了高新技术产业的发展，同时劳动力所含的人力资源资本也发挥了作用，知识水平、管理水平提升和技术的提升共同作用，增加了技术密集型、知识密集型产品的国际竞争力。

从方程（11）可看出，资本存量与高新技术产品进口比重正相关，劳动力、技术水平和FDI都与高新技术产品进口比重负相关。资本存量每增长1%，高新技术产品进口比重将增加0.289个百分点；劳动力每增长1%，高新技术产品进口比重将减少0.2347个百分点；技术水平每增长1%，高新技术产品进口比重将减0.288个百分点；FDI每增长1%，高新技术产品进口比重将减少0.04501个百分点。引起高新技术产品进口比重增长的原因可能在于，资本投入方向往技术水平要求较高的产业转变，这些产业的发展又需要引进国外的高新技术产品。

从方程（12）可看出，资本存量、FDI都与一般贸易产品占进出口总额比重正相关，劳动力、技术水平都与高新技术产品占进出口额所占比重负相关。资本存量每增长1%，一般贸易所占比重将增加0.4626个百分点；外商直接投资每增长1%，该比重将增加0.028个百分点；劳动力每增长1%，该比重将减少0.3467个百分点；技术水平每增长1%，该比重将减少0.1584个百分点。引起贸易方式转变的原因可能在于，加工贸易产品要求低端劳动力较多且成本低廉，随着劳动力成本提高，这一比较优势消失，资本投入、FDI投入转而更加青睐一般贸易产品。但技术水平的提高并没有带来一般贸易产品的比重提高，可能原因在于，一般贸易产品并不全是技术含量高的产品，因此技术水平的提高并不能体现在贸易方式的转变上。

四　结论

通过实证分析证明，深圳参与国际分工及贸易的竞争力不仅来源于要素禀赋结构的改善，而且来源于技术水平提高所带来的竞争优势。尽管“人口红利”不再发挥优势，但劳动力（尤其较高端的人力资源）依然是推动贸易结构改善的重要原因。在教育培训、科技研发、人才政策、“干中学”等方式的共同作用下，深圳劳动力中所蕴藏的人力资源不可忽视，依然能够解释中国经济特区在融入全球产业链、贸易链中所展现出的强盛的创新竞争力。深圳的技术水平与创新能力不断提高，使得各大产业朝着价值链高端延伸，在全球产业链分工体系中的地位不断增强，先进制造业、高技术制造业成为参与国际贸易的“领头羊”，同时也是深圳工业内涵式增长的主动力。因此说，从对外贸易的角度来看，深圳的工业化已经和正在进行优势演化，从单纯依靠低成本要素的比较优势，逐渐转向依靠高端要素尤其是科技创新所形成的竞争优势。

人力资源知识水平、整体技术水平的提升，可代表禀赋结构的高端化；而对外贸易中高新技术产品、一般贸易方式的提升，可代表贸易结构的高端化。要素禀赋结构的高端化，能够带来对外贸易结构的高端化。更具体一些来讲，通过加大研发投入、提升外贸商品品牌价值、建立自主营销渠道等方式，能够增强对全球产业链的主导能力，提高中国经济特区在全球价值链的地位，从而促进贸易高端化发展。

深圳对外贸易的发展过程，也是参与全球化分工不断深入、国际竞争力不断加强的过程。商品结构升级、贸易方式优化，对外贸易的发展方式由粗放型增长转向集约型增长。高新技术产品在进出口中的占比逐步提升，出口商品从以劳动密集型为主变为以技术密集型、知识密集型为主，说明创新科技的竞争优势正在凸显。与此同时，一般贸易所占比例逐渐上升，而加工贸易的比例逐渐下降。由于加工贸易对外依存度较高，中国经济特区逐步转向一般贸易为主会使得未来的外贸发展变得更加稳定。

第四节 中国经济特区外贸发展经验总结与面临挑战

中国经济特区不仅是中国改革开放的窗口和排头兵，也是中国对外贸易体制改革、经贸规则接轨国际的政策试验田。历经40征程，中国经济特区如今已走上创新发展道路，在产业和技术的周期发展中培育国际竞争优势。

一 中国经济特区外贸发展经验及示范效应

（一）企业全域创新实现中国经济特区国际经贸合作跨越式发展

中国经济特区企业瞄准市场前沿、需求前沿、产业转型和技术发展前沿，在向发达国家和地区的企业学习中壮大，在转型创新中发展。各种类型的企业，尤其是民营企业在对外经贸合作中蓬勃发展。他们充分利用国内外两种资源，通过经营管理创新、技术创新、营商模式创新，在“引进来”“走出去”中走在前列，打造了国际经贸舞台上的中国力量和中国国际经贸合作的主力先锋。

1. “顶天立地”的华为模式

深圳华为公司在产业转型的特区土壤中诞生，在与跨国公司进行激烈竞争、不断夺取进口替代的市场空间中不断壮大，在从发展中国家市场起步、逐渐向发达国家市场进军的国际化征程中成长为行业先锋，打造出中国企业跨国经营“顶天立地”的华为模式。1987年华为公司正式成立，创业初期和其他同类企业合作较少，原本是一个专注国内市场的公司。当国内市场发展瓶颈凸显时，华为开始跨境经营转型，1996年，与和记电讯的合作将华为带入国际化征程，从此开始优化配置国际资源，利用国际资金、技术、市场实现业务跃升的新发展阶段。然而进入国际市场是一次非常困难的企业长征。为了实现进一步的发展，华为采用“农村包围城市”的布局，即先在发展中国家和地区开展业务，如先在东南亚、拉美、俄罗斯设立办事处，建设工厂，最后决战发达国家市场。

华为公司采用激发策略，即把资源投入重心放在市场开拓方面，通过和东道国公司合作，积极拓展全球市场。与海外企业的市场合作给华为带来国际化快速发展的机会，然而仅仅依靠市场合作并不能为企业带来持续的竞争优势，尤其是欧美发达国家市场有较高的技术门槛。成功进入俄罗斯、东南亚及非洲市场的经验也不能被借鉴到欧美市场（杜义飞、唐洪娟、谢瑜，2020）。华为公司在技术端也采用了激发策略，在海外设立研发中心，利用国外先进技术资产，加强自主研发能力。经过数阶段的能力提升和发展，华为公司的综合竞争力明显上升到新台阶，全面加入与全球企业的市场竞争，技术创新和品牌提升相互促进，并逐渐形成独立经营国际市场的能力。2016年，华为超越全球第一大电信设备商爱立信。正如华为创始人任正非所说，华为的发展要“顶天立地”，既要把为客户带来最大价值的产品做好做精，也要仰望星空，敢于突破通信世界技术发展的“无人区”。

2. 从要素竞争迈向科创竞争的格力模式

珠海的格力电器公司牢牢钉住空调与制冷行业，从要素竞争向科创竞争转型，培育全产业链竞争力，站上行业发展的世界巅峰。20 世纪 90 年代，中国空调市场快速成长。海利空调厂和冠雄塑胶厂合并，组成格力电器公司。格力电器抓住市场需求，迅速打开市场。格力电器立足于质量好、制造成本低的竞争优势，从为松下，大金等国际品牌大厂代工起步，出口量迅速飙升，甚至出口到家电产品强国——日本，开始打入国际主流市场。格力公司的高层认为，企业的国际化，其实是技术和品质的国际领先，实施国际化战略，必须培育适应国际市场的核心竞争力。

首先，格力坚持“以技术创新抢占制高点”的开发战略，科研投入不是按销售收入的百分比来预算，而是按企业未来的发展“按需分配”。格力对研发的高强度投入使其成为中国家电业科研投入最高的企业，不断涌现的研发成果为企业产品升级提供源源不断的动力，引领行业发展前沿。其次，格力将产品质量控制贯穿于公司生产经管的全周期。1999 年，格力投入百万巨资推行“零缺陷”工程，在全体员工中灌输“零缺陷”的质量观念，大大降低了格力空调的返修率。在生产的各个环节，格力制定出高于国家和国际标准的企业标准。最后，格力充分利用发展中国家劳动力、原材料的比较优势，使公司资源在国际间优化配置，通过成本控制得以降低产品价格。

不到30年时间，格力实现了从廉价要素为基础的比较优势转换到以自主创新为核心的竞争优势，从“中国名牌”迈向“世界名牌”。

3. 依托跨国公司成长为细分行业领军者的立讯模式

位于深圳经济特区的立讯精密等企业从为跨国公司做低端配套起步，通过管理创新和技术创新，不断提升在全球产业链中的地位，持续培育、提升国际竞争力，成为依托产业明星发展起来的连接器细分行业“单打冠军”。立讯精密的创始人王来春，是出生于汕头市澄海区莲下镇的农家姑娘。她从富士康旗下“海洋电子接插件厂”的一名作业员干起，依靠出色的工作态度和工作能力很快坐上小主管的位置，之后升到当时富士康内部大陆员工最高职级的课长。1999年，王来春从富士康离职创业，研发、生产、销售各种电子连接线和连接器。立讯精密公司最初的业务，主要是通过第三方代工生产。王来春从2001年起，开始承接国际订单，并通过香港立讯委托国内来料加工生产，所生产的连接器产品通过富士康的加工组装应用于众多国际知名品牌的3G电子产品。

开始时，富士康是立讯精密的第一大客户。但股票上市后的立讯精密必须摆脱对富士康这位“大款”的依赖，因此在2011年，立讯精密收购科尔通实业的部分股权，2013年收购科尔通、博硕科技的少数股东股权，由此切入华为、艾默生的通信和医疗市场。2010～2014年，立讯精密通过并购活动，强化连接器领域的优势，完善了下游的客户资源，形成产业链垂直一体化布局。从2013年开始，该公司转型切入苹果产业链，逐步形成了以精密连接为基础的消费电子精密制造能力，并通过精密制造平台的能力向传统的汽车和通信业务延伸布局。公司不断通过纵向的垂直整合与横向的业务拓展，整体规模实现持续和快速发展，从连接器的优势行业，进入3G和智能手机产业链条，进军FPC领域，切入可穿戴设备、声学和智能家居等领域（邱月烨，2020）。公司以完善的市场战略布局，配合不断优化提升的垂直整合全自制能力，已经从原先的以电脑连接器领域为主，切入消费性电子、通信互联网产品、汽车物联网产品及精密组件。立讯精密由此成为国际电子零配件供应链上连接器的主要厂商，成为一家往附加值顶端不断攀升的高新技术企业。

4. 招商局到海外全套复制的蛇口模式

位于深圳蛇口的招商局集团，一直是深圳经济特区的开拓者和建设者。招商局集团有个下属公司叫“招商蛇口集团”，该集团在特区对外开放实践中打造出“以工业为主，积极引进，内外联合，综合发展”，“前港—中区—后城”联动发展，创新现代经营管理体制的“蛇口模式”。2013 年习近平主席提出“一带一路”倡议后，招商局集团主动提出，要到有条件的沿线国家或地区全套复制此种商业模式，目前已在吉布提取得了突破性进展，并在白俄罗斯、斯里兰卡、多哥及坦桑尼亚等国大力推动蛇口模式的复制。招商蛇口集团的领导层自豪地宣称：“招商局紧跟国家‘一带一路’倡议出海，让蛇口模式走到了海外。”（温柔，2018）

数以万计的特区企业迎难而上，敢于打破常规，尝试新的经营管理方式，创新技术和商业模式，为中国对外经济贸易发展架起一座座桥梁，打开了一个又一个新市场。

（二）政府前瞻性布局为国际竞争力提升插上了翅膀

在中国经济特区对外开放的各个关键节点和重大转型时期，各级政府敢于作为，行动果决，成为企业外贸转型发展的加速器和引航员。从“三来一补”到培育本土企业品牌，从劳动密集到高端制造、高端服务，每一次战略转折，都帮助企业竞争力提升到新台阶。经济特区从“三来一补”加工贸易起步，逐步发展为以高新技术产业为主导的出口结构。政府部门前瞻性的产业引导、战略布局发挥了加速器作用。

以深圳经济特区为例，到 20 世纪 80 年代末，“三来一补”企业的高能耗、高污染等发展模式难以为继，产业发展和外贸结构转型势在必行。1991 年 5 月，深圳市委、市政府颁布《关于加快高新技术及其产业发展暂行规定》，深圳高新技术产业进入全面启动阶段。1995 年，深圳市在“八五”计划中明确制定“以高新技术产业为先导，先进工业为基础，第三产业为支柱”的产业发展战略。到 2000 年，深圳高新技术产品产值从 1995 年的 225.8 亿元增加到 1064.5 亿元，年均增长 36.4%，产品出口额位居全国第一。2004 年，深圳市提出，发展高新技术产业应从主要依靠优惠政策向着力营造创新环境转变，加快建立区域创新体系。如今，深圳已成为中国高新技术产品出口的重要基地。

厦门经济特区通过外贸供给侧结构性改革，加快创新驱动，以“放管服”推动政府职能转变，积极培育外贸增长新优势，为优化外贸结构实现高质量发展，制定《促进外贸高质量发展实施意见》；支持机电、高新产品出口企业在技术、标准、质量、品牌、销售、服务等方面加强创新，实现生产制造等环节的转型升级；引导机电、高新技术产品出口企业用好相关政策，开展技术研发、产能扩充等挖潜工作，在提高产品附加值的同时扩大生产出口规模；发挥行业协会的协调作用，引导机电、高新产品生产企业在品牌出海、产业链延伸等方面抱团发展；制定国家级出口基地、外贸转型升级基地发展规划，完善基地公共服务平台建设，提高资源配置和使用效率，为基地企业提供更专业化的服务；支持基地企业不断提升产品的品牌附加值，争取在基地内形成一批竞争力强的行业龙头企业；积极参与“一带一路”建设和国际产能合作，推动对外贸易与对外投资、对外承包工程相结合；发挥厦门“海丝投资基金”作用，持续完善对外投资扶持体系；引导开展对外承包工程业务的企业和机构形成对外承包工程联盟。

珠海经济特区加快外贸转型升级，培育新的竞争优势，加快向全球产业链、价值链中高端跃升，不断加大推动企业“走出去”的力度，提升企业和产业的国际化水平，为经济发展提供更强动力。依托珠海特色优势产业，珠海共培育了 2 个国家级外贸转型升级基地（香洲区家用电器国家外贸转型升级基地、金湾区生物医药国家外贸转型升级基地）和 5 个省级外贸转型升级基地（香洲区打印耗材外贸转型升级基地、金湾区生物医药转型升级基地、高新区软件和集成电路外贸转型升级基地、高栏港区游艇外贸转型升级基地、斗门区供港澳鲜活农产品外贸转型升级基地）。

（三）外经贸体制改革与创新为外贸发展松绑加力

中国经济特区建立之初，中央率先在特区开展外贸体制改革，决定下放一部分经营权，创办企业或企业联合体直接经营出口等。在下放经营权的刺激下，深圳等经济特区外贸企业如雨后春笋般建立起来。调整外贸利益分配关系，采取多种鼓励出口的措施，实行外贸承包经营责任制和股份制，实行工贸结合、技贸结合、进出口结合等举措，使越来越多的生产企业直接面向国际市场。由于外汇牌价与进出口商品价格脱节，造成企业出口亏损、进口赚钱，尤其是自负盈亏的进出口贸易公司，如果汇价得不到补贴，其经营将十分困难，故企业要求早日实行新贸易汇价。为改革汇价制度，国家进出口委牵头，六部委联合成立汇价改革领导小组，并从 1981 年 1 月 1 日起实行贸易外汇内部结算价。上述这些改革都为深圳特区外贸发展扫清了制度障碍，给特区对外贸易注入了强劲的活力，从而推动了特区外贸的高速发展。

中国经济特区走在中国对外经贸合作与国际惯例接轨的最前列。如深圳特区，从搞“三来一补”到创办“三资”企业，从举办蛇口工业区到建立福田保税区，从开展国际租赁业务到培育跨国公司，从创建农业综合开发实验区到建设高科技工业园区，从建立外汇调节市场到逐步开放证券市场，产业发展对照国际惯例，不断改革完善政策体系和运行机制，走在遵循国际惯例开办国际性企业的最前列。

（四）开放创新的文化是企业国际化经营的温床

中国经济特区开放发展的恢宏实践，孕育了敢闯敢创新、敢失败更敢成功、敢于站在世界企业发展巅峰的企业家群体的文化特质。他们走向天南海北，适应不同国家和民族的需求与偏好，在创新中扩大合作，在调整中提升竞争力，在失败中总结经验教训，越来越多来自中国经济特区的明星企业在世界五大洲闪耀。

经济特区汇聚了五湖四海的民众，移民文化因海纳百川而博大，四面八方的人汇聚而来，带着原居住地的文化烙印，各种文化在特区大开放、大发展、大创新的舞台上激荡和碰撞，孕育出鲜明时代特色和特区特质的文化基因。如 2010 年 8 月，深圳经济特区在建立 30 周年之际，举办了深圳最有影响力十大观念评选活动，经过两个月严格认真的筛选，提炼出代表深圳文化基因的“深圳十大观念”，其中包括：深圳特区人崇尚“时间就是金钱、效率就是生命”，在对外开放与交流中分秒必争；实践“空谈误国、实干兴邦”，在苦干实干中夯实对外合作的根基；敢为天下先，在创新合作中打造合作共赢的新空间；鼓励创新、宽容失败，犹如许给创新者的诺言，让面临困境的改革者抛却顾虑、挺直腰板，让他们在跌倒之后再次坦然闯荡全球，与世界没有距离，以开放的眼光和经营管理方式，打造出深圳这一颗面向全球开放的、耀眼的“新东方明珠”。

二　中国经济特区外贸发展面临的问题与挑战

（一）创新发展对外依赖性较大而核心竞争力有待提高

以研发创新引领特区潮流的深圳经济特区为例，深圳的创新能力、创新活力较强，但深圳科技创新资源存在先天不足，国家级大院大所较少，重大基础研究平台不多，现有高等院校科技创新能力不强，缺乏参与或承接国家重大科技研发项目及重点工程的能力，以及组织开展重大关键技术攻关的能力，虽然拥有深圳大学、南方科技大学等高校，但目前还没有一所国家“双一流”大学。深圳全社会研发投入占 GDP 比重高达 4.13%，在全国遥遥领先，但深圳市 R&D 经费主要源自企业，政府资金只占很少的一部分。需要指出的是，有限的政府资金和企业资金一样都明显向简单实用技术倾斜，基础研究没有得到足够的重视，比如 2015 年深圳基础研究经费支出只有 6833 万元，占 R&D 经费支出比重仅为 0.2%（孙长学，2018）。忽视基础研究和重大核心技术研究的直接结果就是，基础研究和应用研究的源头创新不足，对国际市场的依存度较高，抵御突发事件的能力需要尽快提高。类似美国对华为、中兴打压所造成的被动局面，将问题彻底暴露在力争走向全球产业链、贸易链和价值链高端的中国经济特区面前。

（二）要素成本上升倒逼企业培育国际竞争新优势

在开放型经济建设的新时代，我们国家全面布局区域开放发展，开放格局由特区向沿边、沿江再向全国各地全方位推进，全国已建立高新技术产业开发区、保税区、出口加工区等 120 多个。这些开放政策的出台都伴随着其他相关政策的配套布局，传统的经济特区已不是对外开放优惠政策的集中地。另一方面，经济特区的土地、工资、能源等要素成本快速上升，除了从成本竞争的圈层跳脱、迈向通过综合竞争优势在国际市场取胜外，已经别无他途。

仍以深圳经济特区为例，深圳城市面积只有北京的1/8，上海、广州的1/3，是中国地域最小的“特大城市”，1991 平方公里的土地上承载着近2000 万人的就业和生活，高密度发展、高强度开发特征明显。经过 40 年的开发历程，深圳市可开发土地面积严重不足，现有一定规模的未批、未建规划产业用地仅剩 20 平方公里左右，已进入以存量用地开发为主的城市更新发展阶段（孙长学，2018）。城市建设用地和生态用地彼此消长，难以适应和兼顾经济社会发展的需要。在其他要素方面，深圳的劳动力成本、办公楼租金及出行成本都较高。深圳的在岗职工平均工资达到 81034 元/年，甲级楼租金每年为 3032.7 元/平方米，这两者成本仅次于北京和上海。人均交通通信费用在 2013 年曾达到最高的 6401 元/年，高居所有大中城市之首，要素价格与生活成本不断上升，很可能持续下去。在国内，同类产业面临要素价格较低城市的竞争，经济特区的产业和企业有可能转移。在国外，面临印度等国家信息技术外包服务、中高端制造等方面的激烈竞争。

（三）贸易结构高端化面临贸易保护主义阻滞

在 2008 年美国乃至全球金融危机爆发、世界经济进入下行调整长周期后，为维护本国的经济增长，一些国家重新捡起贸易保护主义手段。西方选举政治与民粹主义合流，有关国家滥用知识产权和贸易救济措施、技术性贸易壁垒、国家安全例外等的隐蔽性贸易保护措施使问题更加突出化、长期化。特朗普上台后四面出击，频繁挑起贸易摩擦。美国经济转型和扩大出口并非完全遵守市场竞争规则，而是凭借其国内法和对国际机制的主导权来谋求私利。如在美国大力发展新能源、谋求新产业制高点的同时，却对中国的风能加征惩罚性关税，对中国太阳能产品发起“双反”调查。自 1995 年以来，中国就连续成为全球反倾销措施的最大受害者。尤其自 2008 年美国金融危机爆发以来，国外对华反倾销调查激增，对中国出口产品造成的损失也不断增加。在未来中国和广东经济社会发展的上升期，贸易摩擦将持续处于高发期，针对中国和广东的技术壁垒、环保标准、社会壁垒、国有企业补贴和所谓“国家资本主义”等非贸易壁垒可能有增无减。经济特区走在中国高端产品“走出去”的最前列，在国际上较有竞争优势的产业不仅面临印度、拉美等发展中国家保护本国较弱产业而设置的贸易壁垒，还面临美国、欧盟等长期把持着高端产业的发达地区设置的各种各样市场准入壁垒，承受着贸易保护主义的巨大压力和严重损害。

第五节　中国经济特区实现外贸高质量发展的策略建议

全球经济深层次结构性问题尚未解决，中美贸易摩擦具有长期性，外贸不确定因素有增无减，中国经济特区要坚持走开放共赢之路，加快转变外贸发展方式，以高端经济要素提升竞争优势、优化贸易结构，加快推进特区对外贸易高质量发展。

一　持续优化营商环境

良好的营商环境是企业健康发展的基础，是进一步提升外贸发展质量和效益的制度保障。营造良好的营商环境有助于降低各类市场主体的经营成本，激发市场活力、稳定社会预期，应对经济下行压力，促进发展和就业。优化营商环境是顺应国际形势新变化和国内改革发展新趋势的必然要求，为落实中央政府的部署，深圳、珠海、汕头、厦门均采取了一系列措施优化其营商环境，如2019年深圳下发《深圳市建设国际一流营商环境改革创新实验区行动方案》，这些措施的实施对优化营商环境取得了良好的效果。为促进外贸的高质量发展，经济特区要深入落实国务院公布的《优化营商环境条例》，针对各自营商环境的突出短板和市场主体反映的问题，采取措施为各类市场主体营造稳定、公平、透明、可预期的良好环境。经济特区的贸易、口岸相关部门，要从各相关方面着力，给外贸发展营造良好的营商环境。

持续提升贸易便利化水平，进一步创新海关监管制度，建立安全便利的货物贸易管理制度，经济特区应整体对标新加坡，提高通关效率，降低通关成本。新加坡的贸易便利化水平处于全球首位，在1989年便出台了世界首个“国家单一窗口系统——TRADE NET”，要求政府从“控制贸易”转为“便利贸易”。中国经济特区的口岸部门应加强研究新加坡在贸易便利化方面的经验，对标新加坡的标准和理念，积极推动单一窗口建设，促进贸易便利化，构建高效的外贸服务运行机制，加快资本项目开放，提升跨境支付服务效率，营造良好的支付服务市场环境。

要加强竞争政策的基础性地位，建立健全公平竞争制度，要深入落实中共中央、国务院印发的《关于营造更好发展环境支持民营企业改革发展的意见》，确保各类所有制市场主体在各方面享受一视同仁的待遇，还要防止市场垄断，维护公平竞争市场秩序，完善公平竞争审查制度，强化公平竞争审查的监督机制。

二　探索接轨新一轮高标准国际经贸规则

贸易政策壁垒正成为阻碍全球贸易持续增长的主要障碍之一。中国经济特区要探索接轨新一轮的国际经贸规则，主动适应新规则，并为中国提升国际贸易话语权提供经验。国际贸易规则历来是国家间利益博弈的结果。后危机时代（指2008年美国金融危机后），国际贸易的“规则之争”已超越“市场竞争”，成为新一轮全球化博弈的角力点。当下，世界经贸格局正经历深刻变化，贸易保护主义抬头，以WTO为基础的多边贸易体制面临挑战，新兴大国与守成大国的博弈更加激烈，国际经贸规则面临重构。发达国家从倡导“自由贸易”转向“公平贸易”，积极推动新一轮高标准经贸协议，新的经贸协议不仅涵盖传统的贸易议题，也包括竞争政策、劳工、环境保护、安全审查、投资争端等新议题。从长远来看，许多高标准经贸规则与中国的经济结构调整和改革的方向一致。深圳、厦门、珠海均设有自由贸易试验区，可对新的国际经贸规则先行先试，进行压力测试，与中国现行政策冲突较大的主要集中在竞争政策、劳工标准领域。

在竞争政策领域，中国仍存在与发达国家倡导的“竞争中立”不一致甚至有冲突的政策，如政府对企业补贴、政府信用支持、行政垄断、市场准入、对国企的隐性补贴。中国经济特区一方面要加强贸易政策合规审查，梳理有关贸易的产业政策，提高贸易合规水平，协助企业应对国外的技术性贸易壁垒，另一方面应探索从要素获取、市场准入、经营运营、政府采购与招标等方面构建符合自身发展情况的竞争规则体系。

在劳工标准方面，2018 年通过的《美墨加协定》作为最新的法律实践，反映了劳工标准发展的代表性趋势。该协定采用纳入 1998 年《国际劳工组织关于工作中基本原则和权利宣言》的方式，以加强该核心标准的实施力度。这种纳入可执行的劳工标准的趋势，很可能撬动多边贸易体制的劳工标准规则，而中国历来反对纳入有执行力的劳工标准，并拒绝采用贸易制裁措施来解决劳工问题（李西霞，2020）。中国经济特区应密切关注高标准的劳工规则对于外贸的潜在影响，早日研究启动预案，以深圳为代表的中国经济特区要采取分步实施的方法，逐步落实有关的国际劳工标准，为全国外贸高质量发展起到先行先试的引领作用。

三　加强基础科学研究，不断提升自主创新能力

产业是对外贸易的基础，贸易的发展状况取决于产业的发展状况，有竞争力的产业构成了贸易新优势最核心的基石。在以创新和开放为引领的高质量发展时代，科技创新是撬动产业结构升级的杠杆（魏海波，2017）。随着国际经济环境的变化，科技创新对外贸发展的重要作用日益被认同。深圳是第一个国家创新城市，长期以来把创新作为城市发展的主导战略；厦门、珠海、汕头也在积极探索创新驱动发展路径，打造发展新动力，提高科技对经济社会发展的贡献率。

由于各经济特区基础研究和原始创新能力不足，关键核心技术存在明显短板①，因此要高度重视基础科学研究和原始创新能力，加大对原创性基础

① 根据广东省政协的报告，广东地区是全国规模最大的芯片应用市场，但高端芯片自给率只有 14% 左右，严重依赖进口，无线射频芯片、传感器、嵌入式处理器等 5G 关键技术 80% 依赖国外。详见《缺芯少核高端芯片自给率只有 14%》，http：//www.ldwb.com.cn/keji/xp/143605.html。

研究的前端环节投入；要增加研发经费，以基础科学研究的突破引领原创成果、战略性技术产品的突破，增强源头技术的供给；要加快科研体制和机制创新，探索赋予科研人员科技成果所有权的机制，激发科研人才的创新潜力和积极性（王一鸣，2019）；鼓励并引导有条件的企业开展面向产业技术发展的基础研究，加大对企业基础研究的补贴力度，使之提高基础和前沿研究投入占科技创新总投入的比重；充分发挥科研机构、大学在基础研究突破中的主体作用，加大科研机构、大学的基础研究投入，稳定支持和培养造就一批创新能力强的基础研究人才。

同时，要加强科技合作，联动提升整个区域的自主创新能力。深圳、珠海依托粤港澳大湾区打造“广深港澳”科技创新走廊的国家战略，推动粤港澳三地创新资源的要素流动及产学研深度融合，实现科技成果转化供需双方的精准对接，实现粤港澳之间的科技协同发展（艾学峰，2019）。香港拥有多所全球一流的高等学府，基础科研实力雄厚。近年来，香港特区政府把科技创新作为香港经济的新引擎，竭尽全力推动科技创新，包括重新审视政府可扮演的角色（杨伟雄，2018：243－244）。粤港澳大湾区可为香港的科技成果转化提供广阔的经济腹地。我们的经济特区尤其深圳与珠海，有必要参考。

借鉴美国加州、波士顿等地区的经验，通过体制改革和机制创新，打造良好的产学研融合机制，比如出台优惠政策鼓励风险资本发展，促进粤港澳之间的技术合作、产业互动及科技成果转化，推动大湾区成为国际科技创新中心和创新区域（林郑月娥，2019）。

四　培育和集聚高端要素，占领全球价值链高端位置

目前在跨国公司的主导下，全球价值链正在重构。欧美国家提出了“再工业化”的战略，以修正因制造业过度外包引发的产业空心化问题。而我们的经济特区外贸结构中，大多数出口产品依然位于价值链低端，贸易增加值少，利润低。随着国内各种生产要素价格不断攀升，加工贸易企业在生产成本方面的优势逐渐削弱，其发展空间十分有限。因此，经济特区一定要

加快科技创新，而科技创新需要培育、集聚高端要素。在当前时代变局中，中国要加快科技创新步伐，尤其要在核心技术上实现自力更生、自主创新，就必须对要素禀赋结构升级，特别在高端要素培育、集聚方面做出更为坚决到位的努力。

一是要重视培育本土跨国公司，增强对全球价值链的控制力。在全球价值链中，跨国公司是全球价值链的重要主体，它们能通过自身优势在全球价值链的高端环节形成垄断，从而获得最大附加值和成本竞争力（刘城，2013）。

二是要培养和集聚高端人才。高端创新型人才是当今世界新一轮科技革命、产业变革的引领者和主力军。所以，中国经济特区（尤其深圳）应构建具有全球竞争力的人才政策及制度体系，鼓励精准引进高端人才，鼓励企业和科研院所联合引进人才；应在重点领域打造优良的学科生态系统，培养一大批复合型战略型的科技人才。

三是发展和集聚高端服务业。在推进产业结构优化升级、促进产业链和价值链向中高端攀升、增强产业可持续发展能力等方面，高端服务业能够发挥重要的作用。中国各经济特区要根据自身经济发展情况，加强对高端服务业的政策引导，从战略高度保护产业安全。

五　积极参与“一带一路”建设，实现市场多元化

近年来，在全球外贸不景气、美国贸易保护主义抬头的环境下，“一带一路”建设为中国外贸企业提供了新的发展机遇。中国经济特区积极参与“一带一路”建设，有利于提升其在全球范围内配置资源的能力，也有利于实现其外贸市场多元化。实现市场多元化对提高经济特区的外贸韧性及其应对外部风险的能力，加速出口货物和服务向高端产业链迈进具有重要的意义。积极参与“一带一路”建设，能促进外贸企业转型升级，满足新市场需求，促进产业整合与出口竞争力提升，有利于培育新的优势产业，挖掘新的出口增长点。

首先，中国的经济特区要充分利用广交会、深圳高交会、珠海航展等国

际知名经贸平台的作用，帮助外贸企业结识海外客户，积极参与展览洽谈、行业交流、信息发布、产品推介等活动，积极推进广交会、高交会从单一功能平台向全方位对外开放综合平台转变。

其次，中国经济特区要建立健全贸易企业走出去服务机制，培育“走出去”综合服务机构，充分调动企业、商会协会和专业机构等各方面力量，共同引导和服务相关企业“走出去”；要借助研究机构、咨询机构及相关企业的力量，加强信息服务与政策咨询服务，尤其加强对重点国家有关信息的收集、加工处理和利用，建立风险预警、防范和应急处理机制。

再次，中国经济特区应探索与共建“一带一路”国家（或城市）建立超级互联互通机制，在现有的友好关系基础上，经济特区要完善和共建“一带一路”国家（或城市）的双边联合工作机制，研究推进“一带一路”建设的实施方案、行动路线图，探索建立超级互联互通机制。

最后，中国经济特区要加强风险防控体系建设。企业开拓新兴市场面临商业风险，也面临投资国政治局势、国际关系变动及各种突发事件所带来的政治风险、企业与人身安全风险，要掌握共建“一带一路”国家的动态，客观评估其综合发展环境，帮助外贸企业更好地进行投资决策及风险防控。

参考文献

艾学峰，2019，《深化深港科技合作，凝聚创新发展动力》，《经济日报》1 月 24 日。

白霜，2013，《基于组合预测的深圳外贸进出口预测模型研究》，硕士学位论文，天津大学。

查建国、仝薇，2019，《〈2019 年世界经济分析报告〉发布及解读》，中国社会科学网，http：//www. cssn. cn/gjgxx/gj_ bwsf/201901/t20190128_4818211. shtml? COLLCC = 3573204228&。

陈万灵、孙晓艳，2007，《深圳特区和浦东新区外贸出口发展状况对比分析》，《改革与开放》第6期。

程伟，2004，《世界经济十论》，高等教育出版社。

程中海、张伟俊，2017，《要素禀赋、对外直接投资与出口贸易：理论模型及实证》，《世界经济研究》第10期。

崔颖、王玲，2019，《浅析华为技术有限公司的国际化战略》，《全球科技经济瞭望》第5期。

邓益华，1996，《深圳外贸发展若干问题的探讨》，《特区经济》第9期。

董桂才、陶梦龙，2013，《中国贸易模式超越要素禀赋了吗》，《贵州财经大学学报》第4期。

杜义飞、唐洪娟、谢瑜，2020，《悖论视角下本土企业的国际化能力形成路径：基于华为的案例研究》，《科技管理研究》第1期。

范丽丽，2018，《立讯精密：成熟市场的扩张之路》，《企业管理》第11期。

方映灵，2019，《深圳在改革开放中的体制创新：贡献与经验》，《特区实践与理论》第4期。

冯梅，2012，《中国制造业比较优势演化与要素禀赋特征分析》，《统计与决策》第10期。

高敬峰，2009，《中国制造业比较优势变化及其要素禀赋特征分析》，《商业经济与管理》第4期。

高静、刘国光，2016，《自由贸易下要素禀赋、环境规制和中国制造业的空间集聚》，《湖南科技大学学报》（社会科学版）第2期。

高祖贵，2019，《推进“一带一路”建设构建人类命运共同体》，《学习时报》4月22日。

《光明日报》，2018，《中国开放的大门越开越大——党的十八大以来对外开放成果述评》，10月23日。

郭楚，2011，《外贸发展方式亟待战略性转型》，《深圳特区报》12月20日。

郭浩淼，2013，《中国出口产品结构优化路径研究》，博士学位论文，辽宁大学。

何峰，2008，《深圳高新技术产业从比较优势走向竞争优势的思考》，《特区经济》第8期。

胡江云，2013，《深圳市贸易结构转型及其国际竞争力分析》，《中国市场》第12期。

胡金焱，2020，《加快完善社会主义市场经济体制》，《光明日报》1月6日。

胡军、杨亚平、郑海天，2004，《深圳工业化过程中的要素贡献分析》，《特区经济》第4期。

黄景贵、高莹，2010，《经济特区的发展成就、主要挑战与改革新使命》，《中共党史研究》第11期。

姜维，2019，《国外隐蔽性贸易保护对深圳高新技术产业的影响》，《开放导报》第2期。

鞠建东、林毅夫等，2004，《要素禀赋、专业化分工、贸易的理论与实证——与杨小凯、张永生商榷》，《经济学（季刊）》第4期。

匡国建、周建平，1999，《亚洲危机影响下深圳的外贸出口、工业部门财务状况、金融部门状况、融资前景》，《特区经济》第2期。

黎少峰，2008，《深圳高科技产业的比较优势》，《开放导报》第1期。

李君，2017，《对外开放与深圳经济增长》，硕士学位论文，深圳大学。

李万寿，1991，《改善外贸结构　提高出口效益——深圳外贸十年回顾与反思》，《特区经济》第3期。

李西霞，2020，《〈美墨加协定〉劳工标准的发展动向及潜在影响》，《法学》第1期。

李妍，2007，《1976～1978年间的中国对外贸易》，《当代中国史研究》第4期。

梁文森，1994，《深圳吸引外资与扩展外贸的经验》，《环渤海经济瞭望》第5期。

林郑月娥，2019，《香港创科的肥沃土壤已慢慢建立起来》，中国新闻网，4月3日，http://www.chinanews.com/ga/2019/04-01/8797066.shtml。

刘城，2013，《基于全球价值链视角的本土跨国公司培育路径探析》，《广东社会科学》第3期。

刘德学、喻叶，2019，《要素禀赋与出口技术复杂度——基于制度的门槛回归分析》，《商业研究》第4期。

刘文斌，1998，《1998，深圳出口贸易面临挑战》，《特区经济》第4期。

刘晓昕、汪绍文，2016，《深圳前海自贸区实现跨境电商的跨越式发展》，新华网，https://www.sohu.com/a/73031245_115402。

刘志艳，2018，《我国民族企业国际化背景下的战略分析——以格力为例》，《中国集体经济》第16期。

吕宁、迈夫，2005，《要素禀赋理论与克鲁格曼的新贸易理论的比较》，《中共长春市委党校学报》第3期。

马春辉，1999，《合同货币、J曲线效应与深圳外贸发展》，《开放导报》第7期。

《南方日报》，2019，《始终把学习贯彻习近平总书记视察广东重要讲话精神作为首要政治任务》，10月22日。

南岭，2019，《深圳基因：市场经济体制形成之初》，《特区实践与理论》第3期。

綦建红，2016，《要素禀赋、贸易成本与中国出口产品多元化的目标国差异——以“一带一路”沿线国家为例》，《南方经济》第8期。

邱月烨，2020，《立讯逆风前行》，《21世纪商业评论》第4期。

商务部，2016，《对外贸易发展十三五规划：外贸发展动力加快转换》，https://money.163.com/17/0109/16/CABRKLN1002581PP.html。

《社会主义要赢得与资本主义相比较的优势》，2017，中国共产党新闻网，1月11日，https：//www. cpc. people. com. cn。

《深圳晶报》，2019，《告别千年“宝安”，“深圳”从1979开始……》，3月5日。

《深圳特区报》，2009，《贯彻实施〈珠三角地区改革发展规划纲要〉正式启动》，4月12日。

《深圳特区报》，2017，《深圳市政府常务会议原则通过外贸稳增长调结构提质量若干措施》，6月8日。

《深圳特区报》，2018，《牢记总书记嘱托奋力开创深圳经济特区工作新局面》，4月4日。

世界贸易组织，2019，《2019年全球贸易报告》，http：//www. xinhuanet. com/video/2019－10/10/c_1210306756. htm。

宋晓巍，2011，《深圳经济特区对外贸易发展分析及对策》，《经济纵横》第4期。

苏力、刘倩、贺元双，2017，《广东：以“一带一路”为重点构建对外开放新格局》，《南方日报》7月7日。

苏庆义，2013，《贸易结构决定因素的分解：理论与经验研究》，《世界经济》第6期。

孙长学，2018，《深圳经济特区的体制改革探索及其示范价值》，《改革》第5期。

孙久文、彭芳梅、姚鹏，2015，《自贸区发展与经济特区的机遇和挑战》，《特区实践与理论》第4期。

谭刚，1999，《深圳外贸出口形势分析与展望》，《特区理论与实践》第6期。

唐杰，2019，《深圳很成功走到了今天，未来将走向哪里?》，搜狐网，5月7日，https：//www. sohu. com/a/312511177_754297。

田野、曹倩，2016，《国际贸易、要素禀赋与政体类型的变迁——一个基于阶级均势的分析框架》，《世界经济与政治》第2期。

王伟中，2017，《努力在营商环境改革和开放型经济新体制建设上走在前列》，《深圳特区报》7月19日。

王文治、陆建明，2012，《要素禀赋、污染转移与中国制造业的贸易竞争力——对污染天堂与要素禀赋假说的检验》，《中国人口·资源与环境》第12期。

王小燕、石红莲，2013，《从现代国际贸易实践看要素禀赋理论的局限性》，《商场现代化》第11期。

王一鸣，2019，《以体制创新推动科技创新实现新突破》，新华网，1月29日，http：//www. xinhuanet. com/tech/2019－01/29/c_1124058593. htm。

王振宇、李秋萍，2016，《知识要素禀赋与我国出口贸易关系分析》，《商业经济研究》第11期。

魏海波，2017，《提升科技创新能力　驱动经济转型升级》，《经济日报》7月21日。

温柔，2018，《开放的深圳，创造出瞩目的发展奇迹》，《南方》11 月 4 日，http：//epaper. southcn. com/nfzz/291/content/2018 – 11/04/content_ 183936375. htm。

吴哲、符信，2019，《马兴瑞出席推进全省外贸高质量稳定发展座谈会》，大洋网，https：//news. dayoo. com/guangdong/201906/28/139996_52665982. htm。

习近平，2014，《加快实施自由贸易区战略 加快构建开放型经济新体制》，新华网，http：//www. xinhuanet. com/politics/2014 – 12/06/c_1113546075. htm。

习近平，2018，《经济特区成功经验要坚持并不断完善》，新华网，http：//news. china. com. cn/2018 – 10/25/content_ 68068441. htm。

谢春芳、蒙琳，2008，《格力国际化经营的经验与启示》，《商场现代化》第 36 期。

新华社，2009，《共和国的足迹——2001 年：加入世界贸易组织》，http：//www. gov. cn/test/2009 – 10/10/content_1435051. htm。

新浪财经，2018，《又一位诺贝尔奖科学家携手深圳，这次是在医疗领域》，7 月 31 日，https：//finance. sina. com. cn/roll/2018 – 07 – 31/doc – ihhacrce4386424. shtml。

徐作林，2012，《深圳对外贸易结构变化和对外贸易发展趋势》，《中国商贸》第 22 期。

薛蕊、苏庆义，2014，《要素禀赋是否影响了贸易结构？——基于经验研究文献的述评》，《中南财经政法大学学报》第 2 期。

薛占栋，2011，《深圳物质资本存量估算》，《生产力研究》第 10 期。

杨汝岱、朱诗娥，2008，《中国对外贸易结构与竞争力研究：1978—2006》，《财贸经济》第 2 期。

杨伟雄，2018，《改革开放创新科技迈向前》，载粤港澳大湾区年鉴编纂委员会《香港经济年鉴 2018》，香港商报社、经济导报社。

余娟娟，2014，《全球价值链分工下中国出口技术结构的演进机理与路径》，《产业经济研究》第 6 期。

张贺宁，2020，《创新国际化与全球竞争优势的关系——以华为为例》，《广西质量监督导报》第 1 期。

张厚明、张燕，2010，《变比较优势为竞争优势 以制度创新促科技创新——深圳建设创新型城市的经验与启示》，《中国市场》第 13 期。

张永恒、郝寿义，2017，《新常态下的要素禀赋变化与区域经济增长动力转换》，《江海学刊》第 4 期。

赵春明、张群，2013，《要素禀赋演进与我国对外贸易方式的转变》，《国际经济合作》第 10 期。

郑建荣，2016，《五方面推动广东由外贸大省向外贸强省转变》，《证券时报》12 月 27 日。

中共中央、国务院，2019，《粤港澳大湾区发展规划纲要》，新华网，http：//www. xinhuanet. com/politics/2019 – 02/18/c_1124131474. htm。

中共中央、国务院，2019，《中共中央、国务院关于支持深圳建设中国特色社会主义先行示范区的意见》，中国新闻网，http：//news. china. com. cn/2019 - 08/18/content_ 75112206. htm。

钟若愚，2008，《外贸发展转型背景下深圳进口贸易的增长效应分析》，《珠江经济》第5期。

周国和、赵鑫，2018，《发扬特区精神推动形成全面开放新格局》，《深圳特区报》12月18日。

Goldsmith, R. 1951. "A Perpetual Inventory of National Wealth." *NBER Working Paper* No. 14.

Hausmann, R., J. Hwang, and D. Rodrik. 2007. "What You Export Matters." *Journal of Economic Growth* 12: 1 - 25.

Xu, B. 2006. *Measuring the Technology Content of China's Exports.* China Europe International Business School.

第四章
走向世界前沿的产业升级

改革开放以来，中国通过“经济特区”的开放试验，以产业升级推动了工业化的不断深化，促成了一个世界性工业大国的崛起。1980 年以来，深圳经济特区以世界平均水平近 5 倍的发展速度实现了跨越式发展和超常规崛起，创造了世界工业化奇迹。本章从比较优势和竞争优势理论的视角，总结以深圳特区为代表的中国经济特区 40 年工业化不断深化过程中产业转型升级的路径与经验。

深圳经济特区产业的转型升级是以“开放”和“创新”实现对全球资源整合的结果，其过程具有明显的阶段性特征。在起步阶段，以出口加工和“三来一补”产业成功嵌入全球产业链低端环节；在 20 世纪 90 年代，前瞻性地培育高新技术产业，通过规模扩张与质量提升并举，塑造了工业化深化的基础。在 21 世纪头 10 年，通过打造培育产业集群和提升城市功能，实现了先进制造和现代服务的双轮驱动。党的十八大以来，深圳特区逐渐强化了已有产业的技术关联和知识溢出，不断哺育出国际前沿的新业态，部分细分行业获得了全球领先优势。深圳特区 40 年来产业的持续性升级得益于发展政策的有效调适，适时动态调整了内外动力结构以匹配产业发展的阶段性需求，如通过依附于外部的优势禀赋结构，迅速改善了本地的低端禀赋结构；通过引入外部产业惯例，促进了本地产业惯例的更新并衍生出新的优势。深圳经济特区在中国整体的特区制度框架内，成功探索了各类先进生产组织方式与本地文化协同演化，掌握了工业化深化过程中优势转化的能力，推动了产业路径的阶段性突破，从而带动中国产业逐步走向世界前沿。

第一节　工业化进程中的优势转化与持续性产业升级

一　产业转型升级与竞争优势

（一）工业化进程中产业转型升级的演进规律

产业转型升级是一个动态的过程（Porter，1990），指随着技术、市场等发展动力的变化，生产要素从低生产率水平或者低生产率增长的部门向高生产率水平或者高生产率增长的部门流动，进而推动产业结构的高级化和合理化，并提升经济社会发展的质量和效益（向晓梅、吴伟萍，2018）。其中，“转型”一是指发展模式的转型，即由外延粗放型增长转向内涵集约型增长；二是指发展动力的转换，即产业发展由依靠资源、土地等物质要素投入转向依靠技术进步、高素质人力资本和管理创新等创新要素驱动。“升级”既包括产业之间的升级，如在整个产业结构中由第一产业占优势比重逐级向第二、第三产业占优势比重演进，或是主导产业由劳动密集型产业向资本密集型产业、技术知识密集型产业依次演进；也包括产业内的升级，即通过工艺流程升级、产品升级、功能升级和价值链升级等方式实现技术集约化、产品高级化与价值链高端化（梁桂全、向晓梅，2010）。

（二）比较优势、竞争优势与持续性产业升级的关系

关于产业转型升级问题，国内外学者大多从国家层面进行理论和实证研究，并得出了产业转型升级遵循比较优势和偏离比较优势两种截然不同的结论（徐孝新、李颢，2019）。张其仔、李颢（2013）利用联合国商品贸易数据库统计数据，通过计算不同技术距离下产业转型升级比例，发现全球产业转型升级并非完全违背比较优势。邓向荣、曹红（2016）认为经济发展水平不同的国家并未完全遵循比较优势路径，中国50多年的产业升级呈现适度偏离比较优势特征。张亭、刘林青（2016）对比了中美两国产业升级路

径后指出，中国产业升级遵循比较优势，而美国则偏离比较优势。马海燕、刘林青（2018）以全球115个国家（地区）为样本，研究发现特定时期产业升级既不完全背离也不完全遵循比较优势。此外，向晓梅、吴伟萍（2018）通过分阶段观测广东改革开放40年产业转型升级进程发现，通过比较优势的动态调整，广东产业发展模式由低成本要素驱动、投资驱动向创新驱动转变。总的来看，对中国产业升级研究整体上也是围绕遵循比较优势，抑或是偏离比较优势。

然而，随着全球产业的变革和国际分工的深化，基于本土要素和生产力结构的比较优势论和要素禀赋论受到了挑战，要素国际转移重组的自然演进可以通过创造竞争优势促进中国外贸升级、产业升级和国际分工地位升级（黄先海、王煌、刘堃，2019）。按照全球分工理论，跨国公司在“归核化”战略的驱动下，可能将技术密集度和信息密集度高的生产环节配置到非前沿经济体，并通过产业重组、外资引进、要素转移和技术合作等方式促进创新研发，提高全要素生产率（徐孝新、李颢，2019；黄先海、王煌、刘堃，2019）。这种要素重组的“自然演进”模式扭转了经济发展陷入比较优势陷阱的可能性，通过创造竞争优势提高企业的盈利水平，为中国经济特区产业升级提供了可能。根据朱富强（2020）的研究，没有有效转变竞争优势的提升方式是造成“中等收入陷阱”的重要原因：收入水平的不断提高使得这些国家无法与更低收入的国家在传统产业上进行竞争，而技术和规模的缺乏又使得这些国家无法与更高收入的国家在新兴产业领域进行竞争。在开放型经济下，以深圳为代表的中国经济特区正是找到了从比较优势向竞争优势的有效转换机制，进而通过工业化的深化，推动了产业的持续性升级，避免陷入“中等收入陷阱”。

二　中国经济特区产业竞争优势转化的动力机制

（一）中国经济特区产业竞争优势的驱动因素

1. 高端要素集聚

在开放型经济下，要素跨国流动是经济全球化的表现形式，通过将不同要素进行深度融合，实现高级易流动要素向低级不易流动要素所在区域流动。外部高级要素与中国经济特区未被有效配置的劳动力、土地、技术、资本等闲置要素相结合，使国内生产要素发挥学习效应、溢出效应，进而提高生产效率。中国经济特区通过引进高级要素促进要素培育，发挥要素的集聚效应、溢出效应和关联效应，提升要素层级，并结合投资、研究和开发实现二次创新，从而推动要素结构和质量的动态升级。

2. 庞大的国内外需求市场

中国经济特区的区位优势，主要体现在充分利用腹地资源优势和挖掘国际市场，形成规模庞大的国内外大市场，为新技术、新企业、新业态的产生提供了良好的土壤。此外，在开放型经济下参与全球分工，嵌入全球价值链，可促进经济特区市场的内涵式增长和市场效率的改善，进一步扩大经济特区的市场规模。

3. 企业、产业及研发机构等各类创新组织

由企业、产业及研发机构等构成的创新组织是产业创新的主体，也是价值链创新的“发起者”和商业模式创新的“组织者”。中国经济特区之所以能够走上创新驱动的工业化发展道路，离不开国际一流的创新投入、较强的创新能力、丰硕的创新成果，更离不开综合创新组织的作用。特区鼓励和支持企业自主创新，打通从创新到产业化的中间环节，加速创新成果转化，打造特区工业化发展的核心竞争力。

4. 科技导向型产业链

技术创新是产业转型升级的内在推动力。新的科技进步创造出新的需求，从而提供新的有效触发产业扩张的机制，加速产业新形态的形成；同时促进某些传统产业的变革，推动产业结构和增长模式发生质的演进。随着工业化的深化，经济特区走向科技创新之路，培育技术密集型产业集群，形成科技导向型产业链，既有高新技术产业又有传统产业的高端化发展，产业的跨界融合非常活跃，制造的服务化、服务的网络化，催生很多新的业态，产业链条不断延伸，共同推动特区产业升级和工业化深化。

5. 政府和各类社会组织构成的特区文化

特区政府从创立初期至今，以“敢为天下先”的闯劲，为市场化改革和市场经济建设提供良好的制度和治理环境。中国经济特区的创新精神和创新文化也为其提供了与时俱进的思想观念和不断向现代社会趋近的价值取向，这反过来为创新和产业升级提供精神动力和智力支持，并与政府及各类社会组织形成良性互动，共同形成“特区文化”，推动深圳特区的持续性产业升级和工业化发展。

上述几方面构成了中国经济特区产业竞争优势“钻石模型”的五个核心因素[①]，而竞争优势的建立还需要钻石体系中的各种因素相互配合。比如，高层次人力资本、专业化的研究结构、优良的基础设施为企业提供必要的生产条件；国内市场上内行而挑剔的客户以及激烈的同业竞争为企业的投资和创新活动提供足够的压力和动力；创新文化和制度改革又为要素的升级和企业的创新活动提供了良好的保障。此外，耦合世界经济一体化分工和产业转型机遇期，中国经济特区在“开放”与“创新”的基因哺育下形成了竞争优势的“钻石模型”体系。

（二）优势转换机制：中国经济特区产业升级的机理

1. 要素集聚的正外部性推动生产过程升级

要素跨国流动决定了全球要素分工是激发和创造竞争优势的新动力，通过要素流动、升级和配置过程优化推动比较优势向竞争优势转化。在全球要素分工条件下，一国不再需要在完整的产品链上具备比较优势，而只需在生产某件产品的某个环节或特定阶段具有比较优势，世界经济的分工结构逐步从产业间分工、产业内分工、产品内分工向要素分工转变。原本没有比较优势的闲置要素可能在要素跨国流动条件下被“激活”甚至“升级”，形成新的竞争优势（黄先海、王煌、刘堃，2019）。伴随着跨国流动要素的激活、融合和优化过程，一国由比较优势向竞争优势转化的过程中产生更强的效率

① 张跃、王图展、刘莉（2018）认为波特的“钻石模型”体系包括资源要素、需求条件、辅助支持行业、企业战略等四个核心要素，以及政府功能和机遇这两个辅助要素。

增进效应，以降低单位要素成本为核心的国际竞争力提升策略成为企业在要素跨国流动条件下生产过程升级的重要表现。

2. 全球价值链推动产品质量升级

一方面，中国经济特区的跨国公司通过 FDI 形式或者 OEM①/ODM② 等外包方式实现要素分工，不仅可以将以往不具备完整产品链比较优势的国家或地区融入全球分工，还可以通过高级稀缺要素的引进、学习、吸收和再创新，降低与前沿经济体高端要素的质量差距，为产品质量升级提供要素基础。另一方面，在全球价值链分工体系下进口低成本、高质量、多元化的中间品，可以在降低自身生产成本和提升全要素生产率的同时，扩大研发空间和产品创新能力，促进出口产品质量升级。

3. 科技创新推动功能升级和价值链升级

Kaplinsky（2000）在研究发展中国家价值链升级时指出，发展中国家企业参与全球价值链时往往会从工艺升级开始，接着才是产品升级、流程升级，最后达到价值链的升级。要实现价值链的升级，就要以科技创新为驱动力，全面提升产品结构、技术结构、行业结构等，实现产业由劳动密集型、资源粗放型、低附加值型向技术密集型、资源集约型和高附加值型的发展方式转变。

4. GVC③ 与 NVC④ 联动推进产业升级

在国际分工和全球价值链背景下，发达国家为了维持自身的优势，会力图将后发国家的升级“锁定”或“俘获”在 GVC 的低端环节（Humphrey and Schmitz，2002）。研究表明，一些成功突破低端锁定的国家或地区往往在参与 GVC 的同时，并行地构建了根植于国内市场的国内价值链（National

① OEM（Original Equipment Manufactuce，原始设备生产商），指按原单位（品牌单位）委托合同进行产品开发和制造，用原单位商标，由原单位销售或经营的合作经营生产方式，俗称“代工生产”或“贴牌生产”。

② ODM（Original Design Manufactuce，原始设计制造商），指为客户提供从产品研发、设计制造到后期维护的全部服务。

③ GVC 为全球价值链的英文简写。

④ NVC 为国内价值链英文简写。

Value Chain，NVC）。中国经济特区先在国内市场中培育出高级要素和相关竞争优势，再利用 NVC 的杠杆作用将其优势逐渐扩展到 GVC，形成 GVC 与 NVC 并存的联动效应，推动产业持续性升级。

5. GVC 与 GIC 联合推动产业升级

创新可以使企业实现跨越式的发展。全球创新链（Global Innovation Value，GIC）是创新的新发展，通过全球创新链，利用全球先进的知识、技术、信息等资源，提高创新能力，推动全球价值链的升级（林学军，2018）。经济特区把全球创新链与价值链结合起来，由仅仅依赖全球价值链所积累的生产能力和投资能力向基于全球创新链的企业创新能力升级，并把 GVC 和 GIC 整合进国家创新体系，推动特区迈向自主创新的发展道路，以全球创新链推动全球价值链升级，提高经济特区的全球分工地位。

三 工业化深化下中国经济特区持续性产业升级的一般路径

（一）动力转型：从模仿驱动转向创新驱动

改革开放之初，经济特区通过引进西方先进技术和设备进行模仿式创新，逐步缩小与世界前沿技术的差距，完成了初始的资本积累，为产业升级奠定了基础。随着全球分工的深化和国际金融危机的发生，倒逼特区从模仿驱动向创新驱动转型，并逐步实现从应用技术创新向关键技术、核心技术、前沿技术创新转变，从追赶式创新向源头式创新、引领式创新跃升。

（二）价值链转型：从低附加值加工组装环节转向高附加值生产、流通环节

在全球价值链中，产品的设计、开发、制造、营销和售后服务等价值增值环节被分割开来，分散到全球。“微笑曲线”直观而形象地阐述了 GVC 内部各功能环节间的价值等级特征。其中，研发和营销是产品价值链中利润最丰厚的两部分，中间产品加工和组装是利润最微薄的部分。经济特区为了获得持续的创新，逐渐从低附加值的加工组装环节转向高附加值的生产环节、流通环节。

（三）模式转型：从全球价值链升级转向全球价值链与国内价值链的联动升级

以参加者身份被动地嵌入由发达国家跨国公司主导的 GVC 中，只能赚取微薄的加工费，并逐步陷入“悲惨增长”的境地，缺乏产业升级的自主权，在“链主”的控制下逐渐失去产业升级的动力与能力。随着全球经济一体化发展，中国经济特区并非仅靠嵌入 GVC 而被动坐等所谓的“自动、有序”升级，而是积极整合国际资源，并在国内建立 NVC，布局本地化的生产网络和销售市场，再从 NVC 到 GVC 高端的产业升级路径。

（四）生态转型：从价值链转向产业链、创新链和价值链的创新生态链

开放型经济下，要实现价值链升级，就必须加强产业链、创新链与全球价值链的关系。通过构建产业链、创新链和价值链的创新生态链，形成三重螺旋关系，三链叠加，全面整合生产要素和创新要素，提高企业的创新能力，获得生产的主动权，占领产业链的制高点，从而使经济特区的产业结构改善和升级，企业在全球价值链的地位升级。

（五）战略转型：从产业政策转向产业环境

科技和创新是引领发展的最重要因素，近现代社会的机械化、电气化、自动化、信息化、智能化等多阶段进程，已基本完成从需求侧的“生产导向创新”到供给侧“创新引领生产”的机制演化，与之相关联是从“知识形态”的科技创新到制度政策、经验模式等产业环境层面综合创新的转变。产业环境比产业政策更具包容性。经济特区的战略转型依托产业环境及政策制度的引导，以包容开放的“有效市场”为导向，鼓励民营企业自主创新，形成创新驱动发展的内生力量（见图 4－1）。

第二节　中国经济特区产业升级的路径分化

二战后快速全球化下，要素的跨国流动使得各国获得了整合全球资源来发展本国产业的动态比较优势，发达国家和发展中国家之间形成了国际产业分工新的“中心—边缘”模式，这为各国的工业化深化提供了机遇。1978

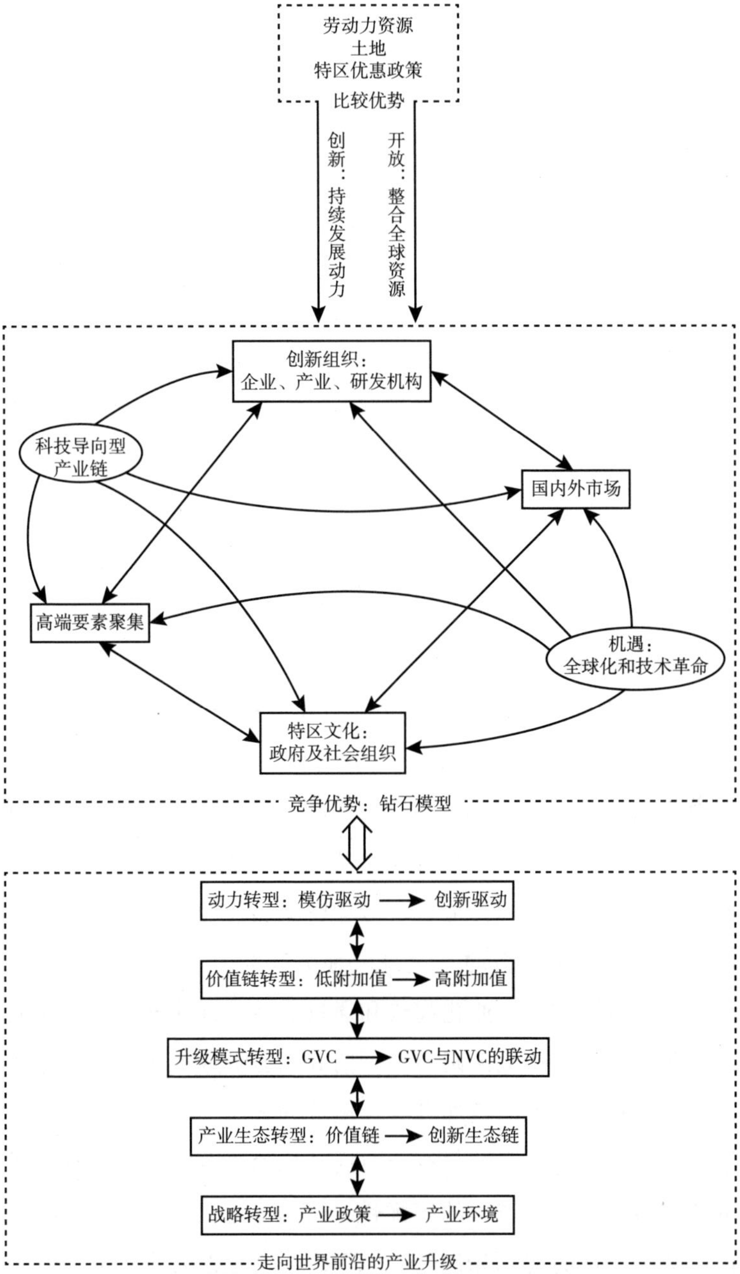

图 4 -1　中国经济特区优势转化下产业升级的理论框架

资料来源：课题组绘制。

年后中国抓住全球产业转移浪潮机遇，将原有计划经济时期的比较优势调整到了借助外部要素和外部市场启动快速工业化的新优势。“中国经济特区”就是中国主动甄别和抓住新的比较优势，以加工贸易方式嵌入全球生产体系以实现工业化起步的具体策略，通过加强外生性禀赋结构与本地禀赋结构的互动，实现发展路径的突破，以促进产业的持续性升级。

一 禀赋结构差异：开放式产业链下的“全球—地方”关系

二战后的科技革命和生产组织方式变革加快了产业链的空间分离和重组，推动了全球范围的产业梯度转移。“福特制”与“温特尔制”出现后，生产效率大幅提升，促成了各国按照禀赋结构的差异来寻求参与国际产业分工的比较优势，在全球范围内形成了10～20年的产业移动周期，加快了全球开放式产业链的形成。20世纪50年代主要是美国向欧洲、日本等国转移钢铁、纺织等传统产业，20世纪60～70年代主要是欧洲、日本向亚洲四小龙和部分拉美国家转移劳动密集型产业，20世纪70～80年代美日欧和亚洲四小龙向中国沿海和东盟转移劳动密集型和一般技术密集型产业。20世纪90年代开始，美日欧和亚洲四小龙向中国沿海转移电子信息产业，部分高科技产业向韩国、中国台湾地区转移。2000年以来，发达国家向中国转移平面显示、集成电路等部分高科技产业及汽车制造等产业，中国内部也从沿海向中西部、向东盟和非洲等地转移劳动密集型产业（见表4－1）。

在国际产业转移形成新的“全球—地方”生产关系过程中，部分承接产业转移的国家得以实现工业化起步和通过工业化深化成功迈进了发达工业国行列，产业移出的发达地区则实现了向高端服务业或先进制造业的高端化迈进。国际产业转移带来的机遇具有均质性和普惠性，很多国家也具有相似的禀赋结构，但并非所有国家都有能力启动快速工业化进程，这取决于本国要素禀赋结构与产业需求结构的匹配性。部分国家根据自身要素禀赋条件，可以获得启动工业化的“初始路径”，但要通过工业化的深化，引导产业持续升级并走向世界前沿，甚至在部分领域具备世界性的引领作用，不仅需要优越的要素禀赋，还取决于政府和市场、制度框架与本地文化的相互作用程度。但通过制定积极的产业政策，以产业升级推动工业化的不断深化，是所有成功国家的共同“药方”，而中国经济特区就是这一药方的“药引子”。

表 4－1 国际产业转移浪潮下全球生产体系中的“中心—边缘”结构

产业转移	第一次	第二次	第三次	第四次	中国
时间	20 世纪 50 年代	20 世纪 60～70 年代	20 世纪 70～80 年代	20 世纪 90 年代	2000 年至今
输出国流向	美国向欧洲、日本	欧洲、日本向亚洲四小龙、拉美国家	美日欧、亚洲四小龙向中国沿海、东盟	美日欧、亚洲四小龙向中国沿海	发达国家向中国、中国沿海向中西部、第三世界
输出主要产业	钢铁、纺织等传统产业	劳动密集型产业	劳动密集型和一般技术密集型和资本密集型	计算机零部件、手机配件等电子信息产业	劳动密集型和一般技术密集型（纺织服装、建材、平面显示、集成电路、汽车制造等）
输出国集中力量发展	半导体、通信、电子计算机	集成电路、精密机械、精细化工、电器、汽车	美日欧发展知识密集型、新兴工业化国家发展技术密集型	芯片研发设计、半导体、电子元器件	中国沿海省市发展知识/技术密集型中高端产品（新一代信息技术、新能源、新材料、生物医药等、先进装备制造）

资料来源：作者根据相关材料总结。

二 中国经济特区发展比较：工业化深化进程中的路径突破和路径遵循

改革开放后，在国家开放发展战略下，四个经济特区应运而生（隆国强，2017）。虽然特区成立于相似的禀赋条件和承担相同的使命，但在 40 年的发展演化过程中，出现了明显的“特区分化”。虽然相比于全国，中国经济特区总体上取得了“高增长速度、高人均 GDP、高工业化占比”的成就，但四个特区之间的规模、结构、质量、效益和发展动力均具有明显的阶段差异。深圳实现了跨越式发展和超常规崛起，率先进入后工业时期；珠海和厦门也获得了发展质量的明显提升，汕头则处于跟随式自我发展状态。中国经济特区发展分化的原因来自相同的特区制度框架下，产业政策与地方产业惯例协同演化过程的路径依赖，深圳实现了发展路径的阶段性突破，其他特区更多的是不同程度的路径遵循。

（一）起步于相似的禀赋与承担相同使命

四个经济特区具有毗邻港澳台、对接海外市场的独特区位优势，以及海外侨胞众多的侨缘优势。20 世纪 60 年代以来，一些发展中国家和地区先后设立了出口加工区、自由贸易区和自由港等形式的经济特区，作为引进外资、发展进出口、增加就业的基地，从而带动经济的全面增长，中国台湾高雄自由港和韩国出口加工区的成功对中国经济特区具有明显的示范效应（国家发展和改革委员会、国际合作中心对外开放课题组，2018）。与此同时，亚洲四小龙正处于劳动密集型产业移出的发展阶段，对低成本产业空间存在较大需求，中国经济特区同处东南沿海地区，相对内陆地区而言，产业发展交通成本更低、对外联系渠道更多、传统工商业基础更深厚（韩雪，2019；陶一桃、鲁志国，2008；斯培森，2018），具有开放发展基因的基础优势，因而共同承担起了国家开放发展“窗口”的使命（见表 4－2）。

表 4－2　中国四个经济特区区位与使命比较

特区名称	城市历史	区位优势	政策优势	历史使命
深圳	“小渔村”	毗邻香港	计划单列市、经济特区立法权，较大市立法权、可建保税区、实行自由港某些政策	发展经济促进香港回归
珠海	边境农业县	毗邻澳门	经济特区立法权，较大市立法权	发展经济促进澳门回归
汕头	具有一定基础的农业县	位于粤东、著名侨乡、历史商埠	经济特区立法权，较大市立法权、可建保税区	带动东南沿海地区经济发展
厦门	具有一定基础的沿海城市	面对台湾	计划单列市、经济特区立法权，较大市立法权、可建保税区、实行自由港某些政策	发展对台关系带动东南沿海地区经济发展

资料来源：作者根据相关材料总结。

（二）特区产业分化：起步于相似的比较优势，分化于差异化的工业化路径

1. 规模效应：超常规崛起与常规化发展

除了具备相似的区位优势外，四个经济特区起步时期产业基础均较为薄弱，具有相似的禀赋结构。作为当时的海防前沿地区，工商业发展滞后，四个城市均为传统农业经济形态。承担经济特区使命之前，厦门 GDP 规模最大，其次是汕头，珠海和深圳接近，差距相对不大，但从特区设立至今，GDP 规模出现了极大的分化（见图 4－2）。

1980 年至今，四大经济特区经济规模实现了较大增长，深圳更是实现规模大跨越。1980～2019 年，深圳市 GDP 从 2.7 亿元增长至 26827.09 亿元，增长了 9935 倍，年均增长 687.80 亿元；厦门市 GDP 从 6.4 亿元增长至 5995.04 亿元，增长了 936 倍，年均增长 153.55 亿元；珠海市 GDP 从 2.61 亿元增长至 3435.89 亿元，增长了 1315 倍，年均增长 88.03 亿元；汕头市 GDP 从 10.79 亿元增长到了 2694.08 亿元，增长了 249 倍，年均增长 68.80 亿元（见图 4－2）。1980～2019 年，中国经济特区 GDP 的平均增长率[①]为20.49%，其中深圳为 25.87%，珠海为 19.67%，厦门为 18.66%，汕头为 14.80%（见图 4－3）。同期，世界、中国和广东 GDP 的平均增长率分别为 5.34%、14.41%、16.38%。中国经济特区平均增长率是世界平均增长率的 3.84 倍、中国的 1.42 倍、广东的 1.25 倍。

分区域来看，广东的三大经济特区中，深圳 GDP 平均增长率是世界平均水平的 4.85 倍、中国的 1.80 倍、广东的 1.58 倍；珠海是世界的 3.69 倍、中国的 1.36 倍、广东的 1.20 倍；汕头低于全省平均增长水平、略高于全国水平，是世界平均水平的 2.77 倍。在发展速度上，世界走一步，中国经济特区跨越近 4 步，深圳则接近 5 步，经济特区对于中国实现跨越式发展和超常规崛起具有世界意义（见表 4－3）。

---

① 指复合增长率，计算公式为：【（本期/前 n 年）^｛1/（n－1）｝－1】×100%。

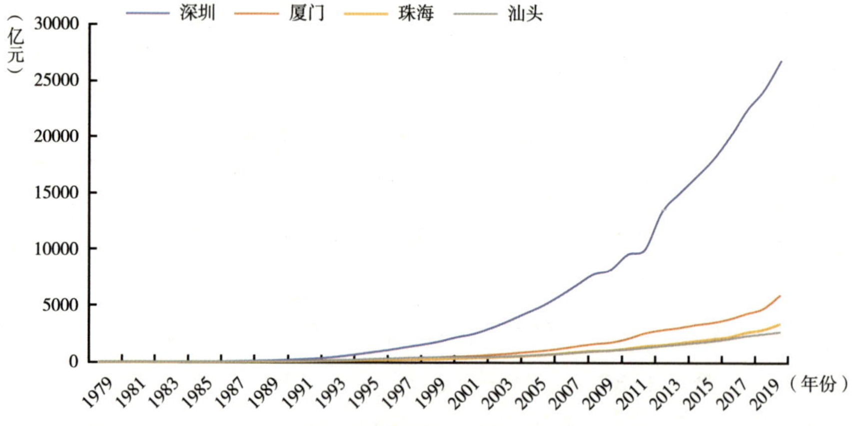

图 4－2　1979～2019 年四个经济特区 GDP 规模演变

数据来源：四大特区统计年鉴。

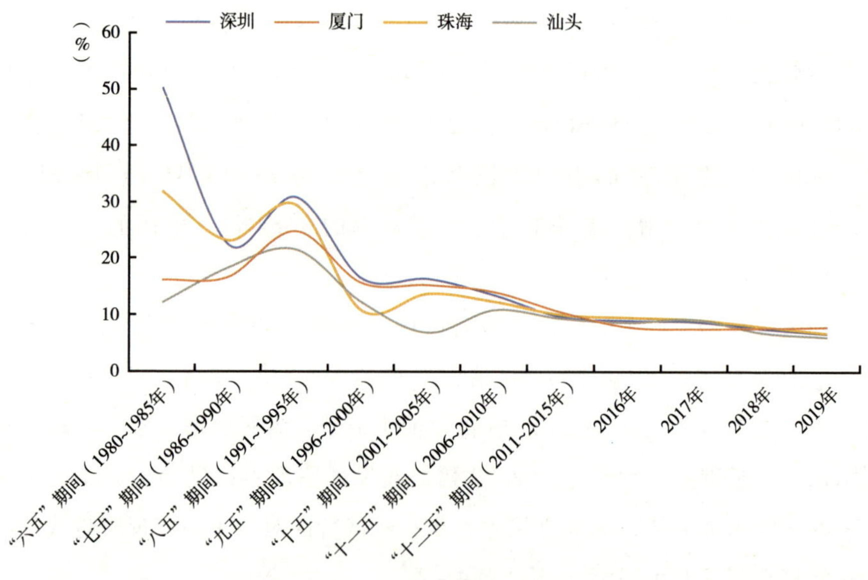

图 4－3　四个特区的 GDP 增速比较

数据来源：四个特区统计年鉴。

表 4－3　中国经济特区经济规模的超常规崛起

	中国(亿元)	广东(亿元)	世界(万亿美元)*	特区平均(亿元)
1980 年	4545.62	249.65	11.22	5.63
2019 年	990865.00	107671.00	89.75	9738.00
年均增长率(%)	14.41	16.38	5.34	20.49

注:* 来源于世界银行统计。
数据来源：相应年份《中国统计年鉴》《广东统计年鉴》及世界银行数据；年均增长率为平均增长率。

2. 发展质量：产业效率稳定增长，深圳工业发展效率更高

以人均 GDP 和全员劳动生产率表征发展质量，发现深圳领先、珠海和厦门差距不大，三个经济特区均实现了高质量发展和跨越了“中等收入陷阱”，汕头明显滞后。1980 年，深圳人均 GDP 最高，但总体差距不大，深圳为厦门、珠海和汕头的 1.22 倍、1.16 倍和 2.28 倍，发展至 2019 年，深圳则变为厦门、珠海和汕头的 1.43 倍、1.16 倍、4.27 倍，可以发现，深圳、厦门和珠海间人均 GDP 发展差距较小，但汕头相对滞后（见图 4－4）。

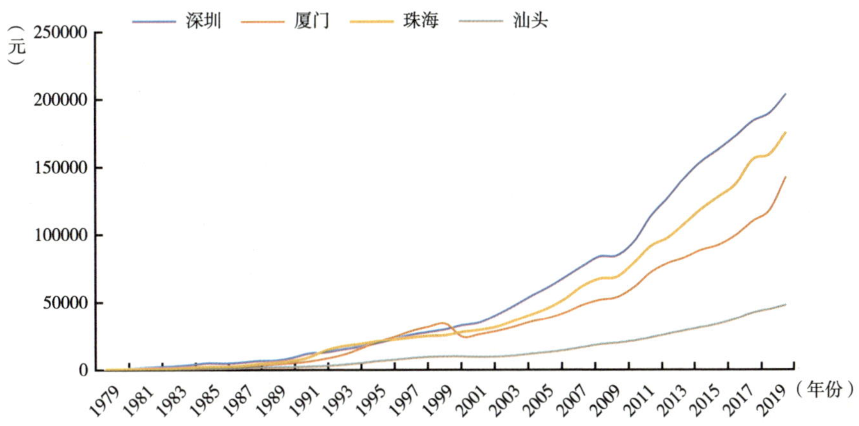

图 4－4　1979～2019 年四个经济特区人均 GDP 演变

注：厦门 1979～1999 年为户籍人口人均 GDP，2000 年至今为常住人口人均 GDP。
数据来源：四个经济特区相应年份的统计年鉴。

四大特区均实现了劳动生产率的稳定增长。2000～2018 年，深圳、珠海、汕头、厦门工业发展质量不断提高，经济效率持续改善，其中深圳工业全员劳动生产率多年居于四个经济特区首位，由 2000 年的 98996 元/人提高到 2018 年的 311055 元/人，增长了 2.14 倍，年均增速达 6.57%，深圳的发展质量远远优于其他特区（见表 4－4）。

表 4－4　四大特区工业全员劳动生产率

单位：元/人

	深圳	珠海	汕头	厦门
2000 年	98996	95290	58612	70019
2001 年	106400	108371	57970	68885
2002 年	82939	92049	48280	91285
2003 年	117971	92309	64496	97097
2004 年	127367	99270	71766	86316
2005 年	125096	104741	71312	90946
2006 年	122824	110212	70857	100286
2007 年	108822	114047	78302	108335
2008 年	131292	111166	87441	113758
2009 年	124609	130093	92702	115039
2010 年	142253	140809	105827	137369
2011 年	139818	145624	119266	161459
2012 年	148073	146606	129593	173182
2013 年	176264	172805	146074	180339
2014 年	187367	199603	160802	211600
2015 年	197971	209138	161234	201364
2016 年	229008	239204	180302	212835
2017 年	252660	257672	181751	240089
2018 年	311055	250842	199005	261449

数据来源：根据历年《广东统计年鉴》《厦门统计年鉴》整理所得。

3. 结构优化：产业结构走向高级化，深圳以高技术制造业促进工业化深化

产业结构演化既能反映经济结构的演变，也能反映产业发展驱动力的演

化。在40年的发展过程中，四大特区产业结构演化表现出一定的相似性规律。从二产看，深圳和珠海的第二产业占比呈现快速提升到稳定波动再到缓慢下降趋势，厦门和汕头在起始时期的第二产业占比排在首位，具有一定的工商业基础，但这两个特区在设立的初期，工业占比快速下降，之后厦门工业占比趋向稳定，而汕头工业占比先缓慢提升后再缓慢下降。四个特区的第三产业占比均为不断波动增长的过程（见图4－5）。

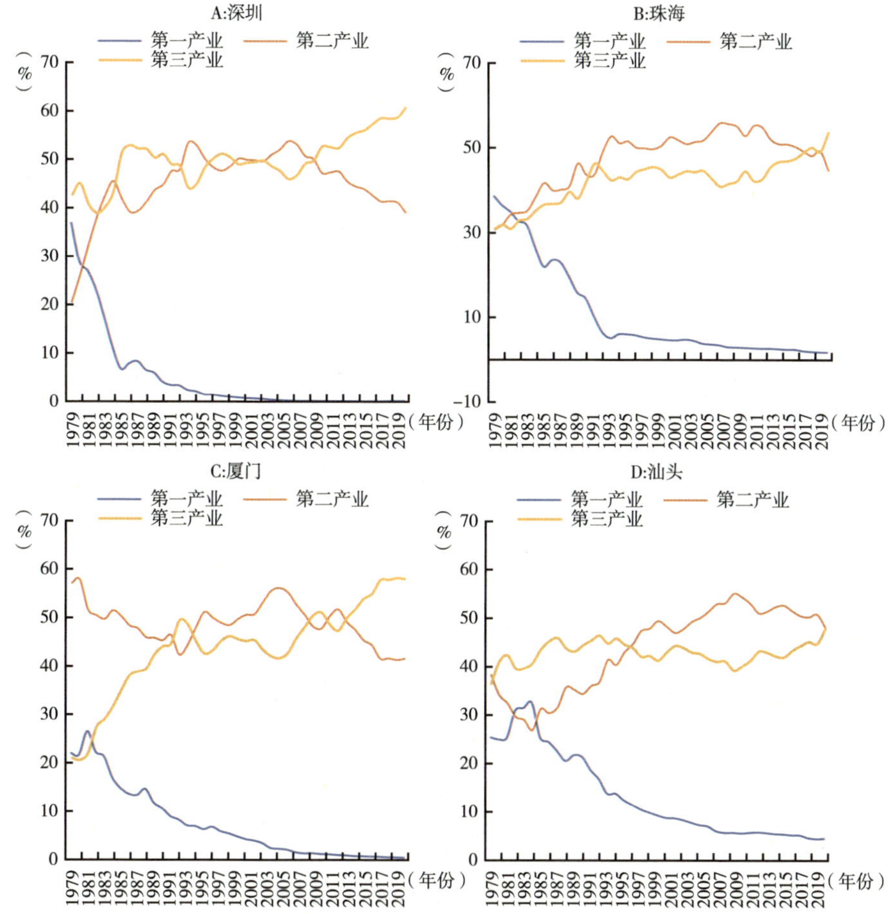

图4－5　四个特区三产结构演化（1980～2019年）

资料来源：四个经济特区的相应年份的统计年鉴。

产业高级化程度不断提升。改革开放以来，经济特区不断转变发展方式，加快产业结构优化调整，鼓励高新技术产业发展，促进了工业化的不断深化，实现了劳动密集型向资金和技术密集型转变。2010 年以来，经济特区工业行业结构逐步向以计算机、通信和其他电子设备制造业为代表的高技术制造业集聚发展，制造业的技术含量不断提升，其中深圳高技术制造业增加值占规模以上工业增加值的比重自 2011 年的 56.8% 增长至 2018 年的 67.3%，遥遥领先于其他经济特区（见表 4－5）。

表 4－5　深圳、珠海、汕头高技术制造业占规上工业比重

单位：%

	深圳	珠海	汕头
2011 年	56.8	24.6	5.7
2012 年	57.7	26.0	6.1
2013 年	60.3	28.1	5.4
2014 年	61.5	25.7	5.1
2015 年	63.1	28.8	5.2
2016 年	65.2	28.6	5.5
2017 年	66.7	25.7	5.5
2018 年	67.3	29.7	5.6

数据来源：根据历年《广东统计年鉴》整理所得。

4. 工业进程差异：工业比重渐次下降，深圳工业化向高质量方向深化

根据库兹涅茨定律，产业结构中的工业占比与人均 GDP 呈现倒 U 形的关系，即随着人均 GDP 的不断提高，工业增加值占 GDP 的比重会经历一个先上升再下降的过程。从四个经济特区人均 GDP 和工业增加值占比的拟合关系来看，分为两类，即传统型与突破型。珠海、厦门和汕头为传统型，结构类似，呈现明显的倒 U 形关系，即在人均 GDP 到达某个水平之后，随着人均 GDP 水平的持续提升，工业在国民经济中的比重进入下降阶段，工业化对经济规模扩张的推动作用开始减弱。而深圳表现出明显的对数关系，虽然工业占比稳定乃至略有下降，但深圳工业化进程中产业转型升级的持续推进，工业比重的提升与人均 GDP 水平之间存在持续的相互推进关系，在高

人均 GDP 的发展阶段，工业在国民经济部门中的比重也能同时维持在较高水平（见图 4－6）。

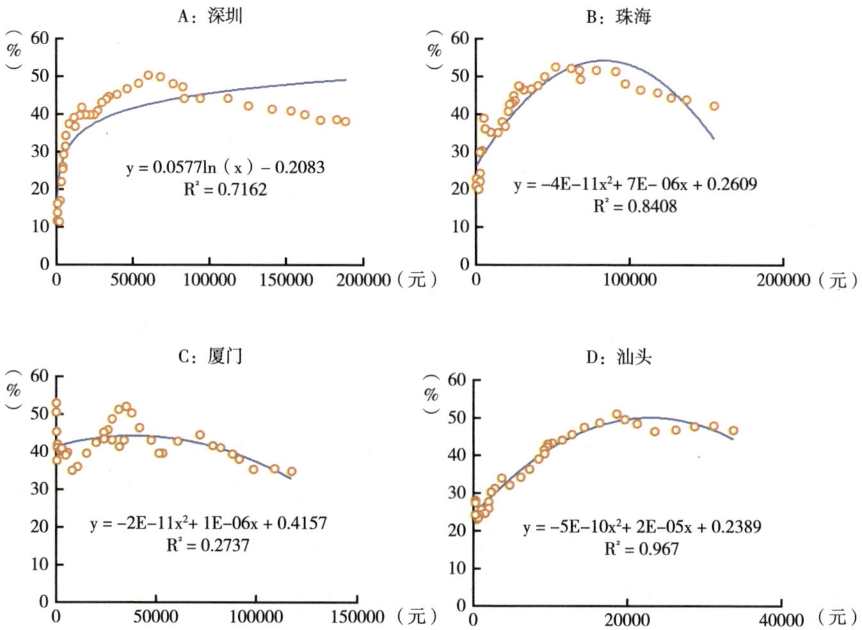

图 4－6　四个特区的人均 GDP 和工业增加值占 GDP 比重关系

数据来源：四大经济特区的统计年鉴。

5. 主要行业演化趋势相似，支柱行业变动差异较大

从主要行业演变来看，虽然总体趋势演化具有一定的相似性，但各城市间的支柱行业发展情况差异较大。相似性体现在：一是均经历了伴随农业占比不断下降工业占比不断上升并成为主导行业的过程；二是工业依然是各个特区持续发展的主要动力之一，深圳经历了 1980～2005 年前后的工业占比不断波动上升的过程，而厦门和汕头则均经历了 1980～1990 年前后的工业占比逐渐下降，再到 1990 年前后到 2003 年上半段的上升，又逐渐下降，并呈现稳定态势的过程。主要差异体现在第三产业中，房地产业占比明显上升，其中，厦门尤为明显，深圳和珠海类似。2005 年以后，深圳的金融

业呈现逐步扩大的趋势，已成为第三产业的第一支柱产业，相比之下，珠海和厦门的第三产业中，均以批发和零售业为排名第一的支柱产业，珠海金融业虽然在2007年以来获得较快发展，但仍排在批发零售业和房地产业之后，厦门金融业则在2015年前后才迅速上升至第三产业的第一支柱产业。

主要行业结构演化的差异性反映了特区发展动力的差异。2005年前后，深圳即进入了工业占比逐渐下降，第三产业占比逐渐上升的阶段，第三产业中的金融业快速提升，金融和制造之间的结合度更加紧密，城市进入高技术制造业现代服务业双轮驱动并逐渐融合发展阶段。珠海的工业占比逐渐下降是在2011年之后，相对深圳晚了5年左右，虽然同时第三产业占比不断攀升，但第三产业以批发零售业和房地产业为第一、第二主导产业，产业结构相对比较传统，金融业作为具有生产性的产业，还未能发挥对实体经济的支撑作用，更多的是在房地产业捆绑下的跟随式发展。厦门的工业占比下降也是在2011年之后，第三产业以批发零售和金融业为主，金融业2015年之后迅速爬升至第一的位置，相对而言，金融业对城市的发展也将进一步促进城市区域服务功能的壮大（见图4-7）。

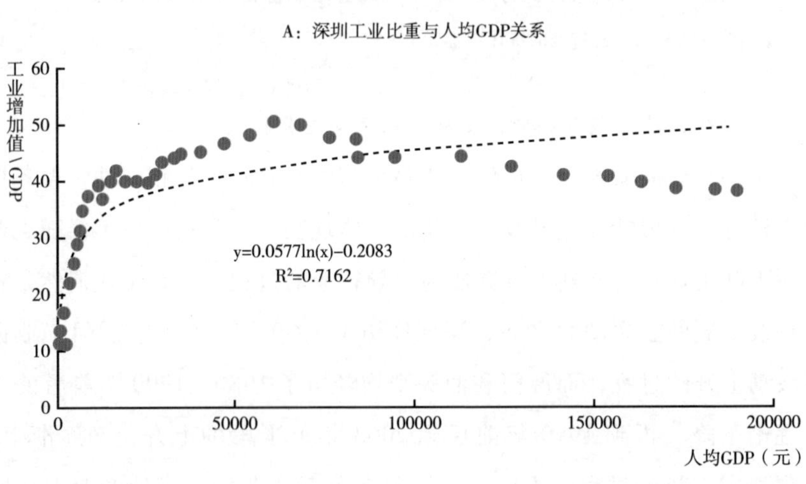

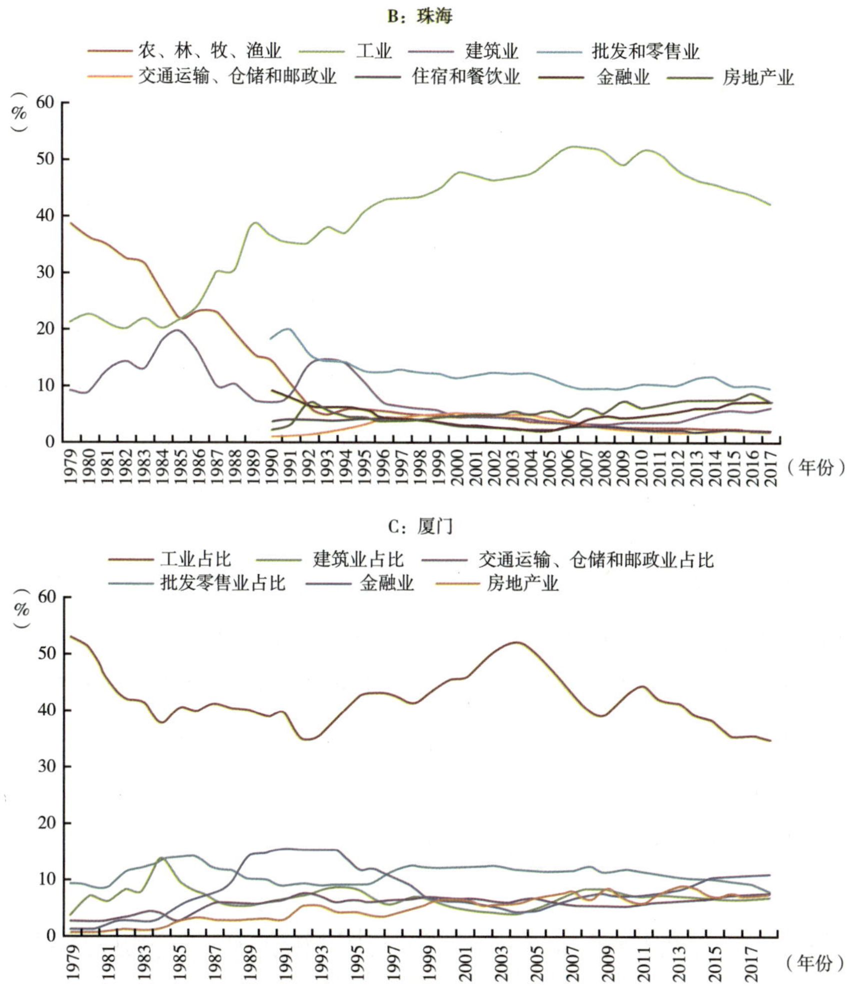

图 4－7　三个经济特区的主要行业占比演化（1979～2018 年）

数据来源：三个经济特区统计年鉴。

（三）动力差异：经济特区制度与本地产业惯例协同演化过程的匹配性

综合经济规模、产业结构、产业质量和行业演化差异特征，发现四个特区的发展分化缘于其阶段性发展动力的差异，主要取决于整体的制度框架与本地文化的协同演化、外部产业惯例附着于本地惯例的成功与否，两者的综合作用带来了产业发展路径突破和发展路径遵循的差异。在中国经济特区总体的政策环境下，四个经济特区的地方性的制度（文化）对产业发展演化具有重要影响。制度与新技术和新市场的协同演化将促进产业的发展壮大，新产业的形成往往有赖于支撑性发展政策的时效性和方向性，外部要素的大量涌入将在示范效应和协同效应下，促进本地产业的更新，从而改变了本地产业的生产和组织惯例，突破现有路径依赖，走向路径创新，获得快速发展。深圳在总体的政策框架下，大量的外来产业、人口及资本技术的涌入，为新的地方惯例的形成塑造了基础，形成了多维融合的创新性特区文化，在每一次危机时，能够主动调整制度，为新产业发展提供机会，促进了产业的更新。而其他特区则并未能适时成功调整产业政策和利用外来产业惯例促进本地惯例（本地传统文化、营商环境等）的更新（产业惯例更新成本更高），未能获得周期性的发展路径突破，例如汕头和厦门发生于20世纪末的“系列骗税案”[①] 和全国第一走私大案[②]，表明未能通过外部先进生产惯例促成本地传统生产惯例的更新，而珠海则在起步阶段高端切入与当时禀赋结构不匹配的高新技术产业，产业环境需求和禀赋供给之间存在高低不匹配，未能获得足够的产业资本积累。深圳之外的三个特区发展虽然也获得了质量的提升，但只是遵循区域总体发展方向或略优于总体发展方向，未能实现重要发展阶段的路径创新，部分时期甚至可能陷入“路径锁定”之中。

第三节　深圳经济特区持续性产业升级的历程与动力演变

根据深圳产业结构变迁阶段特征，结合产业发展过程中重要事件（1992年邓小平南行，1993年停止审批“三来一补”项目，2001年加入WTO，2012年党的十八大召开），课题组将深圳产业发展历程划分为四大阶

① 指2000年国务院打击骗取出口退税工作组发现的潮阳、普宁1000多户出口企业中的98%以上的违法犯罪行为（两地共虚开增值税发票17.2万本，税额达到了323亿元，19人被判死刑），2001年案发后，全国共18个省宣称，不与潮汕人做生意，湖北的一条街甚至打出了“此地无潮货”。

② 指当时的全国第一大走私案——“赖昌星走私案”。

段，分别是1980～1992年的寻找比较优势阶段，1993～2000年的优化比较优势阶段，2001～2012年的培育竞争优势阶段，以及2013年至今的提升竞争优势阶段。深圳四个阶段的发展较好地体现了从低端比较优势起步，到不断动态提升资源配置能力、培育竞争优势的过程，其产业持续性迭代升级是在工业化不断深化的背景下，成功实现从外生动力到内生动力有效转化后，发展路径不断突破的结果（见图4－8）。

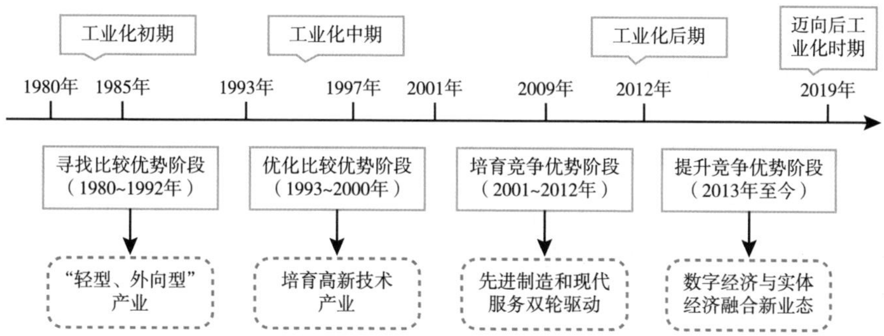

图4－8 深圳经济特区发展阶段划分（1980年至今）

资料来源：课题组总结。

一 寻找比较优势阶段（1980～1992年）：从低成本要素驱动的加工贸易起步

（一）利用低端要素比较优势，发展轻型及外向型加工贸易工业

依据比较优势理论（林毅夫、付才辉、陈曦，2018），欠发达经济体的产业主要呈现低成本要素密集的特征。1980～1992年，深圳在生产结构上利用低技术劳动力、廉价土地等资源禀赋和后发优势，借助改革开放的特殊政策及毗邻港澳的独特区位优势，承接香港劳动密集型轻纺加工业和家电制造业转移，形成“两头在外”的结构，依靠加工贸易的外生动力，形成了“轻型、外向型”的产业结构，开启了工业起飞进程（向晓梅、吴伟萍，2018）。

从传统农业走向商贸流通业再到轻型、外向型工业。特区设立前，深圳以传统农业经济为主，1979 年，经济特区所在的宝安县农业人口占比高达 91.72%，是典型的农业经济社会，长期作为广东重要的商品粮生产基地；1978 年宝安县工业总产值比 1952 年仅增长了 5.2 倍，同时期全国工业总产值增长了 32 倍（深圳博物馆，1999：16），工业发展明显落后于全国水平。改革开放以后，深圳经济特区 GDP 规模迅速扩张，从 1979 年的 1.96 亿元扩大到 1990 年的 135.86 亿元，三产结构从 1979 年的 37.0∶20.5∶42.5 调整到 1990 年的 5.2∶52.9∶42.9，从农业主导快速过渡到了工业主导，截至 1990 年，深圳全市工业总产值达到 197.13 亿元，其中，特区为 164.71 亿元，占 83.55%。其间，深圳特区真正的工业大发展始于 1985 年之后，1980 ~ 1985 年，是围绕香港进行的外贸流通业发展阶段。1985 ~ 1990 年，轻重工业比重从 4.57∶1 转化为 2.62∶1，虽然重工业扩展速度更快，但轻工业占据绝对地位，轻工业总体规模保持绝对优势，从 1985 年的 22.37 亿元扩张至 1990 年的 121.29 亿元（见图 4 –9）。

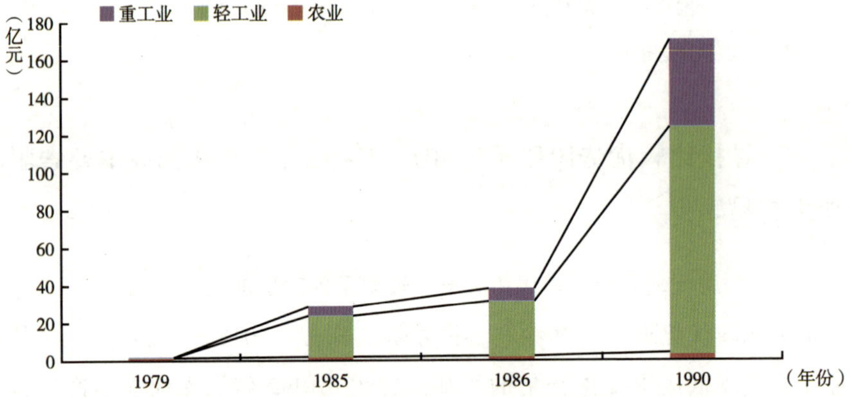

图 4 –9　1979 ~ 1990 年深圳经济特区工农业结构

数据来源：1991 年《深圳统计年鉴》。

（二）初步整合外部资源：外生要素黏附于本地禀赋结构

初级加工业和贸易是深圳发展起步时期的两大支柱产业，是深圳根据本地低端要素构成的禀赋结构，引入外生要素，改造本地禀赋结构的结果。

“六五”时期（1981～1985年）深圳GDP年均增长速度达53%，第二产业平均增速高达86.9%，进出口总额由不足2000万美元迅速上升至13亿美元，年均增速达136.9%。随着大量“三来一补”企业和“三资”企业的引入，产业规模迅速扩大，实现了从无到有的起步。1990年深圳工业类型结构和外商投资结构见图4－10。1990年，深圳工业（不含村及村以下办工业）总产值为189.95亿元①，其中，出口产品产值达到了116.98亿元，占比高达61.59%，占全部工业总产值的59.34%，外商来料加工产业产值为15.88亿元，占出口产品产值的比重达13.58%，外向型特征非常明显。1990年，全市工业总产值（不含村及村以下办工业）达到了189.95亿元，其中，外商投资工业总产值为129.83亿元，占比为68.35%。而外商投资工业主要来源于港澳地区，其中，与华侨港澳工商业者合资合作工业总产值达到了84.91亿元。深圳出口贸易额在全国大中城市中的排名由1987年的第3位上升至1992年的第1位（陶一桃、王保卫，2018）。随着劳动力、资本与技术的不断涌入，对深圳城市功能的需求越来越大，服务业也得到初步发展。

这个时期，深圳逐步形成了点块状的工业分布格局。西部以制造业为主的蛇口工业区和沙河工业区，东部的华强北、上步、皇岗片区形成了电子、轻纺、建材工业为导的工业园区（陶一桃、鲁志国，2008）。其中，1982年开工建设的上步工业区是中国大陆地区最早的电子产品加工生产基地，发展至本阶段末期，工业结构已经出现了明显的优化，截至1990年，已经出现技术密集型和劳动及资源密集型并行的趋势。计算机、通信和其他电子设备制造业产值占工业总产值比重达到了37.17%，已经在所有行业中攀升至第一的位置，但纺织业、纺织服装服饰业、橡胶和塑料制品业、食品加工业等依然占据较大的规模（见图4－11）。经过了初期的开发建设，深圳从封闭的农业经济中成功哺育出了轻型工业化和外贸相结合的产业发展路径，这个过程中，“三来一补”发挥了巨大作用，有效改善了深圳本地的禀赋结构。

① 数据来源于1991年《深圳统计年鉴》。

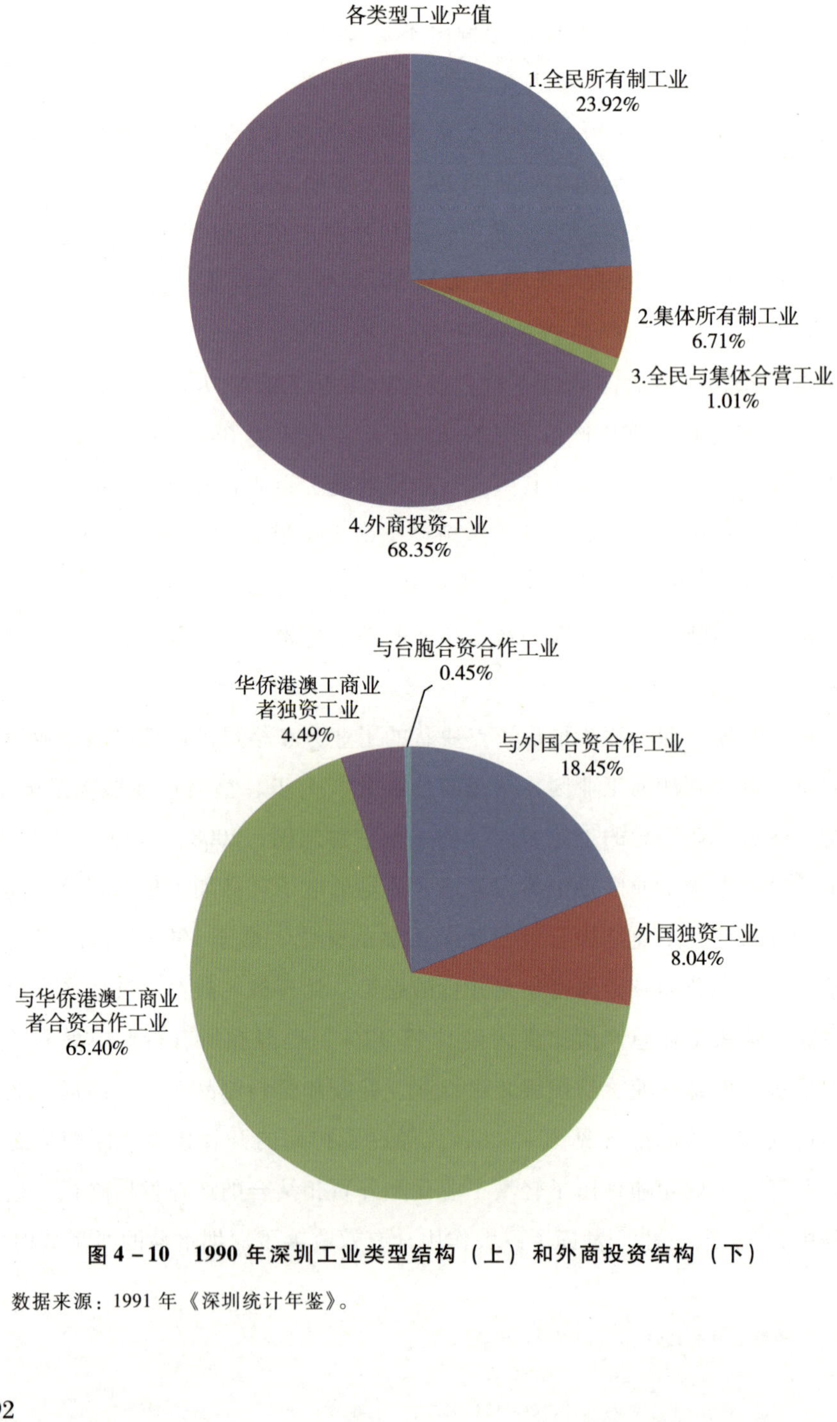

图 4-10　1990 年深圳工业类型结构（上）和外商投资结构（下）

数据来源：1991 年《深圳统计年鉴》。

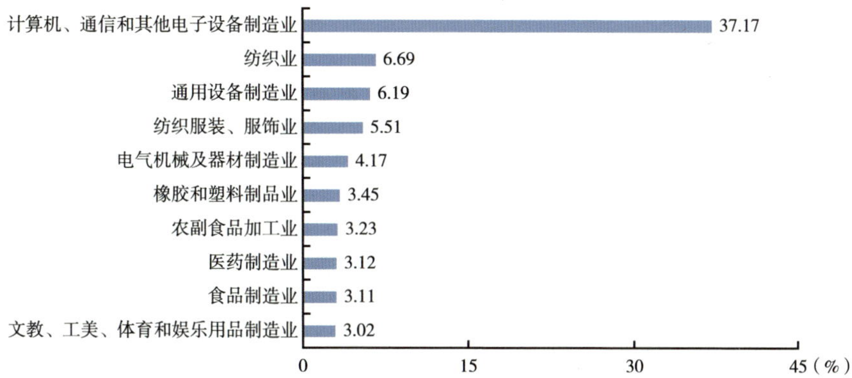

图 4-11　1990 年深圳经济特区的工业内部前十行业结构

数据来源：1991 年《深圳统计年鉴》。

二　优化比较优势阶段（1993～2000年）：扶持高新技术产业推动工业化深化

（一）传统外向型产业的扩大化

进入 20 世纪 90 年代后，在中国进一步扩大开放背景下，特区政策优势明显减弱，面临其他城市在人才、资源和市场方面的激烈竞争，同时，“三来一补”企业带来的高能耗与高污染等后果开始显现，产业出现了转型升级的压力。以 1993 年停止登记注册新的“三来一补”企业为标志，深圳逐渐从利用低成本要素发展出口加工贸易工业的初级阶段进入了培育高新技术产业阶段。①

从轻型和劳动密集型转变到重型和技术密集型。1993～2000 年，深圳工业总产值从 576 亿元增至 2566.93 亿元，三产结构从 2.5∶54.6∶42.9 调整为 1.0∶52.5∶46.5。第二产业占比自 1993 年超过 50% 后，就一直保持在

① 虽然深圳 1991 年 5 月发布了《关于加快高新技术及其产业发展暂行规定》，开始探索培育高新技术产业，但本课题认为深圳真正的高新技术企业培育应在 1993 年停止“三来一补”企业注册之后。

50%以上，第三产业占比不断上升，工业获得了快速的发展。轻重工业占比从1993年的66.21∶33.79演变到2000年的39.53∶60.47，工业结构出现重型化特征，其中，采掘工业和加工工业比重都有明显的提升，工业的生产技术走向复杂化，产业的资本和技术密度显著提升。

以港澳台投资为主的外向型经济扩大化。从工业内部经济类型划分来看，1993年占比最大的是“港澳台投资经济”（46.33%），其次为“外商投资经济”（16.80%），如将二者视为外向型经济的代表，则外向型工业合计占比达到了63.13%，“国有经济”排名第三（16.12%），“股份制经济”排名第四（13.24%），呈现典型的外向型经济特征。2000年，“港澳台投资企业”占比达到了49.92%，港澳台投资企业呈现扩大趋势，外商投资企业占比也达到了28.12%，两者合计为78.03%，港澳台投资为主的传统外向型经济得到了显著的扩大（见图4－12）。

（二）培育高新技术产业新路径

制定高新技术产业先导战略。1995年，深圳明确制定了“八五”（1991～1995年）期间“以高新技术产业为先导，先进工业为基础，第三产业为支柱”的产业发展战略（郭荣俊，2001），提出了“把深圳市建设成高新技术产业开发和生产基地”的目标，明确了发展电子信息、新材料、生物技术三大重点产业（白积洋，2019）。深圳对高新技术的培育恰逢日本、美国、中国台湾等国家和地区电子产业向外转移的契机，这为深圳进一步承接高端电子信息产业带来极大利好。1995～2000年，高新技术产品产值从225.8亿元增至1064.5亿元，年均增长36.4%（见图4－13），高新技术产值增长速度、占工业总产值比重、产品出口额均居全国第一，初步形成了电子信息、机电一体化、生物工程、新材料、激光等五大高新技术产业群；但电子信息产业还处于初级加工制造阶段，尚未掌握产品研发和生产的核心技术，而在强大的民间学习能力推动下，开启了华强北为代表的模仿创新，提升了高新技术产业的配套能力，使深圳整体获得了低成本应用和技术更新的机会。

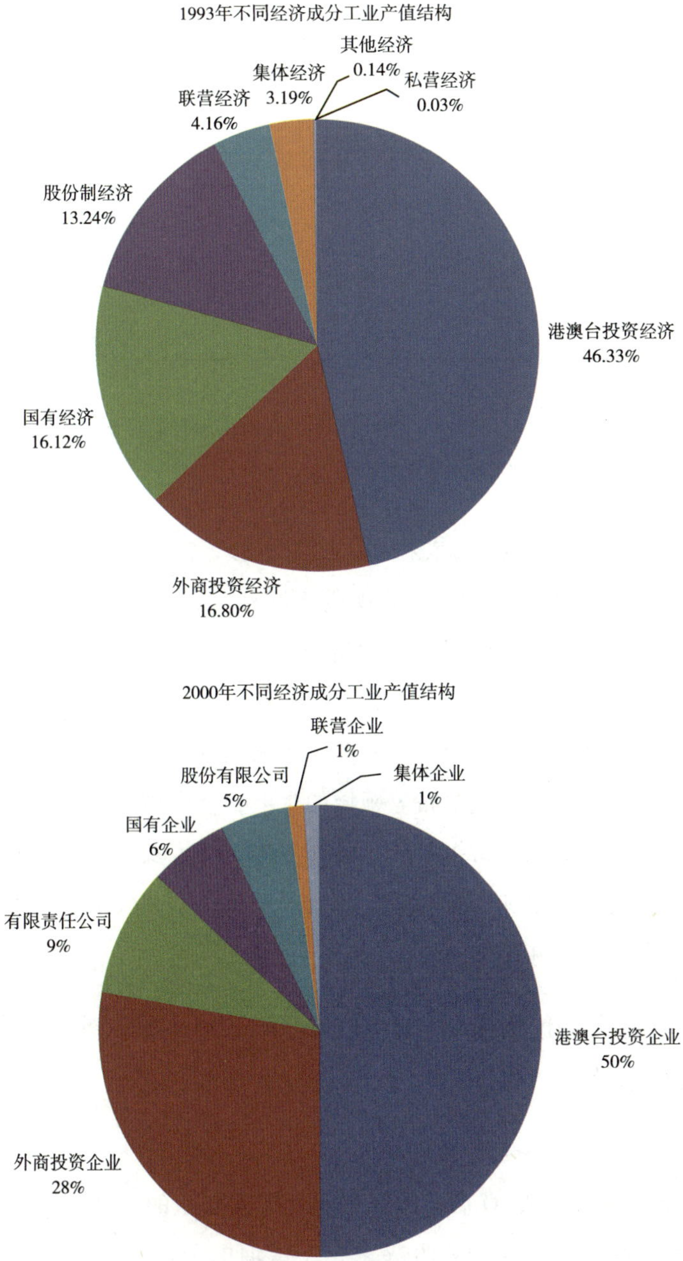

图 4－12　1993 年和 2000 年工业产值中的企业类型结构

数据来源：1994 年、2001 年《深圳统计年鉴》。

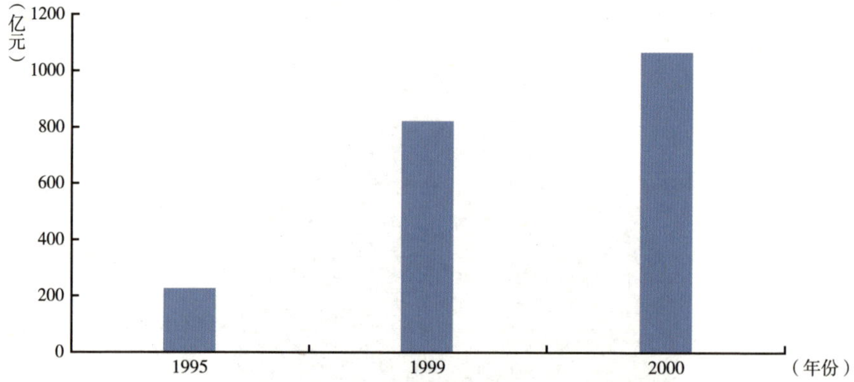

图 4－13　1995～2000 年深圳高新技术产品产值

数据来源：相应年份《深圳市统计年鉴》。

（二）从传统劳动力和资源密集型向资本和技术密集型升级

一方面，深圳电子信息产业的规模不断壮大，从工业行业内部结构来看，计算机、通信和其他电子设备制造业占工业总产值的比重从 1994 年的 37.40% 扩大到 2000 年的 50.92%。另一方面，电子信息产业作为绝对的第一主导产业，在规模扩张的同时，实现了产品的升级，从低端的电子配件生产组装到程控交换机、集成电路等领域的生产，技术密集程度有所提升。其他方面，农副食品加工和纺织服装、服饰业等劳动力及资源密集型产业占比进一步降低，电气机械和器材制造、仪器仪表等资本和技术密集型产业占比明显提升（见图 4－14）。

三　培育竞争优势阶段（2001～2012年）：先进制造业和现代服务业双轮驱动

（一）传统优势要素边际效用递减

2001 年中国加入 WTO 后，深圳产业发展面临新的内外压力，特别是国际上美国引领的电子信息产业方兴未艾，深圳电子信息产业还处于低端环节。同时，前两个阶段的外延式扩张，导致深圳面临土地、能源资源、人口、生态环境等日趋严重的“四个难以为继”和关内关外、外来人口与本

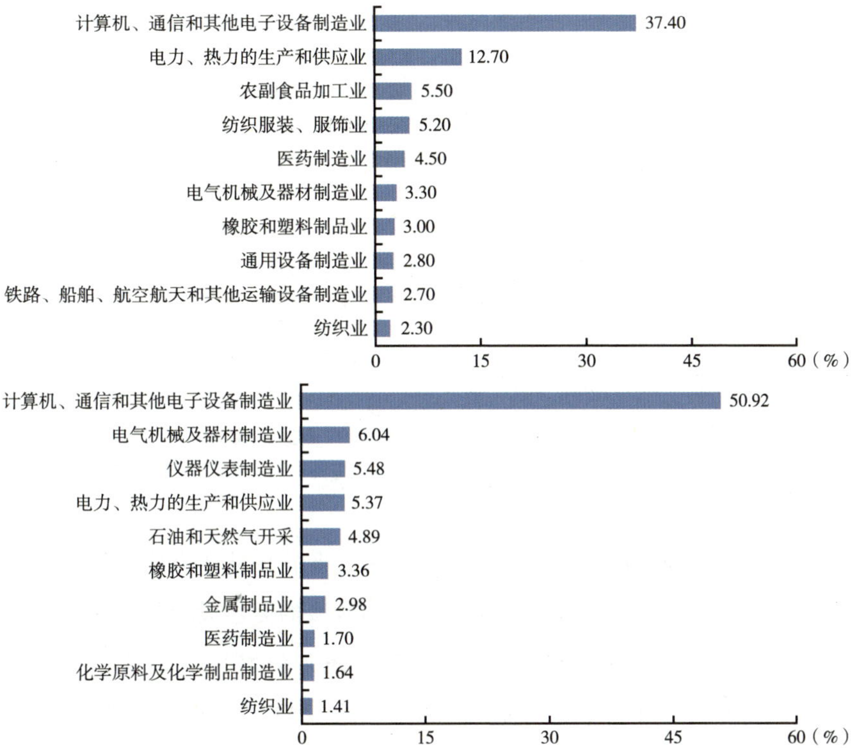

图 4－14　1994 年（上）与 2000 年（下）深圳工业前十行业结构变化

数据来源：1995 年、2001 年《深圳统计年鉴》。

地人口的社会矛盾，深圳的要素禀赋和传统比较优势发生了较大变化，产业转型升级压力空前（付莹，2014）。

（二）制造业与服务业的交替驱动

从产业结构上看，该阶段第二和第三产业多次交替成为引领经济发展的主要驱动力。2001 年的三次产业结构为 0.6∶49.9∶49.5，第二产业略高于第三产业，2003～2008 年，第二产业占主导地位。金融危机后，2009～2012 年，第三产业占比超过 50%，成为后金融危机时代的主引擎，第二产业占比则处于下行趋势，但第二产业的质量较快提升，表明金融危机后城市功能的升级为产业发展提供了强大动力，深圳进入了城市功能提升引领产业升级的新阶段（见图 4－15）。

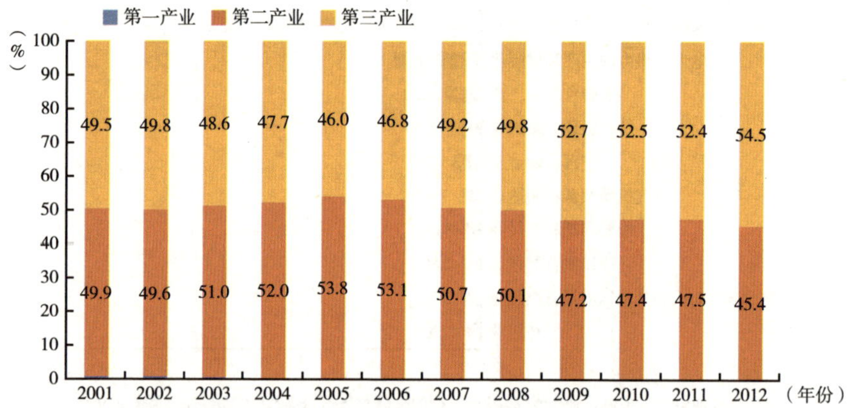

图 4－15　2001～2012 年三次产业结构演变

数据来源：根据 2019 年《深圳统计年鉴》数据截取。

一是制造业向品牌化和质量化迈进。制造业发展从依靠成本优势转向依靠质量、注重创意和培育品牌的优势。以本阶段的后半段为例，2006～2012 年，深圳制造业总产值增长了 76%，制造业增加值增长了 91%，年均增长达 14%；规模以上工业企业全员劳动生产率从 2006 年的 12.3 万元/人提高到 14 万元/人①。制造业中自主创新、创意设计和自主品牌的成分增加，2006～2011 年，先进制造业规模从 1876 亿元增至 3639 亿元，2011 年，先进制造业增加值占制造业比重超过了 78%，其中，装备制造业的增加值占全部制造业增加值的 67.2%；资源指向性的金属冶炼及加工业成长迅猛，2006～2011 年，增加值从 6.6 亿元增至 38 亿元，年均增速达 42%。借助文化创意、研发设计和品牌服务，深圳服装、皮革、家具、钟表、珠宝、食品等传统优势产业持续成长，增加值从 2006 年 130 亿元至 2011 年的 308 亿元，年均增长接近 19%（于珺，2013）。2005 年与 2010 年主要工业结构见图 4－16。

二是服务业快速发展。自“十一五”（2006～2010 年）以后，深圳三次产业结构发生了较大变化。第二产业占比从 2006 年的 53.1% 降至 2012 年

① 数据来源于 2012 年《深圳统计年鉴》。

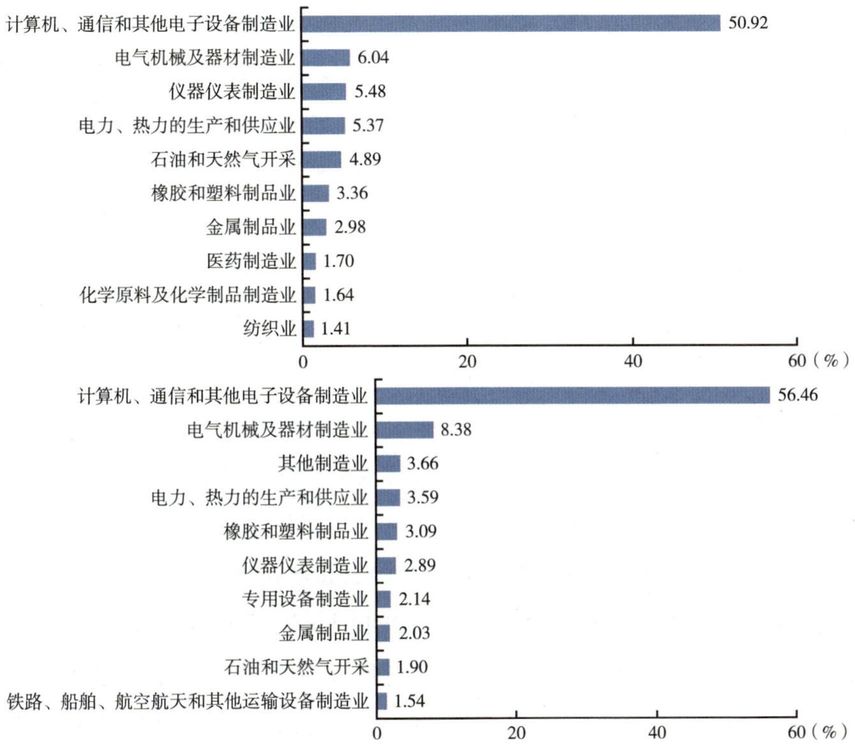

图 4－16　2005 年（上）与 2010 年（下）工业结构升级

数据来源：2006 年、2011 年《深圳统计年鉴》。

的 45.4%，第三产业占比从 46.8% 上升到 54.5%，深圳逐渐进入工业化后期，服务经济开始发挥更大的作用。其间，固定资产投资大部分投向了第三业，2006～2011 年，第三产业固定资产投资占固定资产投资总额的比重介于 66% 和 77% 之间，第二产业固定资产投资处于 22% 和 34% 之间。同时，非房地产领域的服务业吸引的固定资产投资，占当年固定资产投资总额的比重从 2006 年的 30% 上升到 2011 年的 52%。2006～2011 年新增的 117 万社会劳动者主要来自第三产业，第三产业的劳动者人数从 2006 年的 274 万增加到 2011 年的 381 万。同时，第二产业就业人口规模相对稳定，增加不到 10 万人，其中制造业新增不到 7 万人。

传统服务业向现代服务业升级。这个阶段，深圳现代服务业快速发展，

2012 年，服务业增加值 7207 亿元，其中，现代服务业占比达 68%，绝对值超过 4900 亿元。现代服务业已成为深圳经济发展的重要组成部分，在四大支柱产业中，金融业、物流产业和文化创意产业三个重要领域均为服务业。[①] 传统服务业与制造业联系并不紧密，而现代服务业[②]与制造业关系紧密，它渗透到制造业的研发、设计、应用推广、金融支持、物流服务等各个环节，从而促进了制造业的发展。

三是新兴产业迅速崛起。这个阶段，新兴产业产值从 2009 年 2265.64 亿元上升至 2012 年的 3982.44 亿元，占 GDP 比重也从 28% 上升至 30%，呈现快速发展趋势，其中新一代信息技术产业引领新兴产业的发展（见表 4－6）。2012 年，规模以上通信设备、计算机及其他电子设备制造业增加值 2772.14 亿元，占规模以上工业增加值比重 54.4%，高新技术产品产值 12931.82 亿元，比上年增长 8.9%，具有自主知识产权的高新技术产品产值 7888.41 亿元，占高新技术产品产值 61.0%。在高新技术产品产值中，电子信息产业 11360.20 亿元，增长 8.7%；新材料及新能源 722.50 亿元，增长 11.0%；光机电一体化 625.70 亿元，增长 8.9%；生物技术 134.10 亿元，增长 11.8%；环保及其他 89.30 亿元，增长 12.9%。

（三）内生创新缩短产业认知距离，制造业与服务业出现融合趋势

2008 年国际金融危机后，深圳开始谋划布局战略性新兴产业，先后出台生物、互联网、新能源、新材料、文化创意、新一代信息技术产业振兴发展政策，产业间的知识认知距离有所缩短，制造业与服务业开始初步融合。一方面，高新技术企业、先进制造业企业等传统优势行业，纷纷开展自主创

---

① 《深圳文化创意产业振兴发展规划（2011—2015 年）》中明确文化创意产业，是指以创作、创造、创新为根本手段，以文化内容、创意成果和知识产权为核心价值，以高新技术为重要支撑，为社会公众提供文化产品和服务，引领文化产业发展和文化消费潮流的新兴产业，主要包括新闻出版、广播影视、创意设计、文化软件、动漫游戏、新媒体、文化信息服务、文化会展、演艺娱乐、文化旅游、非物质文化遗产开发、广告业、印刷复制、工艺美术等行业。

② 《深圳市现代服务业发展“十二五”规划》中明确深圳未来 5 年重点发展的现代服务业包括金融、物流和文化创意等十大现代服务业。

表 4-6 新兴产业及其构成

单位：亿元，%

年份	GDP	新兴产业增加值合计	占比	新一代信息技术产业	文化创意产业	互联网产业	新材料产业	生物产业	新能源产业
2009	8201.32	2265.64	28	1144.46	585.50	126.29	120.03	143.79	145.57
2010	9581.51	2820.51	29	1391.41	740.14	163.53	174.72	145.52	205.19
2011	10002.22	3341.34	33	1455.55	944.55	292.84	210.92	176.70	260.78
2012	13319.68	3982.44	30	1696.31	1185.41	359.16	231.35	207.24	302.97

数据来源：2019 年《深圳统计年鉴》。

新和品牌运作，企业产业链从制造环节向研发和品牌延伸。另一方面，战略性新兴产业得到迅速发展，加速了现代农业、现代制造和现代服务的融合创新，以新的产业组织方式得到迅速发展（李刚、廖建辉、向奕霓，2011；胡彩梅、郭万达，2015）。如生物医疗、生物医药、生物农业、生物环保四个行业涉及从技术研发、生产制造到应用服务的各个环节，通过企业间的有效协作，开始走向了内部融合。新能源领域的新能源开发、新能源装备（汽车）融合了研发、制造、服务，新一代信息技术产业更是涵盖了信息基础设施、装备制造和软件服务等行业，走向了更深的融合。生物产业增加值从 2009 年的 110 多亿元增长到 2011 年的 174.96 亿元，增长了近 60%；新能源产业同期增长了 110 多亿元，增速超过 80%。[①] 这种融合式的增长远超以往制造业与服务业各自发展时期的速度。

总之，得益于前一阶段对高新技术产业的培育，相关产业间的知识距离进一步缩短，产业发展取得了“四大升级”。一是从加工向研发、品牌和服务升级；二是从生产环节向设计、生产、营销、推广全产业链升级；三是从制造产品向引导潮流、销售创意和文化升级；四是从依赖成本优势转向依托创意和服务优势。

① 《深圳市国民经济和社会发展统计公报》(2010 年和 2011 年)。

四　提升竞争优势阶段（2013年至今）：数字经济与实体经济融合共推高质量发展

（一）形成独具活力的产业创新动力

党的十八大以来，深圳通过制定“互联网+”和“中国制造2025”行动计划，全面实施了创新驱动战略，自主创新能力不断增强，推动了工业化进入全面创新驱动的高质量发展阶段，工业化得到了进一步的深化。这一时期，新兴产业成为深圳经济发展新引擎，经济发展的创新性和内生动力明显增强。

一是民营企业成为创新主体，为产业高质量发展提供原动力。2013~2017年，深圳R&D支出由584.61亿元增长至976.94亿元，年均增长14.9%，占GDP比重由2012年的3.67%提升到2017年的4.35%，居世界前列。前一阶段，鼓励和培育起的大量民营企业，形成了90%以上研发机构在企业，90%以上研发人员在企业，90%以上发明专利出自企业模式。

二是多层级创新平台快速搭建，国家高新技术企业和创新载体不断涌现。2017年，深圳国家级高新技术企业总数达到11230家，是2012年的3.9倍；拥有重点实验室、工程实验室、技术中心、工程中心、公共技术服务平台等创新载体1688家，比2012年增加928家，是2012年的2.2倍，年均增长17.3%。其中，国家级创新载体103家，省级253家，规模以上工业企业拥有研发机构4296个，比2012年增加3688个，增长7.1倍，年均增长47.9%（魏达志，2019）。

（二）高技术制造业和现代服务业成为主引擎

战略性新兴产业的发展促进了产业深度升级。战略性新兴产业增加值占GDP比重由2012年的近30.0%提升到2017年的40.9%（见表4-7）。产业内部结构不断向价值链高端延伸，高技术制造业和现代服务业成为经济高质量发展主动力（顾乃华、唐荣，2017；林毅夫等，2018）。

表 4－7　2013 年以来新兴产业发展

单位：亿元，%

年份	GDP	新兴产业增加值	新兴产业增加值占GDP的比重	新一代信息技术产业	文化创意产业	互联网产业	新材料产业	生物产业	新能源产业	节能环保产业	海洋产业	航空航天产业	机器人、可穿戴设备和智能装备产业	生命健康产业
2013	14979	5138	34.30	2300	1393	502	364	231	347	—	—	—	—	—
2014	16449	5856	35.60	2661	1596	580	391	246	382	—	—	—	—	—
2015	18014	7205	40.00	3289	1801	760	337	258	422	337	—	—	—	—
2016	20079	8092	40.30	4216	2008	773	385	228	614	414	386	88	514	74
2017	22490	9187	40.85	4594	2245	1023	454	296	677	671	402	147	639	98

数据来源：2019 年《深圳统计年鉴》。

一是高新技术产业跨越式发展。高新技术产业产值由 2012 年的 12931.82 亿元提升到 2017 年的 21378.78 亿元，年均增长 10.6%；高技术制造业增加值由 2012 年的 2949.4 亿元增长至 2018 年的 6131.2 亿元，年均增长 12.97%（王海荣，2020），在规模以上工业增加值中的比重由 2012 年的 57.7% 提升至 2018 年的 67.3%，占 GDP 比重提升至 32.8%（见图 4－17）。深圳高新技术产业产值从 1979 年零起步到 2010 年突破 1 万亿大关，用了 31 年，从 2010 年的 1 万亿元迈向 2017 年的 2 万亿元，仅用了 7 年。

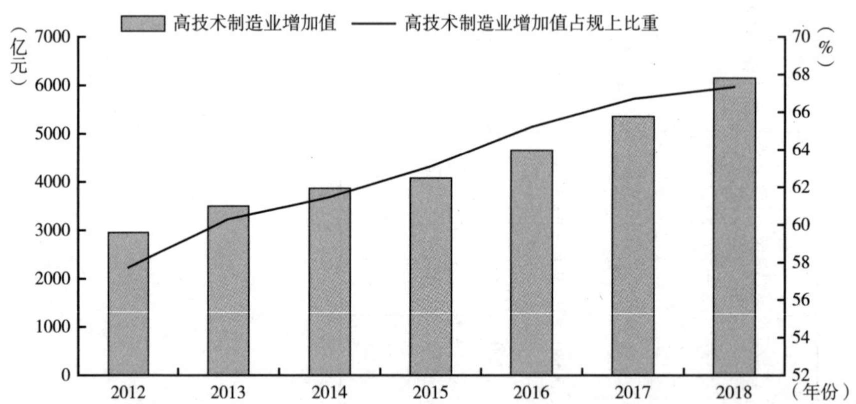

图 4－17　高技术制造业发展情况

数据来源：根据历年《广东统计年鉴》整理得出。

二是现代金融和信息技术服务业快速扩张，"金融＋信息"成为区域创新生态链重要支撑。以金融业、信息传输、软件和信息技术服务业为主的现代服务业主要行业占服务业增加值比重由 2013 年的 49.4% 提升到 2017 年的 52.5%。2017 年，金融业增加值达 2924.26 亿元，占 GDP 的比重约 13%，是中国内地金融业占 GDP 比重最高的城市之一，深圳金融总资产、本外币存款余额、贷款余额均居全国第 3 位，VC/PE 机构近 5 万家，注册资本约 3 万亿元；信息传输、计算机服务和软件业增加值由 2013 年的 814.48 亿元增长至 2017 年的 1767.06 亿元，占 GDP 的比重由

5.44%上升至7.86%；交通运输、仓储和邮政业增加值由2013年的463.76亿元增长至2017年的701.29亿元，年均增速达10.89%，拥有物流企业超过1.7万家，营收超百亿元的物流企业近10家，涌现了6家物流上市公司。全国80%以上的供应链管理公司总部聚集在深圳，美国UPS、德国汉莎、丹麦马士基、菜鸟网络等60多家知名国际物流企业落户深圳（见表4-8）。

（三）产业间技术关联进一步强化，数字要素与实体经济深度融合

随着深圳电子信息产业的深度发育和数字要素作为新型生产要素，对各类传统要素的融合创新起到了共生作用，密切的产业和行业间技术关联，加快了产业的融合与新兴产业的衍生（王泽填、戚晓曜、毛蕴诗，2019）。数字经济作为深圳市重点发展的战略性新兴产业，成为引领深圳经济社会高质量发展的新动力（王晶晶、吴传清，2019）。2018年，数字经济与新一代信息技术、高端装备制造、绿色低碳、新材料、生物医药和海洋经济六大战略性新兴产业快速增长，增加值合计达9155.18亿元，在工业增加值中占比达9.89%（见表4-9）。

数字要素与实体经济深度融合，不断孵化出新业态。40年来，深圳电子信息产业向高价值环节的不断攀升，并产生了明显的“旁侧效应”，围绕电子信息和新材料等高新技术产业集群，通过大型龙头企业的区域衍生，推动了产业链从深圳近域一体化到跨区域知识溢出，从产业链低端水平转移到高质量同一水平的共建，不断推动外围地区产业惯例的更新，从而带动了以深圳为核心的深莞惠乃至粤东地区向产业链和价值链高端挺进。电子信息产业链在纵向一体化和横向一体化过程中，不断缩短了认知距离，提高了电子信息及相关产业的技术关联，在促进区域产业经济效率整体提升的同时，也不断孵化出新产业和新业态，在资本市场支持和快速的中试和市场孵化下，以低成本和核心知识产权不断推动新业态走向国际前沿。

表 4-8　2013～2017 年现代服务业主要行业发展情况

单位：亿元，%

行业	2013 年		2014 年		2015 年		2016 年		2017 年	
	增加值	占服务业比重	增加值	占服务业比重	增加值	占服务业比重	增加值	占服务业比重	增加值	占服务业比重
交通运输、仓储和邮政业	463.76	5.58	500.88	5.43	541.27	5.24	626.96	5.33	701.29	5.33
信息传输、计算机服务和软件业	814.48	9.80	931.56	10.10	1105.80	10.71	1397.86	11.89	1767.06	13.44
金融业	1951.00	23.46	2194.93	23.81	2501.57	24.22	2810.73	23.90	2924.26	22.23
租赁和商务服务业	435.68	5.24	478.69	5.19	499.82	4.84	528.93	4.50	701.03	5.33
科学研究、技术服务和地质勘查业	374.45	4.50	425.04	4.61	500.35	4.84	544.69	4.63	699.31	5.32
文化、体育和娱乐业	70.42	0.85	74.08	0.80	80.92	0.78	100.34	0.85	106.06	0.81

数据来源：根据历年《深圳统计年鉴》整理得出。

表 4－9　2018 年深圳战略性新兴产业增加值及增长率

单位：亿元，%

行业	增加值	增长率
新一代信息技术	4772.02	10.9
数字经济	1240.73	3.8
高端装备制造	1065.82	10.7
绿色低碳	990.73	11.7
海洋经济	421.69	－11.3
新材料	365.61	8.6
生物医药	298.58	22.3
合计	9155.18	9.1

数据来源：2019 年《深圳统计年鉴》。

在这个阶段，以推进智能制造、“互联网＋服务”等为主攻方向，推动产业向新业态方向深化。在智能制造方面，实施智能制造示范计划，在“互联网＋服务”方面，发展与互联网相关的新兴服务业业态，文化创意产业增加值由 2013 年的 1393.04 亿元增长至 2017 年的 2244.68 亿元，年均增速达 12.67%，互联网产业增加值由 2013 年的 501.92 亿元增长至 2017 年的 1023.08 亿元，增长了 1.04 倍，其中工业设计、平面设计等设计产业全国领先，获 iF 国际设计奖数蝉联全国首位。

五　深圳特区产业升级动力演化的实证分析

产业转型升级主要是指随着技术、市场等发展动力的变化，生产要素从低生产率水平或者低生产率增长的部门向高生产率水平或者高生产率增长的部门流动，推动产业结构的高度化和合理化，并提升经济社会发展的质量和效益。本研究以深圳特区发展 40 年以来劳动生产率的变动作为产业转型升级成效的评价指标，探讨资本、劳动等传统要素资源指标以及制度安排、科技创新等全要素生产率指标对深圳产业转型升级的影响，以确定深圳产业转型升级持续推进的动力源。

（一）模型构建

在模型构建上，根据 Solow 经济增长模型 Y = f（K，L），本研究采用经济体产出的双要素投入模型如下：

$$Y_t = A_t(\cdot)f(K_t, L_t) \tag{1}$$

其中Y_t表示经济体 t 时间的产出，K_t和L_t分别表示相应的资本、劳动投入，A_t（·）表示全要素生产率。鉴于技术进步主要发生在工业部门（李刚、廖建辉、向奕霓，2011），本研究将工业化水平和技术进步作为全要素生产率的重要决定因素引入生产函数，式（1）转化为：

$$Y_t = A(IS_t, TE_t)f(K_t, L_t) \tag{2}$$

假设全要素生产率函数 A（IS_t，TE_t）为幂指数形式，f（K_t，L_t）为 C－D函数形式，式（2）可表述为：

$$Y_t = A_t e^{(\alpha_1 \ln IS_t + \alpha_2 \ln TE_t)} K_t^{\alpha} L_t^{\beta} \tag{3}$$

其中A_t表示其他影响全要素生产率的因素，α 与 β 分别表示资本与劳动投入的产出弹性。为测算经济体是否存在要素规模报酬递增或递减情况，本研究并不限定 $\alpha + \beta = 1$，而是假定 $\alpha + \beta = \gamma$。

为探讨产业转型升级所带来的劳动生产率的改善，并方便判别经济体是否存在要素规模报酬递增情况，本研究采用劳均产出模型，式（3）变形为：

$$Y_t/L_t = A_t e^{(\alpha_1 \ln IS_t + \alpha_2 \ln TE_t)} (K_t/L_t)^{\alpha} L_t^{\gamma-1} \tag{4}$$

上式两边取对数后得到计量模型为：

$$\ln(Y/L)_t = \ln A_t + \alpha_1 \ln IS_t + \alpha_2 \ln TE_t + \alpha \ln(K/L)_t + (\gamma - 1)\ln L_t \tag{5}$$

其中，若L_t系数不显著，表明存在要素投入规模报酬不变，若L_t系数显著且 $\gamma - 1 > 0$ 表明存在要素规模报酬递增，若L_t系数显著且 $\gamma - 1 < 0$ 表明存在要素规模报酬递减。计量模型中被解释变量为劳均产出对数（lnLRGDP），

解释变量为劳均资本存量对数（lnLRK）、就业人数对数（lnLABOR）、工业化率对数（lnIS）和专利授权量对数（lnTE）。

（二）数据说明

本研究所使用的数据均来源于官方统计资料，劳动和技术投入分别为各年度就业人员数量和专利授权数量，工业化水平以各年度第二产业在非农产业中所占比重来衡量。由于无法获得公开的资本存量数据，本研究采用永续盘存法对资本存量进行估算，具体计算方法为：

$$K_t = K_{t-1}(1-\delta_t) + I_t/P_t \tag{6}$$

其中，K_t和K_{t-1}分别为 t 和 t－1 期资本存量；δ_t、I_t和P_t分别为 t 期折旧率、当年投资总额和投资价格指数。张军等在认真处理和研究基年资本存量、各年投资流量、投资品价格指数、折旧率的选择与确定基础上，运用永续盘存法估算了 1952～2000 年中国大陆 30 个省区市各年的资本存量（张军、吴桂英、张吉鹏，2004）。本文按照张军等人的估计方法，估算 1980 年广东资本存量数据，并用深圳地区生产总值占广东地区生产总值的比例进行折算，得到 1980 年深圳资本存量数据作为基年资本存量，按照式（6）估算了 1980～2018 年资本存量数据。

（三）实证分析与结果

鉴于时间序列数据容易因单位根问题产生伪回归，导致实证结果缺乏可信度和解释力，本研究首先对模型中的变量进行 ADF 单位根检验。检验结果如表 4－10 所示。

表 4－10　ADF 检验结果

	检验类型(c,t,k)	ADF 值	1%临界值	5%临界值	平稳性
lnLRGDP	c,0,1	－4.031	－3.616	－2.941	平稳(***)
lnLRK	c,t,1	－3.435	－4.227	－3.537	平稳(*)
lnLABOR	c,0,1	－4.262	－3.616	－2.941	平稳(***)

续表

	检验类型(c,t,k)	ADF 值	1% 临界值	5% 临界值	平稳性
lnIS	c,0,1	-2.817	-3.621	-2.943	平稳(*)
lnTE	c,0,1	-2.868	-3.616	-2.941	平稳(*)

注：（c，t，k）中，c 表示模型中是否具有常数项，t 表示是否含有时间趋势项，k 表示滞后项长度；*** $p<0.01$，** $p<0.05$，* $p<0.1$。

ADF 检验结果显示，模型中时间序列数据的 ADF 统计量至少在 10% 的显著性水平下拒绝了单位根假设，证明这些序列是平稳的，均为零阶单整序列 I（0），可以进行 OLS 回归。

将数据指标带入计量模型中，得到的回归模型为：

$$\ln LRGDP = C + \alpha \ln LRK + (\gamma - 1)\ln LABOR + \alpha_1 \ln IS + \alpha_2 \ln TE + \varepsilon \tag{7}$$

为评估在深圳特区发展 40 年中，各影响因素在不同发展阶段对产业转型升级的影响，依照前文对深圳产业转型升级发展阶段的划分，本研究进行了分阶段回归。回归结果如表 4-11 所示。

表 4-11　深圳劳均产出模型估计结果

	1980~1992 年	1993~2000 年	2001~2012 年	2013~2018 年
lnLRK	0.593(***) (7.815)	0.336(***) (3.970)	1.021(***) (4.097)	1.022(***) (552.907)
lnLABOR	-0.069 (-0.268)	0.338(*) (1.962)	0.643(*) (1.639)	-0.728(***) (-276.947)
lnIS	0.372 (1.283)	-1.392(***) (-4.289)	-0.156 (-0.455)	3.055(***) (287.462)
lnTE	0.220 (1.100)	0.046 (0.644)	0.001 (0.012)	0.389(***) (511.045)
C	1.543 (1.294)	10.057(***) (5.033)	-3.876 (-0.862)	-11.297(***) (-187.069)
Adjust - R^2	0.985	0.998	0.995	0.999

注：*** $p<0.01$，** $p<0.05$，* $p<0.1$。

根据回归结果，可以得出深圳产业转型升级四个阶段的拟合方程分别为：

1980～1992 年：

$$\ln LRGDP = 1.543 + 0.593\ln LRK - 0.069\ln LABOR + 0.372\ln IS + 0.220\ln TE \quad (8)$$

1993～2000 年：

$$\ln LRGDP = 10.057 + 0.336\ln LRK + 0.338\ln LABOR - 1.392\ln IS + 0.046\ln TE \quad (9)$$

2001～2012 年：

$$\ln LRGDP = -3.876 + 1.021\ln LRK + 0.643\ln LABOR - 0.156\ln IS + 0.001\ln TE \quad (10)$$

2013～2018 年：

$$\ln LRGDP = -11.297 + 1.022\ln LRK - 0.728\ln LABOR + 3.055\ln IS + 0.389\ln TE \quad (11)$$

从方程（8）可以看出，1980～1992 年，劳均资本存量、工业化率、技术创新水平对劳均产出水平存在正向影响，其中劳均资本存量每增长 1 个百分点，劳均产出水平增长 0.593 个百分点。

从方程（9）可以看出，1993～2000 年，劳均资本存量、劳动力规模、技术创新水平对劳均产出水平存在正向影响，其中劳均资本存量每增长 1 个百分点，劳均产出水平增长 0.336 个百分点，劳动力规模每增长 1 个百分点，劳均产出水平增长 0.338 个百分点。

从方程（10）可以看出，2001～2012 年，劳均资本存量、劳动力规模、技术创新水平对劳均产出水平存在正向影响，其中劳均资本存量每增长 1 个百分点，劳均产出水平增长 1.021 个百分点，劳动力规模每增长 1 个百分点，劳均产出水平增长 0.643 个百分点。

从方程（11）可以看出，2013～2018 年，劳均资本存量、工业化率、技术创新水平对劳均产出水平存在正向影响，劳动力规模对劳均产出水平存在负向影响，其中劳均资本存量每增长 1 个百分点，劳均产出水平增长 1.022 个百分点，工业化率每增长 1 个百分点，劳均产出水平增长 3.055 个百分点，技术创新水平每增长 1 个百分点，劳均产出水平增长 0.389 个百分点，劳动力规模每增加 1 个百分点，劳均产出水平降低 0.728 个百分点。

估计结果表明，深圳经济特区 40 年的发展过程中，劳均资本存量对产业转型升级的影响一直较为显著，且 2001 年以后劳均资本弹性呈较为明显的上升态势。在要素投入规模报酬方面，1993～2012 年要素投入规模报酬递增，2013 年以后要素投入规模报酬呈现较为明显的递减态势，这与前文的结论一致，即深圳已进入要素规模报酬递减阶段，依托要素禀赋所形成的比较优势逐渐减弱；在工业化水平方面，2013 年以后的工业化对产业转型升级形成显著的有利影响；在技术进步弹性方面，2013 年以后表现出对产业转型升级显著的正向推动作用。

第四节　深圳经济特区的优势演化与产业发展模式转换

1980 年至今，深圳特区产业升级经历了从外生驱动到以创新为动力的内生驱动转变，实现了发展路径的阶段性突破，支撑了产业的持续性升级，并塑造了多个特征鲜明的发展模式，从产业发展的阶段性特征及其驱动机制来看，主要有起步阶段的出口加工模式、优化比较优势阶段的产业补链模式到加入 WTO 后积极参与国际竞争的集群模式和目前的数字要素与实体经济、制造业与服务业融合的“融合模式”。总体来看，深圳产业发展模式跃迁既是产业迭代升级体现，也是有为政府不断调适发展政策，解放生产力的结果。

一　工业化不同阶段的产业模式及要素需求

（一）地区主导产业演化的一般模式

一般而言，地区的主导产业主要沿着传统农业、轻工业、重工业、先进制造和现代服务业的轨迹不断攀升，其中，重工业化又包括以采掘业和原材料工业为主的阶段向深加工工业和组装转化两个阶段（马海燕、刘林春，2018）。自 20 世纪中后期世界进入以电子信息通信技术和网络经济为核心的新兴产业领域后，开启了新一轮的增长周期，高技术制造业逐渐兴起，所需的配套能力大为提升，同步带动了传统服务业向现代服务业升级，产业的融合加快，并不断催生新产业、新业态和新模式。这个过程中，产业发展不同阶段对要素需求并不一致，只有与产业需求结构相匹配的要素供给结构才能推动产业的升级（见图 4 - 18）。

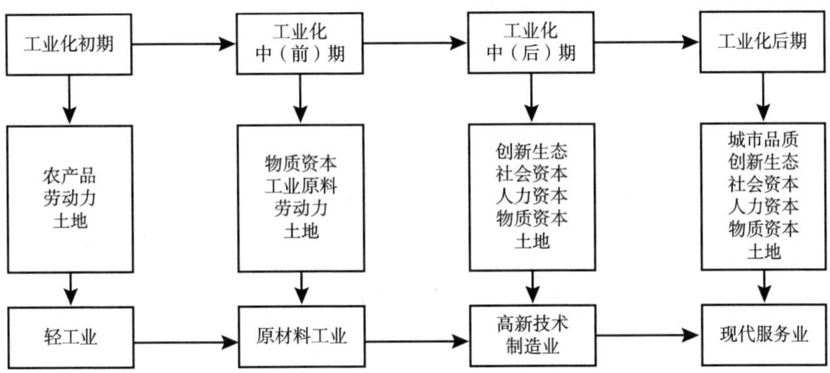

图 4 - 18　不同发展阶段主导产业所需要的要素条件

资料来源：课题组总结。

（二）不同产业对发展环境的需求

地区产业发展不仅仅是市场对自然禀赋的筛选，也有赖于有为政府的积极引导。政府在产业升级中的作用主要是为产业发展提供公共产品，包括基础设施和制度环境，如建设园区、水电气、交通等物质性基础设施和保障产业发展所需的政策环境。本章结合深圳主导产业发展历程及各阶段产业政策对促进产业升级的作用，提出了中国经济特区产业升级和配套政策互动过程的一般模式，主要是从改革开放初期社会主义计划经济在逐渐向中国特色社会主义市场经济转型的过程中，起步阶段如何找到合适的促进主导产业顺利起步的相关政策到培育产业规模壮大所需要素保障的产业政策，最后再到参与国际竞争并能引领部分细分行业进行无人区探索的前沿性产业政策（见图 4 - 19）。

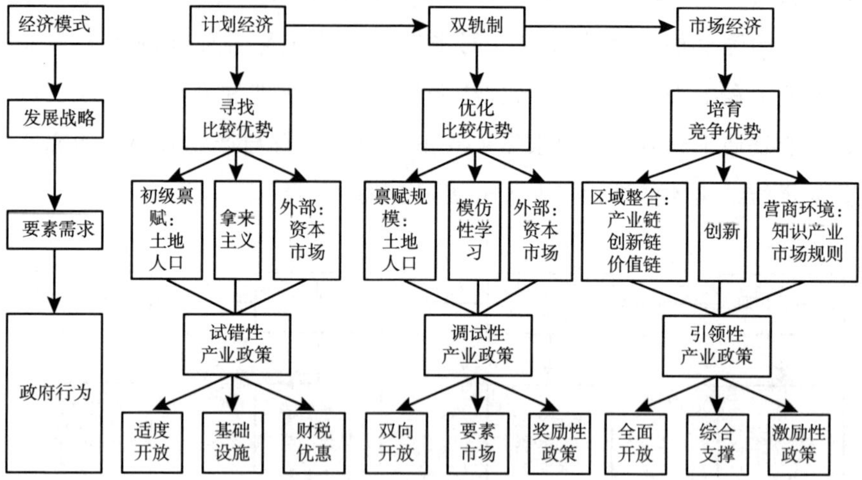

图 4－19　基于中国经济特区的不同发展阶段产业要素需求及产业政策方向

资料来源：课题组总结绘制。

二　如何寻找起步优势：外生驱动下以低端要素嵌入全球产业链低端环节

世界主要经济体在经济起步阶段的主导产业，大多是低端要素驱动的劳动或资源密集型产业，一般具有轻型、资源密集特征，需要丰富的劳动力、土地、水电气等基本要素保障（林毅夫、付才辉、陈曦，2018）。如英国以棉纺织业起步，围绕该产业发展出炼铁和水力能源等相关产业。[①] 20 世纪 60 年代的韩国就是在出口导向下发展劳动密集型产业，才走上工业化道路。总体上，那些获得长期增长的经济体，往往就是从本地要素结构出发，结合国际产业前沿趋势找到了具有比较优势的产业，成功开启了一轮长周期经济增长。深圳在起步阶段，就是借助土地和劳动力丰富、毗邻香港的比较优

① 1700～1760 年，棉纺织业的年均增长率是 1.4%，1770～1801 年提高到 9.0%。炼铁业的年均增长率从 1700～1760 年的 0.6%，提高到 1770～1801 年的 5.0%。包括运河在内的建筑业年均增长率从 1700～1760 年的 1.0%，提高到 1770～1801 年的 6.0%。

势，以低端要素驱动的出口加工业贸易为导向，通过外部要素黏附于本地禀赋结构，并协同嵌入全球产业链低端环节而起步，初步实现了对计划经济的突破，探索出了计划经济模式之外的新型产业政策。

（一）起步模式："内附—外嵌"式低端出口加工贸易

在 20 世纪 80 年代，深圳产业起步时期具有明显的外向型特征，主要体现为"内附—外嵌"式发展模式。"外嵌"主要是借助国际产业转移浪潮，以本地禀赋结构嵌入全球产业链低端环节，"内附"主要是借助开放发展，引入外部禀赋结构附着于本地禀赋结构并改善后者。从产业迁移的难易程度看，轻型、民生型和低端要素密集型产业比资本和技术密集型产业更加容易发生，其移出成本较低，也更容易被后发国家"俘获"。从引入产业的难易程度来看，主要决定于地区是否具备相关产业的基本要素，除了稳定的发展环境外，主要取决于劳动力、土地及产业配套能力。20 世纪 80 年代中国的禀赋结构中，劳动力丰富、可开发土地广阔（当时），但缺乏资本和技术，中国经济特区的产业发展政策效仿了韩国的出口导向政策，紧盯出口加工贸易类产业，凭借"三免两减半"的税收优惠、土地免费划拨（初期）和丰富劳动力而起步。深圳利用毗邻港澳的地理优势，承接香港产业转移，发展起了以纺织服装、食品饮料、家用电器、日用化工等为主导的轻工业（向晓梅、吴伟萍，2018）。这种由外商提供设备（包括由外商投资建厂房）、原材料、来样，并负责全部产品的外销，由国内企业提供土地、厂房、劳力，通过来料加工、来样加工、来件装配这种基础的加工制造，迅速累积产业基础、技术和管理经验，实现产业发展起步（见图 4 – 20）。

（二）试错型产业政策：放权探索与赋权激励

中国经济特区初创的 20 世纪 80 年代，在缺乏现代市场建设和产业发展经验背景下，主要是通过学习先发国家经验和民间探索，在摸着石头过河的试错探索中形成高效的产业政策。其显著的特征有三点，一是以举国体制通过内联方式，帮扶深圳快速起步；二是通过广泛推动自下而上的"边缘探索"，形成了实用性较强的基层经验；三是中央自上而下的放权，加强对地方的激励，总体上呈现以诱致性制度变迁为主，强制性制度变迁为辅的特

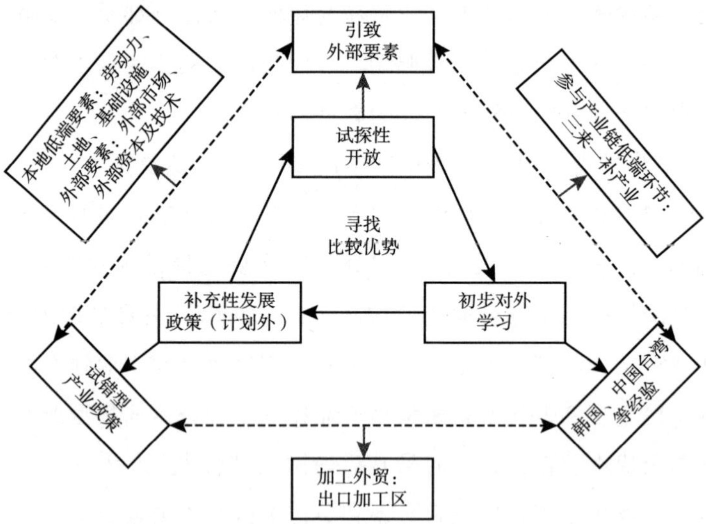

图 4-20 起步模式：出口导向下低端要素驱动的加工贸易模式

资料来源：课题组绘制。

征，共同塑造了特区起步阶段的产业政策。

一是通过举国内联推动建设起步。从缺乏工业基础的“小渔村”中启动快速工业发展进程，离不开大规模的基础设施建设，1980～1985 年，深圳特区的建设就是以抓基建、打基础、营造投资环境为主。由于财政薄弱和不具备市场募资渠道，这一时期的基础设施建设所需要的资源和要素几乎全部通过内联的方式获得，通过各部门和各地支援，搭建起了深圳特区产业发展的基础框架。截至 1983 年，中央十四个部委、二十个省（区、市）在特区设立办事机构，并和特区签订了 497 项协作合同，总投资达到了 6.49 亿元，港币 1.26 亿元，特区大部分干部、工人和人才也来自内地（中共深圳市委党校特区经济理论研究班，1987：25）。

二是通过自下而上“边缘探索”积累经验。在中国传统计划经济体制下，产业项目建设、施工任务取决于行政指令，资金来源于层层分配的财政拨款和银行贷款指标，物资供应也需行政分配。特区初建，为了快速解决产业配套和传统体制效率低下之间的矛盾，深圳开始了初期的“计划模式”

之外的探索，配合外向型出口加工区建设，引入了西方发达国家也正在探索的 BOT 模式（全国最早）并取得了极大成功，率先引入市场机制，允许国内外设计和施工团队进入，并逐步开放建筑材料市场，推出了经济大包干，实行工资、资金“上不封顶、下不保底”的分配办法，承包单位获得极大自主权，充分调动了建设者的积极性（魏达志，2006）。此外，深圳还探索了最早的奖金制度，建立了新型经营管理体制，建立党、政、企分开的领导体制，干部民主选举和聘任制，工人公开招考和合同制，员工岗位、职务工资制，工程建设采用招标、投标制，员工住房实行高房租、不补贴制度等计划经济时代难以想象的新型政策。在土地政策方面，深圳实行了中国最早的市场化模式，在土地出让上实施廉价甚至免费的政策、在集体土地上建设的小产权房、降低的社保成本和住房保障成本，保障了工业化发展的基础需求（汪晖、陶然，2013）。正是对这些市场化新模式的探索，使得深圳得以顺利实现了工业化起步。

三是中央自上而下赋权激活发展的内生动力。特区早期鼓励一系列的摸索，形成一定成效后，经过中央的确认后被推广，形成了示范效应，并进一步激励了深圳特区的政策创新探索。同时，中央也不断向下赋权，有效扩大特区管理权限，激活基层扶持产业发展的内生动力。1981 年，深圳市升格为副省级城市；1988 年，国务院批准深圳市成为国家计划中单列市，并赋予其省一级的经济管理权限；1992 年，全国人大常委会授予深圳市人民代表大会及其常委会、市政府制定地方法律和法规的权力。在地方权限扩大后，深圳获得了招商引资、产业空间配套及项目审批等权限，极大提升了产业发展速度。

（三）典型案例：蛇口工业区 + 深港“前店后厂”

蛇口模式：第一个由企业运营并引入市场化机制建设的外向型园区。蛇口位于后海之内，与香港新界元朗为邻。蛇口既无资源优势也无工业基础，但其毗邻香港的区位成为获得发展起步的主要原因。[①] 为了吸引外资，深圳

① 1979 年动工建设蛇口工业区，提出了“产业以工业为主、资金以外资为主、市场以外销为主”的发展思路。

开始了第一次的园区基础设施建设模式的探索。为了解决工业发展的能源动力瓶颈问题，深圳市率先利用 BOT 模式引进外资兴建了沙角 B 电厂，按照传统模式，基建项目需要向上层层报批并获得批准才能建设，但该项目并未列入年度计划之中，因而迟迟未获批准，为了产业配套，深圳市开始了“边批边建”，并最终解决了园区产业能源配套问题。蛇口开启了由企业独立开发、建设、运营园区历史先河，并逐渐在经济体制和管理体制上进行全方位配套改革，类似的问题及模式创新见诸特区草创时期的众多领域（中共深圳市委党校特区经济理论研究班，1987）。

前店后厂模式：借助“港深”的地理邻近性进行产业链互补性整合。一是产业链的整合。20 世纪 80 年代初的香港，制造业发展空间狭小、资源短缺、实体经济发展成本高，制造业转型升级压力大。深圳借助深港地理邻近、土地和人工成本低等优势，大量引入港资，发展“三来一补”[①]加工制造业，将电子、纺织服装、机械、五金、化工、塑料、玩具、食品等香港主要制造业悉数吸纳，为经济腾飞奠定了基础。1985～1995 年，香港每年在珠三角投资于制造业的资金由 5 亿美元增至 58 亿美元，年均增长率达到了 27.5%，劳动密集型生产加工工序和生产线转移比例达到了 70%～90%。香港保留并扩大了为工业提供各类服务的功能，逐渐形成独具特色的“前店后厂”产业链分工模式（见图 4－21）。这一时期参与该模式的香港服务业企业约占香港服务业的 60%（薛凤旋、阳春，1997）。在此过程中，深圳学习了先进技术和企业管理经验，为从计划经济体制的束缚中走上市场经济道路提供了新路径和新方向（薛凤旋，2000）。二是国际资金链的整合。意识形态下的内地对资金监管较严，为了进入中国内地市场，全球各大金融机构纷纷在香港设立分支机构，以此为跳板进入内地市场，从而强化了香港金融中心地位。香港证券市场的交易额从 1969 年的 25.46 亿港元攀升至 1986 年的 1231.28 亿港元，“纽伦港”格局初现。[②]“前店后厂”模式体

① 指来料加工、来样加工、来件装配和补偿贸易。

② 指纽约、伦敦和香港。

现了深圳特区产业起步阶段的典型特征，同时也是港深互补共生式的双升级。

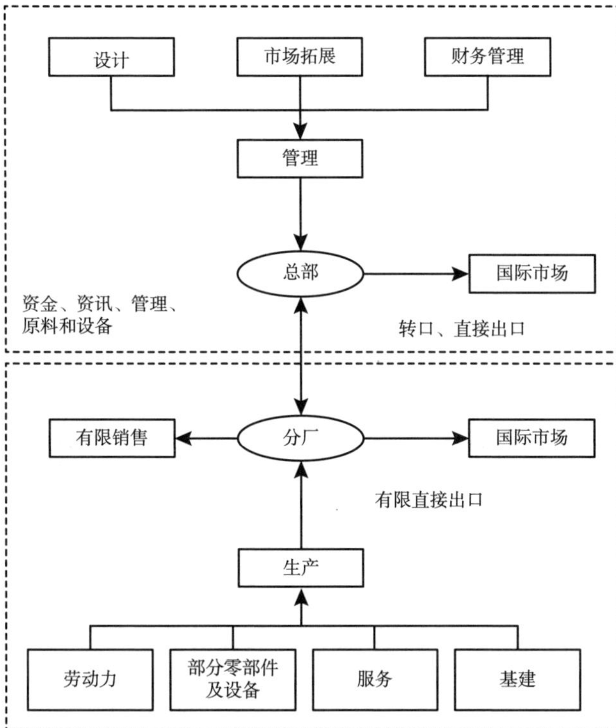

图 4－21　前店后厂模式

资料来源：课题组绘制。

三　如何活化比较优势：借助外生动力衍生本地优势，培育高新技术产业

当地区在成功借助低端比较优势起步并获得一定的产业积累后，一方面会在集聚经济和范围经济作用下，哺育出更多的产业门类，产业链进一步向纵向一体化和横向一体化发展，产业专业化和多样化程度不断加深，共同促进地区规模经济效应的扩大。该阶段主要是主导产业规模扩张，产业政策

上，重点应保障产业发展所需的要素如土地、劳动力等资源的供给规模，加强对基础设施投资。深圳在通过“三来一补”解决了“从无到有”的问题之后，通过发展政策的调整，进一步扩大外向型经济规模，借助国际电子信息产业转移浪潮，培育高新技术产业，一方面在不断拓展电子信息制造业产业链的同时，配套建设了众多专业市场，加强了贸易流通业和制造业的结合，通过产业链的延伸共同促进产业规模的做大，同时，通过构建土地和人口要素市场的政策引导，保障了产业规模扩张需要，产业发展模式主要体现为产业链补短板模式。

（一）补链模式：电子信息制造＋商贸流通

进入20世纪90年代后，深圳加工贸易体系伴生的高污染、高能耗和产业结构低端等问题渐显，初期迅猛的发展势头不再。深圳依托具有成本优势的人口红利以及产业资本积累，推动了二次创业，进一步引进美日欧韩以及中国台湾等地高端电子信息产业，以外部先进的生产惯例带动深圳本地生产惯例的更新，培育以电子信息为主的高新技术产业，促成上一阶段附着于本地禀赋结构的外部要素结构的本地化，从而实现以低成本衍生出本地化的产业竞争优势。通过引入资本和技术密集度更高的电子信息产品加工制造业，促进产业间升级，同时，本地企业在“干中学”中提升了工艺创新和产品创新能力，进而获得了动态比较优势，同时，政府加强了开发区和工业园区的建设，以电子信息产业为主体的高新技术产业迅速崛起。工业产品转变到以微型计算机、电子元件、集成电路、程控交换机等电子信息产品为主。同时，工业规模的日渐扩大，提升了对商贸业的配套需求，为了打破西方对高新技术的封锁和构建完善产业链，深圳培育起了一批专业市场，形成了制造＋商贸的产业链，强化了产业的配套能力，促进了城市化经济的形成。福田中心区开始形成以轻工业代加工为主的电子信息产业制造和专业市场共同发展的格局（见图4－22）。

（二）要素保障型产业政策：构建要素市场＋税费优惠

20世纪90年代，深圳产业从资源型到粗加工的过渡，如机电产品从组装到粗加工、纺织业和服装业的本地生产与销售，对于熟练技能产业工

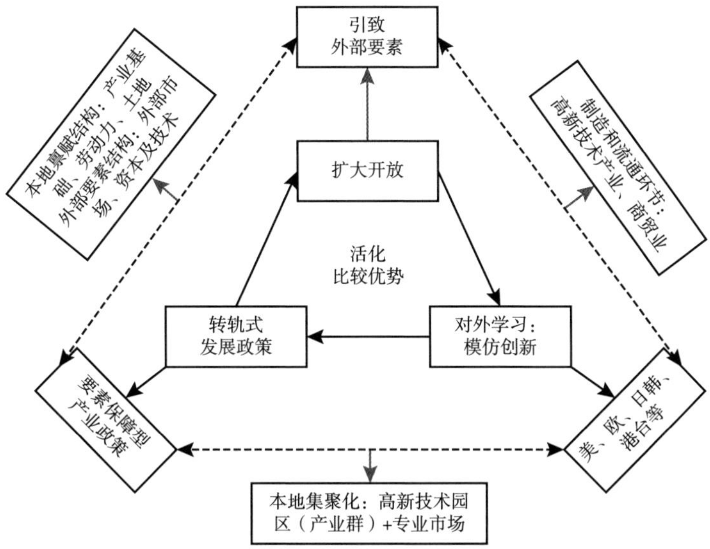

图 4－22　补链模式：电子信息制造与商贸发展

资料来源：课题组总结绘制。

人和一定的产业配套能力需求较大，土地空间的扩张尚有余地，同时，开始对高新技术产业的培育，因此，产业政策主要是围绕进一步激发人口与土地等基础要素活力、打造高端园区平台等任务而制定了相应的保障型产业政策。

一是“科技兴市”战略下的高新技术产业布局。前瞻性地制定了科技产业的系列发展的科技产业战略，针对性地布局了电子信息、新材料和生物工程技术等新兴产业，1996 年，提出了以计算机和通信、电子、生物技术产业为的高新技术产业，以金融、信息和新兴商贸业为支柱，发展现代服务业；以集装箱、航空和口岸过境运输为主的现代物流业的思路；同年提出了高新技术产业布局规划，在南山区整合了深圳科技工业园、中国科技开发院、高新技术工业村，设立高新技术产业园区。1997 年，出台《深圳市高新技术产业园区发展规划》，提出改造和清退既有低档次产业，在高新区培育通信产业群、计算机产业群、软件产业群、医药产业群、新材料产业群、光机电一体化产业群，针对性加强高新技术企业的培育。

二是学习香港经验发展土地市场。土地作为重要的生产要素，在产业规模化扩张阶段，保障产业发展土地规模是基本需求。由于在改革开放之前不存在土地市场，土地要素价值无法通过生产函数来体现，深圳虽在全国最早执行《外资法》，收取土地出让费，但 1982 ~ 1986 年累计收取的土地使用费不足 4000 万元。为了弥补土地要素价值无法恰当反映的弊端，深圳学习了香港的土地财政经验，于 1987 年 10 月确立了“土地使用权可以有偿出让、转让、抵押”（李宇嘉，2015）；12 月 1 日，深圳土地使用权第一次拍卖，开启了政府征用出让、以地谋发展的模式。从此，深圳土地市场化经验被推广至全国，并奠定了 1994 年中国实行分税制后地方经济崛起的基础（李宇嘉，2015）。虽然土地财政被诸多诟病，但深圳的实践创造了新中国国有土地使用权有偿转让的先例，加强了当时的产业发展空间保障。

三是学习香港的属地原则实行税收优惠。为了吸引“三来一补”及外资企业，深圳学习香港制定了优惠政策，比如除了“三免两减半”外，还实行了进口设备、原材料免税，其结算税收方式跟民营企业按营业额结算税收不同的是，“三来一补”企业按照“工缴费”进行结算。工缴费名义上是给工人发的工资，政府规定工人数量和每月工资额度，根据该额度从国外汇进港币，作为支付工人工资、水电费和其他常见费用，政府则从该费用当中扣取手续费和据此结算税收（曾智华，2016；张军，2019）。

（三）典型案例：华强北对于电子信息制造和贸易产业链的衍生及孕育

华强北作为全球最大的电子市场之一[①]，整合了电子信息产业的生产和贸易环节，形成了完整的产业链，有效解决了 20 世纪 90 年代深圳电子信息产业发展的产业配套问题。华强北前身是 1982 年建设的上步工业区，中国大陆地区在改革开放后通过“内联外引”的方式最早成立的电子产品加工基地，以发展电子工业为主，建立起的“三来一补”工业区，得到电子工业部、兵器部等部委和单位支持，是深圳特区最早“拓荒牛”之一。

① 21 世纪初，华强北汇集了 700 多家商场，日客流量近百万人次，年销售额 260 亿元以上，作为手机产业的集聚地，深圳及其周边地区，以华为、OPPO、vivo 这三大中国手机制造商为首，每年生产近 9 亿部智能手机，其制造技术是深圳发展的原动力。

特区成立初期，国内制造业链条较短，尚未形成制造加工业体系，在西方技术封锁背景下，中国电子信息产业发展普遍面临着电子元器件、芯片等原材料的短缺问题，难以根据生产需要及时地获得相应的供给保障，如何获取电子信息配件成为深圳培育电子信息产业的关键。因此，建立开放的电子产品配套市场，解决电子配件的供应配套问题，成为培育壮大高技术产业的关键（段亚兵，2012：82）。在特区政府支持下，赛格集团于 1988 年设立中国大陆地区首家电子专业市场，通过广泛链接终端用户和厂商，建立起全国性渠道网络，极大地降低了成本，优化了电子产品供求格局。从此，电子专业市场和分销商贸业在华强北得到了蓬勃发展，围绕电子专业市场，将上游生产与下游分销环节的产业资源有效整合到了一起，有效扩展了电子信息产业的产业链（鲁瑞清，2007：93；李健，2011；李健，2010）。

四　如何培育竞争优势：内生驱动下高新技术产业集群的崛起

波特（2002）认为产业集群有助于提高企业竞争力，对特定产业的发展和国家竞争力的增强有重要作用。各大经济体参与国际竞争并获得竞争优势的产业主要是掌握核心科技的产业，因而，培育新兴产业和促进产业从劳动密集型向资本技术密集型升级是必经过程。产业政策上则应将技术开发作为最重要内容，重视对研发及国际市场开拓的高端人才的培育；同时，培育掌握核心科技的大型龙头企业参与国际竞争。深圳在这个阶段主要表现为从培育高新技术产业到培育高新技术产业集群，扶持本地龙头企业壮大，通过区域产业链整合，形成了深圳研发和制造，外围配套的产业链格局，并主动培育区域性创新体系，推动产业向高价值环节挺进。

（一）集群模式：本地产业簇群化＋近域溢出下的产业链整合

在 2001 年中国加入 WTO 后，为了应对外部竞争，深圳强化了对高技术产业发展指导，产业发展方向上逐渐从前一阶段的培育高技术产业到培育高新技术产业集群转变，通过加强产业间的联合，提升高新技术产业整体实力和规模水平，同时，通过溢出效应，初步整合区域性资源，形成深莞惠的产业链分工。

一是形成了深圳内部产业集群（见表4－12）。2001年7月，推出了“深圳高新技术产业带”规划，主动引导产业集聚发展，打造电子信息、生物医药、计算机与通信、化合物半导体、新材料、新能源等专业园区；培育通信、计算机、新能源、平板显示、数字电视、生物医药、集成电路和半导体照明8大产业集群（白积洋，2019）。这得益于有效的产业布局指引，高新技术产业出现了明显的集聚特征，对空间集聚有强烈需求的企业，电子信息设备、电子计算机设备、医药、化学原料化学制品及通用设备制造业等高新技术产业表现出较强的集聚发展趋势（李江、贺传皎，2006）。这个阶段，以照明器具、电池制造、专用设备制造业为代表的高新技术产业虽然在空间上尚较为分散，但存在明显的集聚需求（张军、吴桂英、张吉鹏，2004；陶锋，2017）。深圳对高新技术产业集群的培育降低了企业的制度成本（包括生产成本、交换成本、知识获得成本），提升了规模经济效益和范围经济效益，提高了产业国际竞争力。

表4－12　深圳的产业集群

集聚类型	产业名称	现状集群	可能溢出方向
强集聚类	医药制造业	罗湖、南山	市高新区、光明高新区
	通信设备、计算机及电子设备（通信设备制造）	南山、布吉	龙华—布吉
	交通运输设备制造业（自行车制造）	龙华、沙井	坑梓
	交通运输设备制造业（汽车制造）	南山	
	工艺礼品及其他制造业（黄金珠宝）	盐田、罗湖、龙岗	罗湖水贝工业区
中等集聚类	印刷业及记录媒体复制	布吉、福永、福田、南山	南山、福永—西乡
	文教体育用品制造业（玩具制造）	布吉、观澜、平湖、石岩	布吉—观澜
	电气机械及器材制造业（照明器具制造）	南山、龙华、横岗	光明高新区及周边
	电气机械及器材制造业（电池制造）	葵涌、罗湖、布吉	葵涌、坪山
	仪器仪表及文化、办公机械（钟表）	南山、福田、西乡、龙华	南山、福田

续表

集聚类型	产业名称	现状集群	可能溢出方向
弱集聚型	通信设备、计算机及电子设备（计算机制造）	南山、福田、罗湖、福永、沙井、石岩	市域集聚型
	通信设备、计算机及电子设备（家用视听设备制造）	石岩、西乡、沙井、龙华、布吉、平湖等	市域集聚型
	通信设备、计算机及电子设备（电子元器件）	南山、福田、宝安各街道办、布吉、横岗等	市域集聚型
	通信设备、计算机及电子设备（通用设备制造）	南山、福田、宝安各街道办、布吉、横岗等	市域集聚型
	电器机械及器材制造	南山、福田、罗湖、宝安各街道办等	市域集聚型

资料来源：课题组根据相关资料总结。

二是通过近域溢出加强了周边产业链整合。在深圳前两阶段产业规模快速扩张下，出现了明显了外溢效应，在地理邻近、文化邻近和制度邻近作用下，东莞临深地区的大部分镇街形成了与深圳具有较大产业关联的专业镇，随后进一步拓展到了惠州与深圳接壤地区镇街以及通过蛙跳式扩展，进一步外溢到河源等地。

本课题运用东莞各专业镇到深圳空间距离和经济数据进行测算，发现东莞各专业镇与深圳之间存在空间相关性，即离深圳距离越小，GDP 规模越大，初步证明了深圳对东莞专业镇发展具有重大影响。2000 年以来（以 2000～2008 年和 2010 年以来两个时间段为主），东莞较早获得认定的专业镇主要分布在东莞西部沿海、沿江及沿广深交通走廊地区，而东莞东中部镇街，专业镇成立的时间则相对较短。东莞专业镇发展存在从西往东的梯度推移过程，泛电子类专业镇数量较多，主要分布在临深片区。从各镇到深圳的距离与各镇工业增加值、固定资产投资额及投资率、人均收入、R&D 经费呈负相关，即东莞专业镇离深圳距离越小，上述指标数值越大，说明了空间邻近性对东莞专业镇发展影响较大。在深圳产业规模扩张过程中，在专业化和相关多样化的作用下，周边的东莞惠州等城市临近深圳的部分城镇，围绕深圳主导产业形成了市场化分工（见图 4－23）。

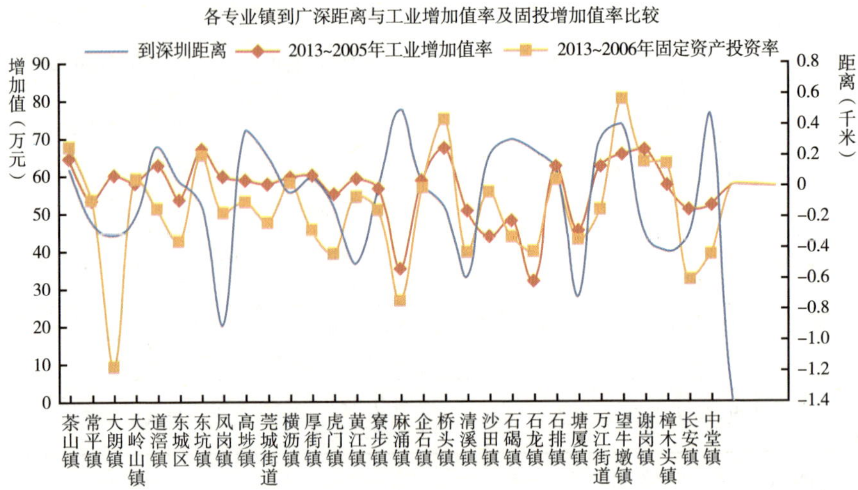

图 4－23　近域溢出下深圳外围专业镇（东莞）工业增加值及固投情况比较

数据来源：课题组根据东莞相关统计数据绘制。

（二）创新保障型产业政策：配套综合改革＋区域创新体系

一是配套综合改革提高要素流动便捷性。产业集群培育的主要目的在于加强产业协作，并通过同一产业或者相关产业间加强知识分享，孵化出新产业。产业发展环境上对创新投入、创新主体培育、企业间的良性竞争、创新生态的打造尤为重要。为此，深圳政府主动进行了综合配套改革，2002 年以来，在市场功能、要素流动、产权改革及信用制度建立等方面进行了充实优化。同时，在医疗卫生、教育、文化、农村城市化、人口管理、社区管理、城市规划建设及环境保护等社会环境方面均进行了不同程度的完善，加强了市场监管，减少对经济领域的行政干预，鼓励市场公平竞争，提高企业经营的自主性，从而提供一个良好的制度环境，使得自由市场体系对资源配置能够发挥更大效用。此外，深圳为支持市场体系的建立和完善，先后制定了一系列特区法规，初步建立起一整套市场经济法规体系。

二是主动培育区域创新体系，缩短产业间知识距离。2004 年，深圳提出了发展高新技术产业要从依靠优惠政策向营造创新环境转变。2005 年，提出加快社会文化事业和高端服务业发展，建设国家创新型城市（许鲁光、蓝华，

2018）。2006 年，率先提出建设国家创新型城市，把创新发展提升为城市发展的主导战略，6 月，国家批准深圳为全国首个创建国家创新型城市试点（白积洋，2019）。2008 年，开始国家创新型城市建设步伐，增强了自主创新能力，促进了高新技术产业发展。深圳高新技术产业发展速度进一步加快、质量进一步提高，自主创新能力显著增强，成为中国高新技术产业发展最为集中、最具影响的城市。创新环境的优化缩短了不同产业间的知识距离，催生了一大批知名本土科技企业和民办研发机构如迅雷、大疆科技、兆驰股份、超多维，高新技术产业在短短 10 多年时间里迅速成为第一支柱产业（见图 4－24）。

（三）典型案例：大型龙头企业带动形成区域性开放型产业创新链

这一阶段，得益于对创新驱动发展的支持，深圳形成了以民营企业为主，龙头企业引领的源头式、颠覆式、引领式创新发展。以华为、中兴等为龙头的电子信息产业开放式创新，成为促进电子信息产业发展的核心动力。

从封闭创新走向半开放创新。20 世纪 90 年代末，全球通信设备市场需求旺盛，国内通信技术落后但技术迭代加快，外部也处于技术探索时期。面对国内薄弱的技术能力，电子信息产业必须突破依赖内部封闭研发的局限性，大型企业纷纷在世界范围内成立分支机构，如合资公司、子公司或地区分部，或通过并购，吸收先进地区创新经验，如华为在俄罗斯成立合资公司，之后在印度、美国等地成立研究所，吸引外部优秀的科创资源，强化了产业核心领域的竞争力。

形成开放网络化创新格局。通过上一阶段的积累，以大型龙头企业为主导的电子信息行业形成了开放创新体系，知识获取能力大为增强，围绕电子信息产业的行业间知识距离大为缩减，以华为、中兴等为代表的相关产业及龙头企业瞄准行业细分市场，推陈出新，将部分生产环节外移以提高生产效率；通过专利交叉授权和外部商业化渠道，降低研发成本，通过腾讯为代表的电子信息的应用企业，加强了制造与服务的结合，区域创新链开始形成，创新链节点扩大到创意、开发、试验及生产各环节（见表 4－13）。因此，这一阶段，电子信息产业的联合创新中心、研发中心、创新联盟等外部合作继续扩张，开放的内部网络和外部网络交互作用，并不断突破前沿领域技术混沌，内外创新资源和商业化渠道也得到初步整合，促进了产业创新网络进一步优化为创新生态。

表 4－13　以华为为代表的电子信息行业的“开放式创新”过程

开放方向	典型证据	开放程度	典型证据
双向型（1997 年至今）	1997 年，华为与俄罗斯也在莫斯科建立了合资公司贝托华为，开始合作研发	内部依赖（1997～2003 年）	1999 年，在印度成立研发中心，2000 年在美国成立研究所，吸引全球人才资源
		主导参与（2003～2015 年）	2003 年，华为与竞争对手思科建立合作关系，之后又有众多一流企业建立合作研发关系
		社群共创（2015 年至今）	2015 年，华为宣布了 10 亿美元的“沃土计划”，打造面向开发者伙伴的使能平台和联合平台

资料来源：作者根据杨磊、刘海兵的文章《创新情境、吸收能力与开放式创新共演路径——基于华为、海尔、宝洁的跨案例研究》（《中国科技论坛》2020 年第 2 期）总结。

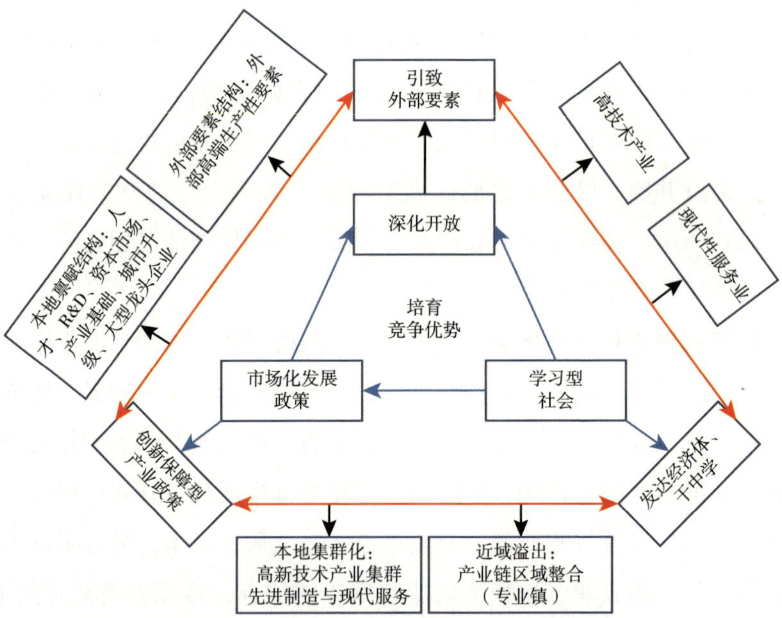

图 4－24　培育竞争优势阶段的集群化发展模式

资料来源：课题组总结绘制。

五 如何深化竞争优势：通过知识融合哺育国际前沿的新业态

在前一阶段通过创新驱动扶持技术密集型产业获得一定国际竞争优势后，地区应瞄准未来具有爆发性增长潜能的战略性新兴产业，推动制造业和服务业、新兴产业与传统产业融合发展，孵化出新行业和新业态，以斩获发展先机。从产业政策上看，有利于技术创新和融合发展的产业发展环境的尤为重要，这就要求地区必须具备大规模和不间断的 R&D 投资和世界一流营商环境能力，以及市场快速反应、资本配合、地区产业链整合能力。这个阶段，深圳形成了创新驱动的“6 个 90%”的模式，推动信息与制造、信息与服务、制造与服务等领域的不断融合，从前一阶段的互联网产业和电子信息产业中不断孵化出数字经济、智能经济、虚拟经济等新兴领域，同时，强化内部高端产业集群的整合，联动周边地区，围绕主导产业进行跨区域同一水平共建，进一步扩大和提升区域产业链整合规模和能力，进而通过深港高端生产服务业合作，大湾区、自贸区和中国特色社会主义先行示范区建设，构建世界一流营商环境，不断推动中国产业走向国际前沿。

（一）融合模式：通过产业融合探索前沿领域

2013 年以来，深圳进入技术引进空间缩小、要素成本优势不再的新阶段，面临着构建新的动态比较优势的任务，深圳主动通过互联网、数字经济等技术关联性较强的领域，加强与实体经济的融合发展，形成高附加值、高技术含量的“新经济”形态，带动实体经济全要素生产率提升。目前深圳在 5G 技术、新能源汽车、超材料、3D 显示和无人机等领域的创新能力已跻身世界前沿。

一是通过多链融合实现产业内涵式增长。构建起多维综合的产业链、创新链和价值链，深圳在“互联网 +”“中国制造 2025”、现代服务业等各个领域，通过龙头企业带动，实现新兴产业稳步增长，传统产业逐步升级或转移，高新技术产业迅速崛起，自主创新能力不断增强，新兴产业驶入“快车道”，成为深圳经济增长的重要引擎。

**二是借助跨区域知识溢出，通过高水平共建，形成了“港—深”—珠

江东岸—粤东粤北产业链。通过知识进步、深圳对生产方式模块化的深入应用，产业的区域分工从垂直分工走向了同一水平分工，为细分行业领域的创新发展及效率提升创造了机会，深圳本地产业龙头不断走向相关产业细分领域的领先位置。部分在20世纪末从事来料粗加工和技术含量低的工业企业，发展成为多个行业领先全球的行业龙头，以华为、腾讯、大疆、柔宇、优必选等为代表的众多巨头已成为行业领头羊，同时，突破了前一阶段基于空间邻近性进行的产业链区域整合，出现了以同一水平高质量共建的方式，推动了产业链跨区域整合。

（二）前沿探索型产业政策：前沿领域的基础创新+世界一流的营商环境

为了进一步获得新兴产业的国际竞争优势，深圳推动了跨界创新机制建立，为企业营造创新生态环境。这一阶段中，深圳产业升级一方面表现为继续强化支柱产业，提高高新技术产业、现代物流业、金融业、文化创意产业四大支柱产业增加值比重，建设总部基地、自贸区、专业化产业园区和产业聚集基地等高端平台，提升产业集群优势。另一方面深圳大力推进传统产业升级改造，运用高新技术改造传统优势产业，培育具有自主创新能力的龙头企业。为了适应产业分工从产业链环节分工走向产品内分工的趋势，深圳开展了产业区域共建行动，推动同等水平的产业链跨区域布局与空间联动。

一是培育战略性新兴产业和探索未来产业。在这一阶段，部分领域的自主创新成为深圳产业在细分领域引领国际前沿的关键。政府先后出台实施生物、互联网、新能源、新材料、文化创意、新一代信息技术、节能环保七大战略性新兴产业规划及配套政策，并加快培育未来产业，落实生命健康、机器人、可穿戴设备和智能装备四大未来产业规划和政策。

二是构建“基础研究+技术攻关+成果产业化+科技金融”全过程创新生态链，引领重大领域创新的无人区探索。2014年6月，国家自主创新示范区建设获得国务院批准，12月国家批准设立中国（广东）自由贸易试验区深圳前海蛇口片区，出台了提升企业竞争力、促进科技创新、人才优先发展、完善人才住房制度、高等教育发展、医疗卫生发展等一系列政策文件，以支持战略新兴产业和未来产业的发展。2017年，深圳推出了科技创新“十大行动计划”，涵盖创新基础设施和空间载体建设、人才引进和产业布局等方面，全面提升深圳创新环境。2018 年 7 月，深圳出台了《关于深入贯彻落实习近平总书记重要讲话精神加快高新技术产业高质量发展更好发挥示范带动作用的决定》，提出了以创新为主要支撑和引领的高新技术产业发展模式。自此，深圳培育起了“基础研究 + 技术攻关 + 成果产业化 + 科技金融”全过程创新生态链，深圳高新技术产业不断呈现新业态和新模式，成为全国科技、产业创新中心。

三是通过“五区叠加”的功能升级来建设世界一流营商环境。自 2010 年以来，深圳的功能不断叠加，承担着越来越重要的国家发展使命，逐步从经济特区、自主创新示范区、自贸区、粤港澳大湾区、中国特色社会主义先行示范区的“五区叠加”中实现功能升级，逐渐迈向全国最优都市圈和全球标杆城市，为引领世界前沿探索的产业领域提供了最佳发展环境（见图4 – 25）。

（三）典型案例：以数字经济与实体经济融合探索国际产业前沿

深圳以本地电子信息产业为基础，发挥数字要素对相关产业的黏合作用，推动数字要素与实体经济的深度融合，从而不断哺育出新产业新业态和新模式，引领全国走向国际产业前沿。

一是以电子信息产业为基础向国家数字经济高地迈进。目前，深圳电子信息产业规模约占全国 1/6，全球 1/10（深圳市工业和信息化局，2019），形成了深厚的产业基础。2018 年，深圳全市规模以上计算机、通信和其他电子设备制造销售产值达到了 20144.23 亿元，约占深圳规模以上工业销售产值的 60%，软件和信息服务业总收入超过 6200 亿元。多年来，深圳作为数字经济的排头兵，通过云计算、大数据、4K 电视、人工智能等新一代信息技术产业快速增长，推动数字经济蓬勃发展，通过机器人、央行在深圳试点数字货币等，推动人工智能、大数据产业、区块链等深化发展，通过不断的产品和技术迭代升级，引领相关产业细分行业走向国际前沿。

二是通过“数字 + 制造”和“数字 + 服务”的方式，不断推动数字经济和实体经济、制造业和服务业的融合。深圳拥有大量大型数字经济平台，以粤港澳大湾区发展为背景，以“数字经济创新发展试验区”和“先行示范区”为主要方向，促进了数字经济和实体经济的深度融合。目前，深圳拥有腾讯、华为、富士康等数字经济大型龙头企业，又有腾讯以线上社交娱乐文化为代表的纯线上数字经济企业。同时，拥有柔宇、大疆、碳云、越海等行业龙头企业，数字经济与实体经济的充分融合，形成环环相扣的产业链，推动产业效率提升。

三是通过传统领域数字化运用，促进数字与城市及民生的多维融合。目前，深圳在数字政府、城市基础设施、城市治理、城市服务等方面的数字化发展水平均处于全国前列。深圳不仅有城市级的数据中心、城市云计算平台、统一的大数据平台、政府信息共享平台等，而且在社保、医疗、教育、交通、社区治理和民生领域也运用云计算、大数据、物联网等数字化技术，提升发展效率。

总之，深圳经济特区不同阶段产业发展模式的跃迁就是其发展优势不断转换的结果（见表4－14）。

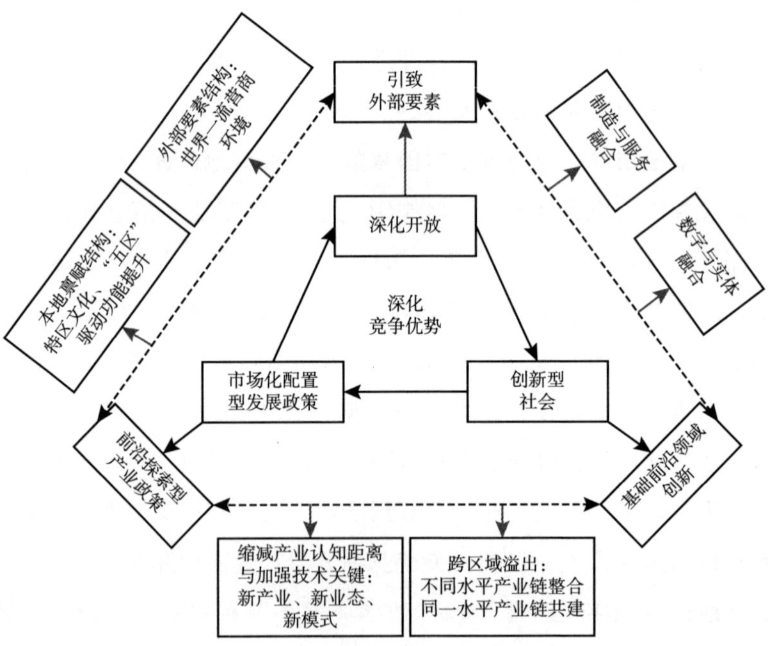

图4－25　产业融合模式及其驱动机制

资料来源：课题组总结绘制。

表 4-14　深圳的发展阶段与发展优势匹配表

	政策优势（从封闭至全面开放）	要素优势（人口、土地、资金）	内外市场优势（企业、行业、产业）	创新优势（从模仿创新到自主创新）
第一阶段（1980～1992 年）	边缘探索：搭建基础框架；推动内外要素进入	无限供应：丰富的人力资源、土地；缺资金	参与外部市场：引入外企，切入外部市场	模仿学习为主：向先进学习出口加工区经验
代表性模式	出口加工区模式：蛇口案例 +“三来一补”模式			
第二阶段（1993～2000 年）	边缘探索 + 赋权：强化基础设施“七通一平”、构建土地要素市场、资本市场、现代企业制度、特区立法权	有限供应：丰富的人力资源、土地；缺资金。	参与外部市场与培育内部市场：引入外企，扩大外部市场参与度；内部市场起步：乡镇企业、私营企业崛起，形成深圳加工模式	引进吸收创新
代表性模式	华强北对于电子信息制造和贸易产业链的衍生及孕育			
第三阶段（2001～2012 年）	配套体制改革：民生领域 环境领域 培育区域创新体系	要素约束：土地、能源资源、人口、生态环境等问题日趋严重的“四个难以为继”	内外势能差：加入 WTO；民企企业活力更显：深圳制造模式	渐进自主创新
代表性模式	大型龙头企业带动形成区域性开放型产业创新链			
第四阶段（2013 年至今）	营造创新环境：设施创新驱动战略，建立市场需求导向的创新生态	优化供应：产业保护红线、引导空间集聚，形成集群化	内部市场动力强：民营企业成为高新技术产业集群，深圳创造模式	自主创新 6 个 90% 3 个 70%
代表性模式	以数字经济与实体经济融合探索国际产业前沿			

资料来源：课题组总结。

第五节　工业化未来路向：走向全球产业前沿

深圳经济特区成立 40 年来，产业发展始终贯穿着开放发展和科技创新两条主线，自“三来一补”加工贸易起步，经由“深圳加工—深圳制造—

深圳创造”跨越升级，逐步成长为以高新技术产业为主导的产业集聚区。40年来，深圳产业结构不断优化，实现了从模仿创新向自主创新、从要素驱动向创新驱动的升级，产业竞争力不断提升并进入全球城市先进行列。然而，深圳特区迈向全球未来产业前沿还面临一些问题和挑战，存在高端科研平台及基础设施不足、基础研究和应用基础研究能力较弱、产业创新服务水平不足、产业配置能力有待提高、土地供给不足、房价持续上涨挤压消费投资、产业空心化风险加大等问题。此外，新冠肺炎疫情的世界性蔓延对深圳以外贸、出口制造及国际物流为支柱的产业体系产生了较大冲击，对深圳迈向全球产业前沿带来了一定挑战。面对诸多问题和挑战，深圳特区要紧紧把握新一轮科技革命叠加“双区驱动”的双重契机，坚持以创新驱动为引领、以开放合作为导向、以产业融合为抓手、强化要素资源保障，推动产业加快向全球价值链高端攀升，打造引领中国走向全球产业链高端环节的未来产业体系。

一 以创新驱动为引领，提升产业自主创新策源力

现代产业体系的根本动力是科技创新，科技创新是深圳建设具有全球竞争力的现代产业体系的战略支撑。全球新一轮科技革命下，新兴产业不断涌现，前沿细分领域不断延伸，科技创新是深圳塑造全球产业竞争优势的根本动力，更是深圳抢抓新一轮科技革命和产业变革历史机遇的重大战略举措。深圳要持续深入实施创新驱动发展战略，以综合性国家科学中心建设为抓手，完善“基础研究 + 应用开发 + 成果产业化 + 科技金融”全过程创新生态链，形成技术、人才、资源、政策等要素高效集聚融合，基础研究、应用开发、成果转化和产业化紧密结合的开放型区域创新体系，实现跟随模仿式创新到源头创新、引领式创新的质的跃升。

（一）发挥产学研融合优势，强化企业创新主体地位

充分发挥深圳产学研深度融合的优势，通过市场主导与政府引导相结合，培育更加多元化、更有活力的创新主体；进一步强化企业的创新主体地位，大力培育华为、腾讯等世界级创新领军企业，发挥科技型龙头企业技术

创新骨干作用，构建强大的创新型企业梯队，打造一批综合竞争力居世界前列的创新型企业和科技型中小企业创新集群；支持企业设立新型研发机构，通过投融资、财税等扶持政策鼓励创办诸如深圳光启、华大基因之类的具有多主体投资、多样化模式、企业化运作的新型研发机构；支持产业链上下游企业加强产业协同和技术联合攻关，推动研发链条前移，增强产业链韧性。

（二）加快重大创新载体建设，着力关键核心技术攻关

围绕“综合性国家科学中心”“国际科技信息中心”的建设目标，集聚整合全球创新资源，高标准建设5G、人工智能、网络空间科学与技术、生命信息与生物医药实验室等重大创新载体，打造一批国家重大科技基础设施和关键技术中试平台、公共服务平台等；加快布局一系列重大科学技术装置平台，带动一批未来产业相关企业孵化和发展；大力实施关键核心技术攻坚行动，加强基础研究和应用基础研究，实施重大攻关计划，“一技一策”突破一批“卡脖子”技术，夯实产业发展基础。

（三）优化创新生态系统，加速创新要素集聚

完善创新生态系统，加速人才、科研平台、创业资本及风险资本等各类创新要素集聚；健全“政产学研资”创新体系，在重点发展领域鼓励企业与高校、科研机构建立紧密型集群创新产学研联盟，联合开展前瞻性、关键共性技术研发；打造“类硅谷”的创新环境，打造海归创业园、综合孵化器、专业技术孵化器等多种形式的科技企业孵化器，建立“专业孵化+创业导师+天使投资”的孵化模式。加快完善产权保护制度，建设知识产权和科技成果产权交易中心，建立健全知识产权领域市场主体信用分类监管、失信惩戒等机制，完善知识产权“一站式”协同保护综合服务；探索知识产权证券化，完善知识产权激励、质押融资政策，构建快速受理、授权、确权、维权服务体系。

（四）创新科技成果转化机制，促进新技术场景化应用

建立科技成果转化基地，完善激励创新的政策体系和科技成果转化机制，打通高校院所体系、产业市场体系、资本体系、政府服务体系等之间的关系；着力完善创新科技服务体系建设，积极发展“研发设计、创业服务、

成果转化转移、科技咨询”四大业务。推动科技创新与产业体系有效衔接，构建多元技术应用场景，加快新技术推广应用、新业态衍生发展和新模式融合创新；加快构建领先的标准体系，建立健全新技术新产品的准入、标准、认证、定价机制，缩短科研成果研发上市周期，加快新技术产业化步伐。

二　以开放合作为导向，开拓区域产业发展新空间

深化深圳作为中国对外开放的重要“窗口”作用，引进发展所必需的资金、技术、人才、市场等要素资源，为经济发展持续注入新动力、增添新活力、拓展新空间。当前各国依存度提高，全球供应链、产业链、价值链紧密联系，各国经济融合是大势所趋。深圳要坚持以开放求发展，把握中国特色社会主义先行示范区和粤港澳大湾区“双区驱动”发展契机，积极对接“一带一路”倡议，整合全球创新资源，在更大范围、更多领域、更高层次推进开放合作，内外联动构建协同创新网络，深化区域产业合作，参与全球产业链重构，开拓区域产业发展新空间。

（一）构建协同创新网络，助力粤港澳大湾区建设

以产业创新为重点，以制度创新为核心，整合粤港澳大湾区的科技创新制度、政策体系安排和深圳优质资源，构建开放高效的创新网络，探索粤港澳协同开发新模式；构建区域协同创新共同体，携手打造粤港澳大湾区国际科技产业创新中心，充分发挥港澳基础科学研究、高端创新资源及国际化创新环境等优势，联合港澳高校等科研机构，构建以实验室为主的湾区基础研究平台体系，加快建设世界一流重大科技基础设施网络；持续深化深港合作，大力推进“深港创新圈”建设，实现深港两地在人才、科技和产业等方面的优势互补，规划建设深港口岸经济带；积极对接港澳自由贸易港，推动投资、贸易与金融制度与港澳趋同化。

（二）推动区域产业合作，优化产业链空间布局

以产业合作共建、经济飞地为切入口，进一步推进“东进、西协、南联、北拓、中优”战略，构建区域合作机制，深化区域产业合作，优化产业链空间布局；完善深汕特别合作区管理体制机制，探索推广经济飞地模

式。主动融入全省“一核一带一区”发展格局，加强与广州协同发展，实现双区联动、双核驱动；加快深莞惠和河源、汕尾“3+2”经济圈建设，顺应产业发展规律，统筹布局完整的产业层级体系；加强与珠江西岸城市互动合作，强化与珠江西岸先进装备制造业的产业联动协作，打造产业拓展走廊；加快深圳与内地深入合作，拓展深圳产业链条向内陆腹地延伸。

（三）开展国际产能合作，服务“一带一路”倡议

围绕重点行业，与共建“一带一路”国家开展国际产能合作；组织举办共建“一带一路”国家境外展会、论坛等，拓展“一带一路”经贸合作伙伴；实施“政府铺路+大企业拉动+民企开拓+集群网络”策略，支持行业龙头企业牵头组建境外园区企业联盟，推动形成“走出去”产业联盟体系；建设企业“走出去”综合服务平台，为企业对外投资提供投资备案、金融、会计、法律、安全预警等服务；支持重点行业企业购买共建“一带一路”国家先进技术，与共建“一带一路”国家共建联合研究中心、技术转移中心、海外孵化器等平台。完善境外销售网络，支持企业设立海外营销网点、售后服务中心，鼓励跨境电商、供应链和服务贸易等新型贸易发展，拓展“一带一路”贸易空间。

（四）整合全球创新资源，参与全球产业链重构

大力推进开放式创新，加速融入全球创新网络，深度整合国际资源，积极参与全球产业链重构，提升深圳在国际创新链、产业链中的地位；深化国际科技交流与合作，组织实施一批国际科技合作项目，大力引进国际高端创新机构、跨国公司研发中心、国际科技组织落户深圳；积极参与全球化，全球布局创新资源，支持有条件的企业通过收购、参股并购、直接投资等方式，与境外高校、科研机构等全面对接，共建工程技术研究中心、院士工作站、博士后工作站等研发机构，开展联合研发、专利交叉许可等方面的国际合作；在全球范围内配置产业资源，支持企业在设计、生产、营销、服务等产业环节开展全球化布局，参与全球产业链重构，提高深圳产业的国际分工地位，带动全球产业链大循环。

三　以产业融合为抓手，推动工业化不断深化

产业融合已经成为当今世界产业发展的重要趋势。2019 年，中央经济工作会议将“推进先进制造业和现代服务业深度融合”作为制造强国建设、制造业高质量发展首要任务。产业融合发展是深圳现代产业体系迈向世界前沿的必经之路，能有效改善制造业的供给质量，助力企业沿产业链转型升级，发展成为包含制造业增值环节和服务业增值环节的融合型产业价值链，提升深圳在全球产业分工价值链的位置。深圳要以产业融合为抓手，推动数字经济与实体经济融合、新兴技术与制造业融合、制造业与服务业融合，加快发展融合催生的新兴产业和新型业态，推动现代产业高端、高质、高效发展。

（一）推动数字经济与实体经济深度融合，加快数字经济布局

以数字技术为依托，以实体经济应用需求为引领，加快数字经济布局，通过数字产业化、产业数字化过程，推动形成数字产业链和数字集群，并对实体产业进行全链条改造提升，实现数字经济与实体经济的有效耦合、深度融合。一是加快数字产业化，纵向延伸数字产业链。以“信息化”为基础，加快数字技术的市场化应用，扩大产业规模、延伸产业链条，纵向推动形成数字产业链和数字集群。加快数字经济布局，建设 5G、人工智能、网络空间科学与技术等重大创新载体，着力数字技术的基础理论突破和核心关键技术攻关，结合 8K、5G、AI 等前沿技术，探索新显示技术、新网络连接模式、新展示方式、新技术方式一体化的市场应用。延伸数字产业链条，完善数据采集、存储、处理、挖掘、应用、展示、衍生等产业环节，推动数字货币研究与移动支付等数字技术的创新应用和产业化。二是加快产业数字化，推动数字经济纵深发展。以需求为引领，利用数字技术对实体产业进行全方位、全角度、全链条的改造，通过多元融合集聚，推动数字经济向纵深发展。引导推动大数据、云计算、物联网、移动互联网、人工智能和实体经济深度融合，优化提升研发、设计、生产、物流、营销、管理等产业环节，推动实体企业信息流、资金流、物流等数字化转型，释放数字经济对实体经济

的放大、叠加、倍增作用，推动“数字经济＋工业”“数字经济＋农业”“数字经济＋服务业”向纵深发展。

（二）推动新兴技术融合制造业，加快制造业“四链重构”

围绕网络化制造、智能制造、柔性制造、虚拟制造等世界新兴技术与需求，发挥深圳大数据、云计算、移动互联等技术优势，融合信息技术和制造业资源，全面优化重构制造业创新链、产业链、价值链、管理链，推动制造业向数字化、网络化、智能化转型，打造具有国际竞争力的战略性新兴产业和先进制造业产业集群。一是培育“全产业链”战略新兴产业。完善产业创新生态，加快新兴技术创新，推动产业基础高级化、产业链条现代化发展。把握世界科技前沿和产业发展趋势，针对产业链关键或缺失环节，实施强链补链工程，完善产业创新生态，补齐创新链薄弱环节。围绕电子信息、生物、新能源、新材料等关键领域，布局一批具有前瞻性的重大科技项目，建立完善产学研对接的创新链和产业链，培育“全产业链”的战略性新兴产业集群。二是加快先进制造业产业链集群化。以高新区坪山核心园区、新桥智创城等为载体，发展水平分工与垂直整合并存的开放式产业链集群，出台新一代人工智能、智能网联汽车等产业集群培育实施方案，引进培育全球先进制造业龙头企业，打造一批空间上高度集聚、上下游紧密协同、供应链集约高效的先进制造业产业集群。

（三）推动制造业与服务业深度融合，加快服务功能升级

以构建高端高质高效的现代服务体系为着力点，推动制造业与服务业深度融合，通过先进制造业和现代服务业耦合共振、互动融合、协同发展，着力提升现代服务业能级。一是依托“制造＋服务”模式，推动制造业向生产服务业发展。围绕价值链从以制造为中心到以服务为中心的转变，推动制造企业向价值链两端延伸，通过向上下游服务环节延伸，在制造业企业生产经营过程中强化研发设计、运营管理、维护维修、售后服务等服务环节，促进制造业和服务业在产业链上融合，加快推进制造业向生产服务业裂变发展，促进生产型制造向服务型制造转变，拓展制造业价值创造空间。二是依托“科技＋服务”模式，推动服务业商业模式创新。充分发挥深圳信息科

技优势，加快商业模式创新、服务业新兴业态培育，促进金融保险、现代物流、文化旅游、商务与科技服务等优势服务业向价值链高端发展，着力培育与新型城市化发展相适应的移动互联网服务、物联网服务、云服务、智慧文化与网络教育等新兴业态，增强深圳的综合服务和集聚辐射功能。三是依托“总部＋制造”模式，提升现代服务业能级。以深圳湾超级总部、深圳国际会展中心等为依托，吸引跨国公司设立区域总部，采取“总部—制造基地”分离布局的总部经济模式，大力发展总部经济和专业服务业，将企业的研发、营销、结算等关键环节保留，将生产、物流等非核心环节转移出去，吸引企业总部等高端环节聚集发展。

四　优化要素资源保障，增强现代产业发展协同力

党的十九大提出，要着力加快建设实体经济、科技创新、现代金融、人力资源协同发展的产业体系，推动实体经济与科技创新、现代金融、人力资源协同发展，是深圳赢得国际竞争主动权、打造具有全球竞争力的现代产业体系的必由之路。深圳要塑造金融优势，强化人才支撑，以要素资源为保障，提升现代金融、人力资源与现代产业体系的协同性，形成科技、人才、金融等要素有效组合、聚力发力现代产业的协调发展格局。

（一）塑造金融优势，赋能现代产业体系建设

一是发挥财政资金杠杆作用，成立产业发展引导基金。构建多元化资助体系，发挥财政资金的引导和撬动作用，带动企业和社会增加高水平的基础研究和应用基础研究研发投入。二是推动金融服务创新，拓宽企业融资渠道。完善创业板发行上市、再融资和并购重组制度，配合国家金融管理部门探索推进创业板注册制改革，加强与深交所、上交所、港交所对接，支持符合条件的企业到境内外证券交易所发行上市。积极发展知识产权质押、产业链融资、租赁融资等新型融资模式和产品。鼓励企业综合运用股权融资、上市融资、债券融资等多种方式，缓解企业资金紧张问题。三是拓宽产业融资渠道，积极发展金融＋科技创新、金融＋先进制造。支持符合条件的制造业企业申请设立财务公司、金融租赁公司等金融机构，推广大型制造设备、生

产线等融资租赁服务。大力发展金融+科技创新、金融+先进制造，创新科技金融政策、产品和工具，发展定制化金融、供应链金融、产业金融，支持开展科技信贷融资、创业投资、信息对接、培育企业上市等“一站式”金融服务。

（二）强化人才支撑，打造全球人才集聚高地

对接深圳产业发展需求，构建与国际接轨、更具全球竞争力的人才制度体系，打造全球人才集聚高地。一是实施开放人才政策，引进高层次创新人才。抓住全球人才加速流动机遇，通过“靶向引才”“以才引才”等方式，大力引进一批创新领军人才和高层次创新团队。加快国际人才管理改革，着力在高端人才培育引进、使用评价、分配激励等方面实现更大突破。二是推动产教融合，探索多元化人才培养模式。加快西丽湖国际科教城建设，对接产业发展需求，加强知识性、技能型、创新型人才培养。大力引进国内外著名高校赴深圳开设分院或合作办学，加强本地人才供给。强化博士后“人才战略储备库”功能，支持企业设立博士后工作站、创新实践基地。实施“双元制”职业教育模式，加强校企合作，推动产教深度融合。三是创新人才服务，促进人力资本流动集聚。积极创建国家级“一园多区”人力资源服务产业园，打造开放发达的人力资源市场。探索人才绿卡前置发放等创新举措，实施更加便利的出入境管理政策，提升人力资本活跃度，打破人才流动体制界限。打造人才服务综合平台，建立行业领军人才和人力资本信息库，推进人力资本精准匹配。加快推进粤港澳大湾区境外个人所得税优惠政策。

参考文献

白积洋，2019，《“有为政府+有效市场”：深圳高新技术产业发展40年》，《深圳社会科学》第5期。

波特，迈克尔，2002，《国家竞争优势》，李明轩、邱如美译，华夏出版社。

邓向荣、曹红，2016，《产业升级路径选择：遵循抑或偏离比较优势——基于产品

空间结构的实证分析》,《中国工业经济》第 2 期。

董小君,2018,《中国经济转型升级的合理逻辑》,经济管理出版社。

段亚兵,2012,《深圳财富传奇:占领华强北》,人民出版社。

付莹,2014,《论深圳土地租赁制度的突破性贡献和土地资源短缺时期的创新实践》,《特区经济》第 4 期。

付莹,2018,《深圳城市化转地政策对新型城镇化土地制度改革的启示》,《深圳大学学报》(人文社会科学版)第 2 期。

顾乃华、唐荣,2017,《构建与现代化经济体系相适应的协同发展产业体系》,《暨南学报》(哲学社会科学版)第 12 期。

郭荣俊,2001,《贯彻实践“三个代表”重要思想 推动高新技术产业再上新台阶》,《人民日报(海外版)》8 月 31 日。

国家发展和改革委员会、国际合作中心对外开放课题组,2018,《中国对外开放 40 年》,人民出版社。

韩雪,2019,《改革开放 40 年深圳特区功能定位发展概述》,《现代管理科学》第 4 期。

胡彩梅、郭万达,2015,《深圳转型升级和创新驱动:分析与借鉴》,《开放导报》第 5 期。

黄先海、王煌、刘堃,2019,《新全球化背景下中国外贸战略重构——基于要素跨国自由流动视角》,《社会科学战线》第 12 期。

李刚、廖建辉、向奕霓,2011,《中国产业升级的方向与路径——中国第二产业占 GDP 的比例过高了吗?》,《中国工业经济》第 10 期。

李嘉图,大卫,2014,《政治经济学及赋税原理》,郭大力、王亚南译,上海三联书店。

李健,2010,《如何增加本土分销商的利润空间》,《电子产品世界》第 6 期。

李健,2011,《分销商的定位与责任》,《电子产品世界》第 3 期。

李江、贺传皎,2006,《深圳工业空间集聚的动力机制分析》,《珠江经济》第 12 期。

李宇嘉,2015,《土地财政向税收财政转型的“深圳样本”》,《上海证券报》5 月 29 日。

梁桂全、向晓梅,2010,《现代产业科学发展领导读本》,广东经济出版社。

林学军,2018,《基于全球创新链与全球价值链双重螺旋模型的产业升级研究——以华为公司为例》,《国际商务研究》第 5 期。

林毅夫、付才辉、陈曦,2018,《中国经济的转型升级:新结构经济学方法与应用》,北京大学出版社。

林毅夫、张军、王勇、寇宗来,2018,《产业政策总结、反思与展望》,北京大学出版社。

隆国强，2017，《构建开放型经济新体制——中国对外开放 40 年》，广东经济出版社。
鲁瑞清，2007，《解读中关村一号 IT 卖场的秘密》，经济日报出版社。
马海燕、刘林青，2018，《产品密度、模仿同构与产业升级——基于产品空间视角》，《国际贸易问题》第 8 期。
深圳博物馆，1999，《深圳特区史》，人民出版社。
深圳市工业和信息化局，2019，《深圳市工业互联网发展白皮书（2019）》，https://www.sohu.com/a/324398435_161795。
斯培森，2018，《我们深圳四十年》，江苏人民出版社。
陶锋，2017，《全球化背景下中国制造业空间演进与转型发展研究》，经济科学出版社。
陶一桃、鲁志国，2008，《中国经济特区史论》，社会科学文献出版社。
陶一桃、王保卫，2018，《深圳经济特区年谱（1978－2018）》（上、下册），社会科学文献出版社。
汪晖、陶然，2013，《中国土地制度改革：难点、突破与政策组合》，商务印书馆。
王海荣，2020，《2.6 万亿元！高新产业大跨越》，《深圳商报》6 月 17 日。
王晶晶、吴传清，2019，《产业融合发展是构建深圳现代产业体系关键》，《中国经济时报》8 月 26 日。
王泽填、戚晓曜、毛蕴诗，2019，《深圳市宝安区企业转型升级典型案例研究》，经济科学出版社。
魏达志，2006，《深圳经济特区创建头十年的重大改革》，《特区实践与理论》第 4 期。
魏达志，2019，《粤港澳大湾区增强核心引擎功能的深圳路径》，《深圳社会科学》第 4 期。
向晓梅、吴伟萍，2018，《改革开放 40 年持续性产业升级的动力机制与路径——广东迈向高质量发展之路》，《南方经济》第 7 期。
徐孝新、李颢，2019，《生产能力禀赋与中国产业转型升级路径——基于产品应用理论的视角》，《当代财经》第 2 期。
许鲁光、蓝华，2018，《深圳创新型城市建设的探索、问题与发展对策》，载陈少兵主编《深圳经济发展报告（2018）》，社会科学文献出版社。
许永军、刘伟，2017，《蛇口梦开始的地方——致敬改革开放 40 年》，人民日报出版社。
薛凤旋，2000，《都会经济区：香港与广东共同发展的基础》，《经济地理》第 1 期。
薛凤旋、阳春，1997，《香港－深圳跨境城市经济区之形成》，《地理学报》第 1 期。
于珺，2013，《深圳的经济转型和产业升级》，《开放导报》第 2 期。
曾智华，2016，《经济特区的全球经验：聚焦中国和非洲》，《国际经济评论》第 5

期。

张军，2019，《深圳奇迹》，东方出版社。

张军、吴桂英、张吉鹏，2004，《中国省际物质资本存量估算：1952－2000》，《经济研究》第10期。

张其仔、李颢，2013，《中国产业升级机会的甄别》，《中国工业经济》第5期。

张亭、刘林青，2016，《中美产业升级的路径选择比较——基于产品空间理论的分析》，《经济管理》第8期。

张跃、王图展、刘莉，2018，《比较优势、竞争优势与区域制造业转移》，《当代经济科学》第6期。

中共深圳市委党校特区经济理论研究班，1987，《深圳特区经济的调查与研究》，求实出版社。

朱富强，2020，《产业竞争优势的动态演变：基于新结构经济学拓展的战略模式》，《社会科学研究》第1期。

Davis, D. R. and J. I. Dingel. 2020. "The Comparative Advantage of Cities." *Journal of International Economics* 123: 103－291.

Gupta, S. D. 2015. "Comparative Advantage and Competitive Advantage: An Economics Perspective and A Synthesis." *Athens Journal of Business Economics* 1: 9－22.

Humphrey, J., and H. Schmitz. 2002. "How Does Insertion in Global Value Chains Affect Upgrading in Industrial Clusters?" *Regional Studies* 36: 1017－1027.

Kaplinsky, R. 2000. "Globalisation and Unequalisation: What Can Be Learned from Value Chain Analysis?" *Journal of Development Studies* 37: 117－146.

Meijers, E. J., M. J. Burger, and M. M. Hoogerbrugge. 2016. "Borrowing Size in Networks of Cities: City Size, Network Connectivity and Metropolitan Functions in Europe." Papers in Regional Science 1: 181－198.

Porter, M. E. 1990. "The Competitive Advantage of Nations." *Harvard Business Review* 68: 73－93.

第五章
全球化中的经济特区创新

在全球化背景下，当代国际竞争突出表现为全球价值链竞争（Global Value Chains，GVCs）（洪银兴，2017）。而创新正成为全球经济竞争的主要手段，谁牵住了科技创新这个牛鼻子，谁走好了科技创新这步先手棋，谁就能占领先机、赢得优势。[①] 一国或地区以本地企业为主导的全球价值链数量可以反映其获取国际资源和市场的能力。同时，本土企业在全球价值链内部所处的位置也反映了其竞争力的强弱。中国经济特区在创办之初凭借生产要素低成本的比较优势，以加工贸易方式嵌入全球价值链，开启了工业化道路。在这种两头在外的出口导向价值链中，发达国家的跨国企业处于链主地位。随着初级要素成本不断提高以及新竞争者不断加入，如果固守比较优势战略，就会产生被市场、技术俘获和低端锁定的风险，陷入“比较优势陷阱”（陆善勇、叶颖，2019）。若要避免落入“陷阱”，实现长期增长，必须由要素驱动转向创新驱动，增加对产业部门高级生产要素的投入，以创新作为第一动力，把价值链转化为具有促进产业升级功能的学习链和创新链（刘志彪、吴福象，2018），改变自己在全球价值链中的从属地位，向全球价值链中高端攀升。本章着重考察中国经济特区如何在经济发展中不断进行战略调整，以“全球视野谋划和推动创新”，坚持“引进来”和“走出去”

① 2014 年 5 月 23 ~ 24 日，习近平在上海考察时强调。

相结合，积极融入全球创新网络，走出了一条从模仿创新到原始创新的发展道路，在全球价值链中逐渐从低端走向中高端，从被支配走向主导，从比较优势走向竞争优势。

第一节　从模仿创新走向原始创新

中国经济特区的重要初始功能定位就是吸引外资，外资的进入为特区企业提供了技术学习机会。经过不断积累，特区企业逐渐拥有了内生技术能力，逐步从模仿创新走向原始创新，帮助经济特区实现工业化追赶。这个过程也正是中国经济特区从比较优势向竞争优势转变的过程，支撑创新模式演进的是创新动力和区域创新体系的演进。市场拉动、技术推动、政策激励三种动力不断耦合，政府与市场不断互动，建立并不断完善区域创新系统，改善创新环境，中国经济特区从招商引资型营商环境走向招商引智型营商环境，从集聚普通生产要素向集聚创新要素演进，突破资源条件约束，打造有利于企业创新发展的综合性营商环境，借助全球创新空间逐渐东移的趋势，抓住科技革命机遇，积极融入全球创新网络，成为全球创新网络中的重要节点。

一　创新模式的演进支撑了后发地区工业化追赶

在经济特区发展由要素驱动转向创新驱动的过程中，其创新模式的探索与演进有效支撑了特区创新能力的快速提升。追赶型国家和地区的创新模式通常是沿着从模仿创新到集成创新再到原始创新的路径演进（乐婉华，1987；程磊，2019）。这三种创新模式对应着三种创新能力：吸收能力、集成能力和原创能力（Tidd，2000；Yam et al.，2004）。

工业化初期阶段，以学习模仿外来的适用技术和制度为主，创新主要体现在结合国情实际对引进技术和市场制度的应用和推广上。随着学习的积累，吸收能力不断提升，创新模式从单纯的模仿阶段过渡到学习基础上的消化吸收再创新阶段，这是一种在率先主导设计者基础之上的渐进式创新

（施培公，1995）。早期工业化阶段，进行渐进性创新，可以有效降低创新风险，快速提升市场竞争力（李时椿，2000），模仿创新也与这个阶段低廉的劳动力和土地成本等比较优势相匹配。在中国，这种创新模式在加入WTO前是主流（程磊，2019）。

随着工业化进程的推进，创新主体的吸收能力得到快速提升，逐渐拥有集成创新能力，集成创新开始成为重要的创新模式。集成创新是将不同领域的知识集成到一个相对稳定的产品模型中的过程（Tang，1998），各类创新主体进行优势互补，将创新要素交叉融合（江辉、陈劲，2000），更重视创新成果的形成及其市场化和产业化应用。例如华为智能手机，在中国设计、在全球采购零部件，实现了高科技的集成。仅在日本一国，华为智能手机就从100多家企业购买零部件（洪银兴，2019b）。

进入工业化后期和后工业化时期，后发地区的追赶与技术前沿距离越来越小。例如2019年中国位列全球创新指数排名第14位，比2010年上升29位。在深圳，许多工业行业几乎已没有代际差距，在全球竞争中具有了一定竞争优势。华为创始人任正非在2016年宣布“华为正逐步攻入行业的无人区：无人领航，无既定规则，无人跟随。”进入此阶段，后发国家或地区需要重塑创新战略指导思想，实施以原始创新为主的创新模式转型。原始创新是在遵循自然科学规律基础上，首次提出基础或关键性技术发明及其应用，具有原始性和唯一性的研究思想和方法（Goldenberg et al.，1999）。原始创新活动主要集中在基础科学和前沿技术领域，是一种颠覆式创新。

二　创新动力的不断耦合助推了创新模式的演进

企业创新动力有三种子动力：市场拉动、科技推动和政府激励，即使在不同创新模式主导下，三个子动力都同时存在，只是强弱不同。在经济特区，三种动力不断耦合推动了创新模式的演进。

市场是创新的信息源。市场上出现新的并能带来经济效益的需求，会激发企业创新的动力，同时竞争者的创新活动也会增加企业的创新压力，迫使企业进行创新。科技发展日新月异，越来越多的先进科学技术直接服务于经济领域，从而促使企业不断采用先进科技进行适用性创新。仅有市场需求，没有科学技术的保障，企业创新是无法实现的。政府会通过各种产业政策、创新政策激励各类创新主体开展创新活动。政府对制度的创新是推动企业创新的重要外部动力。

在工业化追赶早期，后发国家（地区）通常抓住“第一种机会窗口”，即在发达国家比较成熟的技术体系下，利用低廉生产要素成本的比较优势进行追赶，市场成为创新的主要动力。此时以市场为导向，以产业化为目的，以企业为主体，创新的重点环节在科技成果转化。但是由于发达国家占据了技术创新的制高点，在成熟技术上难以存在真正的追赶机会（赖纳特、贾根良，2007），此时政府的主要作用力在于吸引外资和引进技术来发展产业，通过立法规制等手段来规范市场行为，鼓励企业主要依靠创新获得持续发展动力。

当出现重大技术变革时，后发地区便出现了“第二种机会窗口”。处于这个阶段的新技术革命几乎会将所有国家“拉回到同一条起跑线上”。如果后发国家（地区）能够在这个阶段以更快的速度进入新的技术体系，积极开展原始创新，在核心技术和关键设备的发明上取代先行者的领先地位，就能实现跳跃式发展，甚至有可能取代先行者的技术和制度领导地位（贾根良，2013）。实现这种跳跃式发展仍需要有市场力量支持，而那些拥有强大国内市场的后发国家将会胜出。此时政府需要发挥更大的能动性，在积极营造区域创新环境，加强创新的硬件和软件环境建设的同时，需要更大力度、在更高层次上推动官产学研合作，以此来提高创新水平和效率，政府甚至成为某些重大科技创新的投资主体。

三　区域创新体系的建立及与创新模式的协同演进

创新过程具有系统特性。组织和制度是创新系统的主要要素，通常企业被视为最重要的组织。但是企业的创新，通常也有外部主体的参与或激励，例如大学、风险投资机构、政府部门等。制度是用以调节个体、组织之间关系和互动的一整套规则，包括习惯、规章和法律等。不同的工业化阶段、不同的创新模式下，不同经济体的创新系统是有差异的。这种差异既体现在系统中不同组织的作用强度和互动方式，也体现在制度设计方面。不同的创新模式需要有与之相匹配的创新系统。创新模式与创新系统通常是协调演进的。

创新系统的开放性非常关键。在给定的系统中，各种要素越丰富，组合形式就越多，就越能创造出更复杂、更高级的创新。大到一个国家，小到一个企业，谁能够与外界保持良好的互动学习关系，谁就更具有创新能力。全球化使得很多后发国家（地区）更容易获得相关创新要素，全球创新网络的趋势与特征也越来越明显。这既促进了全球创新资源的互补共享，同时通过利用各国的比较优势降低创新的成本和风险，提高创新效率和水平。对于后发国家（地区）而言，建立开放的国家（区域）创新系统非常重要，而且越是进入竞争的高级阶段，创新越具有原创性，开放就越重要。

在强调开放的同时，还要看到，当前全球创新活动呈现集聚的特征。越是知识密集型的经济越是呈现创新集群的趋势（Leyshon and Thrift，1997；Freeman，2002；Cortright and Mayer，2002）。其原因在于那些不可交易的知识，即隐性知识由于黏性和情境依赖性难以普遍化，并且随着市场国际化的发展，这种本质上无法交换的知识变得越来越重要（Maskell and Malmberg，1999）。而知识密集型产业正是工业化后期以及后工业化时期全球竞争的焦点。因而，后发国家（地区）要持续缩短与发达国家（地区）的距离，成功实现蛙跳，需要在持续开放中建立和完善有利于实现核心技术突破、基于科学产业的线性创新过程的区域创新体系，高效集聚与整合创新资源，使得系统内的多元组织，包括企业、大学、公共和私有研究机构、技术转移中心、开发机构等，实现有机互动，开展原始创新，为重大产业变革提供新动能。

进入原始创新阶段，由于创新的高风险和创新成果的高外溢性，相比较模仿创新阶段，政府在研发投资中将发挥更大的作用，大学、研究机构以及企业中的大型基础研究实验基地将成为创新发展的“孵化器”，竞争中性原则变得更为重要，区域创新体系的创业特征将更加突出。

第二节　中国经济特区的创新演进

创新是经济特区的灵魂。经济特区是在非均衡发展战略下，对接新制度、新技术、发挥比较优势的平台。中国经济特区的创新发展，在时间维度上呈现动态演化过程。改革开放之初，中国经济特区以“先行先试”的实践，充分利用各种优势，集聚大量企业，奠定了创新基础，在市场拉动、科技推动和政府激励下，创新能力不断提升，逐渐成为创新主体多元、创新要素集聚、创新效率显著的实践基地，建立起与新的经济发展模式相适应的区域创新体系，营造适应开放发展的创新环境，引导企业进入创新主导的发展阶段。

一　逐渐形成具有经济特区特色的区域创新体系

区域创新体系是实现区域创新驱动发展的载体和路径，是提高区域创新能力的根本保证。中国经济特区成立 40 年来，坚持以市场化导向创新科技体制机制，构建并完善区域创新体系，率先加快由单一政策创新导向向“热带雨林”综合创新生态系统转变，为全国其他地区建立和完善区域创新体系，培育创新驱动的动态竞争优势提供了路径探索和经验积累。

（一）利用优惠政策孕育创新体系（1980～1990年）

中国经济特区充分利用国家开放优惠政策，积极利用侨资、外资，引进适用、先进技术和科学管理方法，改革科研与生产脱节的体制，积极支持企业建立研究开发机构。以深圳为例，1985 年，深圳与中科院合作建立国内第一个高新技术开发园区——深圳科技工业园，为科技成果市场转化，孵化高新技术企业进行积极探索；1989 年，成立科技创业服务中心对民间科技企业实施指导、协调、管理并提供综合服务；1989 年，成立全国第一个证券交易所——深圳证券交易所，为高新技术企业发展拓宽了融资渠道。截至

1989 年底，全市共建立各类新产品、新技术研究开发机构 99 个（叶华明，1990）。

（二）加快建设以企业为主体的区域创新体系（1991 ~2000年）

中国经济特区在明确企业作为创新主体的基础上，加快建设区域创新体系。1991 年，深圳市颁布《关于依靠科技进步推动经济发展的决定》，强调企业要成为技术开发、技术应用的主体；1992 年，深圳市制订《关于企业与内地科研机构建立长期稳定合作关系的通知》，要求市属各企业集团、总公司、各大中型企业积极主动地与内地一个或多个大专院校、科研机构挂钩，采用成果转让、技术入股、合作研究、委托研究、合资办厂、人才培训、技术咨询、技术服务等多种形式开展合作，建立长期稳定的合作关系；1995 年，深圳市委、市政府做出《关于推动科学技术进步的决定》，明确提出科教兴市战略是深圳未来经济和社会发展的基本保证；完善和发展科技人才市场，引进、培养和用好人才；完善技术市场，加强科技成果转化；1995 年，深圳率先组建高新技术产业投资服务公司，专门为高新技术产业发展提供担保和股权投资；1996 年，组建清华大学研究院探索高新技术企业孵化的“市校合作”模式；1998 年，成立注册资金 10 亿元的高科技风险投资公司，在国内建立 10 亿元的高新技术创业投资基金。截至 1998 年，全市技术开发机构达 521 家，其中 477 家设在企业，占总数的 91.7%，研究开发人员 90% 集中在企业。1999 年，深圳高新技术产品产值接近 820 亿元，占工业产值的 40.5%（人民网，2008）。技术创新体系逐步形成“6 个 90%”的鲜明特点：90% 以上的研发机构设立在企业，90% 以上的研发人员集中在企业，90% 以上的研发资金来源于企业，90% 以上的创新型企业是本土企业，90% 以上的职务发明专利出自企业，90% 以上的重大科技项目发明专利来源于龙头企业。

（三）深化产学研合作推动自主创新体系形成和发展（2001 ~2011年）

中国经济特区明确提出以市场为导向，以产业化为目的，以企业为主体，以人才为核心，以公共研发体系为平台，形成辐射周边、拓展海内外、官产学研资介相结合的区域创新体系。2008 年，深圳制定《深圳经济特区科技创新促进条例》，明确将自主创新作为城市发展的主导战略，建立以企业为主体、产学研相结合、保护知识产权的技术创新体系，以制度创新、机制创新推动区域创新体系建设。2009 年，制定《深圳国家创新型城市总体规划实施方案》，提出提高本土企业自主创新能力，逐步建立并完善以本土企业为主体、以市场为导向、产学研相结合的技术创新体系。2011 年，在深圳前海成立“新产业技术交易所”，形成“技术产权银行”模式，基本建立区域性统一互联的科技金融服务体系。这一时期，深圳基本建成以企业为主体，官、产、学、研、资、介相结合的区域创新体系，促进了深圳由模仿创新向集成创新的演进。

（四）加快培育“热带雨林”式创新生态体系①（2012年至今）

中国经济特区加快优化创新环境，建设创新生态，尤其是深圳积极构建综合创新生态体系，加速科技创新链与金融资本链的相互融合，形成多元共生、协同发展、开放创新的良好环境。2013 年，深圳出台《深圳经济特区技术转移促进条例》，以立法保障技术转移；2016 年，制定《关于促进科技创新的若干措施》，明确提出优化综合创新生态体系，打造创新创业生态区；2017 年，出台《深圳市十大海外创新中心建设实施方案》，进一步扩大国际科技合作生态圈。深圳基本构建起政策、资本、人才、文化等多要素、多层次联动创新驱动发展生态体系，为激发创新潜能，富集高端创新要素，提高创新绩效提供有力体系保障。2019 年，深圳在中国创新生态城市排名中，位列全国第 3 位，其中创新环境位列全国首位（德勒，2019）。

二　企业发展水平不断提升奠定特区创新发展基础

中国经济特区设立以来，利用自身的区位优势和政策优势，吸引大量企

① 硅谷风险投资家维克多・黄和格雷格・霍洛维茨合著的《硅谷生态圈：创新的雨林法则》中提出，创新需要生态，他们将这个生态圈比喻为热带雨林，雨林的特征不只有生存竞争，更有共生、互助、包容。硅谷建立起的正是这样的雨林生态系统，从而使得创新创业者的创造力、商业智慧、科学发现、投资资金以及其他支持因素被巧妙地嵌合在一起，鼓励萌发出新想法，最终源源不断地培养出一个能够不断产出伟大创新的生态圈。

业集聚，企业密度不断增加，规模结构不断优化，盈利水平不断提升，形成国有企业、民营企业、外资企业共同发展的良好格局，为经济特区的创新发展奠定了坚实基础。

（一）企业快速集聚企业密度不断增加

企业是经济发展的微观主体也是创新的主体。中国经济特区成立40年来，制度创新优势充分显现，人口、资本等要素禀赋迅速集聚，企业数量迅速增加，实现了跨越式发展。以深圳为例，1980～2018年，深圳企业数量增加了2300多倍。在早期承接世界产业转移的专业代工阶段，深圳企业数量从1980年的839户跃升到1990年的19827户，10年间增加了近19000户。随后的10年间，企业数量增加5倍，2000年企业数量突破10万户。进入2000年以后，企业数量进一步快速增加，2010年超过36万户。2018年，深圳企业数量达197万户。

以法人单位数来看，深圳、珠海、汕头、厦门四市的法人单位数在改革开放以来都保持较高速度增长。深圳法人单位数2005年72418个，2017年超过44万个，增加5.1倍。珠海2005年19651个，2017年75007个，增加2.8倍。汕头2005年20433个，2017年49345个，增加1.4倍。厦门由2001年的57176个增至2017年的167125个，实现快速增长。2017年，深圳市法人单位数量突破44万，增速高达39%，珠海、汕头和厦门的增速分别为14%、5%和20%。

作为衡量经济发展水平的重要指标，中国经济特区的企业密度不断增加。以深圳为例，在专业代工阶段，深圳每千人拥有企业数不足3户，1990年超过10户，为11.82户。此后10年，千人拥有企业平稳增长，2000年为15.76户。2010年，深圳千人拥有企业量实现翻倍，接近35户；党的十八大以来，随着商事制度改革的不断深化，改革红利充分释放，千人拥有企业数量迅速增加，2018年每千人拥有企业达151户（见表5－1），超过发达国家平均50户（新华社，2015）的标准。深圳千人拥有企业数量远高于广东全省44户的平均水平。

表 5－1　深圳市企业数量变化

	1980 年	1985 年	1990 年	1995 年	2000 年	2005 年	2010 年	2015 年	2016 年	2017 年	2018 年
常住人口(千人)	332.9	881.5	1677.8	4491.5	7012.4	8277.5	10372	11378.7	11908.4	12528.3	13026.6
企业数(个)	839	6853	19827	70785	107457	209443	360912	1133953	1504255	1769876	1974650
千人拥有企业数(户)	2.52	7.77	11.82	15.76	15.32	25.30	34.80	99.66	126.32	141.27	151.59

数据来源：《深圳统计年鉴》。

（二）企业发展规模实现跨越式发展

伴随着中国经济特区改革开放不断深入，国内外资本大量涌入，为企业发展创造了机遇，有利于企业的良性扩张，企业规模不断增加。深圳规上工业企业户均资产由 2010 年的 2.2 亿元增至 2018 年的 4.6 亿元，珠海由 2 亿元增至近 6 亿元，汕头由 0.5 亿元增至近 1.4 亿元，厦门由不足 0.9 亿元增至 3.2 亿元（见表 5－2）。同期，广东规模以上工业企业的户均规模由 2010 年的 1.17 亿元增至 2018 年的 2.62 亿元，深圳、珠海远高于广东平均水平。深圳注册规模亿元以上企业数量由 1990 年的 232 家增加到 2000 年的 911 家，增加 4 倍；2010 年突破 2000 家；党的十八大以后，数量大幅增加，2015 年达 14747 家，2018 年达 27736 家（见表 5－3）。

表 5－2　深圳、珠海、汕头、厦门规模以上工业企业户均资产

单位：万元

年份	深圳	珠海	汕头	厦门
2010	21981.4	20008.8	4948.9	8616.1
2015	39560.5	49731.5	12976.9	26873.4
2016	43195.0	55908.5	13712.6	32423.7
2017	41765.9	54218.2	13701.5	30709.3
2018	46591.5	59525.4	13583.1	31893.8

数据来源：根据《深圳统计年鉴》《珠海统计年鉴》《汕头统计年鉴》《厦门统计年鉴》整理。

表 5－3　深圳市不同注册规模企业个数变化

单位：个

年份	100 万～499 万元	500 万～999 万元	1000 万～2999 万元	3000 万～4999 万元	5000 万～9999 万元	1 亿元以上
1990	651	425	646	229	231	232
1995	3431	1596	2416	717	627	557
2000	10982	3239	4897	1259	1107	911
2005	39404	7618	9824	2030	1837	1483
2010	78118	15220	15379	2776	2483	2060
2015	361563	92836	83267	10359	16040	14747
2016	669393	191040	114323	12034	24068	19555
2017	793485	208444	159248	18104	31721	27997
2018	714932	205654	157972	17804	33296	27736

数据来源：2019 年《深圳统计年鉴》。

从小微企业来看，改革开放以来一系列扶持小微企业发展的政策充分激发了市场活力，小微企业数量迅速增长，企业资产规模不断扩大。深圳、厦门小微企业户均资产和户均主营业务收入 2010 年均不足 0.5 亿元，2018 年均超过 1 亿元（见表 5－4）。

表 5－4　深圳与厦门小微型工业企业情况

年份	深圳			厦门		
	小微型企业数（个）	户均资产（万元）	户均主营收入（万元）	小微型企业数（个）	户均资产（万元）	户均主营收入（万元）
2010	6546	4254	4623	1829	4418	4341
2015	4485	11626	9597	1366	9649	8288
2016	4661	12309	10576	1317	10578	9099
2017	5937	11065	10282	1481	9258	9408
2018	5930	11635	10327	1576	10182	10563

数据来源：根据《深圳统计年鉴》《厦门统计年鉴》整理。

（三）民营企业逐步成为发展的主体

中国经济特区成立 40 年来，企业的所有制结构发生显著变化。以深圳为例，在工业化初期，国有企业、集体企业等非私营内资企业数量占比接近 8 成，外资企业接近 2 成，只有少量的私营内资企业。20 世纪 90 年代，私营内资企业开始迅速发展，占比由1990年的2.7%升至2000年的40.1%，国有企业、集体企业等非私营内资企业占比迅速下降，占比由1990年的77.7%降至2000年的43%。进入21世纪，非私营内资企业占比继续下降，2010年降至4.5%以下，私营内资企业占比则上升到85.8%，外资企业下降至9.8%。党的十八大以后，私营内资企业比重继续上升，占比稳定在96%以上（见表5－5、图5－1）。

表5－5 深圳市企业登记发展情况

单位：个

年份	1980	1985	1990	1995	2000	2005	2010	2015	2016	2017	2018
企业总数	839	6853	19827	70785	107457	209443	360912	1133953	1504255	1769876	1974650
内资企业	821	5972	15403	37860	46220	32998	16087	7873	8685	8602	8370
外资企业	18	881	3895	16765	18151	24252	35207	43017	42621	50769	65282
私营企业	0	0	529	16160	43086	152193	309618	1083063	1452949	1710505	1900998

注：表中内资企业不包括私营内资企业。

数据来源：2019年《深圳统计年鉴》。

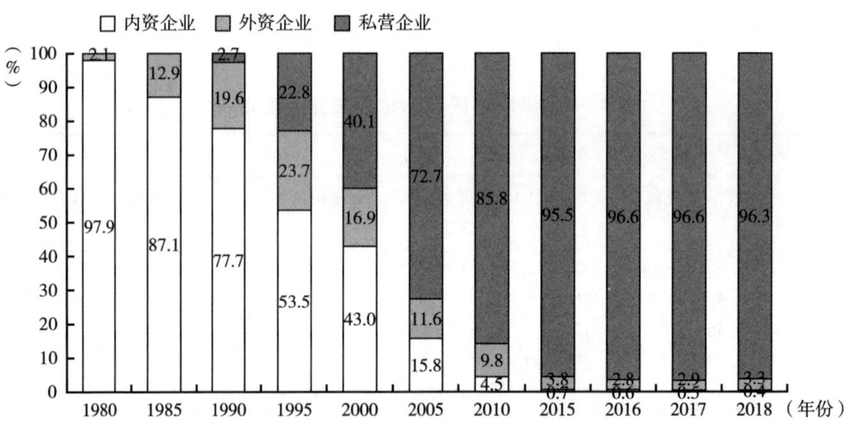

图5－1 深圳市企业登记发展情况

数据来源：2019年《深圳统计年鉴》。

珠海、汕头、厦门企业的所有制特征和深圳的发展趋势基本相似。特别是2000年以后，各市均开始对国有企业实施一系列改制重组措施，国有企业向主营业务和重点领域集中。深圳、珠海、汕头国有企业户均资产和户均主营业务收入近10年来呈现显著下降趋势。2018年，深圳国有企业户均主营业收入仅为2010年的37.8%（见表5－6）。

表5－6　深圳、珠海、汕头、厦门规模以上工业企业国有企业情况

年份	深圳		珠海		汕头		厦门	
	国有企业数（个）	户均主营业务收入（万元）	国有企业数（个）	户均主营业务收入（万元）	国有企业数（个）	户均主营业务收入（万元）	国有控股企业数（个）	户均主营业务收入（万元）
2010	47	131787.6	7	112913.1	23	52610.3	10	74744.7
2015	8	14174.1	1	2402.0	12	171380.8	70	79191.3
2016	7	55528.3	1	2484.0	12	62990.3	73	82103.6
2017	6	66663.3	2	2826.5	9	8969.2	77	110529.6
2018	6	49810	2	1426.0	9	8717.4	82	116240.3

数据来源：根据《深圳统计年鉴》《珠海统计年鉴》《汕头统计年鉴》《厦门统计年鉴》整理。

经济特区私营企业经历了从无到有、从在市场中占比极小到成为市场主要组成部分的发展历程。1980年，深圳私营企业所占比重为0，2000年增至40%，2001年超过国有企业占比，2018年占比96.3%（见图5－1）。规模以上私营企业的户均营业收入也迅速增加，深圳由2010年的0.6亿元增至2018年的1.5亿元，汕头由不足0.5亿元增至1.6亿元以上，厦门由不足0.5亿元增至1亿元以上（见表5－7）。

表5－7　深圳、汕头、厦门规模以上工业企业私营企业情况

年份	深圳		汕头		厦门	
	私营企业数（个）	户均主营业务收入（万元）	私营企业数（个）	户均主营业务收入（万元）	私营企业数（个）	户均主营业务收入（万元）
2010	3642	6228.0	1500	4802.5	823	4465.9
2015	3028	14934.1	843	15250.4	668	8220.0
2016	3176	16073.7	873	16774.2	657	9679.6
2017	4101	15396.2	936	16844.4	866	9857.5
2018	4107	15034.8	936	16484.2	1008	10260.7

数据来源：根据《深圳统计年鉴》《汕头统计年鉴》《厦门统计年鉴》整理。

（四）企业产业结构明显优化

中国经济特区产业结构不断优化。以深圳为例，工业化初期，第一产业比重逐渐缩小，第二产业比重由26%提高到44.8%，第三产业占比稳步提高。20世纪90年代，第一产业比重继续迅速下降，第二产业比重超过50%，第三产业基本稳定。进入21世纪，第二产业比重先升后降，第三产业比重先降后升。党的十八大以来，第二产业基本稳定在41.4%，第三产业占比接近6成（见图5-2）。

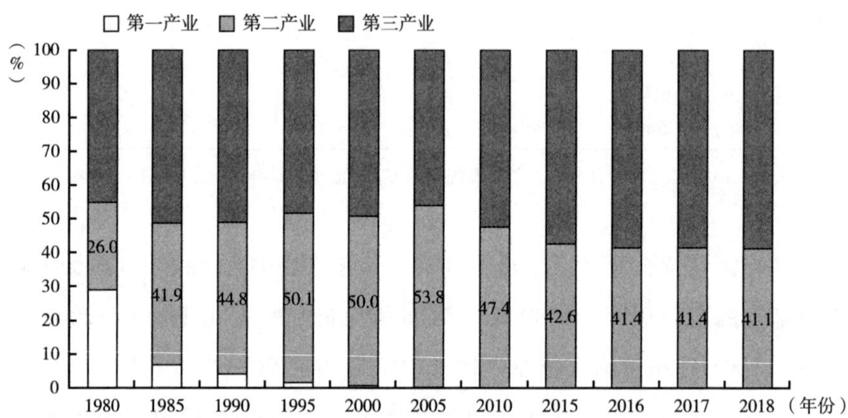

图5-2 深圳不同产业GDP占比

数据来源：2019年《深圳统计年鉴》。

经济特区中，电子信息产业优势比较明显。深圳、厦门各行业增加值中电子信息产业占比不断增加，特别是深圳，2018年电子信息主营业务收入占规模以上工业企业营业收入的比重接近60%（见表5-8）。

表5-8 深圳、厦门规模以上工业企业电子信息产业发展情况

单位：万元，%

年份	深圳			厦门		
	主营业务收入合计	计算机及其他电子设备制造业	电子信息产业占比	主营业务收入合计	计算机及其他电子设备制造业	电子信息产业占比
2010	188137179	108276342	57.6	37329221	12955286	34.7

续表

年份	深圳			厦门		
	主营业务收入合计	计算机及其他电子设备制造业	电子信息产业占比	主营业务收入合计	计算机及其他电子设备制造业	电子信息产业占比
2015	250471697	145404112	58.1	47157378	17642750	37.4
2016	267645521	156968957	58.6	48679086	18072475	37.1
2017	308216750	181997300	59.0	55887096	21715719	38.9
2018	331744935	198876827	59.9	61262360	23968528	39.1

数据来源：根据《深圳统计年鉴》《厦门统计年鉴》整理。

（五）企业盈利能力实现大幅提升

改革开放以来，特别是党的十八大以来，随着营商环境的不断优化，企业盈利能力有了长足进步。深圳规模以上工业企业户均利润由1990年不足800万元增长到2018年的超2500万元；2005年以后，深圳、珠海、汕头、厦门的户均主营业务收入和户均利润总额都迅速增加（见表5-9、表5-10）。2018年，深圳、珠海规模以上工业企业户均主营业务收入分别为4.17亿、4.62亿元，均高于广东全省平均水平（2.86亿元）。

表5-9　深圳、珠海、汕头、厦门规模以上工业企业盈利能力

单位：万元

年份	深圳		珠海		汕头		厦门	
	户均主营业务收入	户均利润总额	户均主营业务收入	户均利润总额	户均主营业务收入	户均利润总额	户均主营业务收入	户均利润总额
2005	18166.52	1081.04	14955.35	537.52	5086.84	276.70	12924.09	853.92
2010	22807.27	1938.45	22708.74	1419.75	6997.44	671.63	16860.53	1252.96
2015	38304.28	2801.49	38622.90	2732.56	16303.90	1190.80	26699.50	1048.27
2016	40387.13	2670.75	40206.06	4013.16	17391.01	1476.16	27742.34	1674.57
2017	38803.57	2645.51	40873.63	3525.76	17226.26	1387.17	29507.44	1852.84
2018	41728.92	2543.58	46184.99	3664.41	16665.90	1190.29	30862.65	1862.34

数据来源：根据《深圳统计年鉴》《珠海统计年鉴》《汕头统计年鉴》《厦门统计年鉴》整理。

表 5－10　深圳市规模以上工业企业盈利能力

年份	1990	1995	2000	2005	2010	2015	2016	2017	2018
企业数(个)	78	121	1834	5215	8249	6539	6627	7943	7950
主营业务收入(万元)	1014928	4933372	25269548	94738409	188137179	250471697	267645521	308216750	331744935
户均营业收入(万元)	13011.90	40771.67	13778.38	18166.52	22807.27	38304.28	40387.13	38803.57	41728.92
利润总额(万元)	59396	404426	2224264	5637641	15990240	18318965	17699071	21013273	20221437
户均利润(万元)	761.49	3342.36	1212.79	1081.04	1938.45	2801.49	2670.75	2645.51	2543.58
销售利润率(%)	5.9	8.2	8.8	6.0	8.5	7.3	6.6	6.8	6.1

注：由于年鉴数据统计项目的变化，2000 年及 2000 年前数据，主营业务收入以产品销售收入代替，2000 年规模以上企业以限额以上企业代替，1990 年、1995 年以大中型企业代替。

数据来源：2019 年《深圳统计年鉴》。

三　企业创新能力逐步提升

改革开放以来，中国经济特区加快培育高技术产业链，加快创新载体建设，企业创新能力不断增强，培育出华为、中兴、比亚迪等一批具有一定全球竞争力的高科技企业，为促进和引领产业结构升级，加快构建动态竞争优势提供强大动力支撑。

（一）高新技术企业的产业链条不断完善

改革开放以来，中国经济特区产业结构发生了巨大变化，特别是进入集成创新阶段，高新技术产业成为特区产业选择的方向，创新驱动成为特区高速发展的强动力。以深圳为例，经济特区成立 40 年来，企业加快从模仿跟随式创新向自主创新转变，向产业链高端延伸，形成通信、计算机、软件、生物医药、新材料、新能源等具有较强竞争力的产业集群和创新型企业梯队。随着高新技术产业的飞速发展，高新技术企业产业链不断完善，经济特区逐步建立起以电子信息产业为主导的高新技术产业集群，集群效应显著，配套能力强大，形成包括计算机及外设制造产业、通信设备制造产业、充电电池产业、平板显示产业、数字电视产业、生物医药产业等高新技术产业链。在 5G 技术、基因测序、超材料、石墨烯、3D 显示等新兴产业领域，深圳创新能力已跻身世界前沿。

2018 年，深圳高新技术企业创造产值达 23871.71 亿元，高新技术产业增加值超过 9000 亿元，增长率高达 9.1%，形成梯次型创新企业群，中兴、比亚迪、大疆、华大基因等龙头企业迅速成长，并通过自身广泛影响力不断尝试标准创新，在新兴领域先行先试，提高了深圳在高新技术产业的话语权。珠海持续壮大高新技术企业规模，积极孵化培育科技型中小企业，大力发展龙头高新技术企业，加强高新技术企业核心自主知识产权培育及标准体系建设，推动高新技术企业开展核心关键技术攻关，树立高新技术企业标杆企业。汕头大力实施创新驱动发展战略，建设粤东科技创新中心，引领粤东创新驱动，培育壮大一批高新技术企业，形成具备产业带动和辐射作用的经济新增长点。厦门以持续打造高素质的创新创业之城为目标，以国家自主创新示范区厦门片区建设为中心，加快形成以创新驱动为主引擎的发展动力机制，厚植发展潜力，加快发展壮大高新技术企业集群。

（二）创新平台成为推动创新能力提升的重要载体

创新平台可加速科技成果的知识扩散及产业化发展，是创新驱动发展的重要引擎。中国经济特区成立 40 年来，加强创新平台布局和功能升级，建立起由源头创新到创新成果市场转化的全链条的平台支撑体系，推动源头技术创新能力从无到有、从薄弱到强大的快速进步，为有效对接产业链和创新链，刺激新兴产业发展，推动产业结构升级提供有效的载体支撑。同时，创新平台的搭建集结大批优秀人才，为经济特区高新技术产业发展提供了强大的技术储备和优质的人力资源支持。

国家级平台的数量和分布一定程度上可以反映地区的科研能力和创新质量。以深圳为例，深圳已经建成国家超级计算深圳中心、深圳国家基因库、大亚湾中微子实验室等国家重点科研基础设施，拥有格拉布斯研究院、中村修二激光照明实验室、科比尔卡创新药物开发研究院、瓦谢尔计算生物研究院、深圳盖姆石墨烯研究中心等诺贝尔奖实验室，形成对重大源头创新与前沿突破的强力支撑。截至2018年末，深圳建成各类创新载体1876家，比2012年增加1116家，是2012年的2.5倍（见图5-3）。

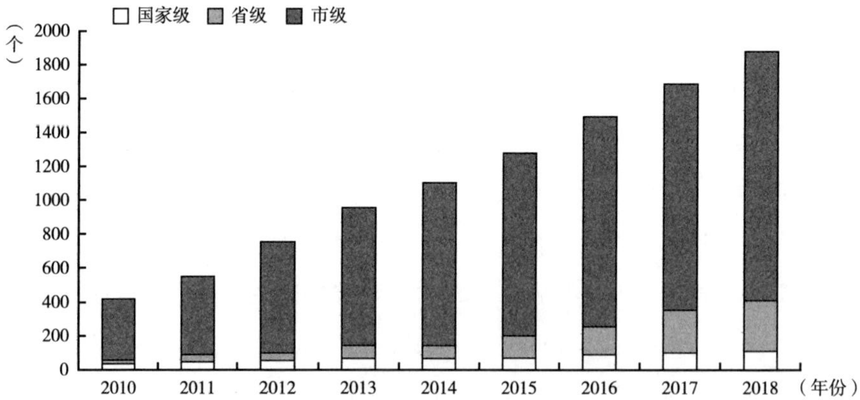

图5-3　2010~2018年深圳创新载体建设情况

数据来源：深圳统计局网站。

（三）研发投入强度不断加大

研发投入强度是衡量区域科技创新水平的重要指标，对创新效率有重要影响，同时也一定程度反映产业结构和政策导向变化。深圳研发投入强度由2010年的3.3%持续增加到2018年的4.8%，已达到发达国家水平，远高于广东全省平均水平（2.78%）；同期，珠海也由1.7%增至3.2%，汕头由0.5%增至0.9%，厦门由2.4%增至3.2%（见表5-11）。珠海、厦门也高于广东的平均水平。

表5-11　深圳、珠海、汕头、厦门研发投入强度变化

单位：万元，%

年份	深圳		珠海		汕头		厦门	
	R&D经费支出	研发投入强度	R&D经费支出	研发投入强度	R&D经费支出	研发投入强度	R&D经费支出	研发投入强度
2010	3333102	3.3	210500	1.7	56866	0.5	509794	2.4

续表

年份	深圳		珠海		汕头		厦门	
	R&D 经费支出	研发投入强度	R&D 经费支出	研发投入强度	R&D 经费支出	研发投入强度	R&D 经费支出	研发投入强度
2015	7323851	4.1	534200	2.6	123714	0.7	1034180	2.9
2016	8429693	4.2	552300	2.4	148334	0.7	1176599	3.0
2017	9769377	4.3	671500	2.5	193146	0.8	1423882	3.3
2018	11635386	4.8	921500	3.2	232535	0.9	1551482	3.2

数据来源：根据《深圳统计年鉴》《珠海统计年鉴》《汕头统计年鉴》《厦门统计年鉴》整理。

以企业为主体、应用为导向始终是经济特区推动创新、激发市场活力的重要保障。企业积极参与研发环节，成为研发创新的主体，极大促进了创新到产出的转化效率。以深圳为例，规模以上工业企业中，有 R&D 活动企业数由 2009 年 1018 家增加至 2018 年的 3489 家，增长 243%，有研发机构企业数由 2009 年的 630 家增加至 2018 年的 4348 家，增长 590%（见表 5－12）。

表 5－12　深圳市规模以上工业企业研发投入

单位：家，%

年份	2009	2010	2011	2012	2013	2014	2015	2016	2017	2018
有 R&D 活动企业数	1018	798	841	928	1009	1181	1304	2117	3507	3489
有研发机构企业数	630	586	673	482	457	542	830	2147	3562	4348
R&D 经费支出占主营业务收入的比重	1.77	1.70	1.93	2.20	2.39	2.45	2.69	2.84	2.73	—

数据来源：2019 年《深圳统计年鉴》。

（四）专利申请和授权量迅速增加

随着高新技术产业成为发展重点，中国经济特区专利申请和授权量快速增长，专利结构不断优化。2018 年，深圳专利申请量超过 22 万件，授权量超过 14 万件，授权专利中发明专利占比由 1991 年的不足 1% 上升到 2018 年的 15%；珠海授权专利由 2000 年的 504 件增至 2018 年的 17090 件，发明专利占比达 20.2%；汕头授权专利由 2000 年的 951 件增至 2018 年的 12651 件，发明专利占比达 3.2%；厦门授权专利由 2000 年的 687 件增至 2018 年的 21414 件，发明专利占比达 10.3%（见表 5－13）。2018 年，广东发明专利占专利授权总数的比例为 11.1%，深圳、珠海均高于全省的平均水平。

表 5－13　深圳、珠海、汕头、厦门专利授权情况

单位：件，%

年份	深圳			珠海			汕头			厦门		
	发明专利	专利总数	发明专利占比	发明专利	专利总数	发明专利占比	发明专利	专利总数	发明专利占比	发明专利	专利总数	发明专利占比
2000	1	2401	0	7	504	1.4	10	951	1.1	0	687	0
2005	917	8983	10.2	42	931	4.5	39	2277	1.7	88	1537	5.7
2010	9615	34951	27.5	201	2768	7.3	109	5718	1.9	449	5040	8.9
2015	16957	72120	23.5	1240	6790	18.3	328	7651	4.3	1694	12474	13.6
2016	17666	75043	23.5	1796	9287	19.3	355	7924	4.5	2028	12118	16.7
2017	18926	94250	20.1	2479	12544	19.8	384	9593	4.0	2336	14704	15.9
2018	21309	140202	15.2	3452	17090	20.2	408	12651	3.2	2216	21414	10.3

数据来源：根据《深圳统计年鉴》《珠海统计年鉴》《汕头统计年鉴》《厦门统计年鉴》整理。

四　企业在市场拉动和政府推动下创新动力不断增强

习近平总书记强调，创新是引领发展的第一动力①。中国经济特区成立 40 年来，坚持以市场化导向创新科技体制机制，建立并完善科技创新政策供给体系，充分调动和激发创新创业活力，市场创新主体不断壮大，创新动力不断增强。

（一）民营企业作为创新主体的“雁阵”效应逐步显现

中国经济特区成立 40 年来，民营企业规模不断发展壮大，成为最活跃、最重要的创新主体。截至 2018 年末，深圳 73% 的授权发明专利、80% 以上的创新载体和国家高新技术企业、91% 的中国驰名商标、93% 的国家知识产权优

① 2015 年习近平总书记在参加十二届全国人大五次会议上海代表团审议时强调创新是引领发展的第一动力。适应和引领我国经济发展新常态，关键是要依靠科技创新转换发展动力。

势企业、96%的广东省名牌产品均来自民营企业；全市中小板和创业板上市企业数量连续12年位居全国大中城市首位，全市205家中小板创业板上市企业中，民营企业占92.2%（《深圳特区报》，2019）。2018年，珠海民营经济总量迈上1000亿元新台阶，民营企业占全市企业数量的比重为80%左右，民营经济增加值占全市GDP比重约为35%。民营企业是汕头八大优势产业和17个产业集群的主要支撑，创造全市大约3/4的就业岗位（杨玉民，2018）。2018年，厦门民营经济（含港澳台）增加值占全市GDP比重为50.4%，全市私营企业数（不含港澳台）超过34万户，占全市企业数的近95%；全市85%的国家级高新技术企业来自民营企业。

创新型龙头企业成为推动和引领产业创新发展的重要载体。经济特区成立40年来，一大批创新型企业快速成长，成为引领和推动产业创新升级、提高城市竞争力的关键载体。截至2019年，深圳进入世界500企业数量达7家（见表5-14），入选企业数占全省一半以上（53.8%）①；中国企业500强企业达26家，入选企业数占全省的45.6%②；独角兽企业18家，占全省69.2%③。厦门有3家世界500强企业，3家中国500强企业；珠海有1家世界500强企业，2家中国500强企业。

表5-14　深圳、厦门、珠海、汕头世界500强、中国500强、独角兽企业数量

单位：家

城市	深圳	厦门	珠海	汕头
世界500强	7	3	1	—
中国500强	26	3	2	—
独角兽企业	18	—	—	—

数据来源：财富中文网《2019年财富世界500强排行榜》；中国企业联合会、中国企业家协会《2019中国企业500强名单》；胡润研究院《2019胡润全球独角兽榜》。

① 依据《财富》公布《2019年财富世界500强排行榜》相关数据计算，http://www.fortunechina.com/fortune500/c/2019-07/22/content_339535.htm。

② 依据中国企业联合会、中国企业家协会公布的《2019中国企业500强名单》相关数据计算。

③ 根据胡润研究院发布的《2019胡润全球独角兽榜》相关数据计算。

（二）以科技体制机制改革创新营造良好政策供给环境

体制机制是提升创新系统整体效率，促进技术创新转化为现实生产力的重要保障。经济特区坚持改革促进创新，由点到面再向系统纵深推进改革，为全国科技体制机制改革提供有益的路径探索和经验积累。以深圳为例，1987 年，在全国率先提出鼓励科技人员兴办科技企业；1996 年，率先开启中国新型科研机构的崭新探索；2012 年，组建全国第一个科技创新委员会，加强对科技创新工作的宏观管理和统筹协调；2013 年，在全国率先以地方性法规形式提出推动技术成果转移；2016 年，提出创新科技管理机制，打造科技体制改革先行区；2018 年，在全国率先实施国内外专家“主审制”。

中国经济特区形成涵盖创新全链条的科技政策体系，实现从单一政策支持向系统配套政策供给转变，同时坚持政策优势和市场机制的协同互促，有力促进科技与产业协同融合。以深圳为例，1986 年，颁布《中共深圳市委员会、深圳市人民政府关于实施加强科技工作的决定》，首次提出研发以企业为主体；1995 年，出台《关于推动科学技术进步的决定》，提出科教兴市战略，扶持建立高科技企业；2008 年，深圳出台全国第一部科技创新地方性法规《深圳经济特区科技创新促进条例》，将自主创新作为城市发展的主导战略；2018 年，率先出台全国首部以城市为基本单元的自主创新示范区条例——《深圳经济特区国家自主创新示范区条例》，为深圳创新驱动发展提供有力的法制保障。2010～2019 年，珠海共发布 39 项产业政策，对生物医药产业、高端新型电子信息产业、先进装备制造业、高端服务业等进行扶持，对中小型企业、小型微型企业、民营企业、前沿产业、独角兽企业进行培育，促进其健康发展。

中国经济特区不断加强政务服务环境建设，实现由科技计划管理向科技创新服务管理的转变。尤其是党的十八大以来，经济特区坚持以法治化、国际化、便利化为导向着力优化营商环境，创新服务方式，为建立良好的创新生态，降低创新创业制度性成本提供强有力支撑。2019 年，深圳营商环境指数排名已位居中国城市第 3 位，其中硬环境排名位居全国第一；厦门营商环境全国排名18位，珠海排名20位，汕头排名55位。2019年深圳政务服务综合指数位居全国第一，厦门排16位（见表5－15）。

表5－15　2019年深圳营商环境及政务服务环境情况

	深圳	厦门	珠海	汕头
营商环境指数	84.48	71.73	69.31	45.00
全国排名	3	18	20	55
政务服务能力指数	95.33	83.84	—	—
全国排名	1	16	—	—

数据来源：中国战略文化促进会等单位发布的《2019中国城市营商环境指数评价报告》；中共中央党校（国家行政学院）电子政府研究中心《2019年数字政府发展报告》。

（三）以优化资源配置环境不断提升创新要素富集度

人才吸引力不断增强，加速形成人力资本优势。“发展是第一要务，人才是第一资源，创新是第一动力。”（新华网，2018）经济特区创新人才发展体制机制，加速建立人力资本优势，人才存量和结构不断优化，形成人才队伍建设与产业创新发展的良性互动，为经济特区实现由要素比较优势向以创新为核心的竞争优势转变提供关键支撑。经济特区人才发展服务体系不断完善，人才集聚效应不断增强。截至2018年末，深圳人才队伍总量达510万，占当地人口的近1/4，高层次人才超12万人，科技研发人员在企业工作的占比更是超过9成（人民网，2019），R&D人员总量突破34万（见图5－4）。2018年，深圳每万名就业人员中R&D人员数为324.6人，比2010年增加100人，是广东全省平均水平的2.1倍。①

创新资本加快集聚，有力促进科技成果产业化。创新资本与科技资源有效协同融合，是推动科技成果转化、培育发展科技型企业的强大动力。经济特区创新投融资体制机制，建立起覆盖创新全链条的多元化科技投融资体系，深圳成为亚太地区重要的金融中心。2019年，深圳进入全球十大金融中心行列，列全球第9位（深圳市地方金融监督管理局，2020a）。深

① 依据《深圳统计年鉴》《广东统计年鉴》有关统计数据计算。

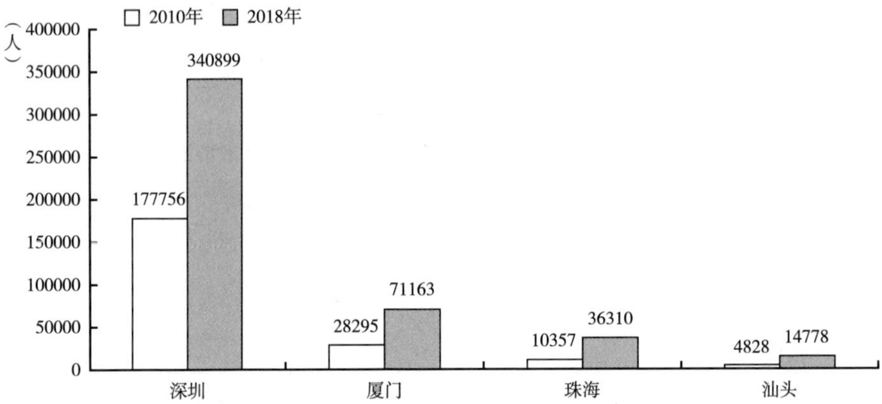

图 5－4　深圳、厦门、珠海、汕头 R&D 人员发展情况（2010 年、2018 年）

资料来源：深圳统计局网、厦门统计局网、珠海统计局网、汕头统计局网。

圳科技金融综合发展水平位列全国第 3 位。①

中国经济特区投融资供给体系日益完善，建立起以创业投资、风险投资、产业基金等为依托的科技投融资体系。截至 2018 年末，深圳登记注册 VC/PE 机构累计近 5 万家，机构数量和管理资本额均占全国的 1/3，规模位居全国第三（白积洋，2019）；全市共有境内上市公司 285 家，上市公司总市值 4.60 万亿元，排名全国第 2 位（深圳市地方金融监督管理局，2020b）。

中国经济特区科技金融服务体系进一步健全。深圳在全国首创普惠性“科技创新券”制度，在全国率先建立知识产权质押融资再担保体系，建立起完整的主板、中小板、创业板市场以及国家专利技术深圳交易中心、深圳新产业产权股权交易所、深圳联合产权交易所等技术交易市场和服务机构。

（四）以培育创新文化环境不断增强城市发展内生动力

中国经济特区构建出以创新为核心的精神动力。在 40 年快速工业化过程中，深圳以创新为核心的精神为经济特区实现工业化赶超、建立以技术为创新的竞争优势注入强大精神动力，推动科技、产业、资本等有机结合，不断

① 清科研究中心发布的《2019 年中国城市科技金融发展指数报告》显示，深圳综合指数为 90，位列全国第 3 位，其中政策环境指数位列全国第 2 位。

将创新的认识转化为创新的实践，不断激发创新主体活力和动力，从立市初期的“科技沙漠”“创新沙漠”的状态逐步转变为“创新绿洲”“创新高地”。

中国经济特区培育出勇于探索的创新精神。“勇于冒险、追求成功、崇尚创新、宽容失败”的创新精神，成为经济特区城市精神最重要的标识符号，使经济特区能够敏锐抓住世界经济社会发展和技术变革战略机遇，实现从“要素投资驱动”到“创新驱动”的经济转型。勇于探索创新精神成为经济特区企业家重要特质，一批企业家锐意改革、创新实践，担当起改革开放的探路者、先行者、奋进者角色，不仅为引领和带动产业创新发展注入强大牵引力，也为经济特区实现由从“改革先锋”到“创新之城”跨越提供示范引领。

中国经济特区形成鼓励创新的文化氛围。良好的创业文化和创新氛围有利于激发企业内在创新动力，是建设创新型城市的重要保障（辜胜阻、杨嵋、庄芹芹，2016）。经济特区大力倡导创新教育，形成尊重劳动、尊重知识、尊重人才、尊重创造的浓厚氛围，从政府到民间、从企业到个人，崇尚创新成为社会风尚，创新成为城市集中意识的体现，培育出经济特区整体的创新活力。

第三节　深圳经济特区的创新探索

深圳经济特区自建立以来，在全球经济发展和科技革命浪潮中整合利用国内外创新资源，克服创新起点低的劣势，从“无高等院校、无科研院所、无创新载体”的城市发展成为全国首个国家创新型城市、首个以城市为基本单元的国家自主创新示范区、首个国家知识产权示范城市以及大湾区国际创新中心的核心城市（周振江、何悦、刘毅，2020），推动企业创新从专业代工、模仿创新到集成创新再到原始创新的转变，成为世界创新和发明“皇冠上的明珠”。[①] 在40 年创新实践中，从承接国际产业梯度转移到建设

① 2017 年 5 月，英国《经济学人》杂志在《深圳已成为创新温室》一文给深圳起了一个美名——“硅洲”（silicon delta）。http：//www. economist. com/news/special - report/21720076 - copycats - are - out - innovators - are - shenzhen - hothouse - innovation？ from = groupmessage& isappinstalled = 0.

国际科技创新中心，从引进设备、外资到引进技术、人才，从内向联合到外向合作，从利用“香港因素”到建设深港创新圈，从积极“引进来”到主动“走出去”，深圳逐步完善以企业为主体、市场需求为导向、官产学研资介相结合的开放型区域创新体系，推动科技成果快速转化为现实生产力。

一 运用比较优势推动“技术对话”与科技人才创业（1980～1990年）

从区域创新体系角度来看，与美国硅谷相比，1980 年的深圳缺乏知名高等院所作为知识创新的来源；与日本东京相比，深圳缺乏高素质人才队伍，以及发达的本地产业体系；与中国香港相比，深圳缺乏跨国企业以及参与国际市场竞争的经验。当时深圳国民生产总值只有 2.7 亿元，工业总产值仅 1 亿元，常住人口仅有 30 多万人，基本上以传统农业和商贸为主，只有几家设备落后的小工厂，技术人员犹如凤毛麟角，技术水平非常低（方生，1986）。深圳建市时甚至只有两个工程师，一个是拖拉机维修工，一个是兽医。虽然创新历史起点很低，但深圳利用设立特区的机遇，从引进国际产业与资源、优化创业环境入手，承接国际产业梯度转移，建立开放型区域创新体系“雏形”。

（一）建立“专业代工”模式与发达国家进行“技术对话”

深圳的创新发展起源于出口加工区。1979 年，蛇口出口加工区设立。以出口加工区为平台，深圳依靠廉价劳动力、土地的比较优势引进劳动力、外资、设备等生产要素，承接中国香港、台湾和日本、欧美等国家和地区的电子、玩具、纺织服装等产业加工环节转移。到 80 年代末，深圳累计成立了 200 多家中外合资（合作）和外商独资企业①，初步形成了以电子轻工业为主的上步、八卦岭工业区，以机械加工为主的梅林工业区，以轻工、纺织为主的莲塘工业区，以建材为主的龙井工业区。这些劳动密集型企业通过

① 全国首家中外合资电子企业为光明华侨电子厂。

“三来一补”方式制造电子、纺织、建材、五金等外销产品，但缺乏必要的创新活动。

通过“三来一补”，深圳企业建立了“专业代工”模式，一方面引进生产环节所需的生产要素进行产品生产加工，另一方面采取引进技术、成果转让、合作发展、委托开发、借用人才等模式与发达国家进行“技术对话”（深圳市委政策研究室和市科委联合考察组，1990），特别是外资的大量进入，不仅建立深圳本地产业基础，同时也形成链接国际市场资源的关系网络，为深圳企业进行技术学习提供了条件。深圳在1980年、1990年的实际利用外资金额分别为0.3亿美元、5.2亿美元，增长了15倍，10年期间实际利用外资累计达到32亿美元，其中来自中国香港的外资达到60%以上（见图5-5），外商直接投资额为22.6亿美元，占比高达70%，且以合资经营为主（见图5-6）。[①] 方生（1986）指出，截至1986年，深圳通过利用外资，引进各种设备3万多台（套），其中约40%是比较先进的，有的技术设备具有80年代先进水平，有的填补了中国的空白，有的还是国内攻关项目。

（二）率先实施市场化机制改革集聚国内科研人才创业

区域创新体系是一个多主体参与形成的互动体系。其中，人力资本积累及深化能够在产业上下游均产生知识溢出效应和正外部性，对于区域创新体系的形成显得尤为重要（Jones and Romer，2009）。1986年，深圳特区确立了坚持“以工业为主、工贸技结合、综合发展”，努力由加工业为主转变为以知识密集型、技术密集型为主的外向型经济特区的发展定位。1988年的中国科研人员“下海潮”为深圳组建现代化骨干企业、发展外向型经济特区提供了机会。深圳敏锐地抓住这一历史机遇，在全国率先打造市场化创业环境，形成“孔雀东南飞”“十万人才下广东”的创业热潮。

① 其中的一个原因是当时中国政府规定在汽车、通信器材等重要行业，外商需与中国企业合资才能进入中国市场。中国政府认为，通过合资合作，中方企业可以近距离学习外国公司的经验。

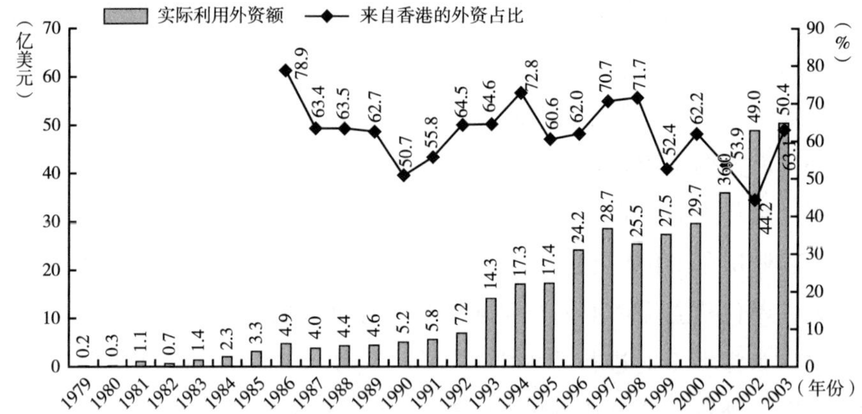

图 5－5　1979～2003 年深圳实际利用外资额

注：2003 年之前实际利用外资额包括对外借款。1986 年之前香港外资占比数据缺失。
资料来源：2010 年《深圳统计年鉴》。

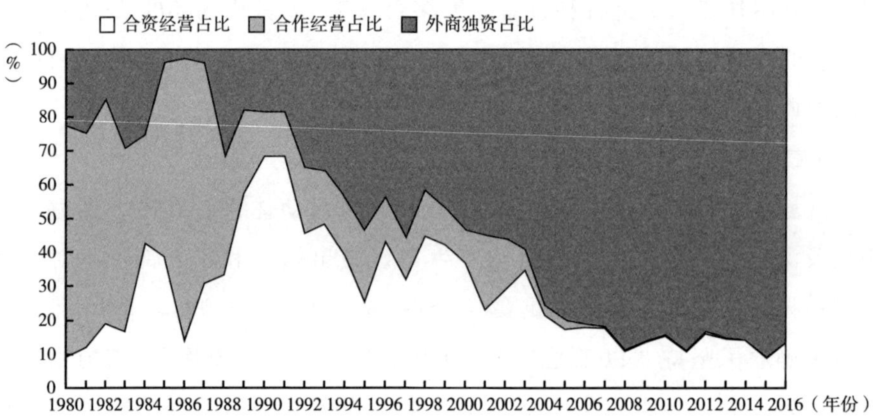

图 5－6　1980～2016 年深圳外商直接投资的构成

资料来源：2019 年《深圳统计年鉴》。

一方面，建立市场化资源配置平台，举办中国深圳技术交易会（1986 年）以及组建深圳人才市场（1988 年）、深圳电子配套市场（1988 年，即华强北赛格广场）等平台；此外，与中国科学院合作建设国内第一个高新技术开发园区——深圳科技工业园，尝试以政府主导模式推动科技成果的市场转化以及孵化高新技术企业（白积洋，2019）。[①] 另一方面，率先出台政策鼓励科技人员创业。1987 年，深圳在国内率先出台《关于鼓励科技人员兴办民间科技企业的暂行规定》，解决了民营科技企业的产权问题。[②] 1988 年，《深圳经济特区加快高新技术及其产业发展暂行规定》出台，在内地最早确定发展高新技术产业的思路及系列政策。一系列举措的推行，使深圳在中国最早形成了重视科技研发、让科技人员也能先富起来的创业环境。[③]

大量国内科研人员[④]于 1988 年前后来到深圳创办科技公司。以电子产业为例，到 1990 年，深圳电子工业已发展到由 600 多家企业（其中“三资”企业 400 多家）组成、初具规模、产品门类齐全、技术较内地先进和以生产视听产品为主的电子工业体系（华强电子网，2005）。许多企业从贸易入手，逐渐转型为研发型生产企业。例如，华为成立于 1987 年，在 1989 年已经自主开发了 PBX（用户级交换机）；中兴通讯成立于 1985 年，在 1986 年设立深圳研究所，走上自主研发之路，等等。

二 建设以民营企业为主体的区域创新体系促进模仿创新（1991～2000年）

20 世纪 90 年代，深圳及时捕捉全球信息技术革命以及国际电子信息技术产业结构调整、转移带来的机遇，进一步明确高新技术产业作为主导产业的思路，通过“两头在外，一头在内”的模式逐渐成长为全球高技术制造业基地。在此阶段，深圳市政府也从鼓励科技人员创业，转向系统的科技产业政策体系设计，以及打造创新环境，民营企业成为高技术产业发展的主力军。1991 年，深圳全市高新技术产品产值仅 22.9 亿元，2000 年已达到 1064

① 后来深圳科技工业园的实践证明从科研机构为起点的科技成果产业化道路是行不通的，启发深圳走产业和市场需求为起点带动科技成果转化的模式。

② 华为总裁任正非提到，这一“红头文件”确实对华为的最初创业起到了很大的刺激作用。转引自王苏生、陈搏等，2018，《深圳科技创新之路》，中国社会科学出版社。

③ 这些举措比国内许多城市早了足足有 10 年之久。

④ 不少科研人才具有留学背景，受困于国内“政治—科技”科研体制，深圳的市场化改革为他们提供了新的希望。

亿元，占工业总产值的比重由8.1%提高到35%（中国网，1999）；2000年具有自主知识产权的高新技术产品产值达到534亿元，占高新技术产值比重达到50.2%，此后呈现持续增长态势（见图5－7）。但整体而言，深圳产业结构以劳动、资本密集型制造业为主，企业创新活动侧重于技术学习与模仿创新，"以市场换技术"策略充分体现了比较优势的逻辑。

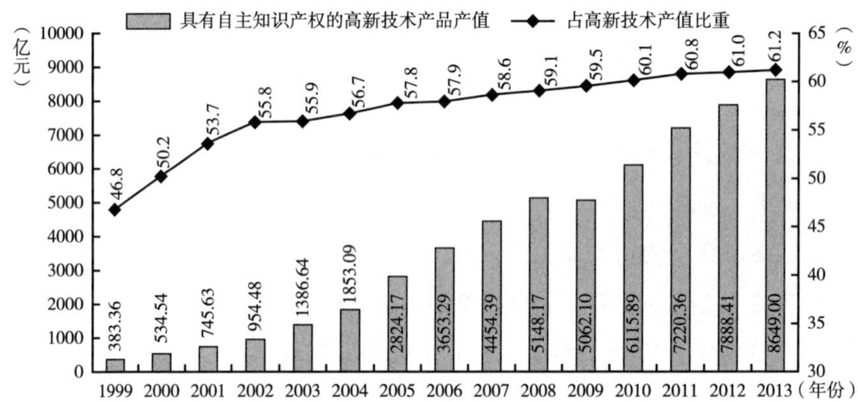

图5－7　1999～2013年深圳具有自主知识产权的高新技术产品产值情况

资料来源：2000～2014年《深圳统计年鉴》。

（一）建立以民营企业为创新主体、政府侧重环境塑造的政企互动机制

进入90年代，全国各地掀起了中外合资、"招商引资"的热潮，高新区、产业园遍地开花。在各地竞相提出优惠政策的情况下，深圳的特区政策优势不再明显，尤其是原来区域优惠型的企业所得税逐渐改变为以产业优惠为主，外资企业所得税逐渐和内资企业所得税合并，而深圳的土地成本、劳动力成本等逐年上升，导致"三来一补"企业纷纷外迁。深圳市政府独辟蹊径采取"产业替代"策略取代"产业升级"策略，抓住全球信息技术革命以及产业链变动带来的机遇，跳过重化工业发展阶段，将产业扶持政策直接导向高新技术产业，将重心放在扶持高新技术企业，尤其是民营高新技术企业发展上来。1993年，时任深圳市委书记厉有为在珠江三角洲地区发展高新技术产业座谈会上曾指出，"在深圳这个资源贫乏、空间有限的城市、传统

的劳动密集型、高能耗型产业的发展已越来越受到限制。深圳的经济发展要保持速度与效益相统一，增强国际国内市场的竞争力，就必须进一步确立把发展高新技术产业放在主导地位上的思想，含比没有第二条出路”（厉有为，2010）。而试图扶持以国企为主的八大“超百亿集团”、市政府牵头三大彩电巨头共同投资 TFT 等教训，使得深圳认识到政府主导下的企业成长模式不具有可行性，开始探索以民营企业为创新主体、政府侧重环境塑造的政企互动机制。

为此，深圳逐步建立健全科技创新政策体系，注重培育发展高新技术产业，新需的人才发展环境、高新技术产品配套环境，加强政府对高新技术产业发展的引导和扶持（厉有为，2010）。1991 年，深圳颁布了《关于加快高新技术及其产业发展暂行规定》，鼓励企业开发新工业产品，不断提高企业规模、技术水平和产业层次；1993 年出台的《深圳经济特区民办科技企业管理规定》放宽了民办科技企业的创办条件；1994 年出台的《深圳经济特区无形资产评估管理暂行办法》，1995 年出台的《深圳经济特区企业技术秘密保护条例》等旨在建立知识产权保护机制的法规均在全国具有先行意义；1998 年，深圳出台《关于进一步扶持高新技术产业发展的若干规定》（简称“22 条”），是在中国地方政府中首个推出的系统科技产业政策体系。此外，深圳开始重视并系统构建企业创新平台体系，推动华为、中兴、华强集团成立首个企业技术中心和首个工程中心。[①] 一些企业也开始建立研发国际化的意识，例如华为早在 1999 年就在俄罗斯设立数学研究所，迈出了全球创新的第一步。围绕产业和企业发展需求，深圳还扶持建立了各类依托科研院所的重点实验室、科技企业孵化器基地，包括深港产学研基地[②]、北京大学深圳研究生院、清华大学深圳研究院、北京大学香港科技大学医学中心以及由

① 1996 年，深圳市科技局会同计划局确定在企业建立市级研发中心，在全国首次提出技术创新主体在企业。

② 深港产学研基地的目的是探索和实践官、产、学、研相结合的新路子，为深圳发展高新技术产业服务。深港产学研基地在 2000 年 2 月，即签订了 10 个高科技项目。转引自王苏生、陈搏等，2018，《深圳科技创新之路》，中国社会科学出版社。

联合国工业发展组织与中国外经贸部和深圳联合组建的深圳国际能源与环境促进中心等（王苏生、陈搏等，2018）。

通过大力发展以电子信息、生物工程、新材料为代表的高新技术产业，一大批民营高技术企业设立并开始成长，华为、中兴、比亚迪、大族激光等企业在政府政策支持下逐步成长为有实力的创新型企业。1998 年，深圳国营内资企业数量占比低于 50%，私营企业与外资企业数量合计占比开始高于内资企业（见图 5－8）。到 90 年代末，深圳全市 521 家开发研究机构中有 477 家建在企业，占 92%；全市 90% 的科研技术人员集中在从事开发和生产高新技术产品的企业中（蒋铁柱、杨亚琴，2001）。深圳全社会科技投入的总量达 168 亿元，其中 150 亿元是由企业投入的，占总量的 89%。在科技经费投入总量中，用于研究开发的经费为 19.29 亿元，其中 113 家高新技术企业共投入研究开发经费 15.79 亿元（蒋铁柱、杨亚琴，2001）。

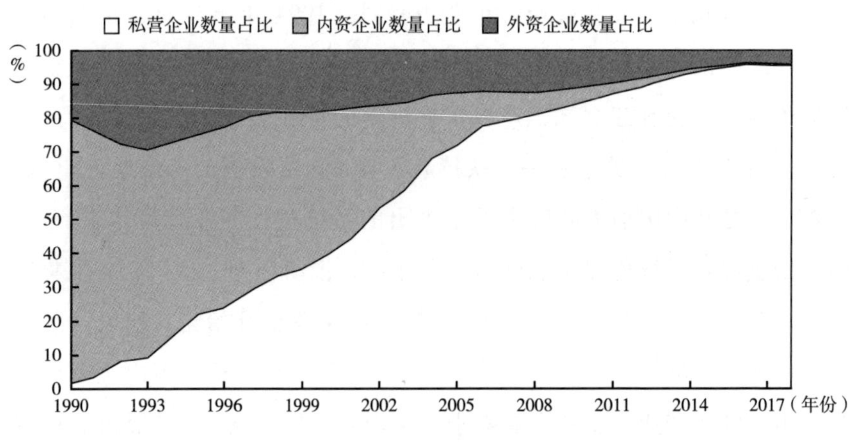

图 5－8　1990～2018 年深圳各类企业占全部企业数量的比重

资料来源：2019 年《深圳统计年鉴》。

(二)发展“两头在外，一头在内”经营模式形成本地企业创新能力

随着本地企业从工艺创新走向产品创新，基础研发能力薄弱的深圳需要解决产品研发所需新知识、新技术来源的问题，以跟上世界先进技术发展潮流。为此，深圳市政府采取“以市场换技术”的策略（何佳声，

1999)，大力吸引世界500强及其研发中心落户深圳，为本地企业技术学习与模仿创新提供资源与条件。在20世纪90年代，深圳先后引进IBM、微软、朗讯等17家世界500强高科技企业在深圳投资。在与跨国公司的互动过程中，深圳科技企业建立起“两头在外，一头在内”的经营模式，即香港、台湾接单，深圳制造，全世界销售的模式。深圳企业通过与中国香港、中国台湾、韩国、美国、日本以及欧洲部分发达国家和地区的跨国公司合作，不断积累人才、资金、信息、知识等要素，提高了生产能力和产品创新能力。[①]

全球生产网络和全球价值链理论认为，跨国公司通过R&D联盟、独立供应商、独立分包商、分销渠道、合作协议（标准联盟等）、合资企业、子公司和附属机构等非正式和正式机制将隐性和显性知识转移给本地供应商，形成了本地供应商的创新能力（Ernst and Kim，2002；Kim，1980）。这是本地企业建立创新能力的原因。经过若干年发展，计算机产业的IBM、康柏、希捷、三洋、施乐、富士康[②]，通信产业的菲利浦、北方电信、朗讯科技，新材料产业的杜邦，以及爱普生、奥林巴斯等跨国巨头，与华为、中兴通讯、长城计算机、天马微电子、科兴、安可、奥沃、迈瑞、比亚迪等本土知名企业，以及1500多家中小企业形成配套关系，构成深圳计算机、生物、新材料生产的创新生态链。通过消化吸收再创新，深圳科技企业逐渐形成独立生产电子元器件、电脑、打印机、复印机、扫描仪、通信设备、家电类产品和汽车电子产品的能力。例如，华为技术有限公司低成本高效率的第二代交换机和无线通信设备，奥沃公司的旋转伽马刀设备，康佳公司的彩电系列等自主研发产品也是在学习和吸收国外技术基础上研发成功的（蒋铁柱、杨亚琴，2001）。

① 《深圳发展高新技术产业的主要经验》，http：//www.yidianzixun.com/article/0JUV3wyx。

② 1988年，台湾鸿海科技集团大陆的第一个生产基地——深圳海洋精密电脑接插件厂在深圳市宝安区成立，从事来料加工，生产电脑配件。1993年成立富士康精密组件（深圳）有限公司，1995年成立富金精密工业（深圳）有限公司、鸿弘精密组件（深圳）有限公司、鸿准精密模具（深圳）有限公司等独资企业。

（三）以风险资本与人才引进为抓手促进科技与产业结合

除引进跨国企业外，科技成果转化机制创新也是这一阶段深圳科技政策的重点。深圳通过政策导向，推动企业研发机构发展，并通过市场化运作，将中国各地的科研成果吸引进深圳加以产业化。[①] 在企业研发基础上，深圳政府发挥其对企业自筹资金的引导作用，成立高科技风险投资公司和风险投资基金，为外资在深圳建立高科技企业提供方便和优惠，使其成为中国第一个风险投资的试点城市。1991 年，深交所正式营业，为科技企业创新增添强大的资本力量。1997 年，深圳市政府成立“深圳市科技风险投资领导小组”和办公室。1999 年，深圳成功举办了首届中国国际高新技术成果交易会，成交项目 1030 项，成交额达 65 亿美元。同年，深圳虚拟大学园开园，首批 22 所院校进驻。[②] 深圳发起成立专业从事创业投资的深圳市创新投资集团有限公司（简称“深创投”）。[③]

人才是实现科技成果转化的关键。与 80 年代引进国内人才不同，90 年代深圳开始建立全球视野，鼓励国外科技人才回国发展。1992 年，深圳市政府首次组团赴海外招聘人才，开全国先河。1993 年，以《深圳经济特区大学中专毕业生就业合同管理暂行办法》为起点建立了人才流动的市场化规则，鼓励留学人员归国来深创业，为深圳快速发展高科技技术、缩短技术差距做出了重大贡献。例如，1998 年由留学人员与海外人才创办的深圳迈迪特仪器有限公司（后改名为“西门子磁共振有限公司”）先后研制成功

---

① 科技成果转化是深圳科技创新成功的一个重要原因。截至 2018 年底，深圳拥有国家技术转移示范机构 13 家，占全省 40%，2018 年核定技术交易额 548 亿元。此外，深圳还构建了 17 个产学研创新联盟，打造高交会、深创赛等创新成果转化平台，培育国家级孵化器、众创空间等各类孵化载体 300 余家。

② 深圳虚拟大学园是我国第一个集成国内外院校资源，按照一园多校、市校共建模式建设的创新型产学研结合示范基地。

③ 2002 年 10 月，改为深圳市创新投资集团。至 2014 年底，该机构在 IT 技术/芯片、新材料/化工、光机电/先进制造、能源/环保等领域投资 544 个项目，总投资额逾 158 亿元，所投企业上市数量达 93 家，遍布国内外主要交易所，上市业绩居国内第一，被称之为企业上市的“造星梦工厂”，是目前国内规模最大也最成功的本土创投公司。转引自白积洋，2019，《“有为政府 + 有效市场”：深圳高新技术产业发展 40 年》，《深圳社会科学》第 5 期。

1.5T 超导磁共振系统和世界首创的 0.35TC 型磁共振系统，填补了中国磁共振仪器的缺口（陶一桃、鲁志国，2018）。1998 年，深圳科技成果转化率高达 90%，远高于上海的 15%（蒋铁柱、杨亚琴，2001）。

三　完善官产学研资介互动的区域创新体系，形成后发集成创新优势（2001～2011年）

进入 2000 年后，特别是中国加入 WTO 后，国际市场需求爆发提供了深圳工业化和产业升级的新动力，以电子信息为代表的体现深圳创新标志的高新技术产业发展迈入快车道，成为深圳第一经济增长点。著名的华强北商圈成为亚洲最大的电子交易市场，汇聚了全球知名品牌的绝大部分电子元器件，被誉为“中国电子第一街”。然而，“以市场换技术”“合资经营”策略只能使得后发国家企业永远被动地锁定在发达国家企业技术轨道中，难以掌握关键核心技术（路风，2006），为此，深圳开始以自主创新为导向，构建以企业为主体、市场需求为导向、官产学研相结合的开放型区域创新体系，推动深圳企业创新从模仿创新走向集成创新。

（一）官产学研资介相结合的区域创新体系初步形成

进入 21 世纪，深圳逐渐把自主创新战略从科技发展战略、产业发展战略层面提升为城市发展的主导战略。2002 年，深圳出台《关于加快发展高新技术产业的决定》，提出要提高自主技术创新能力。2006 年，深圳颁布《关于实施自主创新战略建设国家创新型城市的决定》，提出了建设创新型城市的使命，形成围绕自主创新战略的“1+N”政策体系。深圳“十一五”（2006～2010）规划纲要中，围绕自主创新问题，提出了建设创新型政府、促进创新型发展、提升创新型产业、完善创新型环境四个方面的城市发展方向。2008 年 6 月，国家发改委正式批准深圳作为全国首个创建国家创新型城市试点单位，深圳科技创新上升到承担国家战略的高度。深圳为此相应出台了《关于加快建设国家创新型城市的若干意见》，同时推出的还有《深圳国家创新型城市总体规划（2008－2015）》《关于加强自主创新促进高新技术产业发展的若干政策措施》《关于加强高层次专业人才队伍建设的意见》及“1+6”配套文件等一系列重要政策文件，形成促进自主创新、建设创新型城市的政策体系。2008年，深圳市人大常委会颁布了《深圳经济特区科技创新促进条例》，这是中国第一个在体制改革中制定的促进创新性法规，营造了鼓励创新、宽容失败的社会创新文化。2004年5月，深交所推出中小板，2009年设立创业板，形成了多层次的资本市场体系，使深圳成为国内创投业最为集中的城市之一，创投公司数量占全国1/3，补充了深圳区域创新体系的短板。在此期间，深圳的官产学研资介相结合的区域创新体系初步建立（见表5-16）。

表5-16　深圳官产学研资介相结合的区域创新体系

类别	含义	实践
官	政府及部门	市委、市政府主要领导的重视和主抓，以及多部门配合与竞争关系；完善的科技创新政策体系；孵化器、加速器等载体建设；国际化、法治化、便利化的创新环境
产	产业及企业	6个“90%”形成企业创新主体地位；大型龙头企业、中型科技公司、小型创业企业协同发展的创新生态链
学	科研院所	深圳大学、南方科技大学，香港中文大学深圳分校等；深圳大学城、虚拟大学园、国家大学科技园；深圳职业技术学院等职业院校
研	公共及私有研发投入	90%的研发投入来自企业；深港创新圈、深圳清华大学研究院、中科院深圳先进技术研究院；光启高等理工研究院、华大基因研究院等民办研究机构
资	投融资体系	深交所创业板及中小企业板；大量的VC、PE等资本；贷款担保机构；政府资助等
介	市场化中介体系及政府公共服务平台	高交会、高交所等各类政府公共服务体系；行业协会、技术联盟、信息咨询服务机构、专利服务、评估、仲裁、律师事务所、会计师事务所、担保机构等市场化中介体系

参考资料：金心异，2018，《深圳发展高新技术产业的主要经验》，长江产业经济研究院，http：//toutiao. maoqian. cn/wz_16nnto4fk1. html。

（二）建设深港创新圈推进构建全球创新生态圈

2004年1月，深圳市委、市政府出台《关于完善区域创新体系推动高新技术产业持续快速发展的决定》，进一步明确了区域创新体系在推动产业和企业创新中的作用，并确定加强海内外科技交流与合作等开放创新合作措施。2007 年，深圳市与香港特别行政区签署“深港创新圈”合作协议，正式启动建设“深港创新圈”，开始推动区域层面的创新深度合作，深港合作进入更深层次、更宽领域、更高水平的新时期。从图 5 – 9 可以看出，从 2006 年开始，香港作为深圳利用外资的“超级联系人”作用逐年提高。通过与香港的深度合作，深圳一方面利用产业配套优势和优良的物流环境，吸引了世界著名大公司、大项目和跨国公司的核心制造环节、研发中心、地区总部、采购中心等落户深圳（钟坚，2008a），另一方面也开始通过支持企业在境外建立研发中心、营销网络等方式帮助企业构建全球创新网络，推动国际科技创新合作。深圳充分利用国家对外科技合作的有关资源，在贸易合作的基础上，与 40 多个国家和地区建立了科技合作关系，与芬兰等 9 个国家签署合作协议，与硅谷、以色列等国家和地区搭建 8 条“创新创业直通车”，构建起信息、技术、知识、人才等海内外科技创新资源顺畅流动的国际科技合作基本格局（王苏生、陈搏等，2018）。

（三）整合利用全球创新资源提高企业集成创新能力

深圳制定实施加强基础设施建设、支持研发投入和人才培养等功能型政策，营造了引智型营商环境，为企业形成集成创新能力提供高水平的物质、资本、知识、技术和智力等条件，建立后发创新优势（刘培林、刘孟德，2020）。例如，在人才政策供给方面，深圳不断推动国际化的引才育才机制创新。2000 年，深圳出台《深圳市政府关于鼓励出国留学人员来深创业的若干规定》，制定优惠政策系统地吸引海外人才来深创业；2002 年，出台《深圳市办理人才居住证的若干规定》，确定了户口不迁、关系不转、双向选择、自由流动的人才柔性引进机制；2011 年，以中央实施引进海外高层次人才“千人计划”为引领，颁布《关于实施引进海外高层次人才“孔雀计划”的意见》，为归国留学人才创新创业提供资金资助；同年，出台《深圳市中长期人才发展规划纲要（2011 – 2020 年）》，提出人才国际化战略；推出《关于加强自主创新促进高新技术产业发展的若干政策措施》的“33

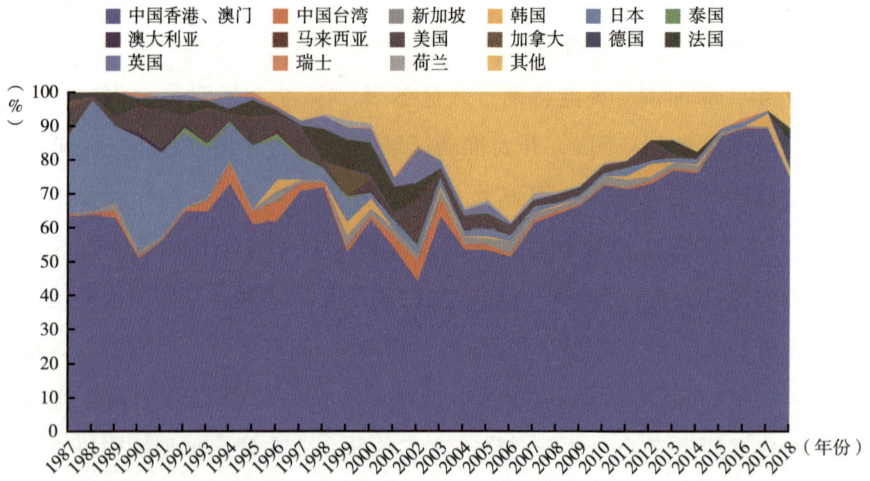

图 5－9　1987～2018 年深圳实际利用外资的国别（地区）分布情况

资料来源：2019 年《深圳统计年鉴》。

条”。深圳光启高等理工研究院在 2010 年通过公助民办模式创立，成立仅 3 年，就从仅有 5 名海归人才的小团队，发展成为来自 30 个国家、超过 300 人的科研团队，申请发明专利达到 1818 件（王苏生、陈搏等，2018）。

通过大力引进华裔海归人才回国创业，深圳与北美、欧盟、日韩等相关国家的产业、研发体系、重要市场建立直接联系与互动关系，得以迅速介入研发、品牌等产业链高端环节，直接参与到全球产业分工的上游环节，建立了企业集成创新能力。华为、中兴通信、迈瑞、朗科、大族激光、大疆 DJI、华大基因等企业在此阶段得到快速发展，并成为集成创新的典范。例如，华为参照国际上高新技术企业以销售收入 10% 以上的经费投入研发的做法，长期坚持不低于产品销售收入 10% 的比例和 1 万多名专业技术人员投入研究，在全球设立 22 个研发中心（张小国等，2006）；集装箱产量世界第一的中国国际海运集装箱公司（中集），则瞄准世界顶尖技术进行大范围的资源整合与集成创新。1995 年，中集购买了德国钢制冷藏箱专利，10 年后，通过吸收、改进德国专利，中集实现冷藏箱占全球市场份额的 44%，出售专利的德国同行转产，全球 95% 的冷藏箱使用中集自主创新的改进工艺（胡谋，2006）。截至2005年，中集拥有500多项专利和800多项专有技术，成为集装箱国际标准制订的“行业领袖”。迈瑞医疗连续五六年的研发投入都以50%以上的速度递增，甚至曾经顶住零销售压力也要打造完整的自主知识产权优势，最终企业走进了与跨国企业巨头同台竞争的大舞台。

四　打造“热带雨林”综合创新生态系统提升原始创新能力（2012年至今）

党的十八大以来，深圳积极把握全球新一轮科技创新和产业革命带来的重大机遇，着力破解区域创新体系中原始创新能力薄弱“瓶颈”问题，逐步完善包括“基础研究＋技术攻关＋成果产业化＋科技金融”创新全过程的“热带雨林”综合创新生态系统，实现从比较优势向综合竞争优势跃升。2014年，深圳建设国家自主创新示范区获批，成为党的十八大后国家批准建设的首个国家自主创新示范区。中美贸易战、中兴通讯事件、华为事件发生后，深圳意识到原始创新能力对产业链与经济安全的重要性。为此，深圳以建设粤港澳大湾区国际科技创新中心为中心，深化科技创新体制改革，建设重大创新平台，融入全球创新网络集聚高端技术人才资源，培育高端研发机构，提升特区技术标准，构建了面向创新全过程的政策链，努力提高原始创新能力。自2012年开始，深圳创业企业数量每年实现了6位数同比增长，从1979年的501家企业跃升到2018年197万家（见图5－10）。其中销售额超千亿元的3家，超百亿元的17家，超十亿元的157家，超亿元的1203家，在新三板挂牌的企业有600多家，深圳本地企业在中小板和创业板上市企业连续9年都居大城市首位（白积洋，2019）。

（一）着力突破原始创新能力“瓶颈”培育企业发展原动力

早在2012年之前，深圳就已经意识到原始创新能力的瓶颈问题，设立了南方科技大学以及香港中文大学等知名高校及其分校，推进深圳光启高等理工研究院、深圳华大基因研究院等企业研究院、国家级创新载体建设。但系统谋划提高原始创新能力主要在党的十八大后。2017年，深圳实施科技

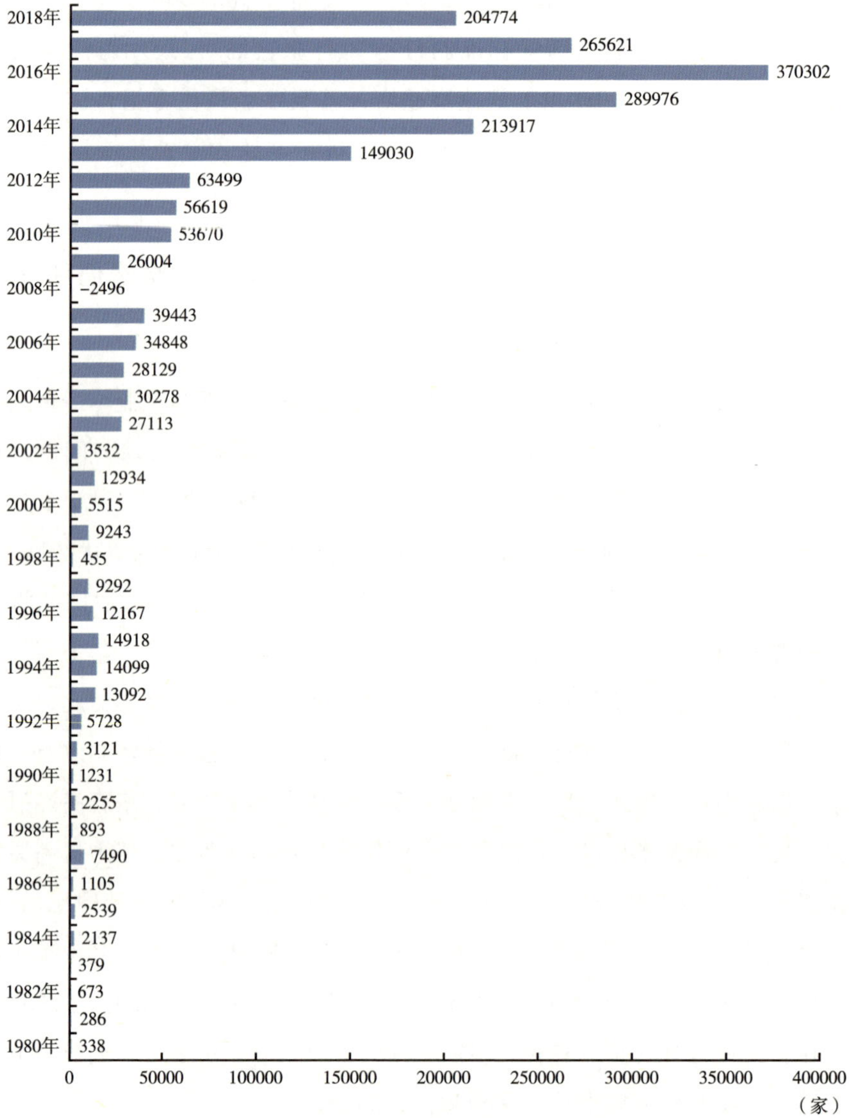

图 5－10　1980～2018 年深圳新增企业数量情况

资料来源：2019 年《深圳市统计年鉴》。

创新“十大行动计划”，涵盖创新硬件、基础设施、人才引进、空间载体、产业布局等方面，从源头创新到产业链上下游及配套服务进行系统布局，全面提升创新软、硬环境，打造全球创新生态圈。2018 年 7 月，出台《关于深入贯彻落实习近平总书记重要讲话精神加快高新技术产业高质量发展更好发挥示范带动作用的决定》，提出实施七大工程，构建“基础研究 + 技术攻关 + 成果产业化 + 科技金融”全过程创新生态链。通过建设重大科技基础设施群、新型研发机构等载体，以及全球高等教育机构合作办学，深圳努力从应用研究驱动向基础研究驱动转变，解决企业应用创新不断迭代后对前沿知识的需求。2018 年，《深圳市科技计划管理改革方案》出台，相关的 22 条政策明确将全市 30% 以上的科技财政专项资金持续投向基础研究和应用基础研究。

2018 年，深圳全社会研发投入达到 1008 亿元，占 GDP 比重达到 4.2%，达到全球研发投入排名第 1 的以色列国家水平，为全国平均水平的 2 倍。企业 R&D 投入占比稳定在 90% 以上（见图 5 - 11）。高投入带来高产出。从专利来看，2012 ~ 2018 年，深圳专利授权累计达到 53.3 万件，占 1991 ~ 2018 年专利授权总数的 74%；2012 ~ 2018 年，深圳发明专利授权累计达到 11 万件，占 1991 ~ 2018 年发明专利授权总数的 73%；PCT 国际专利申请量也在此期间实现快速增长（见图 5 - 12），这些专利 90% 以上由企业获得。部分企业创新站在了国际前沿领域。华为是全球最大的电信设备供应商，成功发布全球首款人工智能手机芯片麒麟 970，其短码方案成为全球 5G 技术标准之一；腾讯人脸识别、自然语言处理等技术水平居世界前列；平安科技在国际权威人脸识别数据库 LFW 组织的评比中，识别准确率获得世界第一；华星光电在中国 6 大电视机品牌厂商采购份额中连续多年行业排名第一；大族激光成为亚洲最大、世界前三的激光加工设备生产商；天马 LTPS 显示屏全球市占排名第一。

（二）发挥重大科技创新平台牵引作用集聚全球高端创新资源

从 2012 年开始，深圳市把握新一轮科技革命的重大机遇，积极建设深港科技创新合作区等重大科技创新战略平台，光明科学城等重大科技基础设施，以及 5G、人工智能、第三代半导体、智能装备、生命健康、高端医学诊疗器械等领域的重大产业创新发展平台，为科技企业创新引进与集聚高端创新资源。

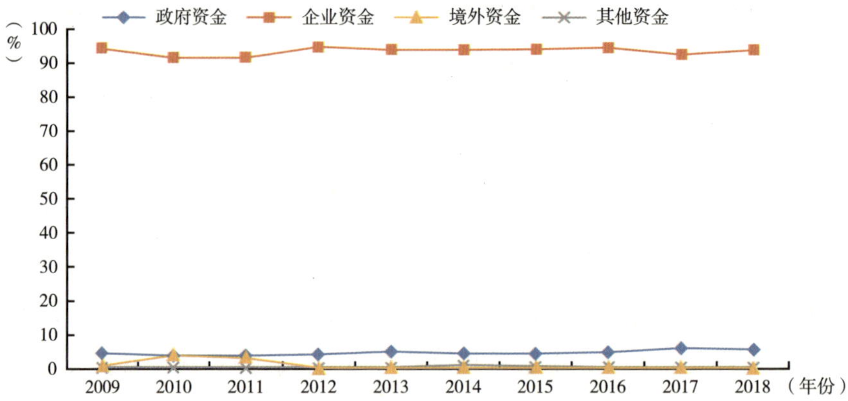

图 5－11　2009～2018 年深圳 R&D 经费支出来源及其占比

资料来源：2019 年《深圳统计年鉴》。

在重大科技创新战略平台上，2017 年，深圳与香港特别行政区签署《关于港深推进落马洲河套地区共同发展的合作备忘录》，在落马洲河套地区合作建设“深港创新及科技园”，推动其成为科技创新高端新引擎、深港合作新的战略支点与平台。在重大科技基础设施上，深圳国家基因库（二期）、未来网络试验设施、脑科学与合成生物、材料基因组等重大科技基础设施群规划建设紧张有序推进，光明科学城启动区开工建设。在重大产业创新发展平台上，鹏城实验室、第三代半导体研究院等重大科研机构启动建设；累计建成省级新型研发机构 41 家；新增国家、省、市级重点实验室、工程研究中心、企业技术中心等创新载体 189 家，累计达 1877 家；累计组建格拉布斯研究院、中村修二激光照明实验室等 6 个诺贝尔奖科学家实验室；培育了华大基因、光启研究院、深圳先进院等 90 家以上集科学发现、技术发明和产业于一体的“三发”新型研发机构；在深圳投资或开设分支机构的世界 500 强企业超过 100 家，其中不少跨国公司已在深圳设立研发中心或区域运营中心，如苹果公司华南运营中心、高通公司深圳创新中心、甲骨文深圳研发中心等（白积洋，2019）；香港高校在深设立科研机构 72 家，其中国家重点实验室分室 8 个，联合培养人才 9211 名，转化成果及技术服务 269 项。

除“引进来”以外，深圳同时积极推动创新“走出去”，构建全球创新

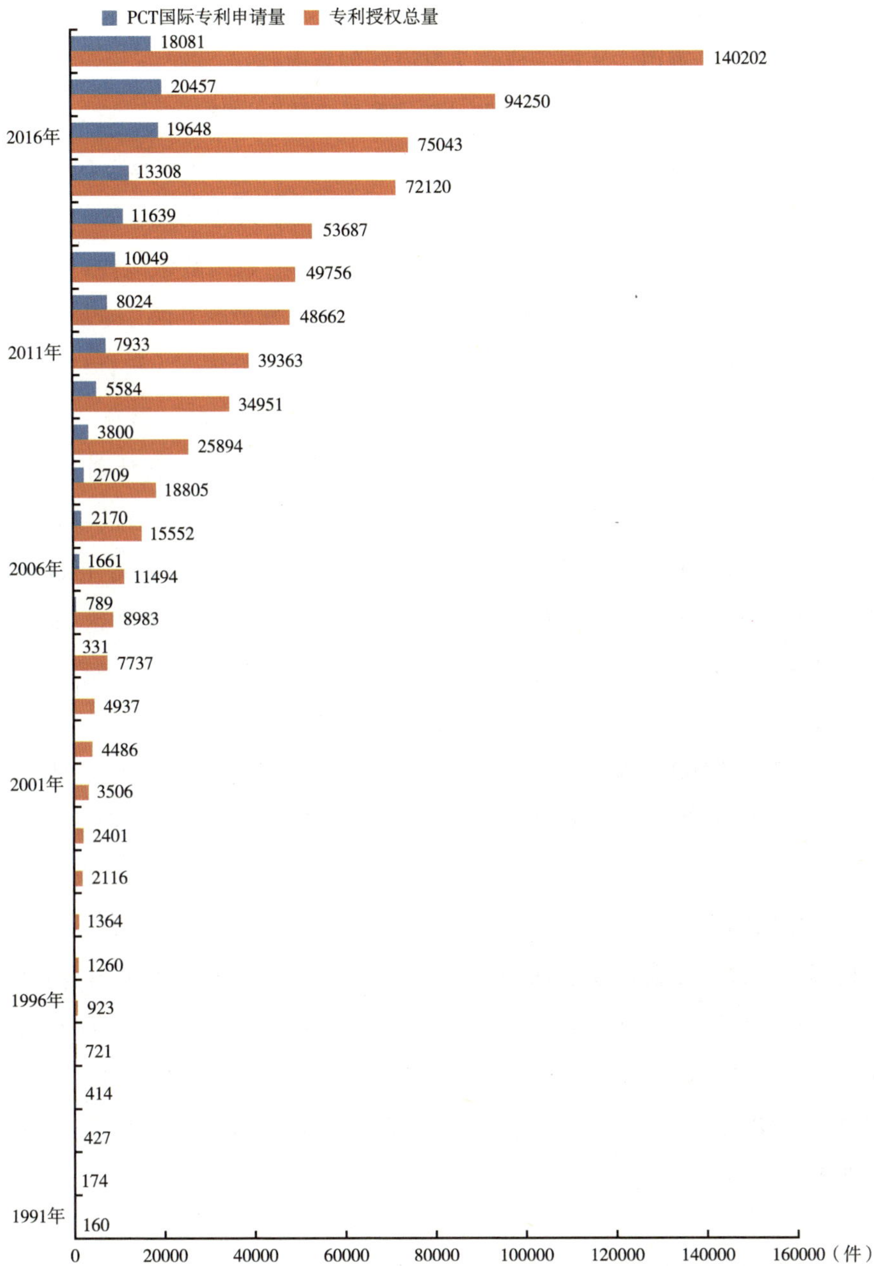

图 5－12　1991～2018 年深圳专利授权总量以及 PCT 国际专利申请量

资料来源：2019 年《深圳统计年鉴》。

网络。2014～2018年5年期间，深圳在境外建立研发机构达到255家，在美国、以色列、英国、法国等成立7家海外创新中心。[①]

（三）形成面向创新全过程的政策链培育高科技企业群

党的十八大以来，深圳接连出台《深圳国家自主创新示范区建设实施方案》《关于促进科技创新的若干措施》《关于促进人才优先发展的若干措施》《深圳经济特区国家自主创新示范区条例》等一系列政策文件，从财政金融支持、人才支撑、创新载体建设、科技服务业发展等方面，全面加大对自主创新的支持力度，形成覆盖自主创新全过程的政策链，为培育科技型企业、高新技术企业提供了全方位支持。例如，2014年颁布《提升"深圳质量"人才工作行动计划》，实施八大人才集聚行动计划，"孔雀计划"项目、杰出青年人才支持项目、海外引才网络等多个涉及引进海外人才的项目均被列入其中；2017年，《深圳经济特区人才工作条例》施行，将每年11月1日确定为"深圳人才日"。仅在2018年，深圳全年新引进人才高达28.5万名，增长8.4%，新增高层次人才2678名，增长59%，新增全职院士12名，总量增长41%，形成了全球高层次人才加快集聚的势头。

2008年深圳高新技术企业395家，到2018年，深圳高新技术企业达到1.4万家，位居中国城市第二，仅次于北京，广东省内第一（见图5－13）。世界500强企业广东共13家，深圳就拥有7家，包括华为投资控股有限公司、正威国际集团等创新型企业。境内外上市公司累计接近400家，VC/PE机构累计超过5万家。截至2019年12月底，深圳共拥有7家独角兽企业，占广东独角兽企业总数的47%（见表5－17）。深圳新业态企业、高新技术企业、独角兽企业大都拥有自主创新产品，在4G和5G技术、超材料、基因测序、3D显示、石墨烯太赫兹芯片、柔性显示、新能源汽车、无人机等产业领域的创新能力位居世界前沿。

① 美国旧金山海外创新中心、英国伦敦海外创新中心、法国伊夫林海外创新中心、以色列特拉维夫－海法海外创新中心、加拿大多伦多海外创新中心等7家机构成为深圳首批授牌的海外创新中心。

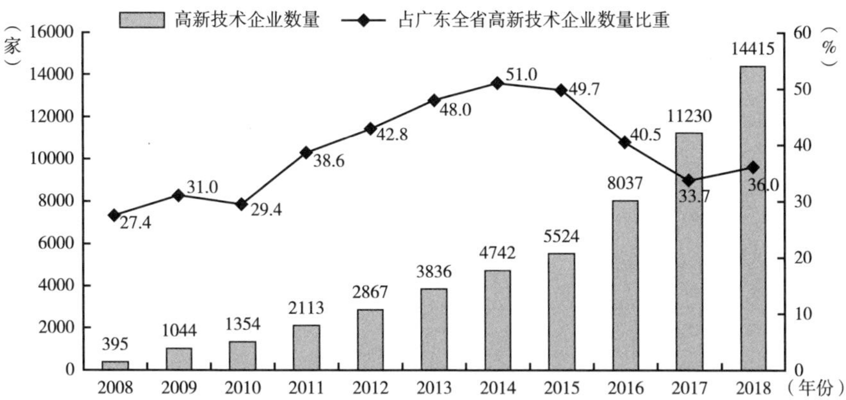

图 5－13　2008～2018 年深圳高新技术企业数量及其占广东比重

资料来源：深圳市科技创新委员会。

表 5－17　截至 2019 年底全球独角兽企业数量比较

区域	数量（家）	数量占比（%）	估值（亿美元）	估值占比（%）
全球	433	—	13350	—
美国	236	54. 5	7040	52. 7
中国	101	23. 3	3900	29. 2
中国广东	15	3. 5	495	3. 7
广东深圳	7	1. 6	310	2. 3

资料来源：美国 CB Insight 全球独角兽企业数据库。

第四节　深圳经济特区创新发展的经验

从中国最初建立的四个经济特区来看，深圳不管是在 GDP 还是人均 GDP 均远远超过其他三个经济特区（珠海、汕头、厦门）。2018 年，深圳 GDP 超 2. 4 万亿元，首次超过邻近的香港，成为亚洲经济总量排名前五的城市，中国大中城市排名前三（白积洋，2019）。长期以来，深圳在全国经济特区经济总量中一直保持在 60% 的比重，正因如此，许多学者将深圳作为经济特区的近似替代（袁易明、姬超，2014）。按照经典经济学理论，随着经济发展程度的提高，对资源的使用越来越接近其“临界点”，如果继续传统的经济增长方式，必然带来环境污染、资源枯竭、人口红利耗尽等负面影响，经济发展难以持续（王小鲁、樊纲等，2009；蔡昉，2013；袁易明、姬超，2014）。虽然现在还很难说深圳已经突破资源约束的“临界点”，但深圳确实创造了城市发展史上的奇迹。回顾历史，“探索逻辑”“辩证思维”和“实践理性”是深圳 40 年发展史上的重要经验，更是一种方法论。从比较优势到竞争优势，这些经验和方法论已经让深圳成为中国城市创新发展的标杆。在未来，深圳若能从“竞争优势”赢得“绝对优势”，这些经验和方法论也必将成为其前行的“利刃”。

一　“探索逻辑”推动体制创新

回顾深圳 40 多年发展史，“机缘禀赋（天时）、地缘禀赋（地利）和人缘禀赋（人和）”是中国对外开放在深圳起步的重要决定因素，也是“深圳奇迹”的禀赋优势（郭跃文、王珺，2019）。所谓“机缘禀赋”就是党的十一届三中全会之后（具体时间是 1979 年 7 月），中共中央、国务院决定在广东省的深圳、珠海、汕头和福建省的厦门试办出口特区（1980 年 5 月，出口特区改名为经济特区）。所谓“地缘禀赋”就是地理上的优势，深圳毗邻香港，地理上的临近导致深圳抓住了香港产业转移的机遇，大量的港资在深圳开展“三来一补”业务。而所谓“人缘禀赋”，就是改革开放之初，中国拥有大量的廉价劳动力，深圳建设经济特区，抓住了中国最初、最大、最广的“人口红利”，这种禀赋优势让深圳获得了大量的外来资本和廉价劳动力。

虽然“天时、地利、人和”为深圳创造了“三位一体”的禀赋优势，但是在中国经济特区创立之初（特别是头 10 年），经营管理、工业区开发、人事制度、医疗制度及社保制度等方面的经验都严重不足，需要在探索中前行。改革开放的总设计师邓小平同志认为办经济特区没有现成的经验，需要“摸着石头过河”。换句话说，中国经济特区没有现成的经验，需要通过“投石问路”，从中探索经验，总结经验和推广经验。

以深圳蛇口发展为例，蛇口工业区建设之初，面临的最大困难就是资金问题。中国这时候刚刚经历过10年“文化大革命”，国家“一穷二白”，财力相对匮乏，中央拿不出钱来用于蛇口工业区建设。1979年7月15日，中共中央、国务院批转广东省委、福建省委关于对外经济活动实行特殊政策和灵活措施的两个报告，同意在深圳、珠海、汕头和厦门试办出口特区（1980年5月16日，出口特区改称为经济特区）（中共中央党史和文献研究院，2018）。在谈到配套资金问题时，邓小平说：“中央没有钱，可以给些政策，你们自己去搞，杀出一条血路来”（钟坚，2004）。为此，招商局争取到两项关键政策：一是500万美元以下的工业项目自主审批；二是允许向外资银行贷款（李岚清，2009）。袁庚利用中央给予的两项政策，2年之内筹集了15亿元，用于“五通一平”（通水、通电、通航、通车、通信，平整土地），但资金还是不够用。工业区运作前期，园区通过“以租养建”的形式启动，初期启动资金只有6000万外汇人民币，工业区向外商租让部分土地以获取资金再投入建设。自主审批、外资贷款、“以租养建”等都是体制机制上的创新之举。蛇口工业区经过40年演变和四次升级（从蛇口模式1.0版到4.0版），逐步形成了“前港—中区—后城”的“蛇口模式”，即把产业和城市综合开发，以港口先行、产业园区跟进、配套的城市功能开发，从而形成整片联动（谭楚丹，2017）。“蛇口模式”是一种开放创新的产业新城开发模式。目前在国内的漳州、大连太平湾、青岛、天津、重庆等40多个城市，共建“一带一路”国家的吉布提、白俄罗斯、多哥、坦桑尼亚、斯里兰卡等，“蛇口模式”正在被复制和推广，类似成功的创业故事也在不断重复上演。

二　“辩证思维”引领创新转型

进入21世纪，特别是中国经济进入新常态以来，深圳经济总量虽逐年攀升但经济增速下降明显，进一步暴露出依赖资本、劳动力等要素驱动型经济已经出现疲软态势。根据发达国家和地区的经验和教训，“创新转型”成为深圳的唯一出路。在2006年深圳市委、市政府1号文件中，正式把“建设国家创新型城市”作为深圳未来发展的主导战略。[①] 从“深圳速度”到“深圳质量”，需要思考的是产业结构转型升级；从“深圳制造”到“深圳创造”，需要谋划的是自主创新能力增强；从“贴牌生产”到“自主品牌”，需要探寻的是价值链的攀升路径。这一切均体现了深圳从“三来一补”到“创新转型”的发展之路，更体现了深圳在辩证思维（即对立统一规律、量变质变规律、否定之否定规律）下的转型轨迹。

第一，对立统一规律。进入新世纪特别是在中国经济进入新常态之后，深圳面临和20世纪70年代的香港一样的困境，地租和人力资本迅速攀升，原有的禀赋优势渐渐地成为一种发展“瓶颈”，迫切需要推动经济转型发展。很多企业因为经营成本的提升而从深圳外迁，例如，华为把终端总部（手机、平板电脑）迁往东莞松山湖（华为小镇）。企业特别是处于初创期或成长期的企业，“创新转型”与“企业经营成本上升”成为相互对立的矛盾体。另外，创新转型意味着需要引进高端人才要素和团队，然而高端人才特别是青年人才与高房价高租金又形成相互对立的矛盾体。类似的矛盾体还有很多，将这些“对立”的矛盾体统一起来，是深圳“创新转型”过程中一直需要权衡和处理的难题。

第二，量变质变规律。深圳凭借“机缘禀赋（天时）、地缘禀赋（地利）和人缘禀赋（人和）”三位一体的禀赋优势，获得了扎实与优越的发展基础。从“深圳速度”到“深圳质量”、从“深圳制造”到“深圳创造”、从“贴牌生产”到“自主品牌”，都是“量变质变规律”的集中体现。从国家宏观战略视角来看，如果说中央设立“经济特区”的初衷是在“探索逻辑”下解决“行不行”的问题，那么建设“中国特色社会主义先行示范

① 2006年，深圳市委、市政府1号文件正式出台：《中共深圳市委深圳市人民政府关于实施自主创新战略建设国家创新型城市的决定》，其主要内容包括：“一个战略”即把实施自主创新战略建设国家创新型城市作为深圳未来发展的主导战略。“四个高地”即打造创新型人才高地；打造创新型企业高地；打造创新型产业高地；打造自主知识产权高地。“五个平台”即提升源头创新能力，建设创新公共基础平台；完善创新资金链条，建设创新资本平台；充分利用海内外新资源，建设创新合作平台；完善创新体制机制，建设最佳制度平台；培养强化创新意识，建设创新文化平台。

区”的初衷则是在“探索逻辑”下解决“好不好”的问题，深圳建设“先行示范区”的五大战略定位充分体现了这一表征。[①] 因此，从“经济特区”到“先行示范区”，也充分体现了深圳发展过程中由“量变”到“质变”的规律。

第三，否定之否定规律。这集中体现在深圳推动传统经济增长模式向“创新转型”的思辨逻辑。由于毗邻香港，深圳选择“创新转型”的道路，实际上是对比20世纪70年代香港转型的经验，在否定香港转型模式带来的“不良后果”和否定深圳复制香港转型模式的基础上，战略性地做出“创新转型”的科学抉择。香港在20世纪70年代面临的问题与今天深圳面临的问题是一样的，房价地价上涨，劳动力成本攀升，导致企业经营成本压力增大，“转型发展”是当时香港的唯一出路。正巧碰上内地改革开放，于是香港选择制造业转移并同时大力推进服务业发展的方式实现经济转型。从20世纪70年代开始，香港大批的制造业转移到深圳等珠三角城市，到2010年香港的制造业已不足1.7%，制造业出现严重“空心化”，而制造业“空心化”进一步导致香港服务业的“空心化”（龙建辉，2018a；郭跃文、王珺，2019）。这就是深圳从香港发展过程中得到的转型教训。

三　“实践理性”打造有为政府

制度创新是特区创新之母。从禀赋优势到创新转型，特区在政策方面具有很多的“灵活性”和“变通性”。这在很大程度上给予经济特区政府可以在“实践理性”中发现问题、分析问题和解决问题的政策便利。从建设“敢为天下先”的经济特区到建设以“高质量发展高地”为目标的中国特色社会主义先行示范区，均没有现成经验可以学。深圳政府突破“本本主义”的牢笼，不是照搬照抄西方经济学的“理性主义”或“有限理性”思想，而是坚持“实践是检验真理的唯一标准”，在“实践理性”下带领深圳走出

① 《中共中央、国务院关于支持深圳建设中国特色社会主义先行示范区的意见》中提出的五大战略定位分别为高质量发展高地、法治城市示范、城市文明典范、民生幸福标杆和可持续发展先锋。

了一条独特的市场发展之路。通过实践获得反馈，可以不被事物表象所迷惑，直达事物本质。因为一切物的概念必须与直观相联系，而直观在我们人类身上永远只能是感性的，从而令对象不是作为物自身，而是单单作为现象被认识（康德，1999）。

所谓“实践理性”，指的是经济特区政府的一切改革思想和体制机制创新，均来源于实践，在实践的基础上探索“试错”“容错”“纠错”机制，做出的“理性思考”和制度创新。换句话说，在“实践理性”下打造出了一个“有为政府”，进而孵化出“有效市场”。以深圳为例，这种“实践理性”下的决策，孕育了富有“韧性”的市场化营商环境，使深圳成为中国创新、创业和创意的“天堂”。因此，深圳能创造出具有持续生命力的“蛇口模式”；也能孵化出一批追求卓越的伟大企业（如华为、腾讯、朗科等）；更能培育出一批优秀的企业家（如任正非、马明哲、王石等）。

中国经济特区是开放的窗口，相比于其他城市，国际贸易和投资在经济特区异常活跃。经济特区的开放实践表明，通过国际贸易、国际投资等开放式创新手段，确实可以学习模仿发达国家和地区的现代化管理理念、标准和“显性知识”，但核心技术作为一种“隐性知识”，很难通过国际贸易和国际投资的形式获得。说到底，这是一种被动学习。“干中学（Learning by Doing)”理论也表明，当被动学习居于主导地位时，生产力增长总是有限的（霍尔、罗森伯格，2017）。国际贸易和国际投资的经验表明，市场换不来技术，依靠“技术溢出”或“逆向技术溢出”渠道获得的只是模仿创新和集成创新，容易遭遇源自发达国家的“技术低端锁定”，难以实现在全球价值链的攀升，进而真正实现创新转型（龙建辉、梁育民，2018）。以深圳经济特区为例，国际贸易和国际投资的确推动了深圳的快速发展，深圳也因此发生了翻天覆地的变化，但“实践理性”下的经验表明，唯有通过“自主创新”才能真正使深圳“强起来”。这也是 2006 年深圳市委、市政府在 1 号文件中提出“实施自主创新战略建设国家创新型城市”的根本原因所在。

再以“蛇口模式”为例，蛇口工业区早期的“五通一平”是由企业负责的，这种模式在发展中的问题不断暴露出来，企业负担加重，政府角色缺位。在蛇口工业区并入南山区之后，“五通一平”等公共产品逐步由政府接管过去，企业只管经营管理之事，政府通过税收等手段，回收的资金用于营商环境、基础设施等公共产品的提供上。在蛇口工业区的运营实践中，政府和企业的职责边界逐步明晰。

综上所述，在“探索逻辑”“辩证思维”和“实践理性”方法指引下，中国的经济特区在不同发展阶段采取了不同发展模式，成效也非常显著。这再次证明：中国办经济特区是完全正确的。如果说要素推动、转型发展和创新驱动是经济特区发展过程中必经的三个阶段，那么“探索逻辑”“辩证思维”和“实践理性”就是决定经济发展速度和质量的“转换装置”。换句话说，特殊政策和特殊管理体制作为基本假设和限界条件，奠定了“特区经济学”的基本理论基础（罗清和、张克听，2018），而经验和方法论是“特区经济学”的诱发机制。

第五节　经济特区创新的未来

回顾历史，中国经济特区为中国的改革开放和社会主义现代化建设积累了重要经验；展望未来，中国经济特区在中国的对外开放过程中，将继续发挥重要“窗口”示范作用。基于当前国际形势复杂化趋势以及对外开放的“溢出效应”和“逆向溢出效应”，未来中国经济特区的“窗口”作用必将得到强化，通过开放促改革、促发展、促创新。正如习近平总书记在党的十九大报告和在庆祝海南建省办经济特区 30 周年大会上的讲话中强调的，“中国开放的大门不会关闭，只会越开越大”。党中央决定在海南全岛建设自由贸易试验区和建设中国特色自由贸易港，进一步彰显了中国扩大对外开放并推动经济全球化的决心。此外，经济特区未来将成为中国“高质量发展高地”。在 2019 年 8 月 18 日对外公布的《中共中央、国务院关于支持深圳建设中国特色社会主义先行示范区的意见》中，打造“高质量发展高地”成为五大战略定位之一。在习近平总书记《在庆祝海南建省办经济特区 30 周年大会上的讲话》、2018 年 4 月出台的《关于支持海南全面深化改革开放的指导意见》和《中国（海南）自由贸易试验区总体方案》，以及2020年6月印发的《海南自由贸易港建设总体方案》中，“高质量发展”成为高频词汇，合计出现14次之多。

在以德国工业4.0和美国工业互联网为标志的第四次工业革命的技术趋势下，以消费者个性化、多元化需求为导向，以“智能化”为转型升级的抓手，推动企业朝两个方向实现高质量发展：其一，推动以往“规模化生产”向“大规模定制化生产”转型；其二，推动以往廉价的“售后服务”向高附加值的“后市场服务”转型。中国经济特区需要通过“强化基础研究、引领前沿技术、推动数字转型”三种方式融入并引领全球创新前沿。因此，中国经济特区的高质量发展，应该充分发挥市场在资源配置中的决定性作用，促进要素资源高效流动；同时，必须在“有为政府”的引领下做好以下工作。

第一，科学推动顶层设计。自2006年深圳市委、市政府1号文件把“实施自主创新战略建设国家创新型城市”作为深圳未来发展的主导战略以来，深圳逐步意识到顶层设计对于创新转型的重要性，政府工作报告、政策、规划等重要文件中，“创新”均成为关键词和重要内容。例如：针对深圳基础研究的短板，《深圳市关于进一步加快发展战略性新兴产业的实施方案》（深府〔2018〕84号）就提出要“加强前沿基础研究，强化共性关键技术攻关，增强产业发展技术创新供给。”此外，《深圳市战略性新兴产业发展“十三五”规划》也提出打造国际化创新型高水平大学、建设全球一流的科研机构。随着香港中文大学、香港理工大学研究院纷纷落户深圳，这一短板也许会得到弥补，但由于体制机制、管理模式等原因，也会慢慢出现一些新问题。特别是2019年底中国出现“新冠”肺炎疫情以来，人们普遍担心疫情将对中国所处的全球产业链和供应链造成冲击和影响。因此，中国经济特区创新驱动发展的顶层设计，应该充分考虑疫情对全球制造业产业链和供应链未来趋势的影响，考虑发展水平分工与垂直整合相结合的产业链集群的可能性和可行性。另外，在2018年4月中共中央、国务院出台的《关于支持海南全面深化改革开放的指导意见》和印发的《中国（海南）自由贸易试验区总体方案》，以及 2020 年 6 月印发的《海南自由贸易港建设总体方案》中，也充分体现了顶层设计在建设中国经济特区中的重要作用。

第二，构建协同创新网络。创新是知识流动和知识交互的结果。为了积累和综合新知识，需要一个“创造的空间”，或称之为“场”，在这个场中，人们的意识全心全意地致力于一个共同目标，通过人际互动和环境互动产生新的知识（野中郁次郎、胜见明，2020）。知识的创造类似于凯文．凯利提出的“传真机效应”。第一台传真机的研发费用高达数百万美元，其零售价也高达 2000 美元。但是这台传真机其实毫无价值，因为世界上没有其他传真机与它联系。第二台传真机使第一台传真机有了价值，第三台传真机让前两台更有价值，以此类推，直至形成通信网络，传真机的价值才得以充分体现（王伟、成远，2011）。同理，单一个体、单一组织的知识不足以产生创新，只有形成协同创新网络之后，才能真正实现持续创新。深圳要在建设“具有全球影响力的国际科技创新中心”中发挥核心引擎作用，一方面需要创造性地构建协同创新合作机制（龙建辉，2018b）；另一方面应该在以企业为主导，多主体参与的前提下，优化和升级现有创新网络（龙建辉，2018c）。

第三，对标优化创新环境。硅谷开创了一个以不断创新的技术、热烈的创业精神、激烈的经济竞争等为根基的体系。这个体系不仅包含无数商业交易、衍生公司、创新公司等创新主体还包括成千上万的资本家和工程师，同时富集科技金融资本。硅谷的成功不在于其创新产出，而在于推动产出的“配方”，即各种创新要素是如何组合到一起的。这归功于硅谷已经形成了一种“雨林文化”，在其中能够确保天赋的多样性、跨越社会壁垒的信任、高于短期理性的动力、促进快速多样合作的社会准则和个人体验（黄、霍洛维茨，2015）。这就相当于形成了一种机制，能够最大化地实现天赋、想法和资本在创新网络中的自由流通。而《硅谷百年史（1900－2013）》把硅谷的成功归结为发挥“引擎”作用的大公司（如苹果、惠普、英特尔、谷歌等）；为硅谷输送智力资本的四所世界一流大学（斯坦福大学、加州大学伯克利分校、加州大学旧金山分校、圣何塞州立大学）；

风险资本、天使投资和法律服务；明媚的阳光和温暖的气候（地中海式气候）；大批创业移民的涌入；创业和容忍失败的文化等重要因素（拉奥、斯加鲁菲，2017）。因此，以深圳为代表的经济特区，要想在科技创新突破资源约束并形成新的禀赋优势，必须在培育创新环境方面下大力气、下真功夫。

参考文献

白积洋，2019，《“有为政府 + 有效市场”：深圳高新技术产业发展 40 年》，《深圳社会科学》第 5 期。

蔡昉，2013，《中国经济增长如何转向全要素生产率驱动型》，《中国社会科学》第 1 期。

陈劲、陈红花、尹西明、罗小根，2020，《中国创新范式演进与发展——新中国成立以来创新理论研究回顾与思考》，《陕西师范大学学报》（哲学社会科学版）第 1 期。

陈雁、张海丰，2018，《后进地区技术追赶的机会窗口、发展路径与创新体系》，《贵州社会科学》第 6 期。

陈印政，2019，《粤港澳大湾区实施创新驱动发展的战略思考》，《智库理论与实践》第 6 期。

程磊，2019，《新中国 70 年科技创新发展：从技术模仿到自主创新》，《宏观质量研究》第 3 期。

德勤（Deloitte），2019，《中国创新崛起——中国创新生态发展报告 2019》，http://www.199it.com/archives/943151.html。

杜斌、张治河，2016，《技术创新市场导向机制——基于三位一体的系统模型研究》，《财经科学》第 5 期。

方生，1986，《深圳经济特区的现状和前景》，《经济研究》第 6 期。

方竹兰，2019，《中国实现原始型创新的体制改革重点》，《区域经济评论》第 6 期。

辜胜阻、杨嵋、庄芹芹，2016，《创新驱动发展战略中建设创新型城市的战略思考——基于深圳创新发展模式的经验启示》，《中国科技论坛》第 9 期。

郭跃文、王珺，2019，《国家能力支撑下的市场孵化——中国道路与广东实践》，人民出版社。

何佳声，1999，《深圳经济特区高新技术产业发展的理论思考》，《特区经济》第 9 期。

洪银兴，1997，《从比较优势到竞争优势——兼论国际贸易的比较利益理论的缺陷》，《经济研究》第 6 期。

洪银兴，2017，《创新驱动攀升全球价值链中高端》，《经济学家》第 12 期。

洪银兴，2019a，《科技创新创业链与激励机制研究》，《人民论坛 · 学术前沿》第 13 期。

洪银兴，2019b，《围绕产业链部署创新链——论科技创新与产业创新的深度融合》，《经济理论与经济管理》第 8 期。

胡谋，2006，《自主创新：看企业如何演主角》，《人民日报》3 月 21 日。

华强电子网，2005，《深圳电子工业发展历史回顾》，https：//tech. hqew. com/news_1346032。

黄，维克多、格雷格 · 霍洛维茨，2015，《硅谷生态圈：创新的雨林法则》，机械工业出版社。

霍尔，布朗温 · H. 、内森 · 罗森伯格，2017，《创新经济学手册》，上海交通大学出版社。

贾根良，2013，《第三次工业革命与新型工业化道路的新思维——来自演化经济学和经济史的视角》，《中国人民大学学报》第 2 期。

江辉、陈劲，2000，《集成创新：一类新的创新模式》，《科研管理》第 5 期。

姜长云、姜江、张义博等，2018，《深圳市打造高质量创新型经济体战略路径研究》，《区域经济评论》第 4 期。

蒋铁柱、杨亚琴，2001，《构建完善的科技创新政策支持体系——北京、上海、深圳三地科技创新模式比较》，《上海社会科学院学术季刊》第 3 期。

康德，1999，《实践理性批判》，商务印书馆。

拉奥，阿伦、皮埃罗 · 斯加鲁菲，2017，《硅谷百年史（1900 - 2013）》，人民邮电出版社。

赖那特、贾根良，2007，《穷国的国富论：演化发展经济学论文选》（下卷），高等教育出版社。

乐婉华，1987，《略论亚洲新兴工业化国家和地区的技术引进、消化和创新》，《经济与管理研究》第 6 期。

李岚清，2009，《蛇口，打响改革开放第一炮》，《先锋队》第 11 期。

李时椿，2000，《我国中小企业模仿创新的比较优势分析》，《管理现代化》第 4 期。

厉有为，2010，《厉有为文集》，海天出版社。

刘培林、刘孟德，2020，《发展的机制：以比较优势战略释放后发优势——与樊纲教授商榷》，《管理世界》第 5 期。

刘志彪、吴福象，2018，《“一带一路”倡议下全球价值链的双重嵌入》，《中国社会科学》第 8 期。

龙建辉，2018a，《香港融入国家开放发展的路径与协同策略研究》，《广东社会科学》第4期。

龙建辉，2018b，《粤港澳大湾区协同创新的合作机制及其政策建议》，《广东经济》第2期。

龙建辉，2018c，《升级创新网络：粤港澳大湾区实现高质量发展的核心策略》，《广东经济》第11期。

龙建辉、梁育民，2018，《广东省自主创新能力的跃迁路径研究》，《科技管理研究》第6期。

陆善勇、叶颖，2019，《中等收入陷阱、比较优势陷阱与综合优势战略》，《经济学家》第7期。

路风，2006，《走向自主创新：寻求中国力量的源泉》，广西师范大学出版社。

罗清和、张克听，2018，《特区经济学》，中国社会科学出版社。

曲泽静、韩德春，2017，《基于市场需求、技术创新互动机制的价值链升级路径研究》，《通化师范学院学报》（人文社会科学）第4期。

人民网，2008，《深圳：无限风光在“高新”》，http：//www. people. com. cn/GB/channel3/26/20000827/204243. html。

人民网，2019，《深圳人才队伍总量达510万》，1月7日，http：//sz. people. com. cn/n2/2019/0107/c202846 - 32497910. html。

任正非，2016，《以创新为核心竞争力为祖国百年科技振兴而奋斗》，全国科技创新大会发言材料，6月4日，https：//www. sohu. com/a/80698133_116131。

《深圳特区报》，2019，《市政协“三十条”建议建言民营经济发展》，7月19日，http：//sztqb. sznews. com/PC/content/201907/19/content_694008. html。

深圳市地方金融监督管理局，2020a，《2019年深圳市金融业运行情况》，http：//www. jr. sz. gov. cn/sjrb/xxgk/sjtj/zxtjxx/202002/t20200228_19030802. htm。

深圳市地方金融监督管理局，2020b，《市地方金融监管局2018年工作总结和2019年工作计划》，http：//www. jr. sz. gov. cn/sjrb/ydmh/xxgk/ghjh/201903/t20190328_16726329. htm。

深圳市委政策研究室和市科委联合考察组，1990，《加强深港科技合作，推动深圳产业升级——深港科技合作的赴港考察报告》，《特区实践与理论》第2期。

沈越，2020，《新时代中国创新模式的转换与升级——基于一个理论框架的历史演化分析》，《社会科学战线》第2期。

施培公，1995，《模仿创新与我国企业创新战略选择》，《科技导报》第4期。

谭楚丹，2017，《招商局“蛇口模式”进阶4.0》，《21世纪经济报道》4月21日。

唐莉、胡光元、刘维树、杨寓涵、赵炜，2017，《创新型城市的基础科研发展评估：基于深圳的实证分析》，《公共行政评论》第6期。

陶一桃、鲁志国，2018，《经济特区与创新精神》，社会科学文献出版社。

陶一桃、魏建漳等，2018，《深圳改革创新之路（1978－2018）》，中国社会科学出版社。
王松、胡树华、牟仁艳，2013，《区域创新体系理论溯源与框架》，《科学学研究》第 3 期。
王苏生、陈搏等，2018，《深圳科技创新之路》，中国社会科学出版社。
王伟、成远，2011，《社交网络的流行密码》，www. chinavalue. net。
王小鲁、樊纲等，2009，《中国经济增长方式转换和增长可持续性》，《经济研究》第 1 期。
王志刚，2013，《健全技术创新市场导向机制》，《求是》第 23 期。
肖曙光，2018，《技术“无人区”的原始创新屏障与技术供给侧改革》，《社会科学》第 1 期。
新华社，2015，《全国统计每千人企业拥有量深圳达到发达国家水平》，10 月 15 日。
新华网，2018，《习近平：发展是第一要务，人才是第一资源，创新是第一动力》，http：//www. xinhuanet. com/2018 －03/07/c_1122502719. htm。
杨玉民，2018，《改革开放 40 年汕头非公有制经济发展的实践与探索》，《广东经济》第 12 期。
野中郁次郎、胜见明，2020，《创新的本质》，林忠鹏等译，人民邮电出版社。
叶华明，1990，《深圳特区科技发展回顾》，《特区经济》第 3 期。
尹西明、陈红花、陈劲，2019，《中国特色创新理论发展研究——改革开放以来中国原创性创新范式回顾》，《科技进步与对策》第 19 期。
袁易明、姬超，2014，《资源约束下的经济增长转型路径——以深圳经济特区为例》，《经济学动态》第 10 期。
曾智华，2011，《经济特区和产业集群是如何引领中国经济高速发展的?》，世界银行工作论文，WPS5583。
张陈宇、孙浦阳、谢娟娟，2020，《生产链位置是否影响创新模式选择——基于微观角度的理论与实证》，《管理世界》第 1 期。
张宽、黄凌云，2019，《贸易开放、人力资本与自主创新能力》，《财贸经济》第 12 期。
张文魁，2017，《中国创新政策转向分散试错》，《新经济导刊》第 6 期。
张小国、徐立京，2006，《深圳自主创新主要经验深度调研》，《经济日报》4 月 20 日。
张小国、徐立京、武力、贺浪莎、杨阳腾，2006，《深圳自主创新型企业群雄竞起创新路径因企制宜》，《经济日报》4 月 20 日。
张鑫、王一鸣，2014，《经济全球化视角下的国外区域经济发展研究综述——基于全球价值链、全产网络和创新网络的比较分析》，《南京理工大学学报》（社会科学版）第 4 期。
张学文、陈劲，2019，《使命驱动型创新：源起、依据、政策逻辑与基本标准》，

《科学学与科学技术管理》第 10 期。

张亚军，2010，《可持续发展条件下的新一代城市基础设施建设》，《上海城市规划》第 3 期。

张扬、郭梅芳，2019，《中国经济特区创新发展报告》，载陶一桃主编《中国经济特区发展报告（2018）》，社会科学文献出版社。

张永凯，2019，《改革开放 40 年中国科技政策演变分析》，《中国科技论坛》第 4 期。

《中国发展观察》杂志社、深圳市政府发展研究中心联合调研组，2019，《深圳“不惑”：从“改革之都”到“创新之城”》，《中国发展观察》第 13 期。

中共中央党史和文献研究院，2018，《改革开放四十年大事记》，人民出版社。

中共中央文献研究室，2016，《习近平关于科技创新论述摘编》，中央文献出版社。

中国网，1999，《深圳高新技术产业发展概况》，http：//www. china. com. cn/ch - xinwen/news/PressConferences/990128 - 1c. htm。

钟坚，2004，《邓小平经济特区思想的丰富内容和时代意义》，《人民日报》9 月 16 日。

钟坚，2018a，《历史性跨越——深圳经济特区改革开放和现代化建设回顾与思考》，《特区实践与理论》第 2、3 期。

钟坚，2018b，《深圳经济特区改革开放的历史进程与经验启示》，《深圳大学学报》（人文社会科学版）第 7 期。

周振江、何悦、刘毅，2020，《深圳科技创新政策体系的演进过程与效果分析》，《科技管理研究》第 2 期。

Cortright, J., H. Mayer. 2002. *Signs of Life: The Growth of Biotechnology Centres in the U. S.* Washington, DC: Center on Urban and Metropolitan Policy, The Brookings Institution.

Duant, J., G. Thomas, and J. Evans. 1989. "The Public Understanding of Science." *Nature* 340: 11 - 14.

Ernst, D. 2009. "A New Geography of Knowledge in the Electronics Industry? Asia's Role in Global Innovation Networks." *Policy Studies* 2: 54 - 65.

Ernst, D., L. Kim. 2002. "Global Production Networks, Knowledge Diffusion, and Local Capability Formation." *Research Policy* 31: 1417 - 1429.

Freeman, C. 2002. "Continental, National and Sub-National Innovation Systems-Complementarity and Economic Growth." *Research Policy* 31: 191 - 211.

Goldenberg, J., D. Mazursky, S. Solomon. 1999. "Templates of Original Innovation: Projecting Original Incremental Innovations From Intrinsic Information." *Technological Forecasting and Social Change* 61: 1 - 12.

Jones, C. I., P. M. Romer. 2009. "The New Kaldor Facts: Ideas, Institutions,

Population, and Human Capital." NBER Working Paper 15094.

Kim, L. 1980. "Stages of Development of Industrial Technology in a Developing Country: A Model." *Research Policy* 9: 254 - 277.

Leyshon, A., N. J. Thrief. 1997. *Money/Space: Geographies of Monetary Transformation.* London: Routledge.

Maskell, P., A. Malmberg. 1999. "Localised Learning and Industrial Competitiveness." *Cambridge Journal of Economics* 23: 167 - 186.

Tang, H. K. 1998. "An Integrative Model of Innovation in Organizations." *Technovation* 18: 297 - 309.

Tidd, J. 2000. *Measuring Strategic Competencies: Technological, Market and Organizational Indicators of Innovation.* London: Imperial College Press.

Yam, R. C. M., W. Esther, P. Y. Tang, and A. K. W. Lau. 2004. "An Audit of Technological Innovation Capabilities in Chinese Firms: Some Empirical Findings in Beijing, China." *Research Policy* 33: 1123 - 1140.

第六章
金融发展与实体经济

金融是中国经济特区发展的重要推动力，对其经济腾飞起着举足轻重的作用。改革开放40年来，中国经济特区金融业实现了跨越式发展，取得了巨大的成就，为特区创造工业化、城市化、现代化发展的奇迹提供了强大的金融支撑，加速经济特区从比较优势走向竞争优势。

第一节　金融发展与竞争优势演化的理论分析

随着全球经济一体化的深入拓展，金融发展作为影响经济增长的重要因素，得到越来越多的关注。金融发展通过增加资本积累、提高资本使用效率和促进技术进步的渠道来影响一国比较优势。

一　金融发展和竞争优势的理论溯源

如何将比较优势转化为竞争优势是中国自改革开放以来一直在研究探索的重要问题。比较优势由土地、劳动力等要素禀赋、技术、社会生产率以及金融发展等决定，随着国家的发展，如果一直依靠要素禀赋，有可能会陷入“比较优势陷阱”（黄芸，2011）。竞争优势与比较优势是对立统一的，可以在一定条件下由比较优势转化为竞争优势。比较优势强调先天要素禀赋，而竞争优势强调创造性。从理论层面讲，无论是Patrick（1966）提出的金融与经济结构的内在逻辑是需求拉动（Demand Following）和供给引领（Supply Leading）的理论，还是Goldsmith（1969）、McKinnon（1973）、Shaw（1969）、Greenwood（1997）和Levine（1997），都是从金融抑制与金融深化的角度研究发展中国家金融发展问题，他们均认为在高度货币化的当代社会，金融发展可为经济增长中的资源配置和结构调整提供有力的手段，是经济结构升级及经济实现最优发展的必要条件。从动态角度来讲，竞争优势与金融发展之间呈相互推进、互为因果的密切关联状态。发展较好的金融体系能有效地降低资金交易成本，提高资金运转效率和配置效率（Greenwood et al.，2010）。

（一）金融发展是比较优势的重要来源

理论界关于金融发展与比较优势关系的研究，多数是围绕金融发展能否作为比较优势的来源及其影响比较优势变动的机制来进行，如从信贷约束、资本市场不完全的角度，考察金融发展对一国贸易结构和模式的影响和作用。Beck（2002，2003）认为金融部门发展存在众多影响比较优势的渠道，他认为金融部门发达的国家将在收益递增的制造业上具有比较优势。Cartiglia（1997）从资本市场不完全的角度考虑国际贸易发生的原因与影响，认为信贷约束在资助教育和外生收入分配上会影响比较优势的模式。可以说，金融作为经济发展的核心对产业转型升级起着重要的支撑作用。经济结构的内部调整、资源再配置的存量调整与增量调整等等，都离不开金融中介与金融市场的支持与推动。

（二）金融发展通过产融结合培育竞争优势

在比较优势向竞争优势的转变过程中金融结构需要根据经济发展进行升级，最优的金融结构是一个动态的金融结构（任晓猛、张一林，2019），金融是培育竞争优势的核心推动力，运行良好的金融系统可以将有效资源高效配置在经济发展转型升级的重点产业上，进而优化经济发展的运行环境。对于新兴经济体而言，金融资源具有稀缺的特性，金融体系并不完善，因而在工业化进程中必然会集中有限金融资源到重点产业，通过重点产业推动产业水平的提升。金融发展与竞争优势二者之间存在的内在影响逻辑关系主要体现如下三个方面。

一是金融是推动竞争优势形成的重要动力。经济发展催生金融需求、推动金融创新，包括金融工具、业务、机构、制度和监管创新等等，从而推动了金融发展提升；反过来，金融业的领先发展，将会倒逼和推动经济的转型升级，带动产业结构的高度化和服务化。二者的良性互动将强化彼此的功能，进入螺旋式上升的轨道，使经济转型升级的成果和金融业比较优势不断得到夯实和巩固。相反，如果一个地区的产业升级缓慢或者金融功能受到抑制，则会形成对双方的制约。

二是产融结合是培育竞争优势的核心路径。金融业的资本积累效应、配置效应和中介效应可为经济优化升级提供支持，反过来经济发展也会推动金融扩大规模，倒逼金融结构升级。在此阶段，随着资本原始积累，融资成本降低，技术创新、价值链扩张和产业升级，最终实现从比较优势转化为竞争优势。

三是技术创新是培育竞争优势转变的基础。技术进步是形成竞争优势的基础，产融结合会带来更多的资金支持，从而使企业增加对人力和研发资本的投入，获得竞争优势。如金融结构和制造业的规模相匹配，以及存在市场化的金融市场为企业提供融资服务，以使企业扩大固定资产从而形成产业的竞争优势（林毅夫、章奇、刘明兴，2003）。

二　金融发展培育竞争优势的传导机制

对于新兴经济体而言，产业转型升级表现为工业化进程的持续推进。在经济增长过程中，在资本推动下，从资源密集、劳动密集的传统产业，转变为资金密集、技术密集的现代产业。这期间必然伴随着要素资源的再配置与有效流动，进而实现竞争优势的培育与发展。因此，本节基于新兴经济体金融发展的不完善特征，构建三层次的分析框架，系统分析金融发展通过对经济转型升级的影响进而培育竞争优势的动态传导过程。

（一）金融发展影响竞争优势的总体分析

结合新古典增长理论和结构主义的观点来看，金融发展通过助推经济转型升级进而实现了竞争优势的培育，主要包括金融规模总量增长与金融结构优化两个维度。

“资本持续积累”的过程，表现为金融资源在经济发展的全过程（包括存量结构调整和增量结构调整），通过资源的高效配置成为经济结构升级的重要实现机制，实现经济规模的积累、扩大以及结构的优化升级。“技术创新”的过程，表现为金融服务业通过资金的筹集、资源的优化配置和风险的分散等，形成创新体系，促进产业的技术进步。在金融发展对“资本积累”和“技术创新”的作用过程中，资金的导向作用以及资金在不同部门的流动转移必然会推动结构的优化调整，从而促进经济结构优化。由此，金融发展通过“资本积累”和“技术创新”两个渠道，对经济的规模扩张、结构变迁和技术进步产生综合性的影响，进而培育经济发展的竞争优势。显然，经济转型升级不能脱离金融的支持与支撑。但同时，金融发展也不能脱离实体经济的支撑。随着要素禀赋结构和产业技术结构的变化，金融结构也必须发生相应的变化，以适应不同产业和企业的融资要求。

（二）金融发展与竞争优势的传导机制分析

1. 金融发展对经济总量增长的影响

新古典增长理论的传统观点认为，经济增长是资本积累、劳动力增加和技术变化长期作用的结果。随着要素的不断投入，必然会带来产业规模的扩张。因此，增加资本积累是金融发展促进经济发展的基本传导机制。具体来看，金融发展通过三个途径影响经济的规模扩张（傅进、吴小平，2005）。金融作为经济发展的助推器，它的作用渗透于其他经济因素之中，通过需求、供给和宏观政策等方面对产业结构的调整产生影响，金融首先影响储蓄和投资，进而会对资金的流量结构产生影响，推动生产要素分配结构的变化，进而影响资金存量结构的变化，最终推动比较优势向竞争优势的发展。

一是资本积累推动产业扩大再生产。在规模效益一定的情况下，金融的资本积累增量效应可以增加资本投入，从而促进产业的规模扩张。规模扩张的速度，取决于货币资本的积累规模和速度。在经济发展的初期阶段，大量持续的资本投入能够迅速形成规模效应。因此，经济规模积累受制于产业资本的来源是否充足，其关键决定因素依赖于金融体系中形成良好的资本形成机制。

二是信用催化机制提升资本积累规模和提高资本利用效率。实现产业发展的规模经济效应是市场竞争的需要。在强大的竞争压力下，领先对手是取得竞争优势的关键因素之一，这就要求产业资本在最短时间内积累起来。金融的信用催化机制可以通过信用创造，加速资本在各产业和地区之间的流动速度、提高配置效率，迅速累积巨额的产业资本，并渗透到经济最具生产效率的部门和环节，把潜在的资源迅速转化为实际生产力，实现规模的快速扩张。

三是金融支持企业的兼并重组。金融系统对资产存量进行重新配置是产业转型升级的重要途径，其基本手段是为企业并购重组提供金融支持，实现生产要素的优化配置和生产能力的重新布局，在不增加资本增量的基础上，实现资本存量的盘活，从而提升经济的整体生产效率，带动经济的规模扩张。

2. 金融发展对促进经济结构优化的影响

经济结构的变动既受供给因素的影响，也受需求因素的影响，但是这些因素需要通过资金的合理配置对经济结构变动发生作用。在市场经济条件下，产业结构优化是通过产业增量资本和存量资本的动态调整来实现，并表现为生产要素在各产业之间的流动、配置和重新组合。

一是金融的政策导向效应能够直接带动经济结构变动。新兴经济体更倾向于通过政策性金融即一般性货币政策工具，根据产业规划对不同产业、行业和企业进行鼓励或限制，采取差异化的利率政策，引导不同行业间的资金投向。此外，政府还可以通过政策性金融机构，对战略新兴产业和对经济发展有重要意义的关键带动行业进行投资和贷款，避免这些行业由于其他金融机构不愿或无力提供资金形成的资金缺口。

二是金融的市场导向效应能够推动先进产业快速发展。金融部门能够识别投资效益率、回收期、风险等因素，从中发现最具投资价值的行业，通过其利益诱导性，对这些行业加大资本供给的力度；而对于投资收益低的行业采取歧视性待遇，迫使这些产业部门向适应市场的方向发展。由此，在市场机制的作用下，金融部门利用资本供给的差异化实现资本导向效应，引导投资走向，推动更具市场活力的产业部门更快实现规模扩张和技术进步，加速产业结构的优化和调整。

3. 金融发展对技术进步的影响

科技与金融相结合是科技发展的客观必然，也是金融创新发展的客观必然。在现代经济发展条件下，金融资本不仅决定着研发投入的力度，更对技术进步的方向起着重大的影响，尤其是金融发展能够分散创新风险，从而对技术进步有极大的促进、保障和拉动作用。

一是金融发展对研发的资金支撑作用。技术进步体现为由前期研发到成果产业化的一系列的完整的发展阶段，并始终伴随着大量的资金需求，是一个长期投入的过程。在研发、应用转化、产业化等各个阶段以及阶段的转换，都需要金融体系大规模的资金支持。金融体系利用金融工具的多样性，能够为技术创新提供资本来源组合，根据产权特征、融资成本、期限、流动性等特征，优化技术创新投资的配置。

二是金融发展对技术创新方向的引导作用。在市场经济条件下，技术创新要能够形成满足社会需求的现实生产力，这也就决定了技术创新的市场导向性。但另一方面，特定区域具有特定的金融体系（包括正规金融和民间金融）的结构，资源配置效率存在明显差异，金融市场的交易成本也不尽相同。技术创新的发展方向、质量和效果受制于技术创新的资本供给能力、供给结构和供给成本，即技术创新的边际。

三是金融发展能够分散创新风险，形成创新激励机制。金融体系能够为技术创新提供资本来源的各种组合，并由于金融工具的流动性，能够形成技术创新的价格发现机制，从而能够合理配置风险和收益的均衡。

第二节　中国经济特区金融业的发展之路

中国经济特区（以下非标题部分简称“特区”）金融业的发展定位随着

特区发展内涵的不断深化而变化。中国经济特区金融市场从无到有，市场规模日益扩大，经济效益不断提高，监管制度日趋成熟，改革创新亮点纷呈，综合实力全国领先，银证保共同蓬勃发展，形成了主板、中小板、创业板、新三板、区域性股权市场组成的多层次资本市场体系。

一　中国经济特区金融业的任务和使命

（一）中国经济特区成立背景与任务使命

特区的成立离不开改革开放总设计师邓小平的积极倡导。1979 年 7 月，中央指示：“出口特区”先在深圳、珠海两市试办，待取得经验后，再考虑在汕头、厦门设置。1980 年 5 月，中央把特区正式命名为“经济特区”。1980 年 8 月 26 日，第五届全国人大常委会第十五次会议审议批准建立深圳、珠海、汕头、厦门四个经济特区。

特区金融业的发展定位随着特区内涵的不断深化而变化。特区金融业成立之初致力于为外商直接投资和对外贸易提供基础金融服务。如深圳特区当时金融业定位为外贸金融，充分利用毗邻香港的区位优势发展“前店后厂”模式，不断推动与进出口贸易相关的金融服务的发展。1992 年后，深圳在全国率先建立起比较完善的社会主义市场经济体制，民营企业迅速崛起迫切要求金融业与时俱进，满足经济发展的需求。因此，深圳构建了当时最齐全的金融机构体系，特别是资本市场，从无到有、从小到大地突飞猛进发展起来。2001 年中国加入 WTO 后，深圳市高新技术产业快速发展，金融改革创新提速，建立起多层次资本市场体系。2012 年党的十八大后，深圳以前海金融先行先试为突破口，推动金融业高质量发展。2019 年，深圳被准批为中国特色社会主义先行示范区，赋予了深圳更高的历史使命，深圳将在推进人民币国际化、开展数字货币研究、发展绿色金融等方面先行先试，持续深化金融改革开放。

四个经济特区的金融业发展特点及概况如表 6 - 1、表 6 - 2 所示。

表 6-1 中国经济特区城市金融发展特点

特点	发展定位	区位优势	发展重点
深圳	具有国际影响力的金融创新中心	邻近香港,处于环太平洋经济圈边缘,全国性经济中心城市、国家创新型城市,中国特色社会主义先行示范区	深港深度合作、科技金融试点、人民币国际化、开展数字货币研究、依托前海建造跨境经贸合作网络服务平台
珠海	珠江口西岸区域金融核心	南连澳门、东邻香港,连接内地与港澳间的交通枢纽和珠三角区域性中心城市,横琴自贸区、粤港澳大湾区核心区	探索建设澳门—珠海跨境金融合作示范区,重点发展特色金融,利用澳门中葡金融服务平台,对接葡语国家
厦门	两岸区域性金融服务中心	闽南金三角中心地带,与台湾隔海相望	以对台金融为重点,发展离岸金融,建设多元化现代金融体系,促进产业与金融良性互动,促进本地与“长三角”和粤港澳大湾区的有效联动
汕头	区域性金融中心	闽粤赣三省交会区域,承东启西、沟通南北	差异化探索金融开放方向,加快跨境金融服务创新,加快广东华侨金融资产交易中心发展,打造金融创新平台

表 6-2 中国经济特区基本情况和金融业情况(2019 年)

指标	深圳	珠海	厦门	汕头
设立时间	1980	1980	1980	1980
特区面积(平方公里)	1997.47	1736.46	1700.617	2199.15
常住人口(万人)	1343.88	202.37	429.00	566.48
GDP(亿元)	26967.87	3435.89	5995.04	2694.08
规模以上工业增加值(亿元)	9537.69	1133.54	1795.95	720.07
一般公共预算收入(亿元)	3773.21	344.48	1328.50	138.20
进出口总额(亿元)	29773.86	2908.89	6412.90	600.50
金融业增加值(亿元)	3667.63	369.16	660.66	117.44
金融业增加值占 GDP 比重(%)	13.6	10.7	11.0	4.4
金融业法人单位(家)	—	—	1106	382
金融业从业人数(万人)	—	1.34	3.5443	1.17

续表

指标		深圳	珠海	厦门	汕头
上市公司	总数（家）	299	28	50	32
	主板（家）	80	7	20	9
	中小板（家）	120	10	15	18
	创业板（家）	93	11	12	5
	科创板（家）	6	0	3	0
	总市值（万亿元）	7.05	0.63	0.277	—
银行业	金融机构本外币存款余额（万亿元）	8.39	0.904	1.16	0.386
	金融机构本外币贷款余额（万亿元）	5.95	0.636	1.18	0.217
证券期货业	证券公司（家）	22	0	1	—
	证券公司营业部数（家）	453	60	109	—
	证券公司营业收入（亿元）	841.89	—	9.71	—
	证券分支机构（含证券分公司）证券交易额（万亿元）	32.78	1.505	3.84	—
	期货公司数（家）	14	3	2	—
	期货公司营业部数（家）	82	3	38	—
	期货代理交易额（亿元）	642078.38	—	2215.22	—
保险业	全年保费收入（亿元）	1384.47	138.12	226.68	104.63
	保险密度（元/每人）	10302.03	825.12	5283.92	1847.18
	保险深度（%）	5.13	4.02	3.78	3.90
	理赔支出（亿元）	363.85	24.97	78.81	30.45

数据来源：2019 年深圳、珠海、厦门、汕头统计年鉴，深圳、珠海、厦门、汕头金融工作局、统计局官网统计数据，中国证券监督管理委员会证券期货监督管理信息公开目录。

（二）珠海、汕头、厦门经济特区金融业发展概况

1. 珠海：珠澳金融合作

1980 年 8 月，珠海经济特区正式成立。1984 年初，改革开放总设计师邓小平为珠海题词“珠海经济特区好”，提出要把特区办成“技术的窗口、知识的窗口、管理的窗口、对外政策的窗口”。珠海经济在不断发展中需要大量的资金，这在客观上促进了珠海加强与港澳金融的合作（廖伟庭，1991）。1992 年，邓小平同志第二次南行考察珠海，深刻指出“中国不搞改

革开放，只有死路一条”。在此背景下，珠海以石景山旅游中心为开端，逐步从无到有，从少到多，从小规模来料加工装配到大规模直接利用外资，逐渐形成了一个比较完善的外资引进和管理机制。

2005 年 8 月，广东省政府公布了《泛珠三角横琴经济合作区的项目建议》，提出将横琴发展成人民币离岸中心的建议。2009 年，国务院通过了《横琴总体发展规划》，为横琴金融服务创新提供了政策依据，其中明确把横琴建设成为带动珠三角、服务港澳、率先发展的粤港澳紧密合作示范区。2015 年 4 月 23 日，广东自贸试验区横琴片区揭牌成立。2015 年国务院批复《中国（广东）自由贸易试验区总体方案》，提出珠海横琴新区片区的目标是，建立一个区域性的金融中心和经济中心，把香港作为国际金融中心的影响力吸纳过来，经过横琴“改良”，再辐射到粤西地区。

2017 年 3 月，《珠海市金融改革发展“十三五”规划》中指出，珠海金融发展以推动金融业创新发展、促进金融更好服务实体经济为中心，依托横琴自贸区，进一步发挥珠海在粤港澳金融合作创新中的重要作用，将珠海逐步建设成为珠江口西岸金融核心区、广东省金融强市和粤港澳金融深度合作的示范区。① 2019 年 2 月《粤港澳大湾区发展规划纲要》中提出，将珠海等城市建设成特色鲜明、功能互补、具有竞争力的重要节点城市；探索建设澳门—珠海跨境金融合作示范区，支持珠海等市发挥各自优势，发展特色金融服务业。金融发展定位应重点发展特色金融，充分利用港珠澳大桥的基础设施优势，承接香港、深圳优势金融服务的溢出，发挥澳门葡语系国家联系平台和珠海辐射粤西市场的优势。珠海可以充分利用澳门中葡金融服务平台，发展其与葡语系国家的经贸往来，为澳资企业及共建“一带一路”国家及葡语系国家企业提供金融服务（巴曙松，2019）。

珠海市 2003 ~2019 年金融业增加值及占 GDP 比重如图 6 –1 所示。

2. 汕头：华侨金融改革创新

汕头是中国重要侨乡之一，与许多国家、地区特别是东南亚各国以及港

① 珠海市政府办公厅：《珠海市金融改革“十三五”规划》，2017 年 3 月。

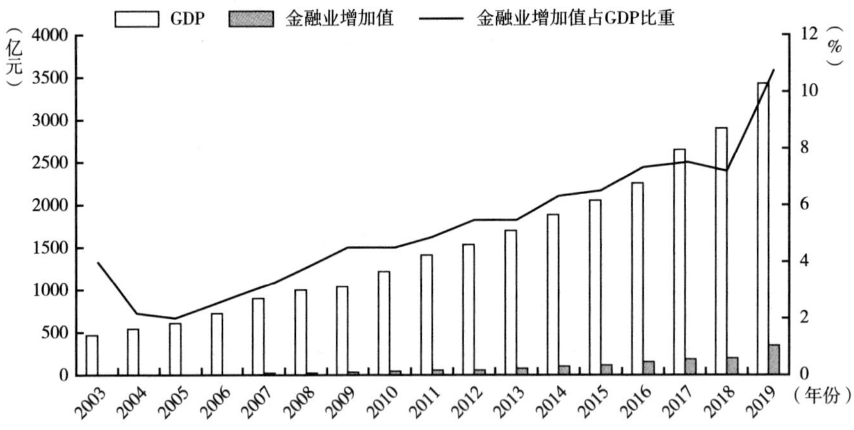

图 6－1　珠海金融业发展概况

数据来源：2019 年《珠海统计年鉴》，珠海市金融工作局。

澳有着密切的经济交往，因此汕头市积极探索具有华侨特色的金融创新道路。2014 年 12 月，华侨经济文化合作试验区正式成立，承担起“推动海外华侨华人与祖国经济深度融合发展”的重要使命。2015 年 9 月，全国首个以“华侨”为核心概念的区域股权市场板块正式落户汕头华侨试验区。

《汕头市金融改革发展“十三五”规划》中指出，在“十三五”期间，要发挥政府在优化金融资源配置、统筹地方金融发展中的重要作用，加快探索具有华侨特色的金融改革创新道路，建设一批辐射粤东地区的特色金融机构，着力打造若干辐射粤东、面向国内外的区域性金融平台，提升金融服务经济能力，形成覆盖粤东、辐射闽西南、赣东南周边地区，在东南沿海有较大影响力的区域性金融服务中心。截至 2019 年底，汕头金融业增加值 117.44 亿元，金融业增加值占 GDP 比重为 4.4%。

汕头市 2010～2019 年金融业增加值及占 GDP 比重如图 6－2 所示。

3. 厦门：建设海峡两岸区域性金融服务中心

厦门金融定位为大陆的对台金融交往中心。厦门与台湾一衣带水，是国家为促进两岸“三通”与和平统一大业而设立的经济特区，也是台商早期投资大陆的首选地点。

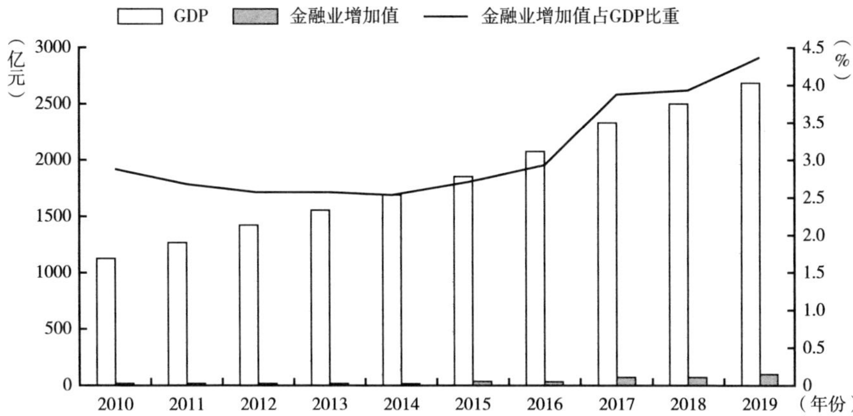

图 6－2　汕头金融业发展概况

数据来源：2019 年《汕头统计年鉴》。

1986 年，时任厦门市委常委、常务副市长的习近平同志主持制订的《1985－2000 年厦门经济社会发展战略》，提出了厦门建设面向华南和东南亚金融中心的中长期目标。在改革现行金融体制方面，最早提出“建立一个以人民银行为领导，以专业银行为主体、多种地方金融机构为补充的多种金融成分并存、分工协作的特区金融体系”。在建立和完善金融市场方面，提出要建立“拆借市场、票据市场、证券市场、外汇调剂市场。在条件成熟时，借鉴新加坡，建立带有隔离性质的离岸金融业务”①。

1994 年厦门提出建设闽南金三角区域性金融中心、对台金融交往中心、离岸金融中心。2010 年，国务院批准厦门建设两岸区域性金融服务中心，并在《厦门市深化两岸交流合作综合配套改革试验总体方案》中明确，支持厦门“根据国家金融业对外开放的总体部署，推动金融体制创新、产品创新和管理创新，扩大金融服务范围，加快建设辐射海西、服务两岸的区域性金融服务中心”。2019 年 9 月，厦门市人民政府办公厅印发《厦门市金融业发展专项规划（2019－2025）》，提出到 2025 年，形成结构合理、功能齐

① 厦门市人民政府办公厅：《厦门市金融业发展专项规划（2019－2025）》，2019 年 9 月。

备、创新活跃的多元化现代金融体系，金融机构实力取得显著提升。积极推进两岸金融融合发展，积极推进“海丝”金融服务基地建设，扩大与共建“一带一路”国家和地区跨境人民币结算业务规模。

厦门市 2009～2019 年金融业增加值及占 GDP 比重如图 6－3 所示。

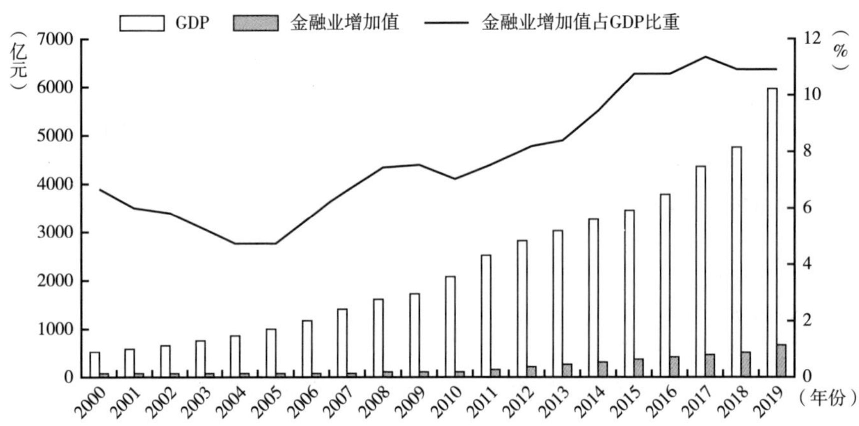

图 6－3　厦门金融业发展概况

数据来源：2019 年《厦门统计年鉴》。

二　深圳经济特区金融业服务实体经济发展历程回顾

改革开放 40 年来深圳金融业实现了跨越式发展，对深圳经济特区（以下简称“深圳特区”）的腾飞起着举足轻重的作用，为深圳创造工业化、城市化、现代化发展的奇迹提供了强有力的金融支撑。回望深圳改革开放 40 年，金融市场的创建和发展在广东经济体制改革史中留下了浓墨重彩的一笔。深圳特区金融发展大致可以划分四个阶段：第一阶段：1979～1992 年，深圳金融市场萌生并初步发展；第二阶段：1992～2002 年，深圳金融市场进入稳定发展阶段；第三阶段：2002～2012 年，深圳金融市场进入快速发展阶段；第四阶段，党的十八大至今，深圳金融市场进入高质量发展阶段。

（一）探索与初步发展阶段（1979～1992年）

深圳特区最初产业发展主要以“三来一补”轻工业为主，金融业主要为对外贸易提供基础金融服务，同时，股份合作制企业的出现也客观催生了资本市场的萌芽。特区创立之初，金融机构数量少规模小、相互业务分割，不能真正发挥应有的金融功能。随着经济对外开放进一步发展，金融机构和业务创新也相应实现较快发展。1980 年开始，深圳特区引入竞争机制，打破条块分割，银行业务全面交叉。1982 年，“人民银行深圳市支行”升格为深圳市分行，金融改革开始提速。

借力四项金融特权推动金融业快速发展。1985～1986 年，中央政府创新性地相继给予四个经济特区四项金融特权：一是信贷资金“切块”管理权；二是利率调节权；三是存款准备金率调节权；四是部分金融机构审批权。四项特权助力金融市场快速发展：1985 年外汇调剂中心建立，外汇市场启动；1987 年招商银行成立；证券业和保险业也全面起步，1987 年深圳证券公司挂牌营业，开办了债券交易市场；1988 年深圳发展银行股票上市，拉开了股票市场的序幕；平安保险公司的成立及外资保险公司的引入，初步形成了保险市场竞争格局。1984～1988 年这 5 年是深圳市金融业发展的一个高峰，金融机构从 1984 年的 241 家上升到 1988 年的 505 家，显示金融业的快速发展势头，金融市场体系初步建立。

深圳资本市场开始探索发展。1986 年，在总结经验的基础上，深圳市政府颁布了《深圳经济特区国营企业股份化试点暂行规定》，成为深圳企业股份制改造的重要依据。宝安县采取集资的方式创立一家联合投资公司，第二年向公众发行了新中国第一张股票——深宝安。1987 年，深圳发展银行发行股票并在特区证券公司的柜台交易，接着，万科、金田、安达、原野等四家股票陆续发行并上柜交易，被称为深圳的“老五股”，形成了深圳证券市场的雏形。1991 年 4 月 16 日，深圳证券交易所获得中国人民银行批准成立，资本市场开始探索发展。

（二）快速发展与变革阶段（1992～2002年）

1992 年，党的十四大把建立社会主义市场经济体制作为中国经济体制改革新的目标。深圳在全国率先建立起比较完善的社会主义市场经济体制，经济发展重点推进高新技术产业发展和扩大出口贸易，这同时要求金融业与时俱进，满足经济发展的需求。在这一阶段，深圳全面发展了资本市场、货币市场、外汇市场、离岸业务市场、保险市场和黄金市场，构建了新中国最齐全的金融机构体系，特别是深圳的资本市场，从无到有、从小到大地突飞猛进发展起来。1996 年，建设区域性金融中心被写入《深圳市国民经济和社会发展“九五”计划》。经过 1996 年的进一步加强监管改革与调整，深圳金融业确立了全国性市场的地位。截至 2002 年末，深圳市拥有金融机构 116 个，其中外资金融机构 29 个，逐步形成了以国有商业银行为主，包括股份制及外资银行，业务范围拓展至银行存贷款、离岸业务、外汇、保险、证券、期货、典当等方面的较成熟的金融体系。2002 年末，全市金融机构存贷规模为 4952.73 亿元和 3512.48 亿元，分别是 1979 年的 4892 倍和 4669 倍，年均递增 44.7% 和 44.4%。2002 年深交所上市公司数目 508 家，上市证券数目 615 只，市价总值 12965 亿元。深圳证券市场全年总成交金额 14039.68 亿元，其中股票成交额 11031 亿元。

依托深港金融合作推进金融领域对外开放。深港证券市场的合作始于深交所创办阶段，当时深交所的上市挂牌、交易规则甚至股票代码等都是完整地借鉴了香港联交所的做法。1997 年，深港两地实现了深圳“深银联”ATM 网络与香港银通 ATM 网络联通。1998 年深港票据交换系统上线，实线深港单向票据交换，2002 年进一步实现港币票据的双向结算，大大提高了深港两地金融合作的深度。

1997 年是深圳市金融业发展的重要转折点。这一阶段深圳金融市场先后经历了“810 股市风波”、香港回归、亚洲金融危机及 2000 年纳斯达克互联网泡沫破灭等事件的冲击与考验，金融市场发展遭遇短期重创，加之上海金融中心地位的提高，使深圳在金融领域的规模和质量上与上海逐渐拉开了差距。从融资额看，深交所融资额占沪深两市融资额的比重从 2000 年的 41.2%，下降到 2001 年的 19.9%，再到 2002 年的 18.2%。这些冲击促使深圳重新思考定位自身的金融业发展思路，更加重视金融安全区建设，构建全方位的金融安全网。

（三）规范与深化改革阶段（2002～2012年）

2001年中国正式加入WTO，深圳努力迈向新的目标，逐步完成发展方式的转变，推进国际化城市建设，实现从“速度深圳”到“效益深圳”“和谐深圳”的历史性跨越，金融业发展拥有了更加广阔的发展空间。在这一阶段，深圳市高新技术产业高速发展，金融业配合产业转型升级，大力服务实体经济，金融改革创新提速，建立起多层次资本市场体系。金融业作为与高新技术产业、物流业并列的三大战略性支柱产业之一，被写入《深圳市国民经济和社会发展“十五”计划》。

在经历亚洲金融危机的冲击和加入WTO的推动下，深港金融合作实现了突破。2003年，内地与香港签署了《关于建立更紧密经贸关系的安排》（CEPA），提升了深圳在粤港澳中的重要地位，深圳金融领域的改革与创新提速。2004年，深圳证券交易所正式启动中小企业板，深圳市政府又适时发布了《关于加强发展资本市场工作的意见》和《推动深圳保险业创新发展的若干意见》等文件。2005年，深圳黄金夜市正式开业。2006年，深圳市政府以一号文件发布了《关于加快深圳金融业改革创新与发展的意见》，深圳市与中国保监会共建全国保险创新发展试验区。2007年，深圳金融业四大产业基地项目相继启动，深圳获评全国金融生态一级城市。2008年，深圳金融业积极应对国际金融危机影响，并迎来了金融机构设点布局的又一高峰。2008年，广东提出建设金融强省的重要战略，将金融产业作为建设金融强省的重要“抓手”。《珠江三角洲地区改革发展规划纲要》也在这一年获批，允许在金融改革与创新方面先行先试，建立金融改革创新综合试验区。2009年10月创业板正式开板，标志着深圳多层次资本市场建设取得重要成果。

在此阶段，深圳金融业保持了持续快速健康发展的态势。截至2012年末，深圳金融业实现增加值1819.2亿元，占全市地区生产总值（GDP）比重达14.0%，创历史新高。深圳金融业总资产达5.11万亿元，全市金融机构总数已达278家。银行业方面，本外币存款余额为2.97万亿元，居全国大中城市第4位；本外币贷款余额为2.18万亿元，居全国大中城市第3位；

深圳银行间货币市场和债券市场交易金额29.92万亿元，位居全国大中城市第3位；全市支付清算系统共清算资金157.24万亿元，日均清算6314亿元，银行卡交易额突破7000亿元，银行卡渗透率近60%，居全国前列。证券业方面，证券公司17家，数量全国第三；基金管理公司20家，数量全国第二；期货公司13家，数量居全国第三。深圳国内上市公司184家，上市公司总市值17064.51亿元，排名全国第三。2012年深交所IPO公司共129家，排名全球交易所第1位，IPO筹集资金700.75亿元。保险业方面，2012年末，深圳辖区保险公司总资产达到1.5万亿元，居全国第二。专业保险中介法人机构注册资本总量达13.5亿元，居全国第二。保险法人机构总数达到17家，居全国第三。全年保险公司保费收入突破400亿大关，达到401亿元，居全国第四。

风险监管方面，深圳初步形成了“大金融”“大市场”“大监测”的监管体系，推动建立了市区联动的打击和防范非法集资工作机制，有效维护金融市场秩序；社会信用体系建设逐步完善，初步形成了较为完善的以银行信贷登记咨询系统、个人征信系统、企业信用信息系统为依托，以政府相关部门、金融机构、资信评估公司、担保公司为主体的社会信用体系。

（四）创新与高质量发展阶段（2012年至今）

党的十八大后，习近平总书记首次赴地方考察就选择了深圳，第一站就是到前海。总书记要求前海“依托香港，服务内地，面向世界”。前海肩负深圳特区改革与开放新特区的功能，成为“特区中的特区”。深圳以建设全国金融中心为目标，以前海金融先行先试为突破口，推进金融业实现了资产规模和质量效益的快速增长，为新一轮跨越式发展奠定了良好基础，金融业也迎来高质量发展阶段。2012年，国务院发布了《国务院关于支持深圳前海深港现代服务业合作区开发开放有关政策的批复》，支持前海构建“跨境人民币业务创新试验区”和“国家金融业对外开放试验示范窗口”。2013年，党的十八届三中全会通过了《中共中央关于全面深化改革若干重大问题的决定》，进一步明确了改革主题，强化了市场理念，为深圳进一步全面深化金融改革创新指明了方向。深圳随后出台《深圳市人民政府关于充分发挥市场决定性作用全面深化金融改革创新的若干意见》，为新时期深圳金融中心建设和前海先行先试奠定了政策基调。2018 年 10 月，习总书记在党的十九大后再次视察深圳，要求深圳“朝着建设中国特色社会主义先行示范区的方向前行，努力创建社会主义现代化强国的城市范例”。截至 2019 年，前海蛇口自贸片区已累计推出制度创新成果 475 项，在全国复制推广 50 项，已成为中国发展最快、质量最高、效益最好的区域之一。2019 年，《粤港澳大湾区发展规划纲要》与《中共中央、国务院关于支持深圳建设中国特色社会主义先行示范区的意见》相继出炉，深圳迎来“双区”利好叠加政策机遇。

2016 年开始，深圳市新兴金融业态高速发展的同时也逐渐出现一些风险因素。因此，深圳市开发了金融风险监测预警平台、地方金融监管信息系统两个核心监管科技系统，并在此基础上打造灵鲲金融安全大数据平台。2018 年，该平台正式上线，标志着深圳市地方金融风险监测预警体系进一步完善，金融发展更加科学。

深港金融合作方面，由最初以“引进来”“单向开放”发展到至今的“走出去”与“交流合作”齐头并进局面，两地的金融合作日益深入。2016 年 12 月深港通的正式启动是两地资本市场进一步协同发展的历史性时刻，是推动人民币国际化进程的重要一环。2019 年 11 月，内地和香港共同签订《〈内地与香港关于建立更紧密经贸关系的安排〉服务贸易协议》的修订协议，内地向港方进一步开放服务贸易领域，既有助于港方进一步进入内地大市场，大展拳脚，也可以提升内地企业的服务水平及竞争力。

第三节　深圳金融业发展对实体经济的影响

金融业是深圳经济特区实体经济的活力之源，是助推经济创新驱动发展的腾飞之翼。金融业的繁荣发展推动深圳经济特区逐步走向全球价值链和创新链的顶端，助力深圳经济特区实体经济从比较优势走向竞争优势。

一　活力之源：支持实体经济发展的重要支撑

（一）金融业持续深化改革实现跨越式发展

一是金融业与经济实现良性互动发展。1979 年深圳经济特区成立之初，深圳金融业增加值仅有 1586 万元，占 GDP 的比重仅为 8.08%。经过 40 年的发展，2019 年深圳金融业增加值达到 3667.63 亿元，占 GDP 比重达 13.62%，是 1979 年的 12 倍（以 1979 年可比价格计算），年均增速超出同期 GDP 年均增速 2.17 个百分点。[①] 金融业增加值大致 10 年突破一个数量级，1983 年金融业增加值突破 1 亿元，1996 年突破 100 亿元，2009 年突破 1000 亿元，2017 年突破 3000 亿元。1979 年深圳银行业存贷款规模仅有 0.75 亿元，截至 2019 年底，金融业存贷款规模已高达 14.34 万亿元，仅次于北京、上海；证券公司总资产、营业收入位列全国第一，净资产、净资本、净利润位列全国第二，仅次于上海；保险法人机构总资产居全国第二，仅次于北京，保险深度和保险密度分别居全国第二和第一。[②] 此外，与 10 年前相比，2019 年深圳金融业总资产、税前利润增长均接近 4 倍；税收贡献增长 4.17 倍，金融业税收占全市税收比重增加了 7.2 个百分点（见表 6－3），成为全市纳税第一的产业，对全社会就业贡献度显著提升（见图 6－4）。

表 6－3　深圳金融业绩效主要指标基本情况

	总资产（万亿元）	税前利润（亿元）	税收贡献（亿元）	占全市税收比重（%）
2009 年	3.30	669.69	294.32	17.50
2013 年	5.90	888.54	740.00	18.70
2019 年	15.46	3214.16	1522.40	24.70
增长倍数（倍）	3.68	3.80	4.17	7.20*
年均增长（%）	36.85	37.99	41.73	—

注：2019 年税前利润为预测值；“*”表示增长点数；“—”表示未计算相关数值。

数据来源：深圳市金融局历年《深圳市金融业运行情况》、《深圳市金融业“十三五”规划（前期规划稿）》；中国银行保险监督管理委员会深圳监管局《2019 年 12 月深圳市银行业保险业统计数据》。

---

① 如无特殊说明，本节均不考虑通胀因素。

② 2019 年保险深度和保险密度为自行计算对比，其他数据见深圳市地方金融管理局《2019 年深圳市金融业运行情况》。

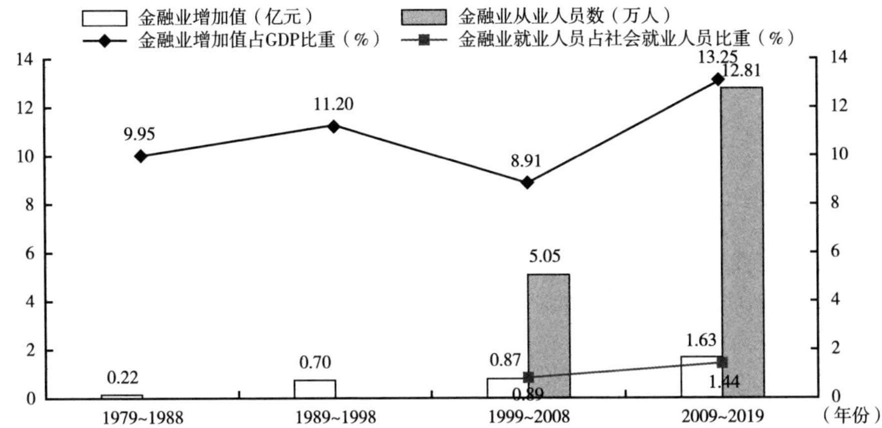

图 6-4　深圳经济特区金融业发展趋势

注：金融业增加值以 1979 年可比价格计算；2019 年金融业从业人员数据使用预测值。数据代表以 10 年为期，金融业相关指标的发展均速。

数据来源：深圳市金融局《2019 年深圳市金融业运行情况》、深圳市统计局《深圳市统计指标——2019 年 12 月》、1979～2019 年《深圳统计年鉴》。

二是逐步建立现代金融体系。深圳经济特区最初成立时仅有农业银行、建设银行、中国银行等几家商业银行的支行，证券、保险业一片空白。经过 40 年发展，深圳金融业从小到大，从弱到强，逐步形成了以银行、证券、保险为主体，基金、信托、期货、担保、租赁、拍卖、典当、保理等传统金融与创投、移动支付、众筹等新型金融交织的发展格局。截至 2018 年 6 月末，深圳市法人金融机构总数达 191 家①（郑联盛，2019）。此外，深圳还形成了主板、中小企业板、创业板以及 OTC（非上市公司股份报价转让系统）、区域性股权市场、地方要素市场②协调发展的多层次资本市场体系，为服务实体经济提供了坚实的保障。

（二）金融业服务实体经济能力不断提高

一是深圳经济特区金融业始终坚持服务实体经济本源，融资规模持续扩

① 全部为持牌法人机构，不包括一级分支机构。

② 如上金所深圳备份交易中心、深圳排放权交易所、深圳石油化工交易所、深圳农产品交易所、前海股权交易中心、前海金融资产交易所、港交所前海联合交易中心等。

大，融资结构不断改善。与 2000 年相比，2018 年深圳社会融资规模增加了 9143.92 亿元，年均增速达 46.56%；直接融资（股权和债券融资）比例从 2008 年的 39.86% 波动上升至 2018 年的 47.72%（见图 6－5）。近年来，银行贷款持续向小微民营企业倾斜，小微企业贷款连续多年实现“两个不低于”目标（即小微贷款增速不低于各项贷款平均增速，增量不低于上年同期）。保险业的经济补偿功能和“稳定器”作用实现有效发挥，2019 年保费收入、保险赔付较 1997 年增长了 40 倍。

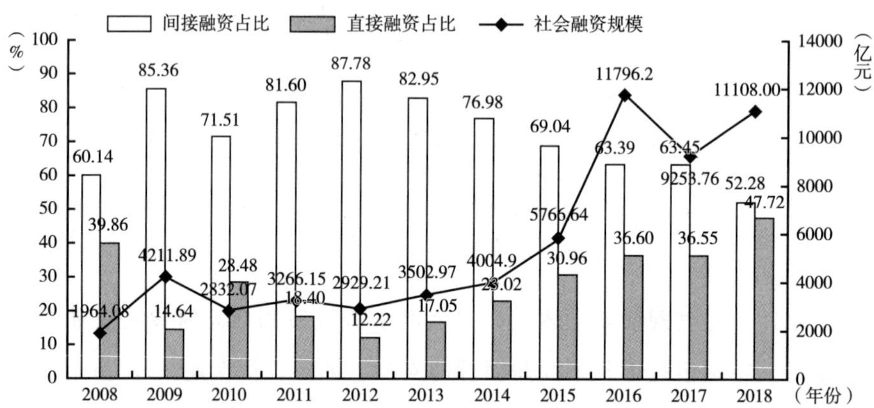

图 6－5　2008～2018 年深圳社会融资规模和结构

注：由于原始报告中融资结构数据各年度统计口径不一致，为保持前后统计口径的一致，本表中的股权、债券融资使用原报告中的分市场数据，信贷融资使用原报告中的非金融机构融资结构数据，社会融资规模为三项加总。

数据来源：中国人民银行深圳市中心支行货币政策分析小组《深圳市金融业运行报告》（2008～2019）。

二是金融业配置资源效率不断提高，促进经济高质量发展。2019 年，深圳上市公司达到 292 家，总市值达 7.05 万亿元（见图 6－6），仅次于上海；上市公司家数和市值分别是 10 年前的 2.62 倍和 3.25 倍；上市公司全面覆盖主板、中小板、创业板、科创板及新三板等所有层次资本市场。信息技术设备制造业、房地产、资本服务等传统产业和互联网、新材料、新能源、节能环保、新医药、现代物流等新兴产业上市公司交相辉映。另一方面，以资本市场为主要方式服务全国企业成效卓著。1991 年，深交所成立之初仅有 4 只股票交易，经过近 30 年发展，2019 年深交所上市公司达到 2205 家，上市证券 9273 只（其中股票 2250 只），市场规模和证券种类得到极大提高和丰富。且近 10 年，上市公司市值、股票和债券成交额、税收贡献等都加速提升（见表 6－4），已成为全国企业融资的重要平台。

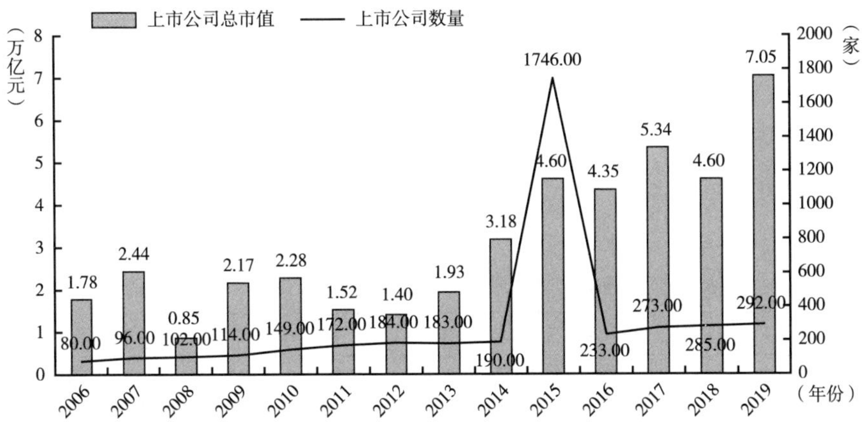

图 6－6　2006～2019 年深圳上市公司情况

数据来源：Wind 数据库。

表 6－4　2001～2019 年深交所交易数据

	上市公司（家）	上市证券（只）	股票占比（%）	总市值（亿元）	股票基金成交额（亿元）	债券市场现券交易额（亿元）	代扣印花税（亿元）
2001 年	508	598	91.97	15931.64	16808.75	623.73	116.18
2008 年	740	964	81.12	24114.53	88813.53	510.86	308.00
增长量	232	366	－10.85	8182.89	72004.78	－112.87	191.82
年均增长率(%)	6.52	8.74	－1.69	7.34	61.20	－2.59	23.59
2009 年	830	1165	74.85	59283.89	193265.81	828.72	187.67
2019 年	2205	9273	24.18	237414.86	753404.59	254446.67	731.61
增长量	1375	8108	－50.67	178130.97	560138.78	253617.96	543.94
年均增长率(%)	16.57	69.60	－6.77	30.05	28.98	3060.37	28.98

数据来源：Wind 数据库。

经过40年发展，深圳的全国金融中心和亚太区域性国际金融中心地位基本确立①，超越法兰克福、苏黎世、巴黎等老牌国际金融中心；经济总量超越中国香港，成为全国第三、湾区第一。

二　腾飞之翼：金融业助力深圳经济特区经济发展从比较优势走向竞争优势

深圳经济特区金融业在贴合实体经济发展、服务创新驱动中促进内部变革，阶段性推动深圳从“外向型+劳动密集型”产业比较优势向创新驱动的竞争优势演变（见表6-5），形成“金融服务实体、实体反哺金融”的双向良性互动格局。

表6-5　深圳产业发展、金融政策及资本市场变迁过程

阶段	1979~1992年	1993~2002年	2003~2012年	2013年至今
发展阶段	经济体制改革探索和全面推进阶段	社会主义市场经济体制建设阶段	社会主义市场经济体制改革完善阶段	新时代中国特色社会主义阶段
产业政策导向	三来一补	高技术产业发展战略		创新驱动发展战略
产业发展情况	外向型和劳动密集型轻工业为主	电子信息产业升级	高技术产业高速发展	先进制造业、现代服务业
金融改革	拨改贷试点以及完全拨改贷	发展直接融资市场	发展多渠道融资	金融市场深化改革
资本市场	出现发行市场和交易市场	资本市场正式形成	多层次资本市场体系	完善资本市场
金融对实体经济的作用	为进出口贸易提供资金支持	为主导产业发展提供资金支持	为高技术产业发展提供资金支持	为创新驱动发展提供资金支持

注：根据（麻晓勇、申万宏源课题组，2019：375）改编。

（一）发挥金融业比较优势助推经济高质量发展

深圳经济特区建设初期，低廉的劳动力和土地成本支撑下的外向型经济和劳动密集型产业构成了深圳产业的比较优势。“本土金融改革+外资投

① “全球金融中心指数”（GFCI27）（第27期）报告显示，深圳位列全球金融中心第11名。

入”共同推动深圳发挥产业比较优势。表6-6显示，1979~1992年，深圳人民币贷款余额增长了接近500倍，进出口总额增长了1300多倍，利用外资金额增长了46.67倍。显而易见，这一时期深圳外向型经济初具规模，人民币贷款对经济的支持作用初显。

1992年邓小平南行之后，越来越多的国有企业实行股份制改造并开始在资本市场发行上市。至1995年底，广东全省批准设立的股份有限公司就有597家，总股本为641.27亿元（广东省志编纂委员会，2014：406），分别是1992年的3.78倍和2.72倍。同时，深交所持续发展助力深圳打造区域性金融中心。[①] 受1997年亚洲金融风暴影响，国家开始对地方性场外市场进行清理，1999年10月后全国只剩下沪深证券交易所场内交易。1995~2002年，在深交所上市的企业数、股票数和股票市值均大幅上升（见图6-7）。以此为契机，深圳开始逐渐成为我国重要的区域性金融中心之一。

表6-6 1979~1992年深圳金融与外向型经济发展情况

	人民币贷款余额(亿元)	进出口		利用外资		地方财政一般预算收入(亿元)
		总额(亿美元)	占GDP比重(%)	项目数(项)	金额(亿美元)	
1979年	0.75	0.17	13.23	169	0.15	0.17
1992年	370.71	235.76	52.11	1561	7.15	42.96
增长量	369.96	235.59	38.88	1392	7.00	42.79
增长倍数(倍)	493.28	1385.82	2.94	8.24	46.67	251.71
年均增长率(%)	37.94	106.60	0.23	0.63	3.59	19.36

数据来源：2010年《深圳统计年鉴》、邢毓静（2020）。

注：除进出口占比以外，其他指标均未处理通胀。

1997年，国际金融危机暴露了国内潜藏的金融风险点，深圳率先在全国处理了信托、外汇、证券业的业务与机构风险。借此契机，深圳理顺了中央银行派出机构和地方政府、法院、清算组之间的关系，明确了中央和地方

① 1991年7月，深交所正式开业。当时中国资本市场正处于地方大发展时期，截至1997年11月，全国共有100多个大大小小的地方性股票交易市场。

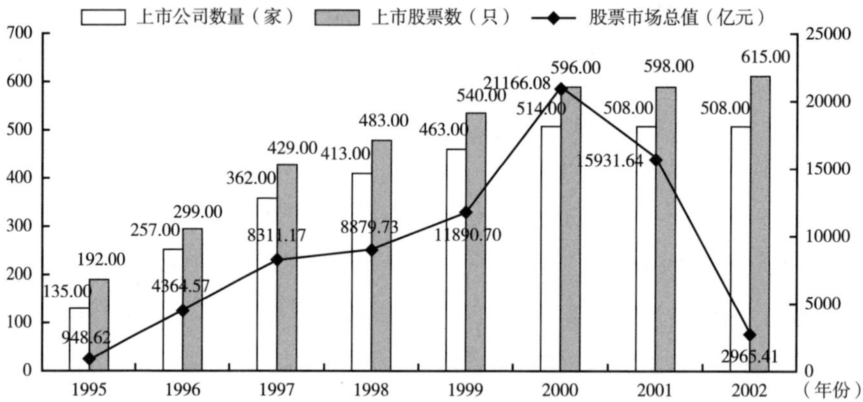

图 6-7　1995～2002 年深交所上市公司数量和总市值

数据来源：《深圳证券交易所市场统计年鉴 2002》。

政府两级金融监管职能，建立了中央与地方分担证券公司风险处置成本的模式，推动了银行业与证券业、保险业和信托业务的分业经营和分业监管，也明确了深圳金融发展的主基调：让金融回归服务实体经济的本源。从而为深圳优化产业比较优势提供了坚实的资金后盾。

（二）引导经济资源高效率发展培育经济发展新优势

深圳经济特区金融业通过多元化发展支持深圳各类型科技企业、中小民营企业，推动深圳实现从加工贸易向高技术产业的转变，成功跨越比较优势陷阱。

一是拓展科技型、中小型民营企业融资渠道。2006 年 1 月，深圳市政府公布了《关于加快深圳金融业改革创新发展的若干意见》，以此为指导，开始了积极探索金融发展的自主创新之路。2004 年和 2009 年，中小企业板和创业板的先后推出，为科技型、中小型企业提供了新型融资渠道。2012 年，深圳中小企业板上市公司总数达到 69 家，创业板 41 家；中小板和创业板合计募集金额 47.93 亿元，占上市公司募集金额总数的 27.39%（见表 6-7）。

表 6－7　2007～2012 年深圳分板上市公司数和融资额

项目	2007	2010	2012
总数(家)	96	149	184
其中:主板(家)	78	76	74
中小板(家)	18	56	69
创业板(家)	0	17	41
上市公司本年累计募集资金额(亿元)	1002	704.92	175.00
其中:在中小企业板筹资额(亿元)	56.6	270.76	20.72
在创业板筹资额(亿元)	—	138.04	27.21
中小板筹资占比(%)	5.65	38.41	11.84
创业板筹资占比(%)	—	19.58	15.55
上市公司总市值(万亿元)	2.44	2.28	1.40
上市公司流通市值(万亿元)	1.21	1.50	1.11

数据来源：中国证券监督管理委员会深圳监管局《深圳辖区证券业统计数据》(2007－2012)。

二是金融开放改革为深圳经济特区走向国际奠定基础。经过多年坚持改革、开放、创新发展，深圳经济特区逐渐成为全国性金融中心之一。2012年，在主要金融指标方面，深圳已全面超越广州，个别指标与上海、北京比肩（见表 6－8）。同时，在全球的金融影响力也不断提升。2013 年，英国 Z/Yen咨询公司发布的全球金融中心指数（GFCI）中深圳位居第 18 位，短暂超越了上海。

表 6－8　2012 年年北上广深金融业的主要指标对比

项目	上海	北京	深圳	广州
金融业增加值(亿元)	2450.36	2592.5	1716.37	971
金融业增加值占 GDP 比重(%)	11.92	14.56	12.89	7.09
银行贷款余额(万亿元)	4.1	4.32	2.18	1.99
贷存比(%)	64.48	50.91	73.52	66.04
保险密度(元/人)	3447.3	4269	3831	3282.31
保险深度(%)	4.1	5	3	3.11

资料来源：Wind 数据库、各市 2013 年统计年鉴。

（三）助力创新驱动战略培育经济发展竞争优势

党的十八大以来，深圳金融深化改革开启了经济创新的加速键，走出了一条金融助力创新、深化竞争优势的深圳经济特区再出发之路。

一是资本市场深化改革拓宽创新型企业融资新渠道。一方面，新三板拓展了场外规范化交易渠道。2019 年新三板挂牌企业数达到 8953 家，其中，深圳挂牌企业数 490 家，占比 5.47%。根据 2018 年半年报，深圳 48% 的新三板企业集中在信息技术行业，平均净资产收益率（ROE）位居北上广深四市第一。[①] 另一方面，深圳是全国创投风投机构数量最多、发展最好的城市，风险投资市场发展补齐初创期企业融资短板。2017 年，深圳私募股权和创业投资基金管理人为 2142 家，仅次于北京上海。[②] 同时，深圳本身的风险投资也呈持续增长趋势。与 2013 年相比，2019 年，深圳风投案例数增长了过百倍，投资金额增长了 5 倍多（见图 6－8）。

二是创新和金融的先发优势形成“科技＋金融”双轮驱动的新起点。近 10 年，深圳经济特区创新处于高速发展阶段。高新技术企业数和产值年均增速分别高达 56% 和 38%，远超 R&D 经费支出年均增速 17%，科技回报增速远高于科技投入增速；PCT 申请量连续 15 年居全国首位；科技投入年均回报高达 17.8 倍[③]。同期，深圳金融也处于高速增长期，金融业增加值年均增速达 12.93%。创新和金融的领先优势加速“科技＋金融”双轮驱动的基因分裂。近年来，深圳金融机构针对科技型中小企业经营、风险、融资特点，特别开发的科技金融产品，如银行业科技金融复合信贷产品、政府控股或参股的创投及科技创新引导基金、深交所的创新平台跨境服务等，有力支持了科技成果转化。以管理深圳市政府投资引导基金的深圳市创新投资集

① 百度文库，《2018 年深圳新三板公司分析报告》，https：//wenku.baidu.com/view/a66b4df2294ac850ad02de80d4d8d15abe2300ae.html，最后访问日期：2020 年 4 月 7 日。

② 中国报告网，《2019 年我国创业投资基金行业投创管理人数量达 12953 家，北京、深圳及上海市为主要分布地》，2019 年 10 月 14 日，http：//data.chinabaogao.com/gonggongfuwu/2019/10144552Z2019.html，最后访问日期：2020 年 5 月 2 日。

③ 科技投入回报＝高新技术企业工业增加值/R&D 经费支出。

图 6－8　2013～2019 年深圳风险投资案例数和金额

数据来源：Wind 数据库、广东省社会科学院财政金融研究所和清科研究中心《2017 广东风险投资发展研究报告》。

团有限公司（以下简称“深创投”）为例，1999～2020 年 3 月，深创投在新兴领域累计投资项目 1093 个，总投资额约 500 亿元人民币；2013 年起投资进入加速期（见图 6－9）。

表 6－9　2009～2018 年深圳科技研发投入和科技创新基本情况

	一般公共预算支出中的科学技术		R&D 经费支出			高新技术企业		专利情况	
	支出总额（万元）	占比*（%）	绝对值（亿元）	各项占比（%）		数量（万家）	工业总产值（亿元）	专利授权量（件）	国际专利申请量（件）
				政府资金	企业资金				
2009 年	4067	7.91	279.71	4.66	94.16	0.08	3561.89	25894	3800
2018 年	5549818	12.96	1163.54	5.77	93.75	1.44	21627.52	140202	18081

数据来源：2014～2019 年《深圳统计年鉴》、Wind 数据库。

注：“*”表示占一般公共预算支出的比重；国际专利申请量为 PCT（Patent Cooperation Treaty）国际专利申请量。

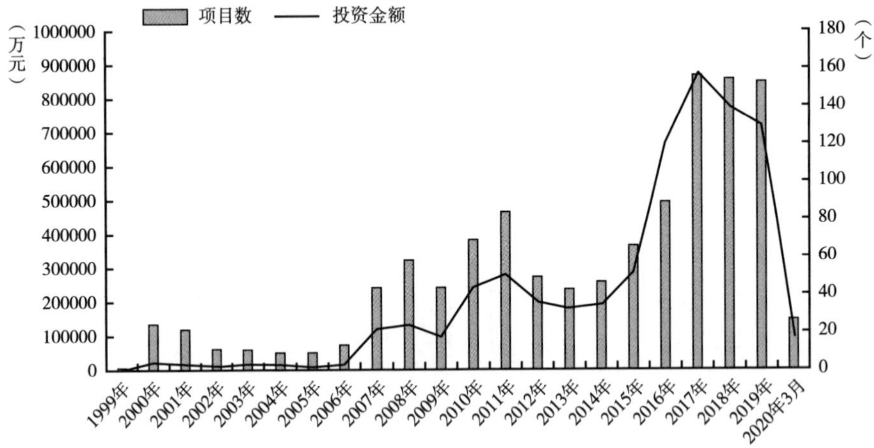

图 6-9　深创投投资项目年度分布

数据来源：深圳市创新投资集团有限公司《投资概况》，http://www.szvc.com.cn/main/ourBusiness/investmentBusiness/businessSurvey/index.shtml，最后访问日期：2020 年 4 月 27 日。

三　未来之光：金融市场对外开放助力实体经济融入全球价值链

（一）链接港澳，实现跨区域要素集聚

40 年来，从早期市场自发的香港金融对深圳经济特区实体经济的辐射带动，到港澳回归后三地在 CEPA 协议（Closer Economic Partnership Arrangement）下深化金融合作，再到党的十八大以后三地金融优势互补，深港金融合作持续深化在技术层面、资本市场互联互通和金融机构互设、监管和人才交流等方面的金融合作。

一是金融合作逐步实现新突破。技术层面的合作主要表现在深港支付清算系统的互联互通。1998 年起，深港两地陆续推出深港港元和美元双向票据交换安排及双向实时支付结算系统联网；2002 年，深港两地实现了港币支票、银行卡和全额实时支付系统的双向联合结算；此后经过不断发展，2014 年 10 月，两地跨境结算有效覆盖欧美跨时区工作时间。当前，两地电子支票联合结算和跨境电子账单直接缴费等在加快推广中。2017 年末，粤

港澳跨境人民币结算总额 9.93 万亿元，占广东跨境人民币结算总量的 71.6%（亚洲金融智库编委会，2018：187～192）。

资本市场互联互通和金融机构互设实现持续新突破。一方面，资本市场互联互通程度持续加深。2016 年 12 月 5 日深港通开通以来，资金双向流量持续增加（见表 6－10）。同时，两地积极推动债券、保险、股权投资跨境发展。另一方面，两地金融机构互设取得显著成效。1986 年 7 月，全国第一家中国国际财务有限公司（深圳）成立，经过 30 年发展，2016 年底，深圳辖区港资银行资产规模、存贷款余额、净利润等指标占辖区内外资银行比重高达约 70%（深圳金融发展报告编委会，2018）。

表 6－10　2016 年 12 月深港通开通以后资金流动情况

单位：亿元，%

年份	全年交易额		日均额度使用率		当年资金净流入		资金北向流入
	深市港股通	深股通	深市港股通	深股通	深市港股通	深股通	
2017	4623.31	9507.05	12.06	20.04	1112.64	1367.64	255.01
2019	8474.49	20115.28	22.11	42.39	1129.51	1951.10	821.59
截至 2020 年 4 月 3 日累计					3911.54	4634.86	723.33

注：2018 年 4 月 11 日，深股通和港股通每日额度分别调整为 520 亿元和 420 亿元，为方便对比，本表的日均额度使用率以初始规定的深股通、港股通每日额度 130 亿元、105 亿元为准。

数据来源：根据 Wind 数据库数据整理。

二是金融监管和金融人才交流日益加深。跨境金融专责工作小组的成立和深港澳金融合作创新座谈会的持续召开为三地全方位深化在金融领域的交流合作提供了平台与桥梁。同时，三地以政策和实践方式持续深化金融人才交流。《关于支持港澳青年在前海发展的若干措施》《深圳市地方金融监督管理局澳门金融管理局关于推动金融人才培养和交流的合作备忘录》以及“前海深港青年发展扶持资金”等为港澳青年在前海实习、就业、创新创业和三地金融人才交流提供了政策依据和资金支持。40 年来，深港金融合作已从过去局部、微观、零星的市场化机构互设以及业务技术层面的交流合作，逐步上升并拓宽至运行机制的衔接、金融市场的对接和资金流动的融合等深层次全方位合作（冷秋，2018）。深港金融合作已经成为推动深圳金融和经济走向国际化、获得更广阔发展空间的必由之路。

（二）建立全球布局的资产和金融网络

中国金融对外开放程度的加深和深圳先行先试的加持，持续推动深圳金融“引进来”和“走出去”。

一是跨境业务突破持续推动金融对外开放。2012 年 12 月以来，跨境人民币贷款、跨境双向股权投资、跨境双向资金池、跨境双向发债和跨境资产转让等五个跨境业务在深圳均得以实现，自由贸易账户这一重大人民币跨境流动基础设施也在深圳正式落地。在此基础上，人民币跨境业务量持续突破。2018 年，深圳跨境人民币收付总额 1.6 万亿元，是 2012 年的 3 倍，占到全国 1 成多；经常项目收付 6776.9 亿元，是 2012 年的 1.5 倍（见图 6－10）。以财付通为代表的跨境电商业务增幅显著拉动服务贸易。2018 年，跨境双向人民币资金池业务收付 1907.1 亿元，带动直接投资项目收付增长 343%（中国人民银行深圳市中心支行货币政策分析小组，2019）。

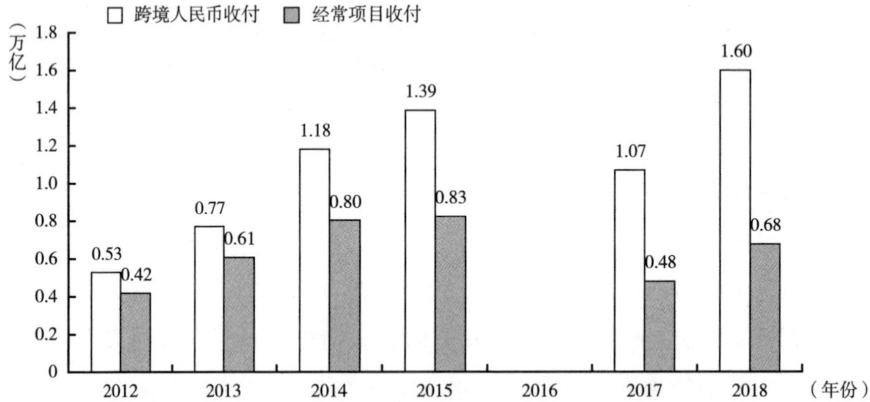

图 6－10　2012～2018 年深圳跨境人民币收付情况

注：2016 年数据缺乏可靠来源，故不予纳入。

数据来源：《深圳市金融运行报告（2012－2019）》。

二是金融开放程度日益提高推动资本要素内外流动。一方面，深圳金融引进来步伐加快。2010～2018年，深圳经济特区外资金融机构主要指标均呈上升态势（见表6-11）。[①] 另一方面，深圳经济特区企业在资本市场上走出去步伐加快。以深圳赴港上市公司为例，2005年深圳新增港交所上市企业仅有3家，2017年增长至19家；上市公司表现持续向好，净利润均值和总值均呈持续上涨且2010年以来加速上涨的态势（见图6-11）。

表6-11 “十一五”“十二五”最后一年和2018年深圳外资金融机构情况

指标			2010年	2015年	2018年	增长量	倍数
证券业	机构驻深代表处数(家)		11	8	6	-5	0.55
银行业	法人机构数(家)		4	4	5	1	1.25
	营业网点	网点数(家)	80	92	96	16	1.20
		从业人数(人)	4714	5247	5334	620	1.13
		总资产(亿元)	1995	3456.7	3812	1817	1.91
保险公司分支机构数	财险(家)		4	6	—	2*	1.50*
	寿险(家)		12	12	—	0*	1*

注：*表示2015年和2010年的比较。
数据来源：Wind数据库。

三是不断拓宽与发达国家金融市场合作领域。深圳经济特区积极与国际金融城市开展合作。2004年和2006年，深圳经济特区与伦敦金融城先后签署《深圳与伦敦金融城合作备忘录》和《合作备忘录增补文本》，逐步拓宽合作领域，积极推进全口径跨境融资宏观审慎管理试点，更好地帮助中国企业“走出去”，推动深圳企业充分利用“两个市场、两种资源”。2015年3月，深圳前海作为全国三个试点地区之一[②]，正式启动外债宏观审慎管理试点。截至2017年8月末，103家深圳企业共办理了128笔外债宏观审慎试点及全口径跨境融资业务，签约53.18亿美元。初步测算，企业平均融资成本

① 2018年以来中国金融对外开放程度持续加深，明确放宽外资金融业机构准入条件，代表处、办事处等机构需求降低。

② 另两个试点地区为北京中关村和江苏张家港。

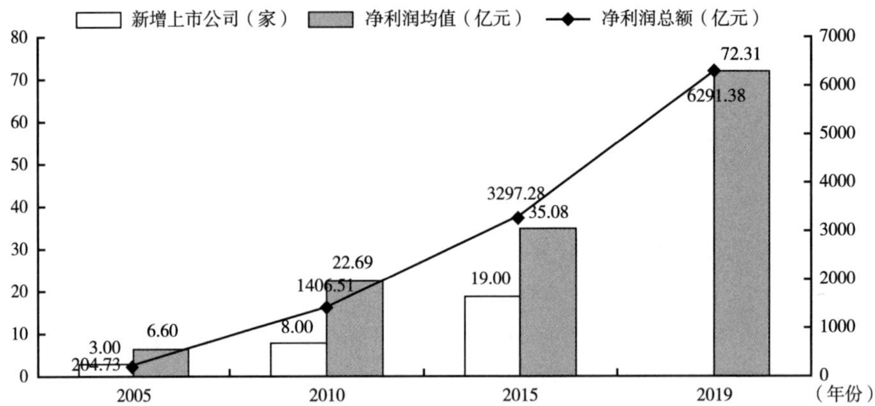

图 6-11　深圳赴港上市公司情况

数据来源：根据 Wind 数据库数据整理。

降低了 1% ~2% （深圳前海管理局，2017）。

40 年来，深圳金融“引进来”从允许设立各种外资金融机构办事处、分支机构，到引进境外战略投资者，再到目前股权合作和对外投资；“走出去”从金融机构在外设立办事处、分支机构到以人民币走出去支持企业走出去。深圳金融对外开放进入了新时代，中外经济和金融的深度融合、内外联动格局正在形成。

第四节　深圳经济特区金融业服务实体经济经验总结

深圳经济特区改革开放 40 年，经济社会发展取得了辉煌的成就，金融业功不可没，而 40 年中国经济特区改革开放也成就了深圳的金融业发展。回顾深圳经济特区金融业服务实体经济的发展历程，主要有四个方面的经验：一是始终坚持和加强党的领导，确保改革开放始终沿着正确方向持续前进；二是坚持解放和发展社会生产力、坚持市场取向的金融市场改革；三是毗邻香港的区位优势与中央赋予的特殊政策优势；四是兼容并蓄，借鉴先进经验。

一　坚持改革开放，走有中国特色的金融市场发展道路

（一）解放思想，深化改革，不断激发发展动力

40 年里，深圳经济特区金融业发展始终坚持中国特色社会主义理论，在发展过程中始终坚持改革开放总方向不动摇，积极进取、不断探索，努力扮演国家创新实验场的角色，以不断深化改革的方式去解决和完善发展中遇见的各种问题，为中国金融市场的发展做出了应有的贡献。

特区建立初期，资金资源匮乏。深圳大胆探索、快速推进金融业发展。在 1980～1985 年的 5 年时间，银行存、贷款的大幅度增长，为特区大规模基础设施建设、工业建设提供了 56% 的资金；在全国经济“治理整顿”大环境下（1989～1991 年），金融业坚持“放、管”结合的调控管理原则，率先开始实行信贷资金比例管理办法、企业经济档案制度、推出贷款证制度、实行审贷分离制度等相关制度；证券市场率先建立上市公司独立董事制度、客户交易结算资金第三方独立存管、交易所债券回购业务等多项开创性的金融监管制度，实现了金融业由量的扩张向质的提高转变。1992 年邓小平南方谈话之后，深圳特区通过股份制改造和证券业的进一步大胆探索，以成立深圳证券交易所、设立中小企业板和创业板的多层次资本市场为契机，吸引了大量资金涌入深圳，奠定了深圳金融业迅速发展的基础，并创造了金融业的多项第一。如成立全国第一家中外合资财务公司（中国国际财务有限公司）；全国第一家由企业法人持股的股份制商业银行（招商银行），开启了中国由企业集团办银行的先例；组建了全国第一家公开发行股票上市的股份制商业银行（深圳发展银行），开辟了深圳股票交易市场的先河。随着广东自贸试验区的设立和发展，深圳金融业进入深化改革和优化结构的发展阶段，深圳前海作为特区中的特区，成为全国单位面积金融产出最高的地区。此外，深圳金融机构在制度建设、组织管理、服务模式和产品开发等方面也一直走在行业前列。第一家上市证券公司、第一家经批准在境外设立子公司的证券公司、第一家 B 股境内主承销商、第一套电话委托交易系统、第一

家多媒体客户服务中心等都来自深圳证券公司，第一批直投业务、QDII业务、IB业务、融资融券业务等创新业务的首批试点资格也活跃着深圳金融机构的身影。深圳还培育了一大批如深交所、平安保险、招商银行、国信证券、南方基金管理公司、博时基金管理公司、中国国际期货经纪公司、深圳创新投资集团公司等国内外知名的民族品牌企业，发展成为全国和国际领军企业聚集的板块，其中平安保险、招商银行进入“世界500强”行列。

（二）先行先试，率先探索，出台改革创新政策

先发政策优势是深圳经济特区金融业发展的重要推动力。经济特区成立之初，通过人民银行总行给到深圳的特殊金融政策，大力推动了银行、保险、证券业的改革与创新，推动了金融业迅速发展。以邓小平同志南行为契机，金融业，以深港金融衔接为突破点，全面发展了资本市场、货币市场、外汇市场、离岸业务市场、保险市场以及黄金要素市场；积极争取制定行业、产业的法规、立法权和税收政策制定权等中央新的政策支持，全力推进金融运作和管理的规范化、现代化和国际化，实现了金融业发展的新飞跃，也为深圳“二次创业”的成功实施，为我国金融业的发展做出了重要贡献。21世纪以来，深圳抓住我国加入WTO、强化深港合作及建立健全开放型经济新体制的历史机遇，注重规划先行，践行国家战略，积极出台金融创新政策。“十一五”期间，国务院先后批准实施《珠江三角洲地区改革发展规划纲要（2008—2020年）》《粤港合作框架协议》《深圳市综合配套改革总体方案》《深圳经济特区金融发展促进条例》和《前海深港现代服务业合作区总体发展规划》，这些政策文件为深港深化金融合作和深圳金融创新开放提供了巨大的发展空间，赋予了深圳在金融改革与创新方面先行先试权。

（三）多点发力，重点突破，迅速打好发展基础

深圳经济特区金融业在不同时期以符合发展趋势的重点领域作为“抓手”，实现重点突破。一是迅速做大产业规模。金融体系发展从只有农联社到金融调控与监管体系、金融组织体系、金融市场体系初步建立，再到金融机构数和存贷款规模迅速扩张、金融体系日益完善，金融业综合实力和竞争

力已位居全国前列。“十一五”时期，深圳经济特区金融业取得了突破性的发展，深圳证券交易所创业板的启动和金融业增加值超过千亿元成为深圳金融业发展新的里程碑。“十二五”以来，金融业作为支柱产业地位进一步巩固和提升，金融业税前利润创历史新高。此外，深交所 2009～2012 年连续 4 年 IPO 数量超过纳斯达克、纽交所、伦交所、港交所等全球主要交易所，居全球首位。前海股权交易中心成为全国挂牌展示企业数量最多的区域性股权市场。金融业增加值总量已跃升为国民经济行业 20 个门类中的第 2 位，仅次于制造业。

二是实现金融发展路径的突破。在改革开放初期，为满足经济建设的基本金融需求，金融业重点发展基础金融服务和基本资金融通，为深圳经济特区发展提供了初步的金融服务。在社会主义市场经济建设开启后，深圳着力建设以金融机构、产品和服务为基础的金融体系。同时，依托深圳证券交易所和多层次资本市场，建设以股票、债券为重点的直接融资体系。加入 WTO 后，深圳发挥了背靠制造业基地和面向香港、新加坡等国际金融中心的优势，重点突出产业金融，构建了较为完善的产业和经济体系，金融业发展的广度和深度得到实质性提升。国际金融危机后，深圳抓住国际金融体系中心东移的历史契机，重点发展资本市场、产业金融、资产管理、产业基金、保险等金融业态，深圳金融中心城市建设亦取得重要进展。党的十八大以来，深圳利用前海特区和广东自贸试验区发展的机遇，重点推进深港合作和粤港澳大湾区以及社会主义先行示范区建设，在金融创新、产融结合、人民币跨境业务和金融要素集聚等方面实现重大突破，区域性金融中心的功能不断提升。

三是实现重点领域突破。在金融资源集聚方面，深圳经济特区积极构建多元化市场主体格局，目前已经成为我国金融门类最为丰富齐全、金融产业链条最为完善的地区之一。深圳特区围绕深圳证券交易所，建成了立足本地、辐射全国，由主板、中小企业板、创业板和地方产权交易所构成的多层次市场体系，在我国乃至全球资本市场中都有一定的地位。2014 年 12 月，全国首家民营银行微众银行成立，为社会公众和小微企业贷款。2018 年 4 月，浦发硅谷银行正式在深圳设立分行，致力于为创新企业提供全面的金融解决方案。在地方要素市场建设方面，深圳先后成立了深圳石油化工交易所、深圳农产品交易所、前海股权交易中心、前海金融资产交易所等多个要素交易平台。上海黄金交易深圳备份中心作为全国独一无二的夜市黄金交易市场，得到了突破性发展。深圳农产品交易所创新发布“中国农产品批发价格指数”；深圳排放权交易所在国内率先开展碳排放权配额交易。小额贷款公司、互联网金融、股权投资企业等新兴金融机构快速发展，是国内互联网金融最发达、最活跃的城市之一。

二　坚持市场化道路，遵循金融服务实体经济的客观规律

市场是推动改革创新的原动力，以市场化为导向是深圳经济特区金融改革创新成功的关键。深圳经济特区金融市场的深化改革和创新发展很大程度上得益于遵守市场规则和发挥市场的力量。深圳经济特区始终坚持“小政府、大市场”理念，既不干预企业日常运营，也不形成地方保护主义，而是支持更多通过市场规则、市场价格、市场竞争引导资源配置和行业行为，使市场化理念成为行业普遍认同和遵循。

（一）市场主导，优化机制，推动金融市场有序发展

深圳市政府 2014 年 1 号文件《关于充分发挥市场决定性作用全面深化金融改革创新的若干意见》，提出了全面深化金融改革创新的总目标，进一步明确了深圳在未来的功能定位，即“金融市场化改革的引领区、跨境金融业务的先行区、创新金融业态的集聚区和产融紧密结合的示范区”。金融市场发展过程中重点借鉴香港等地的市场化运作经验，构建适合深圳实际情况的市场化机制；发挥金融机构和产业机构的微观经济主体作用，尊重其在资源配置中的主动性和能动性；构建良好的市场环境，引导更多民间资本进入金融领域，为市场主体提供平等的金融参与权和市场化的金融收益权；逐步完善相关法律法规，用法律规范来维系市场公平与稳健运行。党的十八届三中全会描绘了中国新一轮改革的宏伟蓝图，明确提出的“全面深化改革”“让市场在资源配置中起决定性作用”“完善金融市场体系”，为深圳这块改革开放的沃土迎来新一轮改革创新创造了良机，为金融改革创新注入了强大

动力。40 年来，深圳在发挥好政策引导和加强环境建设的背景下，更多让市场在储蓄投资转换、金融结构演进与发展、金融市场深化及产品服务创新中发挥基础性和决定性作用，有力促进了金融市场体系的建设与完善。

（二）理念创新，模式创新，服务实体经济发展

金融是实体经济的血脉，服务实体经济是金融的天职。深圳经济特区及全国的经济转型升级为金融业发展提供巨大的市场，这也构成了深圳金融业发展的根基所在。探索产业 + 金融模式。结合产业结构调整和布局规划，加大金融对先进制造业、战略性新兴产业、现代服务业等支持力度，构建产融互动共生发展格局。从 20 世纪 90 年代初深圳开始率先加快布局支付结算体系等金融基础设施，目前已形成以中国现代化支付系统为核心，全国支票影像交换系统、同城支付结算系统、同城外币实时支付系统、同城人民币票据交换系统、深穗人民币票据交换系统和外币票据交换系统等为重要组成部分的多层次、多币种支付清算网络体系。充分借助先进的信息技术手段，在高起点上创建深圳证券市场交易系统。采用电子化的证券交易系统帮助深圳证券市场走完了从手工作业到交易自动撮合、证券无纸化、交易席位无形化，从区域性到全国性市场的历程，有力地推动了深圳证券市场的快速发展。借助科技推动金融创新，平安金融科技、微众银行、招联金融等一批优秀金融科技公司相继成立，金融产业在原有基础上再次取得较大发展。

（三）内外辐射，有序开放，提升国际影响力

对外开放是深圳经济特区金融改革创新的重要动力。深圳充分利用毗邻香港比较优势以及前海打造国家金融开放试验区先行先试的政策优势，正确把握国内外经济形势，顺应金融全球化发展潮流，最初主要开启对外开放“窗口”，积极引进国际金融机构、资金、人才和服务。早在 1981 年，南洋商业银行深圳分行获批成立，为新中国引进的第一家外资银行，开启中国金融业对外开放的大门。90 年代初期，辖内外资银行数量、规模均居全国城市之首。近年来，随着“一带一路”倡议以及粤港澳大湾区等国家重大战略的推出，进一步拓宽了金融业参与开放发展的选择，深圳积极借鉴国外金融产品、金融技术和管理经验，扩大国际金融开放与合作，逐步实现了

金融机构、资金、人才和服务的内外辐射，努力构建“跨境人民币业务创新试验区”和“国家金融业对外开放试验示范窗口”，为中国金融业对外开放积累了经验。2012 年，国务院批复在前海建设金融业对外开放试验示范窗口，跨境金融服务成为行业创新的新突破口，前海也显现出金融行业的集聚效应，国际化金融业务成就显著。此外，随着深港金融合作进一步深化，对外开放与交流成效显著，有力地提高了金融业国际化整体水平和国际影响力。

三 坚持与港澳合作，形成深港金融要素互动的良性循环

（一）放眼全球，谋篇布局，走开放发展的道路

诞生于改革开放的前沿阵地，深圳经济特区通过学习国外先进经验，大胆试验，为全国经济改革探路，也决定了深圳经济特区金融业拥抱开放，吸取外部经验实现发展的道路。深圳经济特区金融业在“六五”初期就开始走上开放型金融之路，在外引内联的经济发展机制带动下，金融业在“八五”期间在对外开放、对内搞活这两个维度的结合上取得了历史性的突破，架设起了一座国外—深圳—内地的金融桥梁，间接吸收和融通了上千亿国内外资金，支援了特区以及内地的经济发展。其中更重要的是通过开放型金融道路把特区金融竞争推上了全国和国际舞台，为特区金融业的发展注入无限生机和活力。深圳特区从“九五规划”建设区域性金融中心的发展目标，到“十一五”规划提出“努力把深圳建成中国一流的现代化、国际化的金融中心城市”；“十二五”规划提出将深圳努力建设成为全国性金融中心，并成为港深大都会国际金融中心重要组成部分；“十三五”规划提出将深圳打造成为联通香港、服务全国、辐射亚太、影响全球的人民币投融资集聚地和国际化金融创新中心。深圳特区以制度创新和市场化实践为我国金融业改革开放发展探索了国际化的发展路径，丰富了全国金融中心功能和内涵。

“依托香港、面向世界”，得天独厚的区位优势决定了深圳金融业开放融合发展矢志不移的支点。2003 年《内地与香港关于建立更紧密经贸关系的安排》（CEPA）的签署，从准入门槛、业务发展等多个方面给予香港银

行业进入内地市场优惠政策，掀起了港资银行进入深圳的新高潮。CEPA 是“一国两制”原则的成功实践，是内地与港澳制度性合作的新路径，是内地与港澳经贸交流与合作的重要里程碑，是中国大陆关税区与香港、澳门单独关税区之间签署的自由贸易协议，也是内地第一个全面实施的自由贸易协议。《纲要》的发布再度为深圳的金融开放按下加速键。《意见》在金融方面提出更大力度创新改革，探索跨境金融监管，设立国际海洋开发银行，开展数字货币和移动支付创新应用，包括深交所注册制改革、知识产权证券化等方面的跨境金融合作。

（二）深港合作，拓展领域，不断深化合作层次

40 年来，深港金融合作已从过去局部、微观的机构设立和业务技术层面的交流合作，逐步上升并拓宽至运行机制的衔接、金融市场的对接和资金流动的融合等深层次合作。1997 年香港回归，深圳金融从此开启了深港合作的新篇章。1998 年，深港港币支票单向联合结算机制正式运作。此后，深港在票据、支付系统、币种范围等方面加速对接。尤其是深港跨境支付清算渠道的建设和完善，彻底打通了两地资金流动的血脉，不仅满足了推动两地经济金融合作需要，也为香港与内地的合作奠定了良好的基础。在机构互设方面，当前深圳辖内港资银行的资产规模、存贷款余额、净利润等指标占辖内外资银行的比重超过 60%，是深圳辖区外资银行的中坚力量；在跨境金融业务方面，“深港通”“基金互认”等机制顺利实施，前海跨境人民币贷款、跨境人民币债券双向发行、跨境双向人民币资金池、跨境资产转让、跨境双向股权投资等规模逐步扩大，先行先试初见成效，发挥了良好的示范作用；在监管交流方面，2016 年以来，深港澳金融工作部门、行业协会、金融机构等共同参与，建立了常态化会晤机制。

第五节　培育与提升深圳金融业竞争优势的战略思考

新时代深圳经济特区迎来粤港澳大湾区、先行示范区建设“双区驱动”的重大历史机遇，双区利好叠加，将带来一系列的化学效应。金融业发展的

根本任务是服务实体经济，实体经济的金融需求也是金融业发展的根本动力。习近平总书记要求广东为全国改革开放提供新鲜经验，强调了改革开放这一根本、“四个走在全国前列”这一总要求、全面推进党的建设这一关键，并且要求中国经济特区继续成为改革开放的重要窗口、试验平台、开拓者和实干家。深圳经济特区金融业要抓住关键重点，集中用力、务实奋斗，只有这样，深圳经济特区的政策先行先试和先行示范才具备客观条件，深圳金融业的创新突破方向才具备国际视野。

一　对金融业发展的新需求

（一）进一步开放发展的需求

金融的本质是服务实体经济，开放的目的则是提升服务实体经济的能力，实现金融自身发展与促进经济社会发展良性互动。世界经济目前处于后金融危机复苏期和深度调整期，围绕全球经济治理和金融秩序重构的区域和国家间博弈竞争不断深化。伴随着新兴经济体发展壮大和金融体系多极化发展，以中国为代表的新兴经济体将不断增强金融对经济的支撑作用。在我国“一带一路”倡议以及粤港澳大湾区城市群、深圳市建设中国特色社会主义先行示范区等国家开放战略的带动下，深圳金融业向更高、更新方向发展迎来了新机遇。习近平要求深圳经济特区“抓住粤港澳大湾区建设重大机遇，增强核心引擎功能，朝着建设中国特色社会主义先行示范区的方向前行”。粤港澳大湾区发展规划纲要对深圳的金融功能做出清晰定位，明确提出了深圳要建设“国际金融枢纽”的战略目标。深圳作为全国重要的经济特区，应以国际一流金融中心为标杆，加快金融中心建设，提升国际影响力，这也是发挥特区比较优势，落实国家新阶段开放战略的必然要求。

（二）进一步融合发展的需求

金融业是生产性服务业的重要组成部分，为实体经济服务是金融业的使命，也是金融业生存与发展的基础。当前深圳已经进入了以创新驱动为主导的工业化后期阶段，工业智能化发展势不可挡，人工智能对传统制造产业链、价值链带来革命性影响。未来一定时期也是广东省经济由中等收入阶段迈向高收入阶段和深圳全力打造国家科技创新中心的关键时期，新业态、新模式、新场景将不断涌现，以此会产生巨大的金融需求，对于新消费需求激活新经济形势需要科学预判，有序引领。此外，深圳经济特区还要抓住建设“中国制造 2025”试点示范城市群，打造万亿规模先进装备制造产业基地，加快形成以先进装备制造业为主导的现代产业新体系，大力实施“互联网 +”行动计划，全力推进智能制造，打造万亿装备制造业产业基地等新机遇，大力推进金融科技产业融合发展，大力发展创业投资基金、产业引导基金，为更多中小企业特别是科技型中小企业提供资金支持，全面提高为实体经济服务的效率和水平。

（三）进一步协调发展的需求

建设协同创新体系将为深圳发展提供新动能。《纲要》明确要求粤港澳大湾区建设成为国际科技创新中心，强调构建开放型区域协同创新共同体，并提出推进“广州—深圳—香港—澳门”科技创新走廊建设，并将深圳定位为“努力成为具有世界影响力的创新创意之都”，资本必将成为未来经济转型升级的重要支撑。在深圳经济特区走“世界科技 + 深圳智造 + 全球市场”创新之路的背景下，这就要求深圳推动产业链、创新链、资金链深度融合，强化金融服务和产品创新，积极融入粤港澳大湾区协同创新体系。要素的自由流动是金融协同发展的基本特征，其中资金的自由流动是最基本和最核心的要素流动，是贸易和投资自由化和便利化的基础条件。深圳经济特区可以依托自身发展基础和发展优势，与中国香港、新加坡等离岸型金融中心错位发展，同时对标纽约发展在岸型的国际金融中心，寻求突破，做好金融体系资源的配置，更好地服务实体经济。此外还需全面对接香港的产业、金融溢出资源，进一步强化粤港澳、深莞惠等区域合作平台，推动深圳与珠三角以及泛珠三角乃至南中国的区域合作，增强深圳金融业在亚太地区的辐射带动能力。

（四）进一步创新发展的需求

近年来，随着互联网技术和移动终端设备的广泛使用，借助网络实现资金支付、融通和信息中介服务的互联网金融飞速发展。以大数据、云计算、区块链等为代表的国际金融科技正在快速发展，已经并将继续对金融服务业产生深远影响，深圳经济特区金融业在提升我国金融科技发展水平方面发展空间巨大。站在历史的新起点，金融科技如何在新思想的指导下更好地承担新时代赋予的新使命，开启新征程，展现新作为，需要深圳经济特区快速建立新的认识、思考和相关工作安排。

二　培育与提升竞争优势的新路径

（一）推动金融业发展能级实现跨越

在最新一期全球金融中心指数报告（GFCI26）排名中，深圳虽名列第9，但与连续三期排名第5的上海相比，深圳在得分上仍相差20多分。在国内城市金融科技发展排名方面，深圳仍位居北京、上海、广州之后。金融发展国际影响力不足、大型金融机构数量和能级不高，都将成为深圳金融创新的制约因素。未来深圳应充分借鉴和吸收国内领先城市的发展经验，扎实做好金融稳定、发展、创新这三篇大文章，坚持深化金融改革扩大开放，先行先试、大胆探索，在金融体制机制改革创新方面实现创新突破。深入研究金融助推深圳经济特区“朝着建设中国特色社会主义先行示范区的方向前行，努力探索创建社会主义现代化强国的城市范例”这一新使命的战略路径、具体抓手，找准工作的着力点、突破口。在人民币国际化、多层次金融市场、多元化金融机构、金融市场互联互通、金融基础设施建设、金融监管效率提升等重点领域增强竞争力，并广泛参与与国际一流城市和一流市场的竞争，在竞争中求发展、谋改革，缩小与国外标杆城市的差距。

（二）推动金融业发展动力实现转换

着力推动金融回归本源，既把服务实体经济作为金融的本分，更作为金融发展的深厚土壤，面向粤港澳大湾区、面向全国，拓展金融服务实体经济的空间。深圳金融业的发展应与广州定位既充分错位又互相补充，加强与我国香港、澳门以及共建“一带一路”国家和地区的交流和合作，寻求在机构、业务、人才等领域的合作机会，建立密切互动的持续联系。用好CEPA（《内地与港澳关于建立更紧密经贸关系的安排》）、自贸区等政策优惠，重点支持各类跨境金融产品的协同创新，让企业和个人在大湾区享受全方位、高质量的资金融通和风险保障服务。全面提高为实体经济服务的效率和水平。从构筑以金融市场发展的硬环境向推进信用制度建设、创业创新等软环境转变；从主要依靠土地、资金等要素驱动向依靠“互联网＋众创金融”的创新要素转变；从大力引进总部金融机构向着力聚集金融创新资源转变；从主要依靠招商引资、优惠政策等外延式发展向培育金融产业集群的内生式发展转变。深化金融市场化改革，发挥引领示范作用，提高金融服务高质量经济发展能力。支持深交所加强资本市场改革创新，推动深市主板、中小板、创业板发展壮大，丰富债券、资产证券化产品系列，通过健全融资功能服务企业增量发展，通过完善并购重组机制等优化存量结构，全面提升服务实体经济能力。共同搭建政府组织协作平台，实现信息共享、数据共享，建立“信用湾区”合作机制。推动粤港澳各类型金融机构开展形式多样的互动协作、人才交流，以形成支持大湾区建设的金融合力。

（三）推动金融业与科技、产业实现协同发展

围绕深圳经济特区和社会主义先行示范区的总体定位和产业定位，在以产业金融、特色金融、互联网金融为主要形态的基础上，加强金融与高新技术、现代物流、文化创意等支柱产业以及战略性新兴产业、未来产业联动融合，强化创新创业金融服务功能。加快发展科技金融、民生金融、消费金融等创新金融业态，构建产融良性互动、共生发展新格局；大力发展各类产业形态总部经济、科技金融服务、私募股权及风险投资、金融科技等产业形态。推动新型产业金融和传统金融业态并举，着力构建多层次、多元化产业、科技发展创新服务的产业金融市场体系。发挥资本市场作用，助推产业价值链提升利用资本市场推动长产业资源整合，优化优势产业和重点产业上下游生态；鼓励企业着眼传统优势产业升级的国内产业并购，以高端制造、电子信息、生物医药、消费升级等重点产业为基础，加强企业并购上下游企业。鼓励金融服务运用人工智能、区块链、云计算等科技手段，提升金融服务实体经济、服务投资者和管理风险的能力；支持金融机构研究制定金融科技中国标准，争取金融科技领域全球话语权。

（四）推动金融业实现开放发展的新跨越

深圳特区金融业应以前海开发开放为契机，深化深港金融合作，扩大对

国际先进金融中心城市的开放与合作，不断提升深圳金融中心的国际化水平和在全球金融体系中的影响力；主动承接、加快推进国家金融服务业开放重大举措落地，加强深圳金融中心与自贸试验区建设联动；积极争取国家把重要金融改革创新举措放在深圳先行先试；大力推进跨境金融创新；进一步打通本外币、境内外、在岸离岸市场的对接合作路径，持续拓宽跨境资金融通渠道，完善跨境资产交易机制，加快构建境内外投资者共同参与、交易、定价和信息功能较强的跨境人民币资产市场；积极贯彻落实国家新一轮金融服务业扩大开放的重大部署，以更大力度、在更大范围内推进金融对外开放，提高金融中心国际影响力；加快建设推动人民币国际化的全球服务体系，形成更多具有国际影响力的“深圳价格”，持续提升配置全球金融资源的能力。

参考文献

巴曙松，2019，《从粤港澳大湾区看珠海和澳门的金融融合发展》，《金融博览》第 4 期。

布朗代，安东、弗洛朗丝·皮萨尼、埃米尔·加尼亚，2016，《货币、金融与实体经济：问题究竟出在哪儿?》，中国社会科学出版社。

查婷俊，2019，《资本市场影响产业结构变动的实证研究》，《云南财经大学学报》第 11 期。

程子煊、黄健青、张鹏远，2019，《金融规模对产业结构升级的影响——基于我国 30 个省份面板数据的实证分析》，《上海立信会计金融学院学报》第 3 期。

范莹，2012，《珠海市金融业发展研究》，硕士学位论文，吉林大学。

房宁、唐奕，2018，《治理南山：深圳经验的南山样本》，中国社会科学出版社。

傅进、吴小平，2005，《金融影响产业结构调整的机理分析》，《金融纵横》第 2 期。

广东省志编纂委员会，2014，《广东省志（1979—2000)》第 13 卷银行·证券·保险卷，方志出版社。

何元锋，2001，《略谈深圳金融业发展的基本经验》，《特区实践与理论》第 5 期。

黄传芳，1994，《建立三大金融中心——厦门特区金融业发展构想》，《特区经济》第 12 期。

黄培铭，1993，《发展和完善厦门特区金融市场的思考》，《福建金融》第 2 期。

黄芸，2011，《比较优势及竞争优势与发展中国家的经济对策》，《黑龙江生态工程职业学院学报》第 5 期。

贾高清，2020，《金融发展对实体经济的影响——基于社会融资规模的视角》，《工业技术经济》第 1 期。
姜建清，2019，《改革开放四十年中国金融业的发展成就与未来之路》，《上海交通大学学报》（哲学社会科学版）第 1 期。
揭水利，2016，《深圳创业板市场制度建设研究》，经济科学出版社。
乐正、黄发玉，2010，《深圳之路》，人民出版社。
冷秋，2018，《辉煌历程》，《金融时报》5 月 21 日。
李连发，2019，《续写下个四十年金融改革新篇章——从四十年金融改革看当前的金融供给侧改革》，《人民论坛》第 15 期。
李男男，2017，《汕头市金融发展与经济增长历程分析及对策》，《南方职业教育学刊》第 1 期。
李扬，2017，《“金融服务实体经济”辨》，《经济研究》第 6 期。
李醉吾、曹立平，1991，《深圳金融体制改革的新任务》，《特区经济》第 1 期。
廖伟庭，1991，《珠港澳金融合作　促进珠海经济发展》，《中国金融》第 11 期。
林馥榆，2011，《打造区域金融中心，引航潮商运作资本》，《潮商》第 6 期。
林世伟，2018，《扩大金融开放，铸造汕头自贸区申建之基》，《汕头日报》7 月 16 日。
林毅夫、章奇、刘明兴，2003，《金融结构与经济增长：以制造业为例》，《世界经济》第 1 期。
林毅荣，1994，《迈向外向型、国际化、区域性金融中心——论汕头特区金融发展战略》，《特区经济》第 1 期。
罗海平，2009，《泛珠合作背景下深圳金融中心的定位问题研究》，《海南金融》第 5 期。
罗清和、张克听，2018，《特区经济学》，中国社会科学出版社。
麻晓勇、申万宏源课题组，2018，《产业结构演变对资本市场服务实体经济发展影响研究》，《创新与发展——中国证券业 2018 年论文集》。
毛应梁，1985，《搞活金融，促进经济发展——学习深圳、珠海银行工作的几点体会》，《上海金融》第 4 期。
孟祥宇，2013，《关于珠海横琴新区金融创新服务的思考》，《特区经济》第 7 期。
邱兆祥，2012，《金融与实体经济关系的重新审视》，《教学与研究》第 9 期。
冉芳、张红伟，2018，《金融服务实体经济问题研究》，中国社会科学出版社。
任碧云，2019，《金融对先进制造业全过程服务能力提升研究》，南开大学出版社。
任晓猛、张一林，2019，《最优金融结构与经济发展：一种新的度量方法与应用》，《当代经济科学》第 5 期。
汕头通讯联络站，1986，《前进中的汕头经济金融》，《广东金融》第 2 期。
邵桂兰、张先斐、李晨，2020，《中国水产品对外贸易比较优势的动态变化研究》，《山东财经大学学报》第 2 期。
《深圳新一轮金融改革方略》课题组，2014，《深圳新一轮金融改革方略》，中国财政经济出版社。
深圳金融发展报告编委会，2018，《深圳金融发展报告 2017》，广东经济出版社。
深圳前海管理局，2017，《前海走出自贸区金融改革创新之路》，9 月 19 日，http：//qh. sz. gov. cn/sygnan/qhzx/dtzx/201709/t20170919_9379199. htm，最后访问日期：2020 年 4 月 8 日。
深圳市人民政府发展研究中心：2017，《世界智库看深圳》，中国发展出版社。
深圳市统计局，2018，《铸就内地金融“第三城”》，12 月 18 日，http：//tjj. sz. gov. cn/ztzl/zt/ggkf40znsssz/201812/t20181218_14918401. htm，最后访问日期：2020 年 4 月 26 日。
深圳市政府金融工作办公室，2016，《深圳市金融业发展“十三五”规划》，10 月。
司秋利、杨念，2018，《基于中介效应的金融发展、资本形成与技术创新研究》，《经济论坛》第 8 期。
陶一桃、王保卫，2018，《深圳经济特区年谱（1978－2018）》（上、下册），社会科学文献出版社。
汪宗顺、郑军、汪发元，2019，《产业结构、金融规模与经济高质量发展——基于长江经济带 11 省市的实证》，《统计与决策》第 19 期。
王成强、张舒、李强，2019，《金融发展、人力资本与地区经济增长》，《淮海工学院学报》（自然科学版）第 4 期。
王苏生，2010，《深圳建设金融中心研究》，人民出版社。
王喜义，2011，《血路——深圳金融改革拓荒者足迹》，中国金融出版社。
王志扬，2006，《区域性金融中心——厦门的金融定位和构建》，《集美大学学报》（哲学社会科学版）第 3 期。
魏达志、张显未、裴茜，2018，《未来之路：粤港澳大湾区发展研究》，中国社会科学出版社。
吴剑雄，2012，《资本市场与产业结构调整关系研究》，博士学位论文，上海社会科学院。
厦门市人民政府办公厅，2017，《厦门市金融业“十三五”专项规划》，6 月。
厦门市人民政府办公厅，2019，《厦门市金融业发展专项规划（2019－2025）》，9 月。
邢毓静，2018，《改革开放推动深圳金融创新发展》，《中国金融》第 3 期。
邢毓静，2020，《金融改革开放 40 年：深圳案例》，中国金融出版社。
徐徕，2019，《金融发展影响中国经济潜在增长率的机制、效应与政策研究》，博士学位论文，华东师范大学。
许为、陆文聪，2016，《中国农产品比较优势的动态变化：1995—2013 年》，《国际贸易问题》第 9 期。
薛莹、胡坚，2020，《金融科技助推经济高质量发展：理论逻辑、实践基础与路径选择》，《改革》第 3 期。

亚洲金融智库编委会，2018，《粤港澳大湾区金融发展报告（2018）》，中国金融出版社。

张昊，2018，《改革开放四十年我国金融改革历程与展望——从国家财政角度的观察与思考》，《财政科学》第 8 期。

张建军，2010，《深圳金融改革创新的经验与启示——写在深圳经济特区建立 30 周年之际》，《中国金融》第 18 期。

张军，2019，《深圳奇迹》，东方出版社。

张思平，2010，《深圳奇迹：深圳与中国改革开放四十年》，中信出版社。

赵春明、郭界秀，2010，《金融发展与比较优势关系研究评述》，《经济学动态》第 4 期。

郑联盛，2019，《深圳金融改革创新的演进路径与经验》，《经济纵横》第 4 期。

中国人民银行深圳市中心支行货币政策分析小组，2019，《深圳市金融运行报告（2019）》，http：www. runzfund. com/new/127. html。

中国社会科学出版社中社智库研究院，2019，《深圳的动力：供给侧结构性改革和创新发展的深圳经验》，中国社会科学出版社。

钟无涯，2016，《深圳主导产业选择研究》，中国社会科学出版社。

邹锡兰、杜青耘，2015，《珠海横琴岛：欲以金融服务做泛珠窗口》，《中国经济周刊》第 43 期。

Beck, T. 2002. "FinancialDevelopment and International Trade." *Journal of International Economics* 57: 107 – 131.

Beck, T. 2003. "FinancialDevelopment and International Trade." *Review of International Economics* 11: 296 – 316.

Cartiglia, F. 1997. "CreditConstraints and Human Capital Accumulation in the Open Economy." *Journal of International Economics* 43: 221 – 236.

Goldsmith, R. 1969. *Financial Structure and Economic Development New Haven.* Yale University Press.

Greenwood, J. 1997. "Financial Development Growth and the Distribution of Income." *The Journal of Political Economy* 5: 1076 – 1107.

Greenwood, J., J. M. Sanchez and C. Wang. 2010. "Financing Development: The Role of Information Costs." *American Economic Review* 4: 1875 – 1891.

Levine, Ross. 1997. "Financial Development and Economic Growth: Views and Agenda." *Journal of Economic Literature* 6: 688 – 726.

McKinnon, Ronald. 1973. *Money and Capital in Economic Development.* Washington DC: Brookings Institution.

Patrick, H. 1966. "Financial Development and Economic Growth in Underdeveloped Countries." *Economic Development and Cultural Change* 2: 174 – 189.

Shaw, Edwards. 1969. *Financial Deeping in Economic Development.* Oxford: Oxford University Press.

第七章
从出口加工区到大都市圈

从空间层面来看，工业化过程是一个要素在空间不断流动集聚、持续改善空间配置效率的过程，由此带动了城市化的发展。工业化的持续推进吸引越来越多人口涌入城市，导致城市规模越来越大，城市内部功能越来越复杂。为了尽可能实现集聚效率减少拥挤成本，中心城市在自身空间规模扩张的同时，将一部分经济功能和生产活动向其他城市转移，形成了大都市圈和城市群。这种与工业化进程相匹配的城市化推进对于开放经济体发挥比较优势、建立竞争优势至关重要，为一个地区参与国际分工与国际竞争，提供了空间效率上的优化保证。

在过去的 40 年里，中国经济特区以工业化为主要动力，推进城市化进程，城市化反过来有力支撑了竞争优势构建和工业化深化。深圳经济特区的表现尤为突出，在短短 40 年时间里，从一个偏远小渔村转型为出口加工区，最终迅速崛起为全国性经济中心城市，在珠江东岸推动形成了一个以深圳为核心、具有较强竞争力和影响力的大型都市圈。本章聚焦深圳工业化进程中的优势演化、城市升级与大都市圈建设实践，总结其成功经验，并对先行示范区时代的深圳大都市圈建设前景进行展望。

第一节　工业化进程中的优势演化与城市升级

一　中国经济特区城市化发展成就

（一）城市能级快速提升①

自中国经济特区②成立至今，城市化均取得了显著进展，城市集聚人口等要素资源的能力不断增强，城市能级均实现了跨越式提升（见表 7－1）。从深圳来看，深圳 GDP 从 1979 年的 1.96 亿元增加至 2019 年的 2.69 万亿元，40 年增长了 1.37 万倍；常住人口从 31.41 万人增加至 1343.88 万人，40 年增长了 42.8 倍；人均 GDP 从 606 元增加至 20.35 万元，增长了 335.8 倍；2018 年人口密度达 6484 人/平方公里，是 1979 年的 12.8 倍；产业结构从“三一二”演变为“三二一”，第三产业比重超过 60%；进出口总额从 1676 万美元增加至 4314.8 亿美元，增长了 2.6 万倍。创新对深圳经济发展的引领作用不断增强，2018 年深圳研发经费支出占 GDP 比重达 4.2%。深圳常住人口城市化率已连续多年达到 100%。从珠海来看，2019 年珠海 GDP 达到 3435.89 亿元，是 1979 年的 1644 倍；常住人口达 202.37 万人，是 1979 年的 5.6 倍；人均 GDP 为 18.17 万元，是 1979 年的 313.8 倍；人口密度超 1000 人/平方公里；城市化率为 90.7%；产业结构从“一三二”变为“三二一”，第三产业比重超过 50%；进出口总额是 1979 年的 2901.2 倍；研发经费支出占 GDP 比重为 3.16%。从汕头来看，汕头 2019 年 GDP 是 1979 年的 284.8 倍，常住人口达 566.48 万人，人均 GDP 是 1979 年的 146.2 倍；产业结构从 1979 年的“二三一”变为 2019 年的“三二一”，三产占比为 48%；2018 年城市化率、研发经费支出占 GDP 比重分别为 70.4%、0.93%；2019 年进出口总额为 87.17 亿美元。汕头城市能级有所提升，但

① 城市能级，简单来说就是一个城市的现代化程度和对周边地区的影响力，是城市能量、活力、竞争力和影响力的集中体现，可以用 GDP、人口规模、城市化率等指标来反映。

② 由于四个经济特区均曾经历过扩容，为保持口径统一，均采用扩容后的全市口径。

表 7－1　中国经济特区城市能级

城市	年份	GDP（亿元）	常住人口（万人）	土地面积（平方公里）	人均 GDP（万元）	人口密度（人/平方公里）	城市化率（%）	产业结构	进出口总额（亿美元）	R&D 经费支出占 GDP 比重（%）
深圳	1979	1.96	31.41	—	0.0606	155（216**）	23.9***	37.0 : 20.5 : 42.5	0.1676	—
	2019	26927.09	1343.88	1997.47*	20.35	6484*	100	0.1 : 39.0 : 60.9	4314.8	4.2*
珠海	1979	2.09	36.07	—	0.0579	—	—	38.6 : 30.6 : 30.8	0.1453	—
	2019	3435.89	202.37	1736.46*	18.17	1089*	90.7	1.7 : 44.5 : 53.8	421.55	3.16*
汕头	1979	9.46	291.98※	—	0.0327	—	—	25.3 : 38.4 : 36.3	—	—
	2019	2694.08	566.48	2199.15*	4.78	2564*	70.4*	4.5 : 47.5 : 48.0	87.17	0.93*
厦门	1979	5.32	90.78※（1978）	—	0.057	—	—	22.0 : 57.0 : 21.0	1.41***	—
	2019	5995.04	429	1700.61*	14.27	2417*	89.2	0.4 : 41.6 : 58.0	929.35	3.24*

注：* 为 2018 年数据，其他数据均为 2019 年数据。深圳 2019 年常住人口含深汕特别合作区，人口密度不含深汕特别合作区。** 为经济特区人口密度。*** 为 1980 年数据。※ 为户籍人口数。

资料来源：2019 年各市统计年鉴及国民经济和社会发展统计公报。

逊色于其他经济特区。从厦门来看，40 年来厦门 GDP 增长了 1126.9 倍，2019 年常住人口达429 万、城市化率达89.2%，人均 GDP 增长了250.4 倍，产业结构从“二一三”转变为“三二一”，第三产业比重达 58%；2019 年进出口总额为929.35 亿美元，是1980 年的659.1 倍，研发经费支出占 GDP 比重为3.24%。

（二）经济腹地不断扩张

随着中国经济特区城市化的推进，要素使用成本不断上升，一些不符合经济特区城市功能的产业以及生产制造环节甚至是研发环节被转移至周边地区，从而推动经济腹地不断扩张。经济腹地对经济特区城市核心功能提升及完善起到重要的支撑作用。以深圳为例，电子信息、生物医药等领域的一些企业将总部、研发环节留在深圳，将生产制造、部分研发环节加速向东莞、惠州转移，带动东莞、惠州、河源、汕尾等周边城市进入发展的快车道。珠海、汕头和厦门经济体量相对偏小，对周边城市的辐射带动能力不及深圳，与周边城市尚未形成明显的产业功能分工关系（见表7－2）。

表7－2　中国经济特区与周边腹地城市之间的产业分工

经济特区城市	中心城市主导产业	周边城市及其主导产业		中心城市与其他城市间的产业联系类型
		城市	主导产业	
深圳	以电子信息产业为主导的高新技术产业、金融业、物流业及文化产业	东莞	电子信息制造业、电气机械及设备制造业、纺织服装鞋帽制造业、食品饮料加工制造业、造纸及纸制品业	研发—生产制造、总部—基地以及深圳扮演“中心联系人”角色
		惠州	石化、电子	
		河源	电子及通信设备制造业、机械制造、服装鞋靴、食品饮料	
		汕尾	电子信息制造、文教工美及体育和娱乐用品制造、纺织服装	
珠海	电力能源、生物医药、精密机械制造、家电电气、电子信息和石油加工	中山	装备制造、健康医药、电子信息、五金家电	由于珠海体量较小，辐射带动作用较小，与周边城市产业分工合作不密切，表现为各城市各自推动产业错位发展、避免同质竞争
		江门	化工、金属制品、装备制造、新材料	

续表

经济特区城市	中心城市主导产业	周边城市及其主导产业		中心城市与其他城市间的产业联系类型
		城市	主导产业	
汕头	纺织服装、化工塑料、工艺玩具、食品医药、机械装备、印刷包装、电子信息和音像制品	潮州	陶瓷、饰品、电子、不锈钢、塑料	汕潮揭经济圈在产业的功能性分工上表现不太明显，城市间竞争大于合作，仍处于都市圈培育阶段
		揭阳	医药、金属、纺织服装、食品、制鞋、石化	
厦门	电子信息制造、电气机械及器材制造、化工	漳州	工业、石油化工、装备制造、特殊钢铁	厦门经济体量仅为泉州的60%，辐射带动作用较小，与周边城市还未形成明显的产业功能分工
		泉州	纺织鞋服、石油化工、机械装备、建材家居	

（三）大都市圈逐步建立

深圳、珠海、汕头、厦门四个经济特区在推进城市化发展过程中，均出现要素和产业溢出至周边地区的现象，从而带动了周边地区发展，形成了突破经济特区范围、由空间上相邻的若干城市构成的大都市圈。深圳经济特区在快速城市化带动下，辐射半径不断扩大，辐射带动深莞惠经济圈一体化水平不断提升，目前已迈入深莞惠“3+2”（加上河源、汕尾）经济圈时代，在珠江东岸形成了一个以深圳为核心的大型都市圈，2019年深莞惠“3+2”大都市圈经济总量达4.27万亿元，常住人口达3290.39万人。珠海经济特区尽管体量较小，但近年来充分发挥其区位、港口、体制、人力资本和宜居优势，加快改善交通条件，提升要素集聚能力，辐射带动能力有所增强，推动珠中江经济圈步入了一体化发展新阶段，2019年珠中江都市圈经济总量达9683.63亿元，常住人口达1003.4万人。汕头是粤东的政治、经济和文化中心，近年来抓住珠三角加快发展、海峡西岸经济区建设和粤港澳大湾区建设的重大机遇，强化城市服务功能，做大临港产业和特色产业，加快打造区域中心城市，汕潮揭经济圈进一步发展壮大。2019年汕潮揭都市圈经济总量达5876.79亿元，常住人口已达1442.96万人。厦门正着力克服“小岛”意识，大力推动城市格局、产业结构、人文内涵、公共服务、生态文明等方面的跨岛发展，提升城市能级，提高厦门整体的中心引领和辐射带动周边地区发展的能力。目前，厦漳泉一体化发展取得一定成效。2019 年，厦漳泉经济圈经济总量达 2.07 万亿元，常住人口 1819 万人（见表 7－3）。

表 7－3　中国经济特区城市定位及大都市圈发展

经济特区城市	当前城市定位	大都市圈及其发展水平					
		大都市圈	经济总量（亿元）	常住人口（万人）	土地面积（平方公里）	人均 GDP（万元）	人口密度（人/平方公里）
深圳	中国特色社会主义先行示范区	深莞惠 3＋2 经济圈	42747.33	3290.39	36323.65*	12.99	890*
珠海	珠江西岸核心城市	珠中江经济圈	9683.63	1003.40	13027.06*	9.65	752*
汕头	省域副中心城市	汕潮揭经济圈	5876.79	1442.96	10611.10*	4.07	1356*
厦门	美丽中国典范城市	厦漳泉经济圈	20683.53	1819.00	25597.88*	11.37	701*

注：* 为 2018 年数据，其他数据均为 2019 年数据。
资料来源：2019 年各市统计年鉴及国民经济和社会发展统计公报。

二　城市升级支撑的优势演化

（一）基于文献的分析

1. 城市是工业化发展的重要空间载体

城市是工业化的重要空间载体，要素集聚与扩散和产业结构演变是城市空间演化的直接驱动力。西方发达国家的城市化进程表明，工业化是城市的“发动机”，城市化与工业化基本同步，工业化进程带动人口和经济活动的高度集中，从而推动城市化发展；城市化的发展促使人口集聚，增加城市数量和规模，增强了工业生产和城市的规模效应，反过来助推工业化发展。据测算，1841～1931 年英国工业化与城市化的相关系数为 0.985，1866～1946 年法国的相关系数为 0.970，1790～1950 年美国的城市化率变动曲线与工业化率的变动曲线几乎是两条平行上升的曲线（陈云峰，2004），表明两者之间是高度相关的、可能存在相互促进的关系。

按照一般的经济学逻辑，产业集聚和扩散是城市发展最为重要的决定机制，两者相互作用导致了经济活动在空间上趋于相对均衡，而集聚和扩散的相对力量会受到经济全球化、技术创新、产业升级、交通通信技术进步、产业政策等因素的综合影响，共同推动城市和城市群的演进（李培鑫，2019）。

工业化驱动城市演化的逻辑一般为：在工业化初期，生产技术较为简单，产业结构单一，无论是资源依赖型或市场需求导向型的产业生产活动在空间上均呈现一种零散分布的特征，各个地区基本处于自给自足的状态，没有形成较大规模的产业集聚形态，规模经济效应尚未得到有效发挥，所需的产业工人数量不多，企业对生产性服务业，以及工人对生活性服务业需求不足，工业化带动的城市化水平较低。随着工业化的进一步发展，某个地区依托区位优势或其他外部偶然性刺激而获得集聚发展的动力，由于集聚经济效应提高要素报酬（Duranton and Puga，2004），初始的集聚会通过循环累积的过程自我加强，进一步吸引周边的劳动力、金融资本、人力资本等生产要素汇聚。此时，从产业链层面看，社会分工伴随社会生产力和技术复杂度的不断提升而越来越细，新兴产业不断出现，产业内纵向分工和产业间横向分工交织，形成了复杂的多层级制造业与服务业（尤其是生产性服务业）分工网络。由此，无论是供给侧的产业链需求，还是产业工人对基本生活需求的满足，都对城市化水平提出了紧迫要求，工业化进程的不断加速需要城市化发挥生活需求功能以及规模经济效应的产业承载功能，单中心的城市形态出现，并得到迅速成长。随着工业化的持续推进，规模经济效应或集聚经济优势的持续发挥打破了初始的低水平产业均衡状态，城市空间分布形态逐步演变成由单个相对强大的经济核心与相对落后的外围地区组合而成。此时，单中心的城市规模并不会无限扩张，集聚不经济开始显现，部分低端生产要素和部分生产功能从核心城市沿着主要交通轴线向外围地区进行分离与扩散，从而在其他地方产生新的经济中心，这些新经济中心与原来的经济中心在空间上相互联系、组合，形成一种多中心的空间结构体系，同时每个经济中心又都会形成与其规模和功能相应的外围地区，这样区域中就出现了若干规模不等的“核心—外围”结构，形成多核心多外围的复合式空间结构，大、中、小城市在地理空间上聚集在一起，围绕不同产业或者同一产业的不同环节展开横向或纵向分工，并最终形成一个完善的、由不同等级规模城市构成的城市体系（李培鑫，2019）。

理想化的工业化与城市化互动模式，往往需要城市化与工业化进程相匹配，需要城市形态及其空间布局与工业跨区域优化配置、实现产业链和价值链整体攀升相适应。工业化的持续深化与升级，除了核心城市保持经济和产业创新优势外，还需发挥各地区在要素成本、产业配套、市场规模等多领域的竞争优势，共同支撑起整体网络效应和规模效应的发挥。

2. 都市圈是工业化深化和获取竞争优势的空间单元

（1）都市圈形态有助于工业化深化

都市圈是介于城市和城市群之间，以一个或多个中心城市为核心，以发达的联系通道为依托，带动周边地区经济社会发展的、可以实施有效管理的区域（张伟，2003），是工业化和城市化发展到一定阶段的高级空间形态，是促进资源要素跨边界流动的重要空间维度，也是提升工业化和城市体系综合承载能力的必然路径。城市经济学理论认为，核心城市往往有着更高的工资溢价，能够提供更多的产品与优质公共服务，对个人或企业均有着更大的吸引力。合理高效的都市圈建设能够突破核心城市的行政边界，加快生产要素和产业活动在都市圈内不同规模和功能相异的城市间自由流动，形成统一的要素市场和产品市场，实现大中小城市和小城镇的协调发展。由此，都市圈作为工业化发展到一定阶段的必然空间载体，能够强化城市群的“核心”作用，放大核心城市的辐射带动效应，优化城市群的城市体系，形成错落有致的区域空间结构（张学良、林永然，2019）。

（2）都市圈成为地区获取竞争优势的空间单元

在全球产业分工持续演进、交通通信工具革命性变化的大背景下，无论是斯密的绝对成本优势理论、李嘉图的比较成本优势理论、赫克歇尔和俄林的要素禀赋理论，还是弗农的产业生命周期理论、克鲁格曼等学者的新贸易理论，都适时地解释了彼时的国际贸易热潮和产业分工新现象。在 20 世纪 80 年代产品内分工贸易兴起后，部分学者认为发展中国家和发达国家都能从国际产业链分工和贸易中受益（Krugman，1994；Krugman and Venables，1995），但也存在不同的观点，由于全球产业链存在链节之间地位的不平等

(Gereffi, 1994), 占据主导地位的链节在利润分配上拥有控制权。因此, 承接离岸外包的发展中国家并不一定是这种分工方式的获益者（张纪, 2006)。然而, 中国参与其中某些劳动密集型区段的生产和出口贸易活动符合比较优势原理（林毅夫、刘培林, 2001)。

20 世纪末以来, 都市圈经济逐渐成为国家参与全球化竞争和提升世界影响力的主要空间单元, 肇始于发达国家都市圈内的产业链分工现象愈发突出, 且呈现不同于国际产业链分工的新特征。Fujita and Tabuchi（1997）发现在 20 世纪 70 年代中期到 20 世纪末日本东京都市圈的产业结构由重工业向高技术和服务业转变的过程中, 生产制造部门逐渐向太平洋产业带转移, 取而代之的是越来越多的生产性服务业和日本大企业总部的集聚, 展现出越来越强的总部管理、研发设计、金融商务等生产性服务功能（马燕坤, 2016)。Gaschet（2002）以及 Bade et al.（2004）分别在法国和德国也发现了城市出现由部门专业化向功能专业化的趋势转变。Duranton 和 Puga（2005）开创性地构建了城市功能专业化（Functional Specialization）的测度方法, 通过对不同规模等级的城市功能专业化与部门专业化（Sectoral Specialization）的比较, 发现美国城市的部门专业化在逐渐降低, 而功能专业化在不断增强, 城市间产业分工正由部门分工向功能分工转变。美国的大企业总部和生产性服务业在不断向大城市集聚, 而生产制造环节则逐渐转移到周边中小城市, 大城市主要发挥管理和服务功能, 而中小城市则主要负责产品的生产制造（马燕坤、张雪领, 2018)。

国内关于城市群（都市圈）功能分工的研究近年来已成热点, 以中国城市样本测度的时序演变和空间特征, 与美国（Duranton and Puga, 2005)、德国（Bade et al., 2004）的结论存在显著差异。中国城市功能分工程度普遍较低, 且呈现下降迹象, 在空间上由沿海向内陆递减（赵勇、白永秀, 2012; 齐讴歌、赵勇, 2014)。但也有学者认为, 产业功能专业化成为中国城市功能与规模等级体系的新特征（朱彦刚、贺灿飞、刘作丽, 2010; 贺灿飞、肖晓俊、邹沛思, 2012)。随着工业化的不断深化, 产业功能分工呈现产业依赖性、规模等级性、时空动态性三个主要特征, 在城市分工上表现为核心城市生产性服务功能与外围城市生产制造功能之间的分工、核心城市高新技术生产制造功能与外围城市低技术生产制造功能之间的分工、核心城市高技能生产性服务功能与外围城市低技能生产性服务功能之间的分工三种基本形态，并受到生产成本差异、通信技术进步及应用、交通基础设施改善、区域经济一体化、集聚经济、行政体制、历史文化等因素的影响（马燕坤、张雪领，2019）。因此，构建合理的产业链分工体系，需要都市圈内各城市发挥各自基于竞争优势的功能专业化，这是缓解区内产业冲突、提升整体产业效率的有效途径（魏后凯，2007，2013）。

（二）本章理论分析框架

经济特区是指在主权国家（或地区）范围内，为了实现特定的经济目标而开辟的实施特殊的经济政策和经济管理体制的经济性区域（罗清和、尹华杰，2012）。① 20 世纪 70 年代开始，风靡全球的经济特区在发展中国家和地区蓬勃兴起，中国借鉴国际经验创办了第一批经济特区，并发挥窗口功能、试验功能、示范功能和政治功能（罗清和、潘道远，2015），成功引领了中国改革开放的第一波浪潮，为中国以出口导向型的快速工业化和经济结构转型奠定了坚实的基础。

中国第一批经济特区特别是深圳的工业化、城市化发展进程创造了亚洲乃至世界工业化、城市化、现代化发展史上的奇迹。中国经济特区工业化持续发展与深化在一定程度上驱动了城市化和大都市圈发展。中国经济特区砥砺奋进的 40 年工业化进程也是从经济特区城市化到都市圈化“蝶变”的光辉史。经济特区的产业和城市发展奇迹是在市场化改革探索以及持续开放创新的合力作用下形成的，资源要素充分流动、持续技术创新以及深度参与国

① 根据创办时间，中国经济特区可分为传统经济特区和新经济特区两大类。前者是指 20 世纪 80 年代创办并以经济特区命名的深圳（1980）、珠海（1980）、汕头（1980）、厦门（1981）、海南（1988）五个经济特区；后者包括 20 世纪 90 年代以后成立的上海浦东新区（1990）、天津滨海新区（2005）、喀什经济开发区（2010）、上海自由贸易（试验）区（2013）、广东自由贸易园区（2014）、天津自由贸易园区（2014）、福建自由贸易园区（2014）以及国家级高新区、经济开发区、出口加工区、保税区、保税港区等。本文所指的经济特区主要涉及第一批经济特区的深圳、珠海、汕头、厦门四个城市。

际分工是经济特区工业化深化、城市化持续推进的重要法宝，也推动形成了经济特区产业转型升级和城市化高度耦合、良性互动的演化格局。经济特区从对外开放窗口功能走向全面开放的发展进程中，工业化深化也经历着从发挥比较优势、培育竞争优势、初建竞争优势到发挥竞争优势的“蝶变”过程（见图7－1）。

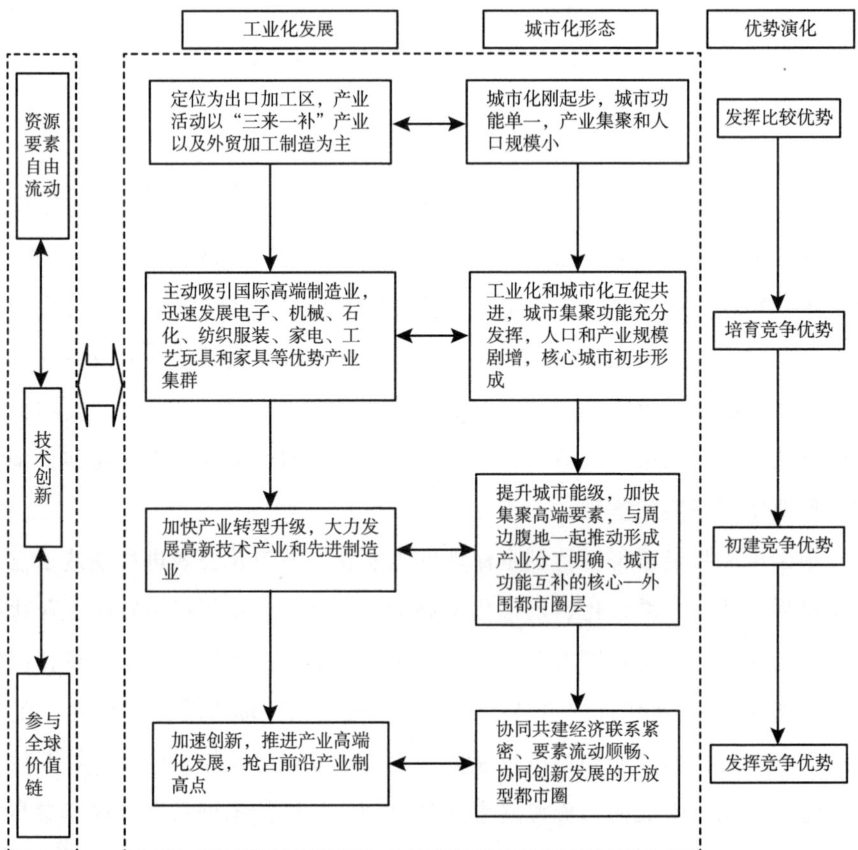

图7－1　中国经济特区的工业化发展、城市化形态变化与优势演化

在城市空间层面，经济特区的工业化深化需要城市自身的持续优化升级，需要推进产业的专业化分工，一般专业化分工是沿着“产业部门分工—产业内分工—产业链分工”的路径演进的。都市圈城市功能分工由城市产业专业化分工演变而来，主要指都市圈内核心城市与周边城市在产业上所形成的功能性分工。由于产业分工通过空间聚集形成地方专业化，分工得以在更大空间尺度上加以组织，从而改变了城市或都市圈的空间组织形态。随着经济特区的核心圈层不断发育和扩展，都市圈城市间产业分工也处于持续不断的演进当中。经济特区城市化和都市圈的发展主要经历了城市起步、核心城市形成、核心—外围城市圈层形成以及协同共建开放性大都市圈四个阶段。

（1）城市化起步期（1980～1992 年）

设立经济特区的初衷是加强对内改革和对外开放。第一批经济特区拥有得天独厚的政策优势和区位优势，海外华侨华人资源丰富，深圳、珠海毗邻港澳，汕头、厦门毗邻台湾，都具有优良的港口资源，或者具有可以与之衔接的大面积经济腹地，这些都为产业的不断发展创造了极为有利的条件（姚士谋、王德、叶枫，1989）。20 世纪六七十年代以来，国际分工格局发生重大变化，日本、韩国及东南亚国家通过承接欧美产业转移迅速推进了工业化的发展，迫切需要将劳动密集型产业以及加工、制造和装配等低附加值的生产工序转移至生产成本更加低廉的地区，中国经济特区的设立恰逢其时。20 世纪 80 年代中期到 90 年代初期，经济特区发挥毗邻港澳台的区位优势、土地和人工成本低等优势，充分利用港澳台和华侨资金、西方发达国家资金和技术，大力发展“三来一补”和转手贸易，引导支持三资企业发展“大进大出”的轻纺工业，迅速形成以工业为主、工贸结合的外向型经济。

该阶段，经济特区与周边地区的主要工业部门都是以轻纺工业和外贸加工制造为主，各城市间在不同的生产制造行业实行专业化，技术水平差别不大，甚至存在一定程度的同质化竞争。生产制造业的技术含量和迂回生产程度都较低，还未形成辐射范围广、带动能力强的产业链条，对生产性服务的需求也不大。工业发展对城市化发展水平要求不高，只需要有简单的功能配套即可，城市功能单一，人口密度较低，在空间上形成分散、多核的城镇连绵区。

（2）区域核心城市初步形成阶段（1993～2000年）

以邓小平南方谈话和党的十四大召开为标志，第一批经济特区发展进入新阶段。随着经济特区发展经验在全国范围内的推广，传统经济特区的政策优势和体制优势逐渐弱化，政策“优惠”变“普惠”，“特区不特”。20世纪90年代后，浦东新区、天津新区相继开放，这些以大城市为龙头的新区不仅拥有第一批经济特区的全部优惠政策，而且拥有比原经济特区和各开发区更优惠的政策，对全国的示范带动效应更大，第一批经济特区面临巨大的竞争压力。进入20世纪90年代，在国家提出“科技兴贸战略”后，以深圳为代表的经济特区敏锐抓住国际电子产业转移的机遇，充分发挥地缘、人脉以及产业基础、技术积累等方面的优势，积极承接国际高新技术产业转移，提升引进外资的质量和产品技术含量，不断扩大高新技术产品出口，逐步实现了产业结构从劳动密集型向资本和技术密集型的升级。

该阶段是中国经济特区工业化和城市化进入互促共进、协同发展快车道的关键阶段。中国经济特区依托各自资源禀赋形成的比较优势得到进一步发挥，迅速发展和壮大了电子、机械、石化、纺织服装、家电、工艺玩具和家具等优势产业集群。优势产业集群的形成，进一步推动了要素的集聚，拓展了城市发展空间，降低了城市化成本，增强了城市功能。

在城市化与产业集群良性互动的过程中，中国经济特区由于生产效率高，对要素的集聚能力进一步提升，相对于周边地区的发展优势进一步凸显，其经济体量和人口规模快速扩张，逐步发育成为区域核心城市。与此同时，中国经济特区也开始有序引导部分以“三来一补”为主要特征的加工贸易型传统产业向周边地区转移，还积极同内地开展跨地区、跨行业、多层次、多形式的横向联合，建立了一大批内联企业，弥补资金、技术和人才的不足（钟坚，2008）。工业领域的对外开放和外向型工业的发展搭建了对外交流合作的平台，推动中国经济特区率先迅速成长为我国重要的工业和外贸口岸城市。

（3）“核心—外围”都市圈层形成阶段（2001～2012年）

随着中国加入WTO以及经济全球化进程的不断加快，中国经济特区也面临着迅速融入全球价值链的机遇。但该阶段中国经济特区自身发展面临着土地、能源、人口、生态环境等“四个难以为继”的问题，尤其是 2008 年世界金融危机爆发后，低成本、外向型的经济发展模式已经走到尽头。中国经济特区培育新的竞争优势、深化改革开放和推进全面转型发展迫在眉睫，主要采取了以下应对举措：一是利用业已成熟的产业配套体系和相对优越的市场环境，继续扩大开放，吸引更多世界著名大公司、大项目和跨国公司的核心制造环节、研发中心、地区总部、采购中心等落户，积极发展总部经济；二是加快科技创新步伐，引进高新技术产业链的高端项目，加大汽车及零部件、精细化工、装备制造业领域的招商力度，稳步推进商贸、金融、物流、电信和专业服务等领域的对外开放（钟坚，2008）。同时，加快建设先进制造业基地，推进工业的转型升级进一步培育壮大产业集群，推动了区域空间格局的重组。

在这个阶段，中国经济特区进入全面城市化阶段，并与周边城市产业园区、新城新区实现协同联动发展。在土地、住房制度改革的推动下，中国经济特区作为各自所属区域的核心城市，要素聚集能力进一步加强。不可忽视的是，从产业分工角度看，此时国内众多耐用与非耐用消费品进入买方市场，在多样化消费偏好、差异化生产技术、规模经济等因素作用下，城市间的产业分工合作愈加明显。中国经济特区集中关键资源大力发展高新技术制造业和传统产业的高端环节以及高端生产性服务业。与此同时，迫于土地、劳动力、资源等要素成本上涨的压力，那些附加值较低、占用空间较大的劳动密集型制造业开始从经济特区向周边城市转移，带动了周边城市的转型和发展。由此，经济特区与周边腹地之间形成了主导产业明确、专业分工合理的“核心—外围”都市圈层结构。

（4）协同共建开放创新型大都市圈（2013 年至今）

党的十八届三中全会的召开，标志着我国进入全面深化改革开放新时期。在新的时代背景下，要求中国经济特区进一步扩大开放、成为开放型的科技创新策源地。此阶段，中国经济特区已从简单参与国际分工与交换，转向从要素禀赋、竞争优势和国际合作出发，追求实现在全球范围内资源的优化配置和效率最大化；从单纯的出口导向，转向积极推动商品、服务、资本和要素自由跨境流动；从强调鼓励出口，转向强调制度规则和营商环境与全球对接，即把开放作为市场化、制度化的安排（冯苏宝、贾怡君，2010）。

此阶段，中国经济特区的产业转型升级变得更加艰巨复杂，持续提高全要素生产率更多地依赖于产业内的技术进步。因此，中国经济特区要形成高质量的发展路径，需要在深化产业及产品内部分工的基础上，通过产业、地区之间的合理分工在更宽广领域实现对前沿技术的应用，以增强技术溢出效应和技术革新强度，推动技术边界的外移。这就迫切需要推进综合交通一体化建设和通信技术的发展，进一步加快中国经济特区与周边腹地城市之间的要素流动，构建经济联系紧密、要素流动顺畅、协同创新发展的开放型大都市圈。中国经济特区作为大都市圈核心城市，主要承担区域生产性服务功能和高新技术制造功能，而周边腹地城市主要承担生产制造功能和一般性生产性服务功能。此外，部分经济特区还突破了都市圈空间邻近性限制，探索出“飞地经济”这一新发展模式，如深圳市与汕尾市共建的深汕特别合作区，以“制度嫁接”方式构建“强关系空间”。

第二节　走向世界级大都市圈的深圳实践

一　深圳城市化与大都市圈建设的演进历程

深圳经济特区成立 40 年来，其战略定位以及城市功能不断发展变化。深圳的产业发展和创新实现从无到有、从弱到强的转变，从“三来一补”的简单加工，到高技术制造，从复制模仿到研发设计、自主创新；深圳的城市定位从出口加工区，到工业城市，再到区域中心城市、全国经济中心城市、国际化创新型城市。深圳城市化水平不断提升，集聚资源能力不断增强，与周边地区的产业功能分工不断深化。

1. 发挥比较优势的出口加工区（1980～1992 年）

深圳经济特区建立之初，国家提出了明确要求：建设一个出口基地、对外加工基地。1980 年 8 月 26 日，五届全国人大常委会第十五次会议批准了国务院提出的《广东省经济特区条例》，提出在深圳划出 327.5 平方公里设置经济特区，深圳经济特区正式成立。其后规划确立的发展方向为："建设以工业为主，工农相结合的边境城市"，建成区规模扩大至 60 平方公里，规划人口 60 万。

深圳经济特区成立以后，首先开展了大规模的基础设施建设，为特区发展外向型经济发展创造了良好的投资环境，然后主要通过以出口创汇为目的、利用毗邻港澳的区位优势和比较优势，发展劳动密集型的"三来一补"加工业以及对外贸易。深圳经济特区早期的发展主要是以"前店后厂"、作为香港的加工基地的方式进行的。外商投资企业主要是港澳资本投资，"两头在外，大进大出"，当时加工工业占了深圳工业产值的绝大部分。这一阶段的主要特点就是依靠比较优势从事制造业初级的加工装配环节，以劳动密集型产业为主，没有形成规模化的支柱产业，也没有实力雄厚的大型企业，发展方式相对粗放。到 1991 年底，深圳经济特区的"三来一补"企业已达 7800 多家，雇佣工人 60 余万，1978～1991 年累计实际利用外资 38.32 亿美元，为深圳经济特区的发展奠定了坚实的基础。这段时期深圳的经济发展基本集中在经济特区范围内（俗称关内），城市发展阶段处于集聚国内资源阶段，经济缺乏外溢效应，与周边城市几乎没有分工联系。

到了 1992 年，深圳经济特区开始逐步进行产业结构调整，不再延期"三来一补"、委托加工和补偿贸易合同，并要求所有"三来一补"企业向合资企业、合作企业转型，"三来一补"的出口加工业在深圳完成了它的历史使命，深圳开始迈向了新的历史阶段。

2. 培育竞争优势的工业城市（1993～2000 年）

邓小平同志南行后，深圳掀起了改革开放的新高潮。1993 年，深圳第二产业比重首次超过 50%，形成了以工业为主导的产业结构。1993 年底，深圳停止登记注册新的"三来一补"企业。1996 年，深圳市高新技术产业园动工，开始布局高新技术产业。1999 年，深圳举办了首届"中国国际高新技术成果交易会"，从此全面走上以高新技术产业为主导、积极培育竞争优势的发展道路。

在这个阶段深圳提出了“以高新技术产业为先导，先进工业为基础，第三产业为支柱”的产业政策并开始转型升级，既是自身的发展需要，又紧抓了当时新一轮全球生产力布局调整和信息产业崛起的重大历史机遇。深圳通过大力招商引资，主动承接国际产业转移，集聚全球资源并探索培育本土产业发展基础，进一步完善了城市功能。通过工业结构调整与升级，深圳从依靠比较优势，转向注重培育竞争优势、实现经济的集约化发展。在外资及部分内联资金的带动下，企业开始由来料加工向自主生产转变；在技术升级的推动下开始从简单的加工装配向设计、制造和销售过渡；逐渐从以传统产业为主导向以高新技术产业为主导转变。

这个阶段深圳的 GDP 从 1992 年 317.3 亿元，增长到了 2000 年的 2187 亿元，年均增长率高达 27%。2000 年，深圳全市建成区面积已达 330.5 平方公里（其中经济特区内建成区面积 136.45 平方公里），常住人口超过了 700 万人。通过工业化大发展，深圳国内城市排名从第 6 位上升到了第 4 位，综合经济实力跃居全国大中城市前列，奠定了国内一线城市的基础，逐步形成辐射带动周边地区发展的能力。

3. 初建竞争优势的区域中心城市（2001～2012 年）

珠三角是我国最重要的经济区和增长极之一，长期以来都是以广州为单核心的区域格局，但随着深圳的快速发展，其在区域内的地位不断稳步上升，深圳 GDP 占珠三角比重从 1980 年的 1.8% 上升至 2001 年的 22.9%，广州与深圳两市 GDP 已占珠三角的一半以上，珠三角开始逐步演变为广州、深圳双核心的区域发展格局。

2001 年 7 月，深圳市政府发布了《关于加快发展高新技术产业的决定》，加快了推进发展高新技术产业发展的步伐，提出要重点发展电子信息、生物技术和新材料技术等高新技术产业，使深圳成为重要的高新技术产品生产和出口基地，把深圳建设成为高科技城市。2008 年，国家发改委批准深圳成为全国首个国家创新型城市试点。到了 2012 年，深圳市高新技术产品产值 12931.82 亿元，六大战略性新兴产业增加值占 GDP 比重超过 25%，深圳已成为国内战略性新兴产业规模最大、集聚性最强的城市之一。2012 年深圳高新技术产品出口值 1412.2 亿美元，已占据全市出口的半壁江山；全社会研发投入占 GDP 比重已达 3.81%，居全国领先水平，PCT 国际专利申请量 8024 件，占全国的 40.3%，连续 9 年居全国首位。深圳高新技术产业的发展壮大为其初步建成具有竞争优势的区域经济中心城市奠定了坚实的基础。

这个阶段深圳培育形成了电子信息等八大产业集群，完成了高新技术产业的初步集聚。与此同时，深圳的总部经济也开始加快发展。深圳本土企业中国平安、华为、招商银行等进入世界 500 强，华润集团中国内地总部、海信集团南方总部、中国电子国际总部等 18 家总部等纷纷落户深圳。到 2012 年，在深圳投资的世界 500 强企业累计已达 189 家，深圳生产总值突破 2000 亿美元，人均 GDP 接近 2 万美元，每平方公里产出超过 1 亿美元，社会消费品零售总额突破 4000 亿元，人均可支配收入突破 4 万元。税收占财政收入比重达 90%，均已位居国内大中城市前列。尤其是 2010 年国务院批准将宝安、龙岗两区纳入深圳经济特区范围，深圳经济特区与深圳市完全融为一体，进一步提升了深圳的经济发展水平和辐射带动能力。

随着深圳作为珠三角的金融、贸易、信息、交通等区域中心城市地位的逐步确立，深圳的溢出效应也日趋明显，部分传统产业以及高新技术产业加工制造环节不断向周边城市扩散，与周边东莞、惠州等城市在制造业上开始形成分工联系。

4. 建立节点型竞争优势与初具雏形的大都市圈（2013 年至今）

党的十八大以来，深圳经济发展不断增强自主创新能力，全面培育竞争优势，持续深入向高质量发展要求迈进。为增强深圳的辐射带动作用，推进深圳与周边地区一体化发展，国务院 2010 年 8 月批复了《深圳市城市总体规划（2010－2020）》，深圳的城市定位由华南地区中心城市转为全国性经济中心城市。深圳经济发展也开始全面转型升级并进入自主创新阶段，2013 年深圳出台了《深圳市人民政府关于优化空间资源配置促进产业转型升级的意见》等一系列文件，开始自身全面的转型升级，辐射带动周边地区发展的步伐加快，辐射半径已经覆盖珠三角、粤东、粤北地区乃至整个华南地区，具有节点型竞争优势的深圳大都市圈已初见雏形（见表 7－4）。

表 7－4 深圳城市化及大都市圈发展阶段

阶段	城市定位	产业特色	城市发展阶段	辐射半径
1980～1992 年	出口加工区	出口加工，贸易；简单加工装配	集聚国内资源阶段	关内
1993～2000 年	工业城市	承接国际产业转移，培育自身产业发展	集聚全球资源，并探索培育本土制造业发展	深圳全市
2001～2012 年	区域中心城市	制造业链条延伸，现代服务业开始出现；培育高新技术产业，产生电子信息等 8 大产业集群	加工制造环节开始向周边城市扩散	深莞惠都市圈（东莞、惠州）
2013 年至今	全国性经济中心城市，国际化城市	战略性新兴产业、现代服务业；研发、创新	制造业各部门全面向周边城市扩散，研发、物流等一些现代服务业也开始逐步扩散	华南地区乃至全国，但在临近空间上形成深莞惠“3＋2”大都市圈

2019 年，深圳国民生产总值 2.69 万亿元，已超越广州跻身国内四大一线城市中的第 3 名，仅次于上海、北京。国际客运通航城市总数达 60 个，机场旅客吞吐量突破 5000 万人次，其中国际旅客吞吐量超过 500 万人次，并成功举办高交会、中国质量（深圳）大会、全球青年创新集训营、国际友城智慧城市论坛等国际性活动，城市国际影响力不断提升（陈如桂，2020）。

本阶段自主创新成为深圳经济增长的内生动力，深圳通过自主创新实现产业的转型升级，现已拥有高新技术产业、现代物流业、金融服务业和文化创意产业等四大支柱产业，基本建成“以高新技术产业、先进制造业为基础，以现代服务业为支撑的适应现代化中心城市功能”的新型产业体系。深圳逐步实现由初级的生产要素聚集地向高级生产要素聚集地转变，由加工基地向研发创新基地转变。深圳辐射带动能力进一步增强，与周边地区的产业互动融合更加紧密。本阶段深圳经济溢出效应显著，产业外迁趋势显著，外迁企业范围从加工贸易型企业逐渐扩大至高新技术企业，临近深圳的东莞、惠州、河源、汕尾受益最大，在珠江东岸形成了一个以深圳为核心的大型都市圈。

二　深圳城市化与大都市圈建设的区域分工机制

“集聚—扩散理论”是解释区域经济发展的重要基础理论。中心城市与周边地区之间的基本关系是“集聚—扩散”关系，一般遵循先集聚、后扩散，再集聚、再扩散，以及中心功能集聚、辅助功能扩散的规律。随着深圳城市化水平的不断提升，在集聚要素资源增强核心功能、同时将非核心功能疏解出去的过程中，“集聚—扩散”机制不断发挥作用，深圳与周边城市的合作不断深入、分工不断细化，都市圈逐步形成并得到发展。

（一）出口加工区与城市化起步阶段：缺乏区域分工合作

深圳在经济特区建立初期，基本属于集聚发展阶段。深圳主要通过经济体制改革、基础设施建设和外向型经济发展，集聚了大量国内资源，推动经济实现高速增长，经济实力不断增强，奠定了未来城市发展的基础。1980～1992年，深圳GDP年均增长37.4%。

在本阶段，深圳主要是依靠比较优势，以及毗邻港澳的区位优势和经济特区政策优势，通过大规模引进外资，大力发展“三来一补”加工贸易，推动外向型经济发展。主要发展劳动密集型企业主导的传统产业，企业规模较小，环保水平较低，主要通过简单加工赚取一些微薄的加工费，发展方式非常粗放，基本处于产业链与价值链的最底端。深圳处于城市化起步阶段，尚缺乏辐射带动能力。

（二）工业城市阶段：与周边形成“制造—配套”的区域分工模式

20世纪90年代以后，随着深圳城市化的加速推进，城市对产业发展的要求也不断提高，劳动密集型和粗放的出口加工业已难以满足城市功能升级的需要，出口加工业开始外迁。而随着城市规模体量的进一步扩大，土地、劳动力等生产要素成本不断上升，深圳也同时面临着城市空间扩围的内在需要。

深圳初期的经济外溢规模较小，辐射方式也较为单一，主要是通过搬迁或新建工厂车间等方式，将制造中的加工生产或者装配等环节转移到周边地区来实现，而深圳市政府积极推动产业升级的产业政策也发挥了重要作用。在政府产业政策引导下，1992 年深圳 300 多家“三来一补”企业完成了向合资企业、合作企业的转变，约 90 家深圳企业外迁。深圳初期的辐射扩散主要是由两个方面因素造成的：一是深圳有意引导投资项目向高新技术产业聚集，逐渐淘汰低端加工产业，导致一批低端加工贸易类企业外迁；二是中小制造企业自发进行的外迁，受环保压力加大和生产成本上升等因素影响，一批劳动密集型企业、重污染工业企业和“三资”企业外迁。在此阶段，深圳开始与周边地区形成初步的产业分工，以“制造—配套”模式为主导。

案例一　大根光学制品厂

大根光学制品厂，1994 年成立于深圳，为台资独资企业，主要从事镜片、镜头等零配件生产。受土地成本上升等因素影响，1997 年外迁到东莞市常平镇，工厂占地面积约 4 万平方米，拥有员工 1200 人左右。2000 年以后开始生产手机相机镜头，2002 年开始生产扫描仪镜头，2006 ~ 2011 年成为世界最大的手机与扫描仪镜头生产厂家，市场占有率一度高达 70%。大根光学制品厂现已更名为大根光电，目前为深圳富士康提供制造配套服务，被富士康评定为最佳供货商。

（三）区域中心城市阶段：围绕“制造”形成区域分工

随着深圳工业化、城市化进程的不断深入推进，深圳集聚优质要素资源的能力不断提升，深圳的区域中心城市地位开始形成，对周边地区的辐射带动更加深入和广泛，区域产业分工不断深化。特别是 2013 年以来，深圳出现一波新的产业外迁潮，电子信息制造、汽车制造、新材料、生物医药等领域的代表性企业将生产基地、终端甚至是研发中心布局到东莞、惠州、河源、汕尾等周边城市，不但出现了“制造—配套”的分工，更出现了“研发—制造”等更加高级的区域分工形式。

“研发（设计）—制造”模式是中心城市集聚大量高素质、高技能人才，负责研发、设计，而制造环节由周边城市完成的产业分工模式。以东莞为例，东莞紧邻深圳，生产成本远低于深圳。数据显示，东莞工业用地地价是深圳的1/5，写字楼租金是深圳的1/4（朱紫强、戴双城，2019），而且东莞产业链配套齐全，到深圳距离不到1个小时车程，物流成本低，于是“深圳研发—东莞制造”成为许多深圳高科技企业的必然选择。高新技术尤其是智能制造产业的研发设在深圳，制造生产设在东莞或者深圳周边城市的模式已经非常成熟。深圳的研发设计服务周边城市的能力不断增强，已取代香港，推动珠江东岸电子信息产业集群不断发展壮大。在此阶段，深圳与周边城市形成“研发—制造”为主导的区域分工模式和新“前店后厂”关系。

（四）大都市圈阶段：形成多元化多层次区域分工机制

根据“集聚—扩散”理论，辐射（扩散）阶段并不是单纯地只有辐射（扩散）、没有集聚，相反，正是因为核心城市能够在更大范围、更高层次上集聚配置全球资源，其辐射能力才会进一步增强。随着深圳城市化进阶到大都市圈发展新阶段，深圳生产性服务业加快发展，已形成与世界500强企业对接的深圳湾超级总部基地、前海金融总部集聚区等，深圳集聚、配置高端要素的能力显著增强，对周边地区产生了更强大的辐射带动能力。

“总部—分支”模式主要指企业把总部功能布局在中心城市，而把分支机构设立在周边城市的模式。目前深圳高新技术企业的产业链发展趋势是：总部在深圳、分支机构在东莞、惠州；或者研发设计在深圳，组装制造在东莞、惠州、汕尾、河源。东莞和惠州成为深圳产业转移的重点目标城市，尤其是东莞的松山湖科技园区，以及毗邻深圳的各个镇街，纷纷成为深圳经济外溢的首选地，承接了深圳大量的转移产业。其中典型案例是深圳华为公司在东莞设立华为终端。

案例二　华为终端入莞

华为是深圳土生土长的民营企业，成立于1987年。从程控交换机起家，如今已发展成为全球领先的信息与通信基础设施和智能终端提供商、世界500强企业。

2012年，深圳华为公司落子东莞，设立华为终端。2015年华为终端的工业总产值808亿元，占东莞松山湖的51%，税收24亿元，占松山湖的30%；2016年，华为终端成为东莞仅有的两个千亿企业之一，改变了东莞企业“漫天星斗、不见月亮”的格局。华为还具有明显的产业链带动相应。落户松山湖后，华为聚合了众多关联产业，吸引上下游配套项目30多个，带动周边100多家企业，形成了高端产业集群。华为终端入莞是一个标志性事件，显示了深圳对周边地区辐射带动作用的不断增强，溢出企业从中小企业演变为大型企业，溢出产业从低端走向高端、从传统产业转变到新兴产业。

随着深圳城市化进程的不断发展，深圳逐渐与周边地区融为一体，在珠江东岸形成了一个以深圳为核心、在空间上绵延的大都市圈，深圳大都市圈内部形成了多元化多层次的区域分工机制（见表7－5）。

表7－5　深圳当前与周边城市的产业联系

产业领域	代表性企业	布局	联系类型
电子信息制造	华为	终端迁往东莞(2012)	研发—制造
	中兴	生产基地迁往河源(2016)	研发—制造
飞行器制造	大疆科技	在东莞设立全球研发和销售中心(2013)	总部—分支
智能制造	长盈精密	在东莞设立子公司及生产基地(2010)	总部—基地(分支)
汽车制造	比亚迪	汕尾新能源汽车生产及研发基地(2015)	总部—基地(生产)
新材料	光启	东莞前沿技术研究院(2014)	总部—分支(研发孵化)
生物医药	华大基因	华大基因研究院惠州分院(2016)	总部—分支(研发孵化)

资料来源：根据公开资料整理。

随着深圳与周边地区的频繁互动以及深圳生产性服务业的快速崛起，深圳作为“中心联系人”的功能逐渐显现。“中心联系人”有些类似于香港发挥的国际金融中心和国际信息中心作用，深圳通过资本市场和信息资源、高端商务资源等，为周边地区提供创新孵化、工业设计、商务咨询等多元化专业服务。“中心联系人”模式的出现，显示深圳在大都市圈发展阶段辐射带动周边地区发展的能力日趋强大、影响日益深远。

三　深圳推动城市化与大都市圈建设的土地资源配置、利用及成效

（一）深圳初步城市化的土地资源配置、利用及成效

1. 关内土地资源配置与利用驱动深圳初步城市化

改革开放之初，深圳在以出口加工区为建设方向的城市化起步阶段利用了毗邻香港的区位优势，在借鉴香港土地利用管理模式的基础上，采取了以行政划拨为主、产业和城市建设项目需求为导向的土地资源配置与利用模式。这种配置模式使低价的土地资源成为深圳启动初步工业化、城市化的引擎。根据 1981 年深圳颁布的《深圳经济特区土地管理暂行规定》，在工业化初期深圳工业用地的年土地使用费仅为 10～30 元/平方米，调整周期为 3 年，调整幅度不超过 30%。低价的土地资源吸引了大量“三来一补”产业落地深圳。深圳在有效的土地资源配置中顺利接受了香港的辐射，完成了大量的招商引资，并完成了初步工业化。1980～1992 年，深圳经济特区每平方公里 GDP 从 13.37 万元上升为 1570.89 万元，增长了 116.49 倍，工业产值从 7036 万元上升为 152.24 亿元，年均增长 56.53%，工业从业人员从 1.4086 万人上升为 107.027 万人，增长了 74.98 倍。深圳在土地要素驱动下开展的工业化带动了城市发展的需要。但是深圳成立经济特区之后，国家赋予深圳灵活的优惠政策和改革试验使命，对深圳经济特区的财政支持却非常有限，深圳城市建设资金非常紧缺。1980～1989 年深圳经济特区全民所有制基本建设投资来源中，国家投资仅为 3.1265 亿元，仅占基础建设投资总额的 1.8%（李勃、李莉、郭源园，2015）。为此，深圳进一步创新土地资源配置与利用方式，率先实行土地有偿使用，将行政划拨、无偿、无期使用

的土地资源配置方式转变为多种供给方式并举、有偿、有期使用的配置方式。这一改革使土地不仅为深圳城市发展提供了基本载体，也缓解了深圳城市建设资金紧缺的难题，助推深圳成功地实现了初步的城市化。一是以土地为砝码与港商开展合作，通过利用外资合作开发、租赁土地给外商独资开发、成片委托开发等形式，筹措了深圳城市建设资金，启动了城市交通、住房等方面的建设。1980～1981 年深圳市房地产公司先后与香港德兴公司签订了 10 项土地租赁协议，涉及土地面积 4.54 万平方米，投资 9 亿港元，收取土地使用费 2 亿多港元（付莹，2016），外商对这些地块的开发建设及其所支付的土地租金都促进了深圳的城市化建设。1981 年之后深圳以土地为要素与港商、外商合作进行城市建设成了推动深圳城市发展的主要模式。二是突破了我国行政划拨单一的土地资源配置方式，率先开展了“协议”“招标”“拍卖”的土地供给试验，开创了土地有偿使用的先河，从而提升了城市的土地使用成本，积累了城市发展资金，提高了土地资源配置效率。据统计，1982～1986 年深圳累计划拨了土地 7090.2 公顷，但仅收取了土地使用费 3848 万元，均价仅为 0.54 元/平方米，而 1987 年第一块以招拍挂方式供给的土地，其成交价达 611.32 元/平方米（付莹，2016），土地使用成本比划拨方式供给的土地高了 610.78 元/平方米，1987～1989 年土地公开出让收入达 4.05 亿元。1988 年之后，土地有偿有期配置与利用方式在经济特区全面推广，经济特区建设速度也全面加快。1980～1992 年深圳建成区面积由 3 平方公里扩大为 75 平方公里，人口密度由 165 人/平方公里增加到 1292 人/平方公里，居民人均居住面积由 6.6 平方米增加到 11.89 平方米，二、三产业就业人口由 4.93 万人上升为 143.55 万人，增加了 138.62 万人，城市化水平由 23.91% 上升为 71.5%。

2. 关外地区土地资源配置与利用助推深圳城市扩张

在原经济特区完成初步工业化、城市化之后，仅有 327.5 平方公里的关内地区难以继续支撑大量劳动密集型产业的发展。从 1994 年开始深圳停止了“三来一补”产业的用地审批，1995 年之后关内地区在土地资源配置上倾向于技术密集型产业用地的供给。在这一用地政策调控下，关内地区利用与关外地区存在的产业梯度、发展差距和关外地区的土地区位优势、低地价优势，有效地配置了关外的土地资源，为劳动密集型产业顺利地找到了用地空间，原来落地于关内的低端的“三来一补”产业纷纷迁往关外。关内地区因此腾出了技术密集型产业的用地空间，关外地区则因此得到了快速的发展，并逐渐提高了工业化和城市化水平。从 1993 ~ 2000 年深圳关外地区 GDP 从 97 亿元增加到 409.55 亿元，年均增长 22.85%，每平方公里 GDP 从 573.12 万元上升为 2630.4 万元，增长了 4.59 倍，地均预算内财政收入、地均固定资产投资分别增加了 180.84 万元、381.51 万元，人口密度增加了 422 人/平方公里（见图 7 - 2）。同期，关内地区继续通过转换土地用途等方式提高土地资源配置效率，加快城市化进程。经过这个时期的发展，深圳全市的经济实力、城市化水平等得到了全面的提高。2000 年深圳全市每平方公里 GDP 达 8546.59 万元，地均固定资产投资达 3180.09 万元/平方公里，建成区面积扩大为 136 平方公里，城市化水平达到 80%。

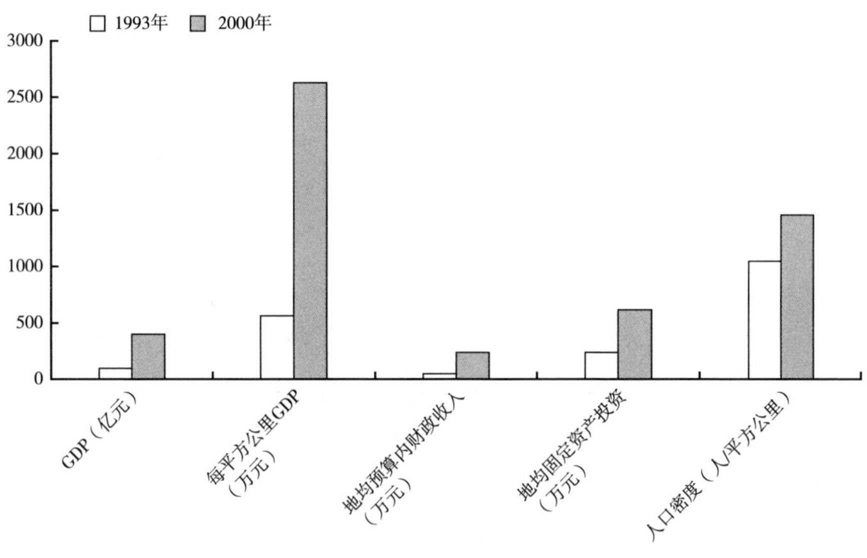

图 7 - 2 深圳原经济特区发展对关外地区的影响：关外地区土地资源配置与利用成效

资料来源：1994 年、2001 年《深圳统计年鉴》。

3. 城市化初期的土地资源配置与利用促成了深圳的比较优势

深圳在土地资源配置与利用方式的改革中完成了初步的工业化和城市化，成为国内经济发展高地，积累了更多的发展资金、具有了较好的产业基础、较完善的城市设施、更先进的城市居住环境和更优越的企业发展条件，从而促进了人才、资本等要素的集聚，促成了深圳的比较优势，增强了深圳经营城市和配置各种资源要素的能力。据统计，1979～1989年从内地输入深圳的人才达6.6万人，其中大专文化以上的近3万，各类专业技术人才达3.4万（深圳博物馆，1999），深圳企业2/3以上的劳动力即45万人由内地输入（李勃、李莉、郭源园，2015）。截至1994年，深圳大约已集聚了8000家“三来一补”企业，从业人员已达100万人。经过跨关的城市化发展，深圳进一步强化了比较优势。2000年深圳全市GDP已达1665.47亿元，工业增加值达815.22亿元，人口密度达到2222人/平方公里，每万人拥有床位数达24张，人均公园绿地面积达14.17平方米，人均铺装道路面积在17.5平方米。

（二）深圳深度城市化的土地资源配置、利用及成效

1. 推动土地资源配置方式的市场化改革，并注重政府的调控作用

初步的城市化发展为深圳深度城市化打下了扎实的基础，但随着土地开发强度的提升，深度城市化中的土地资源约束促使深圳再次进行土地资源配置与利用方式的创新。一是实施了土地市场化改革，在土地配置中引入了市场机制，形成了政府和市场两种配置手段相辅相成的土地资源配置模式，进一步提高了土地要素的总体配置效率。深圳于1998年首次以招标、拍卖的市场化方式供应的13.39万平方米经营性用地，其总成交价达3.31亿元（深圳房地产年鉴编辑委员会，1999）；2009～2012年深圳土地出让收入已达922.92亿元。二是推进了工业用地供应方式的改革，优化了工业用地配置。面对工业用地利用粗放与产业用地严重不足并存的问题，2005年深圳率先尝试以市场公开出让方式供应工业用地，结果第一宗市场公开出让的工业用地以高于土地底价3.6倍的价格成交。工业用地的市场化出让方式使深圳工业用地成本大幅上升，对低端产业产生了挤出效应，对扶持发展的产业产生了规模用地集聚效应，推动深圳淘汰、转移或升级低端产业。据统计，

仅2008年一年深圳就主动退出903宗低端企业用地。在推进产业节约集约用地方面，深圳先后打造了服装产业、黄金珠宝产业等多个产业集聚基地，建设了20个特色工业园区，较好地提高了产业用地的规模效益。2000～2018年，深圳建设用地地均工业产值从1.41亿元/平方公里增加为10.69亿元/平方公里，增长了6.58倍。三是注重发挥政府对土地市场配置的调控作用。在初步城市化阶段，行政划拨是土地资源的主要配置方式，但随着配置方式市场化改革的推进，政府开始注重对土地市场配置的调控，不仅及时纠正土地市场化配置所引起的土地污染等问题，还率先以划出生态控制线的方式严控全市的土地利用布局，保证了深圳深度城市化必要的生态用地，增强了城市的可持续发展能力。

2. 积极推进了城市存量土地的再配置与再利用

为了缓解城市发展的用地矛盾，深圳在土地资源配置与利用中融入了共享共赢的理念，较快地实现了存量土地的再配置与再利用，推动了深度城市化。一是深圳通过城市土地用途调整、改造老厂房、旧工业园区等方式增加了城市产业发展用地，确保了高新技术产业、文创产业、民生工程、重大项目等产业项目用地的需求。据调查，深圳采取城市更新改造的方式使深康佳、华侨城、中粮地产等一大批企业获得了可开发的土地资源（胡廷鸿，2012）。二是深圳通过棚户区改造、城中村改造等方式，增加了城市住房用地、生态用地、公共设施用地等用地面积，进一步建设完善了城市生产生活配套设施，优化了生活环境。三是深圳通过土地再配置与再利用再次获得了产业转型升级的土地要素支撑，进一步加快了高端产业对低端产业的替代，城市土地利用效益得到了明显的提高。如龙岗区天安云谷新兴产业园区的用地就由旧厂、旧城用地、甚至被污染的土地更新改造而得，目前该园区已集聚了300家以云计算、大数据、移动互联为核心的高端技术产业，经过土地再配置与再利用，2017年天安云谷已实现年产值1800亿元，纳税50亿元，土地产值增加了600倍，税收增长了167倍。

3. 优化了土地与其他要素的配置组合，促成了城市竞争优势和功能升级

经过多年的城市化快速发展，深圳出现了“用地荒”。截至2013年，

深圳土地开发强度已达47%，剩下可用建设用地大约仅有50平方公里。有限的土地资源和高效的土地资源配置与利用要求倒逼深圳进一步优化土地利用方式。因此，在这一阶段，深圳不仅优化了土地单一要素的配置，还着重利用已积累的比较优势优化土地与资金、技术等其他生产要素的组合来克服深度工业化和城市化中土地资源严重不足的劣势，进而促成了新的竞争优势，提升了城市功能，加快了大都市圈的发展。一是深圳通过增加投资强度来优化土地与资金的配置组合，提高土地利用水平，壮大自身经济实力，产生更优越的城市功能、更优良的发展环境、更高端的产业结构和更合理的布局，形成了竞争优势。2018年深圳每平方公里GDP、工业产值分别达到12.13亿元、9.96亿元，分别比2000年增长了14.19倍、11.4倍；地均固定资产投资达到6.66亿元，比2000年提高了5.66亿元。二是深圳基于已形成的产业基础和优势，通过优化产业项目用地配置倒逼深圳产业向高端化、服务化方向发展，强化深圳在区域产业联动发展和建设区域完整产业链中的龙头带动、技术支持、综合服务等区域产业发展服务功能。三是深圳通过优化土地与技术、人才、信息、营商环境等要素条件的组合，不断提高土地与其他要素的综合配置效益，从而提高全要素生产率，并形成了较成熟的信息服务中心、商贸会展中心、金融服务平台、科技创新服务平台等区域综合服务支撑体系，具备了更便利的货物、人才、资本等商品要素的区域流动支撑媒介，提升了区域协同发展的综合服务能力和水平，增强了竞争优势。总之，深圳利用土地资源再配置产生的城市发展动力顺利地推进了深度城市化，城市的公共交通、医疗、教育、文化等公共设施服务能力得到了较大的提高，城市化水平得到了快速提升。2000~2018年，深圳建成区面积扩大了789.2平方公里，城市化水平从80%提高到100%，人口密度增加了4262人/平方公里，每万人拥有床位数增加了10张，人均公园绿地面积增加了1.23平方米。2000~2018年，深圳城市总体功能也得到了明显的提升，城市发展定位从区域中心城市上升为全国性经济中心城市再上升为国际化城市。

（三）深圳推动大都市圈发展的异地土地资源配置、利用及成效

1. 土地制度改革的溢出效应创造了异地土地资源配置与利用的条件

深圳积极开展的一系列土地利用管理制度改革和实践不仅助推深圳城市化发展，也对地方性和全国性土地利用管理立法产生了明显的溢出效应，为深圳异地土地资源配置创造了有利的条件。一是加快了广东省和全国土地利用管理制度的改革进程，为创新广东和我国土地利用管理制度，构建广东全省和全国范围内具有一致性的土地资源配置与利用制度发挥了重要的推动作用，从而使深圳具有了开展异地土地资源配置与利用的制度环境。比如，深圳制订的《深圳经济特区土地管理条例》《深圳经济特区土地使用权招标、拍卖规定》等制度文件不仅催生了《广东省经济特区土地管理条例》《广东省土地使用权交易市场管理规定》等制度文件，也导致了1988年《中华人民共和国宪法》关于土地使用权转让规定的修改，加快了《中华人民共和国城镇国有土地使用权出让和转让暂行条例》《招标拍卖挂牌出让国有土地使用权规定》等制度文件的颁布实施，推进了全省及全国具有一致性的土地资源配置与利用制度的建设。二是深圳开展的土地资源配置与利用实践积累了宝贵的经验，为深圳进行异地土地资源配置与利用奠定了良好的基础，也对全国优化土地资源配置方式产生了积极的作用，为在珠三角、全省及全国形成类似的、以土地为工业化和城市化撬动因素的土地资源配置与利用模式发挥了先行示范的作用。

2. 转移式异地土地资源配置、利用及成效

随着工业化推进和城市功能升级，深圳原有的土地资源配置与利用布局难以满足产业转型升级和大都市化发展的需要。在土地资源约束下，深圳开展转移式异地土地资源配置与利用，这种土地资源配置与利用模式的覆盖范围历经从周边城市到全国的过程，产生了良好的成效。通过异地土地资源配置，深圳自身成功地实现了产业用地的更新，也带动了土地资源供给地的产业发展，较好地发挥了增长极对区域产业分工与合作发展的扩散效应，更好地发挥了土地要素对深圳大都市圈建设的要素保障作用。一是深圳通过对周边城市的土地资源配置与利用建设了产业转移园区，解决了产业转移的用地

问题，并直接推动了周边城市特别是产业转入城市的产业发展。据统计，近5年新迁入东莞产业园、惠州产业园的深圳企业占比分别达到84%、50%，传统电子、智能装备制造及新能源等产业用地已在两地都形成了良好的规模用地效应，出现了产业集群。二是深圳转移式异地土地资源配置与利用提高了区域土地资源配置与利用的协调水平，加快了深圳大都市圈的发展进程。深圳转移式异地土地资源配置与利用不仅使深圳大都市圈的人口集聚速度更快，还使深圳大都市圈的产业发展配套设施、城市基础设施和公共服务等都得到了更快的建设完善，区域产业一体化、交通网络化、居民居住异城化等方面的特征也越来越突出。目前，高铁、地铁、高速公路串联起来的便捷交通路网已让深圳和东莞形成了1小时生活圈，部分地区可实现两城半小时通勤，到2022年，深圳的城市轨道运营里程将达到580公里，多条线路与东莞、惠州衔接。在住房方面，珠三角地区居住用地联合开发建设的趋势明显，深莞惠三地已采用了合作开发模式建设人才住房，受限于深圳只有65万套住房的供应量，未来大约500万深圳人的居住地将是东莞、中山、惠州等环深地区。三是深圳在全国各地的异地土地资源配置与利用提高了各地产业用地的配置效率，带动了珠三角、全省和我国各类产业转移园区的建设，促进了珠三角大都市圈的协同发展。基于深度工业化、城市化的用地需要，深圳利用了东莞、惠州、汕尾、河源、潮州、重庆、湖南、江西、河南、贵州等省市的土地资源拓展了产业用地空间，也产生了良好的带动作用。在异地土地资源配置与利用中，按深圳标准开展的园区土地配置与利用模式、组织方式、经营管理经验、制度规范等方面都具有溢出效应，促使这些城市主动优化本地土地资源配置与利用，积极根据产业发展需要安排相配套的生产基地、组装制造企业用地等配套产业发展用地，继续开展相关产业高质量园区的建设，从而提高这些区域的资源配置效率。例如，2016年“深圳创新+顺德智造”联手合作发展以来，深圳对顺德村级工业园区的改造升级起到了较大的推动作用，加快了顺德产业用地的集中整理与开发，2008年、2019年顺德分别整理改造了4500亩、13000亩村级工业园，以为新产业提供更高质量的产业园区（黄恺业，2019）。四是深圳因用地困境而开展的异地用地空间拓展，对我国其他城市特别是发达城市在遵循市场规律、产业发展内在规律及产业梯度转移规律的前提下，通过提高区域土地资源要素的综合配置能力实现产业转型升级，提供了示范经验，有助于我国有效开展异地土地资源配置、加快提高核心城市的竞争优势、有序开展产业转移、合理构建区域用地布局和产业结构、更好地推动城市群发展。

3. 植入式异地土地资源配置、利用及成效

面对大都市化发展无地可用的困境，深圳打破了行政区划壁垒和制度障碍，创新性地开展了向市外拓展发展腹地的进程，先后与汕尾、河源等市共同建设合作发展区，并产生了植入式异地土地资源配置与利用模式，这种模式缓解了深圳大都市化发展的用地矛盾，增强了深圳配置要素的能力和竞争优势，更全面地加快了植入地的发展，更直接地利用异地的土地要素发挥对大都市圈发展的推动作用，也为我国创新“飞地经济”发展模式提供了可复制、可推广的经验。一是深圳企业通过异地扩张、产业链异地延伸等方式配置与利用异地的土地资源，直接增加了深圳可配置的土地资源。二是深圳通过异地的土地资源配置与利用直接给植入地输入了资本、熟练劳动力、企业家人才等先进的经济增长要素，为植入地注入了工业化、城市化发展的新动能，直接拉动了植入地的经济增长，提高了植入地特别是合作区的工业化水平，提高了深圳大都市圈的整体产业现代化水平。三是深圳企业在合作区落地投产对提高植入地的土地利用水平、扩大植入地的二、三产业就业、集聚合作区的人口规模、完善合作区的生产生活配套设施等方面起了重要的推动作用，直接提高了植入地的城市化水平。四是深圳在植入地实践的用地方式、实施的治理模式、制定的制度规范及城市化发展模式等，对我国提高异地土地资源配置与利用效率、提高“飞地经济”发展质量提供了重要的经验借鉴。

以深汕特别合作区为例。2011 年，深汕特别合作区正式成立，合作区规划范围包括鹅埠、小漠、鲘门、赤石四镇，总面积 468.3 平方公里，可建设用地 145 平方公里，区内常住人口为 7.65 万人。2018 年，深汕特别合作区进行了体制机制调整，理顺了深汕特别合作区探索“飞地经济”发展模式的体制机制，加快了合作区的发展，形成了植入式异地土地资源配置与利用模

式，并产生了良好的成效。一是深圳产业项目在利用合作区土地资源的同时促成了合作区现代产业体系的建设和产业链条的构建。深圳按“总部+基地”“研发+生产”“智慧+运用”的模式，在合作区产业用地配置上，重点优先配置新一代信息技术、新能源、新材料、智能装备制造等产业用地，深圳先进制造业因此在合作区找到了规模用地的承载区，深圳产业转型升级和大都市化发展的用地空间得以顺利拓展。2019年以来，深汕特别合作区全年共接洽企业420余家，引进重点产业项目21个（杨阳腾，2020）。二是深圳利用深汕合作区的土地资源发展“飞地经济”以来，合作区发展迅速，产业快速向产业价值链高端延伸，汕尾正从原来偏远、落后的地区逐步发展成全新产业新城和滨海新区（王涛、陶清清，2018）。截至2019年11月底，深汕特别合作区已有89个项目获得了产业用地，其中已投产项目23个，已动工建设项目26个，计划总投资超过490亿元（杨阳腾，2020），将提供6.3万个就业岗位（石培璋、鲁利韦，2019）。多个项目的落地投产对合作区的发展产生了较大的推动作用，截至2019年11月底深汕特别合作区GDP同比增长23%，完成规模以上工业增加值同比增长8.0%，固定资产投资同比增长57.3%。三是深圳在配置与利用合作区土地资源中产生了较好的效益，合作区就业规模得到了明显的扩大，城市化发展提速。2018年深汕合作区每平方公里GDP、工业生产总值、固定资产投资、一般公共预算收入分别达1134.57万元、547.69万元、1425.15万元、73.46万元，二、三产业就业人口达0.27万人。而且深汕合作区的交通、医疗、教育、住房、商业配套等设施建设都得到了较快的推进，合作区的出行、居住等生产生活条件得到了明显的改善。目前合作区已规划设计了“六横六纵”的城市主干路网，规划建设道路81条（段），总长约251公里，总投资约502亿元，将形成与深圳“半小时”与广州“1小时”的生活圈，并深度融入粤港澳大湾区一体化城际交通圈（许娇蛟，2018）。国内知名理工类大学、南山外国语学校等优质办学机构在合作区都获得了用地空间；人才保障性住房、多个高端商品房项目、三级综合医院项目、高品质国际酒店、重点水源工程、变电站等项目已建成或将相继落地建成。四是深汕特别合作区历经“商议和成立合作区—改革和理顺合作区管理体制机制—制定和实施合作区管理制度—推动合作区飞速发展”的实践过程，对突破将“飞地经济”与“飞地产业园区”等同的传统认识有积极的意义，对全国各地特别是发达城市解决用地困境、拓展城市发展腹地、增强城市的竞争优势等具有重要的示范效应。

第三节　深圳推进城市化与大都市圈建设的经验

经济特区在集聚整合全球要素，加快推进自身城市化建设的同时，也带动了周边地区的发展，形成了突破经济特区范围的、空间上毗邻的大都市圈。深圳的城市化成就堪称是经济特区和城市发展史上的奇迹，与同类型经济特区相比，辐射带动能力也最强，其成功经验值得认真总结。

一　不断完善城市功能和提升城市能级，将非核心功能环节疏解至腹地

40 年来，深圳不断调整适应世界科技和产业变革的新趋势，不断增强城市的高端产业承载能力和生产服务功能，推动深圳从早期功能单一的出口加工区成长为全国重要的沿海开放城市，通过不断增强城市的高新技术制造、创新孵化、金融服务功能，深圳迅速成长为区域中心城市和全国性经济中心城市，城市能级迅速提升。随着深圳城市功能的不断完善和城市能级的不断提升，深圳开始向周边地区疏解非核心功能以及核心功能的非核心环节，带动周边城市进入发展的快车道。

1993 年深圳果断停止登记注册新的“三来一补”企业，开始实施“科技兴市”战略，不断强化城市的高端制造功能，对较低端的加工贸易和制造产生了“挤出”效应，深圳的经济腹地开始拓展，深圳与周边城市形成“制造—配套”的区域分工模式。在 21 世纪头 10 年，深圳开始强化高新技术制造功能和以金融、物流、文化为代表的高端服务功能，总部经济快速发展，将部分传统产业以及高新技术产业加工制造等非核心环节向东莞、惠州

等周边城市疏散，带动了周边城市的快速发展。党的十八大以来，深圳着力强化城市的创新引领和创造功能，开始将高技术产业的制造环节、甚至是部分研发功能疏解至东莞、惠州、河源、汕尾等周边城市，推动深圳与周边城市的产业分工形式进一步提升为“研发—制造”和“总部—分支”型，深圳作为周边城市“中心联系人”的角色日益凸显。依靠高水平分工驱动，以深圳为核心的深莞惠“3+2”经济圈一体化水平不断提升，在珠江东岸形成一个空间绵延、梯度有序、功能互补的高质量发展都市圈。

二　注重构建微观主体有活力、公平竞争的市场机制，促进要素跨区域高效流动和合理配置

40 年来，深圳经济特区始终坚持社会主义市场经济改革方向，培育了一大批充满创新精神、具有竞争力的市场主体，为市场在资源配置中发挥基础性和决定性作用奠定了坚实的微观基础。在珠江东岸城市群中，成长起来的民营企业群体是要素跨区域配置的核心主体，这些企业遵循市场规律，自主推动产业转移和产业链跨区域布局，极大促进了要素在区域间高效流动和合理配置。同时，深圳的改革示范效应溢出到周边城市，推动了营商环境的一体化建设，也有助于破除要素跨区域流动的行政壁垒。

20 世纪 80 年代至 90 年代初期，深圳在价格体制改革上大胆突破，不断培育壮大市场主体，培育发展商品市场和资本、技术、劳动力等要素市场体系，吸引全国资金、技术、劳动力和科技人才涌向深圳。20 世纪 90 年代以来，深圳加速深化产权制度改革，正是在探索扶持国有企业做大做强的过程中，深圳意识到国有企业对市场、创新敏感度低，开始对国有经济布局进行调整，国有企业主要集中于城市基础设施、公共服务供给领域。进入 21 世纪以来，深圳基本形成了民营经济为主体、国有经济为保障的混合所有制结构。2010 年以来，深圳聚焦于转变政府职能，进一步厘清政府与市场边界，通过行政审批制度、商事制度、大部制改革，更好发挥政府作用，营造让市场在资源配置中发挥决定性作用的市场环境。深圳的产业政策更多体现为功能性而非选择性的政策，政府致力于健全产业链，优化企业创新创业环

境和公平竞争环境。正是在此过程中，政府转变为“小政府、大服务”的精干有为政府，市场机制灵活高效，营商环境一流，造就了华为、腾讯、比亚迪、顺丰、华大基因、大疆科技等一批全球知名民营企业。深圳民营企业的崛起，受益于全国乃至全球的要素资源集聚和充分流动，这些要素资源在支撑民营企业做大做强的过程中，也推动其开始在周边地区乃至全国配置要素资源，从而导致产业链和创新链在临近地理空间的集聚、再配置和功能优化现象。深圳致力于打造一流营商环境，其制度创新经验也被周边城市特别是东莞和惠州所移植，从而在都市圈形成日益趋同的营商环境，客观上也有利于破除要素跨区域流动的行政壁垒。

三　政府积极创新体制机制，推动区域协同发展

除了民营企业在市场力量主导下自发进行产业转移、产业链和创新链的空间再配置，政府也积极有为，创新区域合作体制机制，推动区域协同发展。深圳的发展一直深受土地供给不足的困扰，特别是进入 21 世纪以来，深圳城市规模快速扩张，人口密度迅速提升，高强度的土地开发与城市生产生活用地不足、公共设施配套不足的矛盾日益突出，深圳在维持现有行政区划和行政体制格局不变的基础上，积极创新体制机制，携手其他城市共同推进区域一体化发展。首先是建立促进区域协同发展的组织协调机制。2009 年深圳、东莞和惠州首次召开三市党政主要领导联席会议，就基础设施、产业发展、城乡规划、环境保护、公共服务等多方面提出合作提议。2014 年，将汕尾、河源纳入，形成了深莞惠经济圈（3 +2）党政主要领导联席会议机制。通过推进项目合作，5 市在基础设施、产业发展、城乡规划、环境保护、公共服务等协作方面取得显著进展，有力提升了区域经济一体化和都市圈发育水平。其次是创立飞地经济园区，开展区域协同发展试验。2008 年 12 月建立深圳（汕尾）产业转移工业园，2011 年设立深汕特别合作区，探索构建“深圳总部 + 深汕基地、研发 + 生产”的发展模式，推动深汕特别合作区与深圳一体化建设，已成为区域协同发展的典范，突破了核心城市辐射带动外围城市发展的旧有模式和路径。2018 年 4 月召开的深莞惠经济圈

(3+2)党政主要领导第十一次联席会议提出，将参照深汕特别合作区有关做法，推动在东莞、惠州邻近深圳地区划出一定区域，规划建设跨行政边界的功能协调、产业互补、成果共享的区域协同发展试验区。试验区地区生产总值、税收存量归当地所有，增量部分由三地政府在协商基础上按比例分成，提升中心城市辐射带动作用（龙成柳，2018）。

第四节　先行示范区使命下的深圳大都市圈建设展望

2019年8月，中共中央、国务院印发《关于支持深圳建设中国特色社会主义先行示范区的意见》（以下简称《意见》），赋予深圳中国特色社会主义先行示范区的新定位，要求深圳统筹推进“五位一体”总体布局，努力建成“高质量发展高地”“法治城市示范”“城市文明典范”“民生幸福标杆”和“可持续发展先锋”。深圳战略定位的变化，意味着深圳必将依靠更高水平的工业化来建立新的竞争优势，由此将对城市化及大都市圈建设提出更高要求，其内涵与外延均将发生深刻变化。值得一提的是，新冠肺炎疫情叠加百年未有之大变局影响，全球化发展进程出现逆转，为应对外部形势变化，中央做出支持海南经济特区建设自由贸易港的重大战略决策，对经济特区在新形势下开展制度创新、实现高质量发展提出了更高要求。

一　先行示范区：工业化深化需要更高能级的核心城市和大都市圈支撑

粤港澳大湾区建设和先行示范区建设，是中央在深刻分析当今世界发展形势的基础上、立足新时代中国特色社会主义建设大局做出的重大战略决策。先行示范区建设要求深圳必须把工业化推进至一个前所未有的高度，这对深圳城市能级和大都市圈建设提出了更高要求。

（一）先行示范区建设对深圳城市化与城市核心功能提出的新要求

先行示范区建设目标的实现，需要高水平的工业化来支撑，这也是新时代深圳战略竞争优势的最终来源。在先行示范区时代，深圳将迈入高水平的工业化深化阶段，这要求推动城市核心功能升级，在更高水平上实现城市化。未来深圳至少需要具备三个核心功能：全球高端制造中心、全球创新创业创意中心、全球生产性服务中心。

1. 全球高端制造中心

《意见》提出，深圳要大力发展未来通信高端器件、高性能医疗器械、智能经济、健康产业等新兴产业，加快构建现代产业体系。自2005年以来，深圳工业增加值占GDP比重就呈逐步下滑趋势（仅2011年略有反弹），到2019年深圳工业增加值占GDP比重为38%左右，但工业特别是制造业仍然是深圳维持全球竞争力的关键。制造业在生产和生产率的发展、技术和组织能力的进步、促进持续创新以及创造体面的就业岗位等方面对整体经济的转型发挥着直接和间接的作用，生产性服务业和知识密集型服务业的发展也离不开制造业的基础支撑（United Nations，2015：89－91）。绝大部分城市都不能建构一个没有制造业或者弱制造的强服务业体系（叶裕民，2019）。纽约、伦敦、东京作为世界城市，从20世纪80年代以来经历了快速的服务化过程，但并未完全放弃制造业，只是在门类上向都市型工业转型，仍是全球重要的制造业中心（张婷麟、孙斌栋，2014）。深圳要建设先行示范区，必须吸取香港等城市过早“去制造化”的教训，坚定不移推动制造业高端化发展，建设全球高端制造中心。

2. 全球创新创业创意中心

未来深圳要在高质量发展方面起到先行示范作用，必须加快提升创新能力。经过多年的积累和发展，深圳已成为一座充满魅力、动力、活力、创新力的国际化创新型城市，目前在持续提升企业创新能力的同时，强力推进基础研究能力建设，推进综合性国家科学中心建设，加强对全球高端创新性人才的吸聚，在设计、创意等产业生态建设方面具有良好基础，深圳在将创新成果转化为创业成效方面也具有独特优势。无论是从先行示范区建设的目标要求看，还是参照世界先进城市的发展经验，全球创新创业创意中心都将是未来深圳的核心城市功能之一。

3. 全球生产性服务中心

生产性服务业已成为世界城市的支柱产业，是城市集聚高端要素、控制高端资源、实现高端功能的具体体现。纽约、伦敦、东京三大全球城市均形成了以金融保险业、信息服务业、商务服务业等生产性服务业为主导的产业结构，稳居全球服务中心的地位。2018 年，深圳现代服务业增加值占 GDP 比重为 41.7%，随着制造业比重的趋势性下滑，未来制造业和服务业深度交叉融合而形成的生产性服务业将会成为深圳的主导性产业形态。目前深圳基于先进制造业和生产性服务业基础，已开始为周边地区产业发展提供“中心联系人”功能的服务，未来深圳应围绕新兴制造业的发展加快推动生产性服务业转型升级，打造全球生产性服务中心。

（二）先行示范区使命下的大都市圈：深圳城市化的使命

在先行示范区时代，随着深圳工业化进程的加速推进，首先需要推动城市核心功能提升，提高城市能级，推动城市化迈向成熟和高级阶段，使深圳加速成长为全球标杆城市；其次需要在更大空间范围内配置要素资源，与更多周边城市形成产业的功能性分工，从而形成具有世界级竞争力和影响力的大都市圈。

1. 推动深圳加速成长为全球标杆城市

打造全球标杆城市，是深圳建设先行示范区的内在要求。深圳只有推动城市核心功能升级，加快打造全球高端制造中心、全球创新创业创意中心、全球生产性服务中心，才能实现城市能级的跨越式提升，向全球标杆城市的目标不断迈进。因此，在先行示范区时代，深圳城市化的最终目标是推动深圳加速成长为全球标杆城市，特别是高质量发展的全球标杆城市。

2. 推动形成更有辐射力的世界级大都市圈

先行示范区建设需要深圳高水平的工业化深化、城市化来支撑，深圳需要把一些非核心功能或核心功能的非核心环节疏解配置到周边城市，也就是说深圳需要在更大空间范围配置要素资源。深圳的经济腹地将不断扩张，在地理空间范围上将呈现绵延式扩张和飞地式扩张齐头并进的态势，深圳与腹地之间将形成分工合理、梯度有序、功能互补的产业协作关系。深圳在率先建成先行示范区的同时，也会带动周边地区进入发展的快车道，从而实现

"先富带后富"。在先行示范区时代，深圳城市化的重要使命是推动形成更有辐射力和竞争力的世界级大都市圈。

二　先行示范区使命下大都市圈区域分工模式展望

（一）贯通珠江两岸的"中心＋网络"型超大都市圈的崛起

过去40年来，深圳大都市圈虽然将东莞、惠州、河源、深汕特别合作区等纳入覆盖范围，但深圳与都市圈内部城市之间的联系是松散的，且缺乏功能互补。深圳大都市圈还未发展到在都市圈范围内进行直接经济管理整合、释放组织能量和资源配置效能的阶段。在粤港澳大湾区建设和先行示范区建设的"双区驱动"时代，深圳大都市圈发展将加快进入这一阶段。

未来，深圳大都市圈的发展将呈现两个新的特点：一是珠江东岸城市间产业联系将更加紧密，一些核心产业功能（如研发环节）可能突破原有的深圳狭小空间范围，率先配置到深莞惠、河源、汕尾"3＋2"经济圈，经济圈各城市内部的产业布局将更加合理、产业分工协作将更加高效，将构成深圳发挥辐射力和影响力的产业生态基底；二是空间覆盖范围将进一步拓展到珠江西岸城市。深中通道、深珠通道、深茂铁路的建设以及一批大流量、高快速环湾化轨道交通项目的谋划建设，将改变珠江东西两岸因为地理区隔缺乏直达通道的现状，从而拓展并加密深圳与珠江西岸的联系。在深圳西协战略的牵引下，中山、江门、珠海等珠江西岸城市将进入深圳的辐射范围，一些功能性产业环节（如生产制造）将疏散、配置到珠江西岸具有承接深圳溢出能力的城市。

在先行示范区时代，数字技术的扁平化发展将重塑现有的产业分工格局，深圳与周边城市互动形成的大都市圈，无论是从空间结构还是从产业功能结构看，更有可能形成"中心＋网络"型结构，而非传统的"核心＋外围"结构，一个以深圳为核心的、贯通珠江两岸的"中心＋网络"型超大都市圈将加速崛起。

（二）深圳大都市圈区域分工模式展望

在先行示范区时代，深圳将掌控制造业的价值链高端环节、创新链的上游环节以及生产性服务业的高增值环节，在不影响深圳城市功能的情况下，其他功能和环节将向周边城市转移，带动相关配套产业发展，形成“中心引领、轴带分布”的网络化产业空间布局。深圳与腹地之间在未来可能形成的产业功能性分工关系在目前已初现端倪。深圳与大都市圈其他城市之间可能形成三种主导性的产业分工模式：一是在产业链的不同环节形成分工协作关系，深圳主要从事前沿制造，腹地城市从事智能制造；二是在创新链的不同环节形成分工协作关系，深圳主要从事前沿性基础研究，腹地城市从事应用性研发甚至是一些基础性研究；三是深圳作为全球生产者服务提供者，发挥“中心联系人”角色作用，为腹地城市的先进制造业发展和生产创新提供孵化、咨询、融资、法律等专业商务服务。

1. 产业链的分工：“前沿制造—智能制造”

在先行示范区时代，随着深圳生产和生活成本的不断上升以及土地空间的约束不断加大，深圳已没有空间容纳技术含量低、附加值低、成本敏感性高、靠大规模土地要素投入驱动的投资项目，生产制造环节将越来越难以保留。但深圳要建设先行示范区，必须吸收借鉴纽约、伦敦、东京等世界城市发展的经验教训，需要保持一定比例的高端制造业，以保持对世界前沿制造技术的敏感性和对创新的支撑力。深圳目前正加快向制造业全球价值链的高端攀升，致力于打造世界级高新技术产业集聚地。在先行示范区时代，深圳将日益占据全球制造业价值链的高端环节，随着数字工业化时代的到来，周边地区将从事具有一定技术含量和附加值的智能制造活动，深圳与周边地区将在制造业产业链上形成“前沿制造—智能制造”的产业功能分工，从而形成数字工业时代的新“前店后厂”模式。但这种模式与当初香港与珠三角之间所形成的“前店后厂”模式有根本差异，将更多体现为同一产业链条上的水平性分工。

2. 创新链的分工：“前沿基础研究—应用性研发”

过去深圳90%以上的研究人员、研发资金、研发成果、研发机构均分布在企业，政府主要支持科技成果的产业化和产业的发展，对基础研究投入较少。但近年来，深圳不断提高研发经费投入，将1/3的财政科技专项资金用于基础研究，更加突出源头创新，如高水平打造深港科技创新合作区；推进材料基因组、精准医学影像等重大科技基础设施建设，推进综合性国家科学中心主阵地建设；建设鹏城实验室、深圳湾实验室等重大创新载体，成立10个诺贝尔奖实验室，高标准推进深圳量子科学与工程研究院、深圳华大生命科学研究院、深圳数字生命研究院、深圳市第三代半导体研究院等基础研究机构；高标准建设光明科学城、西丽湖国际科教城等。深圳正致力于打造全球创新创业创意之都。可以预期，随着城市能级的不断提升，深圳将保留最核心的前沿基础研究环节，把应用性研发甚至部分基础研发环节配置到东莞、惠州、中山、江门等周边地区，深圳与周边城市在创新链上将形成“前沿基础研究—应用性研发”的功能分工。

3. 深圳作为“中心联系人”的角色将进一步凸显

目前，深圳成为高新技术创新、互联网创新、金融创新的集聚地，为周边城市的生产创新和成果产业化提供了创业孵化、天使与风险投资、研发设计等专业服务。生产性服务业的发达程度已成为新型数字化工业时期衡量一个国家或地区综合竞争力和现代化水平的重要标志。2018 年，深圳现代服务业增加值占 GDP 比重为 41.7%，无论是从结构还是从水平看，都还有较大提升空间。随着深圳城市能级的提升，深圳将日益成为商贸服务、金融服务、专业服务、文化创意、信息服务等生产性服务企业的集聚地[①]，将加快集聚一批国际和本土跨国公司总部、地区总部、创新创意中心等功能性机构，深圳对全球高端资源的配置能力将加快提升。深圳将作为全球资源配置的重要枢纽性节点发挥作用，沟通联系国内国外两个市场、两种资源，为周边城市腹地的先进制造和生产创新提供创新孵化、创意设计、商务咨询、融资、法律等专业服务。深圳所扮演的这种“中心联系人”角色，与深圳成熟健全的高新技术产业基础、工业互联网产业体系、科技金融生态以及珠三角深厚的先进制造业产业基础高度相关，与香港缺乏制造业基础支撑的

① 《深圳市 2018 年中小企业发展情况的专项工作报告》显示，2018 年深圳新成立企业 90% 以上集聚于现代服务业。参见《南方都市报》，2019，《深圳预警制造业企业外迁风险》，6 月 27 日。

“超级联系人”角色有所不同。近年来，深圳实际上已成为珠三角乃至全国的“大型城市孵化器”，在提供创新创业孵化过程中，深圳的“中心联系人”功能已初具雏形。在先行示范区时代，深圳将加速成长为全球生产者服务中心、全球创新创意创业中心和国际金融科技中心，深圳作为“中心联系人”的角色将进一步得到强化。

三　深圳大都市圈建设面临的挑战与障碍

先行示范区建设为深圳大都市圈确立了远景目标，但目前深圳本身还未完成转型升级，城市功能还在不断提升完善之中，深圳大都市圈建设仍存在诸多问题，对粤港澳大湾区和国家发展的带动作用也未得到充分发挥。

（一）深圳推进高水平城市化发展面临巨大挑战

1. 城市集聚全球优质要素资源面临的压力加大

新一轮科技革命和产业变革处于爆发前夜，正加速重构全球创新和产业发展版图，大国科技和产业竞争空前激烈。同时，保护主义加速抬头，从贸易热战向科技冷战转变的趋势加剧。近年来，以美国为代表的发达国家为应对新兴国家崛起和提升本国经济竞争力，设置了越来越多的贸易和投资保护壁垒。美国已成为全球贸易保护主义的主要推手（Evenett and Fritz，2017）。美国还试图通过构建排他性制度规则、加强国家利益和安全审查、禁止前沿技术领域的交流合作等方式，打断包括中国在内的新兴经济体在全球价值链中突破升级的步伐。在一个日益不确定的全球政治和经济环境中，面临来自其他世界城市的竞争压力，深圳如何抓住新一轮科技革命和产业变革的重大机遇、打破发达国家的科技封锁，集聚全球优质要素资源为己所用，推进高水平城市化发展，将是一个巨大的挑战。

2. 城市核心功能升级面临的内部压力不断加大

深圳能级的提升与城市核心功能升级密切相关。深圳城市核心功能升级，面临生产生活成本高涨、教育和医疗等公共服务能力不足的挑战。首先是，生产生活成本高涨，不利于深圳集聚高端制造和创新要素。劳动力、物流、房价、房租、土地等成本的上升、将不断摊薄制造业企业的利润空间，从而造成过早“去制造业化”的风险。其中，劳动力成本和生活成本是影响制造业和创新创业人才生存发展的重要因素。深圳制造业劳动力成本不断上升，制造业城镇单位就业人员平均工资从 2010 年的 37761 元上升至 2018 年的 91600 元，年均增长 11.7%（见图 7－3）。而同期，深圳工业劳动生产率增长 9.4%。从生活成本看，英国经济学人智库（EIU）的全球生活成本排行榜①显示，2019 年度深圳生活成本指数得分为 85 分（纽约为 100 分），全球排名第 25 位，比 2013 年度提升 15 位。其次，教育和医疗等公共服务能力不足，不但影响深圳优质要素的再生产能力，还会影响深圳对高端优质要素的吸聚能力，从而最终对城市核心功能升级产生负面影响。

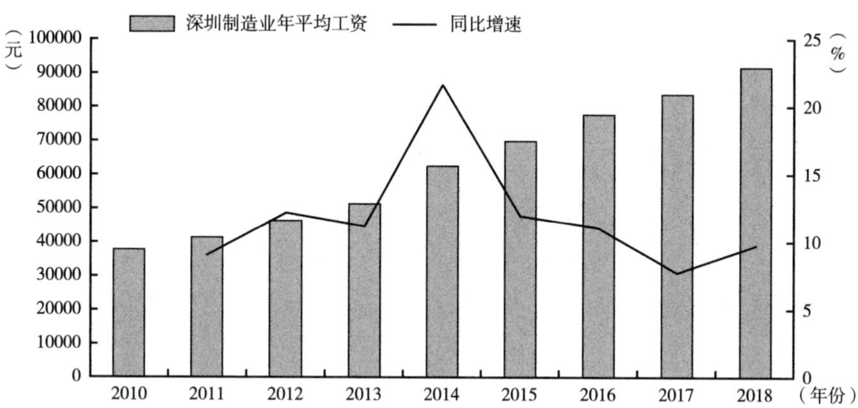

图 7－3　2010～2018 年深圳制造业城镇单位就业人员年平均工资及增速

资料来源：2011～2019 年《深圳统计年鉴》。

（二）深圳大都市圈建设面临的障碍

1. 交通一体化水平不高制约了产业在地理空间上的优化配置

交通基础设施一体化是大都市圈优化产业空间配置的先导。在珠江东

① 《全球生活成本调查》是英国经济学人智库开展的两年一次调查项目，已进行了 30 多年。主要针对全球多个城市 160 多类产品和服务的 400 多项价格指标展开调查，采集与居民生活息息相关的食物、饮料、衣服、家庭用品和个人护理用品、房屋租金、交通、水电费、私立学校、娱乐费用等。报告将纽约作为基准城市，将其生活成本指数设定为 100，以此为参照计算得出其他城市的生活成本指数值，并进行排名。

岸，尽管在深莞惠、河源、汕尾“3+2”经济圈党政联席会议机制下开展了交通基础设施项目的对接合作，五市交通基础设施互联互通水平加快提升，但其交通一体化水平要低于广佛肇都市圈，此外五市交通运输发展阶段不同，推进一体化需要克服利益诉求差异、政策管理不一致、发展模式差异等障碍，交通基础设施一体化还存在一些亟待解决的突出问题，主要表现为：轨道交通发展仍然滞后，交通运输过于依赖公路，深圳与惠州缺乏城际轨道连接，与东莞、惠州的地铁对接水平还有待提升，河源和汕尾尚未通高铁，与深圳缺乏可以快速联通的城轨。深圳与珠江西岸城市交通联系仍比较薄弱，缺少大流量、高快速的轨道交通连接；都市圈内各城市高铁、地铁、城际铁路、港口、高速公路等交通枢纽的建设质量和水平还有待提升，不同交通运输方式之间的衔接水平还有待提升。

2. 地方保护和行政壁垒阻碍了要素资源的充分流动和高效配置

都市圈是建立在经济联系上的功能区，但“行政区经济”驱动下的都市圈建设，往往掺杂了过多的城市本位利益考量，各城市为实现政绩目标各自为战、缺乏协同，地方保护和行政壁垒使行政边界成为要素流动的门槛，从而造成市场分割、重复建设和过度竞争，导致资源配置的效率损失。交通基础设施一体化进程滞后、重大投资项目的恶性竞争、公共服务资源配置的地方性、区域市场一体化水平不高等在很大程度上都是“行政区经济”的产物。强行政区经济和资源调配模式造成的强行政边界效应以及城市竞争思维和政府政绩导向导致都市圈一体化发展难以有效实现，已成为培育现代化大都市圈的核心瓶颈和最大困境（卢庆强，2019）。

3. 体制机制不健全导致产业协作和联系水平不高

由于存在行政级别不对等、地方发展阶段不同、成本分担和利益分享机制不完善、考核机制不健全等问题，大都市圈内部各城市跨区域产业协作往往受到限制。深圳大都市圈已建立深莞惠、河源、汕尾“3+2”经济圈党政联席会议机制，但缺乏其他层次的常设性协调合作机制，都市圈产业协作缺乏稳定的制度支撑，城市间签署的战略合作协议也会由于缺乏法律效力和刚性约束而难以落地实施。在产业布局、重大投资项目招商、产业用地的配置等方面，各城市间缺乏协同，需要在治理体制、协商方式、财税转移、指标流转、科技与产业基础设施的共享机制等方面进行创新，提升城市间产业协作和联系水平。

四 深圳打造世界级大都市圈的对策建议

（一）瞄准全球标杆城市建设目标，不断提升城市能级

瞄准全球标杆城市建设目标，抓住新一轮科技革命和产业变革的重大机遇，加快抢占科技和产业发展制高点，全面提升城市能级和核心竞争力。一是实施“降本增效”行动，降低深圳制造业发展成本。聚焦税费、土地、劳动力、住房、物流、水电、社保等关键成本环节，大幅降低生产生活成本。特别是要通过推进工业互联网发展、机器换人等举措，降低劳动力成本；探索土地集约高效利用的新方式，加大力度腾退低端产业和压减低效用地，保障战略性新兴产业和高附加值制造业用地，降低工业用地成本。二是坚持创新引领，以现代生产性服务业为主体、战略性新兴产业为引领、先进制造业为支撑加快向数字工业化转型，防止产业结构形态虚高，巩固提升实体经济能级。推进综合性国家科学中心建设，加强基础研究和应用基础研究，实施关键核心技术攻坚行动，掌握战略性新兴产业、先进高端制造业发展的关键核心技术。围绕战略性新兴产业和先进高端制造业发展，推进高增值生产性服务业发展，深入推进工业互联网发展，打造数字经济创新发展试验区。三是加强与周边城市的产业协作，选择若干重要腹地节点，将深圳溢出的产业功能率先疏解、配置到腹地节点，打造大都市圈尺度的“产业公地”巨系统，强化腹地城市制造业对深圳基础研究和创新的支撑。高度重视企业主体作用的发挥，鼓励、引导企业通过收购兼并、上下游产业链合作、市场整合等方式促进区域产业融合发展。

（二）以基础设施的互联互通为突破口，提高大都市圈一体化发展水平

完善大都市圈综合运输通道和区际交通骨干网络，建设深圳大都市圈“一张网”交通体系，增强城市之间交通联系和空间可达性。着力解决城市间道路等级不对等、地方规划不协调、建设资金出资比例不合理等问题，尽快加快打通地区间的“断头路”。全力推进深惠城际、广汕高铁、深茂铁

路、深中通道、深珠通道等重大项目建设。加快推进深圳与东莞、惠州地铁线路的对接。强化与珠江西岸的交通联系，谋划推进深珠高铁、城际复合跨江通道项目。以铁路客运专线、城际铁路和干线铁路为重点，加强综合交通运输体系建设，强化各种运输方式之间的衔接，更大程度发挥高铁、城际铁路等轨道交通在都市圈通勤中的作用。建设大都市圈综合交通信息平台，提升交通智能化管理水平，加快建立大都市圈内城市公交“一卡通”的互联互通平台。加快构建统一的信息网络服务平台，统一信息服务和建设标准，加快布局发展5G网络、数据中心、人工智能、工业互联网等新型基础设施，深入推进物联网、大数据、云计算等信息技术在大都市圈治理中的应用，加强数据资源的整合利用，实现跨区域精细化、智能化治理。

（三）打破行政壁垒，推进要素资源在大都市圈内充分流动和优化配置

以打破行政壁垒、清除地方保护和行政垄断为重点，营造规则统一开放、标准互认、要素自由流动的市场环境。搭建促进区域资本整合、区域技术合作和人才流动的平台，建立统一开放的人力资源、资本、技术、产权交易等各类要素市场，探索建立土地开发指标跨地区交易的机制，实现要素资源跨区域高效流动和优化配置。加快破除城乡区域间户籍壁垒，统筹推进本地人口和外来人口市民化，实现区域内人才资源、人口要素的有序流动和融合发展。逐步打破基本公共服务的地区分割，探索建立区域内教育、医疗、社保、养老、公共安全等方面的合作共享机制。营造统一的营商环境，推进行政审批、市场监管、信用监管等执法信息共享、标准互通和结果互认。

（四）突破城市本位思维，探索建立灵活有效的跨区域合作机制

建立都市圈层面的“城市—区域”协同治理机制，是破除各类体制机制壁垒和制度障碍的根本性制度安排。一是进一步完善深莞惠、河源、汕尾“3+2”经济圈党政联席会议制度这一顶层治理框架，适时纳入新的腹地城市，强化深圳的主导地位和周边城市的主体地位。同步建立专业都市圈协调发展委员会，负责重点领域具体事项的决策、执行、协调和监督。在顶层治理框架下，进一步建立定期会晤机制、部门协作机制、应急响应机制及信息共享机制，完善城市间多层次合作协商机制。二是建立城市发展利益共享和

成本分担机制，对于都市圈内跨区域的重要投资项目、基础设施与公共服务建设项目等，确定合理的成本分担和收益共享机制，实现资源在更大范围内的有效布局和利用。如在区域协同发展试验区内，推广深汕特别合作区协同发展经验；成立区域共同投资基金，投资跨区域公共基础设施和公共服务项目等。三是建立智库、社会组织等非政府组织参与大都市圈协作发展的平台和机制。设立专家咨询委员会，加强对大都市圈一体化有关问题的调查研究、分析论证。积极探索引入社会组织参与大大都市圈建设和运营的新机制。

参考文献

白积洋，2019，《“有为政府 + 有效市场”：深圳高新技术产业发展 40 年》，《深圳社会科学》第 5 期。

陈如桂，2020，《深圳市政府工作报告》，《深圳特区报》1 月 22 日。

陈云峰，2004，《主要发达国家城市化经验教训及其对我国的启示》，硕士学位论文，吉林大学。

冯苏宝、贾怡君，2010，《从外向型经济向开放型经济模式转型——后危机时代经济特区的发展之路》，《开放导报》第 5 期。

付莹，2016，《深圳经济特区有偿使用土地制度变迁及其影响》，《深圳大学学报》（人文社会科学版）第 4 期。

韩雪，2019，《改革开放 40 年深圳特区功能定位发展概述》，《现代管理科学》第 4 期。

贺灿飞、肖晓俊、邹沛思，2012，《中国城市正在向功能专业化转型吗？——基于跨国公司区位战略的透视》，《城市发展研究》第 3 期。

胡廷鸿，2012，《深圳试验二次土改：探索土地资本化破解财政难题》，《资源与人居环境》第 7 期。

黄恺业，2019，《顺德与深圳“联姻”，背后是超 2000 亿投资机遇》，《南方都市报》4 月 2 日。

李勃、李莉、郭源园，2015，《“深港”空间紧邻如何影响深圳经济制度变迁——以深圳土地管理制度变迁为案例》，《城市发展研究》第 8 期。

李培鑫，2019，《城市群的演进规律和一体化发展特征分析》，《上海城市管理》第 5 期。

林先扬，2017，《粤港澳大湾区城市群经济整合研究》，广东人民出版社。
林毅夫、刘培林，2001，《自生能力和国企改革》，《经济研究》第9期。
龙成柳，2018，《广东规划建设深莞惠区域协同发展试验区》，《广州日报》4月23日。
卢庆强，2019，《发展都市圈的目的、困境与突破口》，《区域经济评论》第4期。
罗清和、潘道远，2015，《转型时期经济特区功能定位研究》，《改革与战略》第9期。
罗清和、尹华杰，2012，《经济特区与中国模式》，《深圳大学学报》（人文社会科学版）第3期。
马向明、陈昌勇、刘沛、丁镇琴、李建学、罗异，2019，《强联系多核心城市群下都市圈的发展特征和演化路径——珠江三角洲的经验与启示》，《上海城市规划》第2期。
马燕坤，2016，《城市群功能空间分工形成的演化模型与实证分析》，《经济管理》第12期。
马燕坤、张雪领，2018，《从国际产业分工到城市群功能分工的文献述评》，《区域经济评论》第6期。
马燕坤、张雪领，2019，《中国城市群产业分工的影响因素及发展对策》，《区域经济评论》第6期。
母爱英等，2010，《京津冀：理念、模式与机制》，中国社会科学出版社。
齐讴歌、赵勇，2014，《城市群功能分工的时序演变与区域差异》，《财经科学》第7期。
深圳博物馆，1999，《深圳特区史》，人民出版社。
深圳房地产年鉴编辑委员会，1991，《深圳房地产年鉴（1991年）》，海天出版社。
深圳房地产年鉴编辑委员会，1999，《深圳房地产年鉴（1999年）》，海天出版社。
石培璋、鲁利韦，2019，《深汕特别合作区建设取得阶段性成效》，《中国经济导报》12月19日。
藤田昌久、克鲁格曼等，2015，《空间经济学：城市、区域与国际贸易》，吴琦主译，中国人民大学出版社。
王涛、陶清清，2018，《深汕特别合作区探索区域协调发展的最新答卷》，《南方日报》12月17日。
魏后凯，2007，《大都市区新型产业分工与冲突管理——基于产业链分工的视角》，《中国工业经济》第2期。
魏后凯，2013，《构建面向城市群的新型产业分工格局》，《区域经济评论》第2期。
许娇蛟，2018，《深汕特别合作区将与深圳形成“半小时生活圈”》，《深圳晚报》12月17日。
杨开忠，2010，《改革开放以来中国区域发展的理论与实践》，科学出版社。

杨维，2008，《广东工业化进程研究》，广东人民出版社。

杨阳腾，2020，《深汕特别合作区智造产业蓬勃兴起》，《经济日报》3月31日。

姚士谋、王德、叶枫，1989，《厦门经济特区经济辐射功能与发展趋势》，《地理学报》第2期。

叶裕民，2019，《以都市圈建设引领新时代大城市高质量发展》，《区域经济评论》第4期。

曾智华，2016，《经济特区的全球经验：聚焦中国和非洲》，《国际经济评论》第5期。

张颢瀚、张超，2012，《地理区位、城市功能、市场潜力与大都市圈的空间结构和成长动力》，《学术研究》第11期。

张纪，2006，《产品内国际分工中的收益分配——基于笔记本电脑商品链的分析》，《中国工业经济》第7期。

张婷麟、孙斌栋，2014，《全球城市的制造业企业部门布局及其启示——纽约、伦敦、东京和上海》，《城市发展研究》第4期。

张伟，2003，《都市圈的概念、特征及其规划探讨》，《城市规划》第6期。

张学良、林永然，2019，《都市圈建设：新时代区域协调发展的战略选择》，《改革》第2期。

赵勇、白永秀，2012，《中国城市群功能分工测度与分析》，《中国工业经济》第11期。

钟坚，2008，《深圳经济特区改革开放的历史进程与经验启示》，《深圳大学学报》（人文社会科学版）第4期。

周振华，2011，《伦敦、纽约、东京经济转型的经验及其借鉴》，《科学发展》第10期。

朱彦刚、贺灿飞、刘作丽，2010，《跨国公司的功能区位选择与城市产业功能专业化研究》，《中国软科学》第11期。

朱紫强、戴双城，2019，《东莞从“外贸大市”向“外贸强市”蝶变》，东莞阳光网，8月13日，http://news.sun0769.com/dg/headnews/201908/t20190813_16020148.shtml，最后访问日期：2020年3月1日。

邹兵，2019，《从特区到大湾区：深圳对中国城市化的历史贡献与未来责任》，《时代建筑》第4期。

Bade, F. -J., C. -F. Laaser, and R. Soltwedel. 2004. Urban Specialization in the Internet Age: Empirical Findings for Germany. *Kiel Working Paper*, No. 1215.

Duranton, G., D. Puga. 2004. “Chapter 48 Micro-foundations of Urban Agglomeration Economies.” *Handbook of Regional and Urban Economics*: 2063-2117.

Duranton, G., D. Puga. 2005. “From Sectoral to Functional Urban Specialization.” *Journal of Urban Economics* 57: 343-370.

Evenett, S. J. , J. Fritz. 2017. *Will Awe Trump Rules? The 21st Global Trade Alert Report*. CEPR Press.

Fujita, M. , T. Tabuchi. 1997. "Regional Growth in Postwar Japan." *Regional Science and Urban Economics* 27: 643 – 670.

Gaschet, F. 2002. "The New Intra – urban Dynamics: Suburbanisation and Functional Specialisation in French Cities." *Regional Science* 81: 63 – 81.

Gereffi, G. 1994. "The Organization of Buyer–Driven Global Commodity Chains: How U. S. Retailers Shape Overseas Production Networks." in Gereff, G. and M. Korzeniewicz. eds. *Commodity Chains and Global Capitalism*. Westport, CT: Praeger.

Krugman, P. , and A. J. Venables. 1995. "Globalization and the Inequality of Nations." *Quarterly Journal of Economics* 110: 857 – 880.

Krugman, P. 1994. "Does Third World Growth Hurt First World Prosperity?" *Harvard Business Review* 72: 113 – 121.

Krugman, P. 1995. "Growing World Trade: Causes and Consequences." *Brookings Papers on Economic Activity* 1: 327 – 362.

Meijers, E. J. , M. J. Burger, and M. M. Hoogerbrugge. 2016. "Borrowing Size in Networks of Cities: City Size, Network Connectivity and Metropolitan Functions in Europe." *Papers in Regional Science* 95: 181 – 198.

Porter, M. E. 1990. "The Competitive Advantage of Nations." *Harvard Business Review* 68: 73 – 93.

United Nations. 2015. *Global Sustainable Development Report* (2015th ed.). New York: UN.

第八章
拓展特区工业化新空间：打造全球海洋中心城市

海洋经济作为陆域经济向海洋的延伸，对于解决工业化进程中所遭遇的土地、资源、环境问题，破解供给侧结构性短板，形成新的供给空间具有关键性作用。中国经济特区肩负发展海洋经济的重要使命，在高端要素集聚、创新体系开放、海洋文化引领、规划政策保障四大因素的共同作用下，海洋经济由要素禀赋所决定的海洋交通运输、港口物流等海洋基础产业比较优势逐渐转变为海洋科技创新主导下的海洋高技术产业竞争优势，培植出经济特区工业化新的经济增长点，拓展了经济特区工业化的新空间。全球资源整合下我国四个经济特区海洋经济发展模式各具特色，其中深圳由港口城市到湾区极核城市形态转变的典型模式，为海洋科技创新和海洋高科技产业竞争优势引领下海洋经济高端化发展提供创新思路和体制机制突破。本章的研究对于经济特区推动海洋经济走向世界一流水平，成为彰显海洋综合实力和全球影响力的先锋城市，具有重要意义。

第一节　中国经济特区的海洋使命

海洋作为天然通道在市场经济全球化中充当着各国经济联系纽带和运输大动脉的角色，对现代国际社会和各国的经济、政治都具有不可替代的作用。我国经济发达地区主要集中在沿海地区。海洋经济是以海港为依托，以海洋岸线等自然地理条件为基础，发展形成的开放型区域经济。我国沿海地区以占全国13%陆地面积承载了全国40%以上的人口，创造了60%上的国民生产总值。近海生态系统已经成为国家缓解资源环境压力的重要地带，海洋通道成为国家的经济命脉。

一　海洋经济的特有属性

海洋经济是指开发利用海洋的各类产业及其相关活动的总和[①]，海洋经济的主体和基础是海洋资源的开发、利用和运营。与陆域经济不同，海洋经济本身具备显著的资源依赖性、资金技术密集性和高风险性、国家主导性、海陆融合性等多种特性。

（一）海洋资源具有开放性、国际性、全球化的特征

海水具有流动性，海洋资源作为公共资源广泛分布于海洋表面、海洋水体、海底和滨海，在海洋水体连续性、贯通性的影响下，海岸带、海区、大陆架连为一体。各国、各区域和各企业之间，以海洋水体为纽带建立起突破陆地空间距离限制的特定联系。海洋资源的流动性，决定了其天生处于开放、竞争的国际环境下，具有开放性、国际性、全球化的特征，各国海洋生产要素直接参与国际分工，海洋产业自发展之初就是嵌入在全球海洋产业体系中的。

（二）海洋经济具有资源依赖性、资金技术密集性与国家主导性

海洋经济是涉海性的人类经济活动，其发展高度依赖于海洋资源的数量与质量，一国（地区）海域面积越大，所拥有的各类海洋资源总量越多、质量越高，其发展海洋经济的潜力就越大。现代海洋产业的技术密集型性征决定了其资金密集性特征，如海上油气、深海勘探、海水淡化、海洋生物医药等产业前期即需要大规模成套设备投入，资金成本大，且风险较高，这决定了海洋开发最初往往由具备雄厚资金实力的国有企业主导。同时，由于海洋资源的国有性质，政府在海岸线管理、海域使用、海洋资源开采、海岛开

① 国务院：《全国海洋经济发展规划纲要》，国发［2003］13号，2003。

发问题上具备完全话语权，海洋产业要从间接利用海洋资源的临海经济升级为直接利用海洋资源的深海经济，往往遭遇政府海洋管理体制和产业政策的制度障碍。因此，与成熟的陆域经济不同，海洋经济存在明显的市场失灵，海洋产业受到规模经济和技术约束，自由资本流动受阻，需要政府介入引导投资和资源流向，这决定了海洋经济从发展之初就是具备持续的制度优势的。

（三）海洋科技是海洋经济发展的最关键因素

海洋开发相对陆地开发需要更高的技术水平，海洋科技的进步对海洋经济的发展具有关键的基础性作用，发达国家海洋科技对海洋经济的贡献率高达70%。海洋科技的发展不断拓展海洋研究领域，使得海洋开发强度不断加大。随着海洋卫星遥感技术、深潜技术、深海资源开发技术、海洋农牧技术、海洋空间利用技术、海洋化工业、海洋药物开发技术的逐步成熟，以及科学考察船、载人潜水器、遥控潜水器、深海拖拽系统、卫星等先进设备的使用，人类对海洋的开发开始从近海转向深海，海洋经济也由简单的资源利用向高、精、深加工领域拓展（王敏旋，2012）。

（四）海洋产业是陆地产业向海洋的延伸

海洋开发的特点之一就是其与陆地产业之间的技术依赖性和空间依赖性。在海洋开发初期，许多海洋产业是融于陆域产业体系中的，海洋产业的发展需要借助陆地产业所创造的大规模资金、先进的产业结构和高端的技术水平，海洋产业与陆地产业往往同属于一个完整的产业价值链条的不同环节。如海洋第一产业包括海洋种植业、海水养殖业和海水捕捞业，这些产业和陆地产业中的食品加工业、化学行业关系紧密，海洋产业与陆地产业之间存在相互的市场需求关系（向晓梅，2014）。随着海洋开发进程的深入，海洋本身所内含的各种要素已经被全部纳入生产要素流动的体系与结构中，并同其他要素一起参与经济活动（陈明宝，2018），海洋产业群体日益成熟，海洋产业间、海陆产业间的相互渗透和融合，成为海洋新兴产业培育壮大的催化剂。

二　中国经济特区海洋经济发展机理：从比较优势到竞争优势

比较优势理论强调经济体必须充分利用相对丰富的生产要素以降低生产

成本，只有按照经济的比较优势来组织生产活动，企业和整个经济才能最大限度地创造经济剩余（林毅夫、蔡昉、李周，1999a；林毅夫，2002），是一种状态优势（何国勇、徐长生，2004）。随着工业化的发展，除生产要素成本外，生产要素使用效率（决定于技术水平）和生产要素间的协同性（体现为规模经济）也逐渐成为影响产业竞争优势的关键因素（朱富强，2020）。在海洋经济发展初期，港口被视为全球化时代推动海洋经济发展主要推动力，临海的区位优势形成海洋经济比较优势。港口活动所具有的乘数效应有效促进了海洋经济发展（Suykens，1989；Zhang and Lam，2013），港口对海洋资源禀赋的有效利用、对外开放获得的负熵和贸易创造以及交通枢纽大型化带来的高就业和平均固定成本递减，推动了港口经济和城市发展的有效融合，港口—腹地经济地域系统运动历经形成阶段、低级发展阶段、高级发展阶段和再优化动态调整阶段，从海港区位、港口区域工业化发展到港口区域一体化（徐志斌、朱毓政，2004；朗宇、黎鹏，2005；胡瑞山、沈山，2006）。随着海洋经济的持续推进，内陆交通网络形成港口—陆向腹地良性循环的基础（Taaffe et al.，1963），使得城市之间的物流运输成本更低，形成适宜居住的海陆交集的生态环境，带来生产资料、资金、人才和技术等生产要素的高度集聚，通过大规模“引进来”“走出去”等方式，促使经济要素在全球范围内的流动和优化组合，全面参与全球价值链分工，促进区域价值链或全球价值链的重构并改变地区经济布局或国际经济规则（申勇，2017；陈明宝，2018），临海的区位优势转化为现实的海洋经济、海洋产业竞争优势。

总体而言，在海洋经济发展过程中，由要素禀赋所决定的比较优势较多地体现在依托海洋自然资源、海洋岸线条件所形成的海洋交通运输、港口物流等海洋基础产业方面，世界贸易总量的95%是由海洋运输所承载的，海洋经济大市最初几乎都是以港口强市的城市形态存在。随着开放型经济体系的完善，海洋城市通过完善的交通体系拓展发展腹地，吸引资本、技术、优秀人才、标准、品牌这些极易流动的高级要素集聚，形成庞大的市场空间和完善的产业链分工体系；海洋天生的开放性、高技术特性决定了海洋产业从初始就处于全球海洋科技创新生态链条中，开放的海洋科技创新体系形成海洋技术进步和海洋产业升级的持续动力；海洋文化的引领和海洋意识的强化是海洋产业发展的隐形动力；政府规划政策的导向和软硬件基础设施的改善形成提升海洋全要素生产率的制度环境保障。在高端要素集聚、创新体系开放、海洋文化引领、规划政策保障四大因素的共同作用下，海洋经济的竞争优势转变为海洋科技创新主导下的高技术产业，海洋城市在形态上自然演变为全球海洋中心城市（见图8－1）。

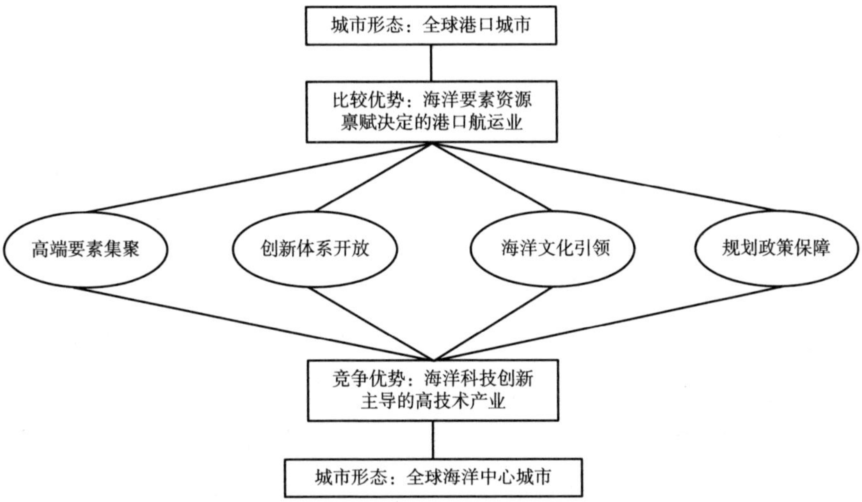

图8－1　理论框架

三　海洋经济对中国经济特区工业化的影响机理

海洋是内陆经济向外拓展的前沿阵地，也是陆地经济联通世界经济的重要门户（陈明宝，2018），经济特区是中国走向海洋强国的核心地缘支撑（肖刚，2011）。我国深圳、珠海、汕头和厦门四个经济特区均地处南中国海沿海地区，面向南海和台湾海峡，拥有丰富的海洋资源、海岛资源和水资源，形成经济特区在发展海洋经济上得天独厚的优势，为经济特区工业化进程中快速发展海洋经济提供了重要支撑，也为工业化的深化拓展了空间。

（一）拓宽经济特区工业化发展空间

经济特区工业化发展的中后期，普遍面临资源与空间约束。在陆域空间基本耗尽的情况下，经济特区依托临海的先天优势，在对内对外全面开放的条件下，充分利用海岸、海岛和围填海资源，为工业化的持续推进提供广阔的土地空间。海洋所蕴藏的丰富的石油、天然气和矿产资源，则能够为工业化提供源源不断的动力能源。通过优化海洋空间结构把港口、岸线、海域开发与城市、产业、陆域发展有机结合起来，统一规划、合理布局港口岸线资源、海洋产业和临港工业园区、腹地工业园区，从而促进海洋生产要素的合理配置和流动，形成海陆经济协调发展的格局。海域、陆域互为经济特区工业化进程持续推进的约束条件，选择生产要素，调整产业结构，改变经济功能，使海陆要素不断更新、结构持续优化、发展更为协调，海洋经济和陆域经济在动态反馈过程中各自形成螺旋式上升的态势，培植出经济特区工业化新的经济增长点。

（二）提供经济特区产业转型升级新抓手

海洋经济的高技术水平、高资金投入以及“深蓝”特性，决定了其本身的战略性新兴产业属性。根据国际经验，在陆域经济遭遇瓶颈，且科技创新水平能够达到深海开发技术要求之时，即是海洋经济大发展和海洋产业高级化的契机。经济特区工业化进程中，海洋工程装备制造业、海洋生物医药业、海洋油气业、海水综合利用业、海洋新能源产业等海洋战略性新兴产业的超前布局及临海产业的深度发展，为经济特区推动产业转型升级，抢占未来产业发展制高点提供了重要抓手。同时，海洋战略性新兴产业的集群效应有利于经济特区强化经济“极核”功能，集聚高端生产要素和高级城市功能，形成技术溢出和创新示范效应，为经济特区优化产业空间结构、提升科技创新水平、拓展对外开放的广度和深度提供新的增长动力。

（三）激发经济特区“有为政府＋有效市场”制度结构

与陆域经济相比，海洋经济具有投资规模更大、产业主题性更强、科技含量更高、生态要求更严、地质情况更复杂等特征，其开发与建设往往伴随着大规模的基础设施配套建设和严格的环保要求，有更强的政府导向性。海洋经济的发展既需要借助陆域经济所创造的大规模资金和先进的产业结构，又依赖于政府海洋经济意识的形成和海洋运作模式的构建。经济特区的开放性特质和制度性优势，为海洋经济参与国际竞争与合作提供了成熟的运行机制和制度支撑；经济特区先进的文化创新理念和强大的文化软实力，为海洋文化和全民海洋意识的培育壮大提供了良好的环境和氛围。在经济特区率先发展海洋经济，有利于优化配置海洋经济发展的投入要素，设计有利于激发海洋经济各要素发挥作用的制度，促进海洋经济的增长与可持续发展，形成能够激发经济特区“有为政府 + 有效市场”的制度结构。

（四）塑造经济特区“海洋中心城市”城市形态

党的十八大以来，习近平总书记深刻总结历史上向海而兴、背海而衰、不能制海、必为海制的大国兴衰规律，做出建设海洋强国的战略部署。2019 年 10 月，习近平总书记指出，海洋孕育了生命、联通了世界、促进了发展，是高质量发展战略要地（习近平，2019）。作为启动海洋强国战略的最佳地缘区域，经济特区在促进海洋经济平衡发展、维护海洋安全环境上发挥着排头兵的作用。能否做大做强海洋经济，以经济特区引领沿海地区海洋产业协同发展，形成新的发展载体和海洋城市形态，关系到我国海洋治理能力和治理体系的现代化建设。我国经济特区海洋经济综合实力强大、海洋科技综合水平高端、海洋产业国际竞争力强劲、海洋资源环境可持续潜力强大、海洋生态环境治理良好、海洋文化和海洋意识发达，具有包括产业、金融、法律、政治乃至全球治理等多领域的涉海资源集聚效应，能够形成具有中国特色的“海洋中心城市”城市形态，提升中国构建海洋领域中的全球话语权。

第二节　中国经济特区海洋经济发展模式：从港口强市到区域极核

一　中国四个经济特区海洋经济发展路径及方向

深圳、珠海、汕头、厦门四个经济特区均具备临海的重要区位优势，交通尤其是水运极为畅通和便利，水路可以通往香港、澳门、台湾和海外各国，也可以很方便地通往国内其他沿海城市，成为海洋自然区位型增长极。其中，深圳与香港接壤，是连接香港与内地的唯一陆上通道，东临大鹏湾，西连珠江口，是我国与深海距离最近的经济中心城市，具有优良的建港资源；珠海位于珠江出海口，毗邻香港、澳门，面向东南亚，靠近国际航运主要航道且拥有内河水道，是内地唯一与香港和澳门同时相邻的城市，建港条件优越；汕头作为临海的侨乡地区，具有一定的陆域工业基础；厦门位于南海与东海水域交接处，南邻香港，东邻台湾，港口资源密集。依托独特的海洋地理区位，四个经济特区充分利用国家给予的特殊优惠政策，营造良好的市场投资环境，成为我国对外开放、海洋经济发展与工业化进程的高势能“极点”和辐射中心。四个经济特区在海洋经济发展规划中分别确立了其发展海洋经济的战略定位、产业重点及总体目标，在我国海洋经济发展与工业化进程中发挥着重要的支撑和引领作用（见表 8 - 1）。

表 8 - 1　四大经济特区海洋经济发展重点产业及定位

特区名称	重点新兴产业	发展定位
深圳	海洋电子信息、海洋生物医药、海洋高端装备、邮轮游艇	建设全球海洋中心城市。科技强海引领区、质量强海特色区、金融强海战略区、生态强海示范区、开放强海先行区。
珠海	海洋生物制药、海洋生物育种、海洋工程装备、海洋环保、海洋清洁能源	打造科学发展的海洋经济强。建设 21 世纪海上丝绸之路建设排头兵、粤港澳海洋经济合作先行区、临海、临港工业绿色发展基地、国际滨海旅游休闲度假区、海洋科技成果高效转化先导区、涉海金融改革创新试验区、海洋生态文明建设示范区。
汕头	大力发展深水养殖、海洋生物、海洋机械、海上风电、海洋贸易等海洋产业和临港工业	国家海洋经济创新发展示范城市。海上丝绸之路“门户城市”、国家海洋经济创新发展示范城市、东南沿海重要枢纽城市、广东临港产业创新发展区。
厦门	海洋生物医药与制品业、现代海洋渔业、现代海洋科技文化服务业	全面建设海洋强市和美丽海洋。打造国家级海洋高技术产业基地、国家重要的海洋科教基地和国内外有影响力的海洋文化名城。

资料来源：根据相关资料整理。

（一）深圳：以海洋科技和文化引领海洋产业高端化发展

深圳港是世界级枢纽港，集装箱吞吐量居全球前列，优良的港口资源条件是深圳形成港口航运业比较优势的重要基础，也为深圳扩大内外开放、优化港城协调发展格局、实施陆地优势嫁接、扩大传统产业优势提供了依托。为强化海洋经济竞争优势，深圳在提高海洋开放开发程度、提升海洋经济硬实力的同时，深入推进科技兴海工程，重视海洋人才，提升海洋城市品位，以海洋科技创新和海洋城市文化为海洋高技术产业的发展提供源源不断的动力。一方面，积极跟踪国际海洋科技发展方向，引进高端人才团队，依靠本土规模庞大的高新技术、电子信息和生物产业优势，快速延伸嫁接到海洋领域，在海洋生物、海水淡化、深海矿产、天然气水合物等前沿领域储备技术力量，为海洋高技术产业的持续发展做好准备。另一方面，注重挖掘“海盐城、海防城、移民城、贸易城”的海洋历史文化资源，与本地开放、创新的城市文化相结合，打造兼具历史性与现代性、融合人工与自然、联通本土与世界、接轨深圳城市文化与国际海洋文化的海洋文化品牌，为强化全民海洋意识、扩大海洋产业开放程度、提升海洋经济发展竞争力提供坚实基础。2018 年，深圳海洋生产总值约为 2327 亿元，占全市 GDP 的 9.6%，海洋产业成为深圳七大战略性新兴产业之一。2019 年上半年，深圳海洋经济生产总值达 1229 亿元。

深圳作为位于珠江出海口的全国经济中心城市和国家“一带一路”建设的重要桥头堡城市，正面向全球集聚海洋经济高端要素资源，促进海洋产业的创新发展（李易珊，2018）。深圳市在海洋经济“十三五”规划中明确提出要实现海洋发展达到全球一流水平、全面建成全球海洋中心城市、成为彰显海洋综合实力和全球影响力的先锋的发展目标，并确定了建设科技强海引领区、质量强海特色区、金融强海战略区、生态强海示范区、开放强海先行区等六大定位。为全国海洋经济结构调整和产业升级探索出“深圳方案”，已成为深圳的使命所在。

（二）珠海：以横琴新区为载体与澳门共同打造开放的创新体系

珠海海洋面积、岛屿数、海岸线长度均位居珠江三角洲地区之最，尤以岛群资源和港湾资源最为突出，享有“百岛之市”的美誉，高栏港是珠江口唯一深水大港，丰富的海洋资源和功能齐全的综合性港区构成珠海发展海洋交通运输业、形成海洋经济比较优势和城市竞争力的重要基础。为提升海洋经济开放水平，珠海着力提升海洋科技创新能力，打造海洋经济竞争优势，珠海以横琴新区作为载体和平台，依托国家级新区的体制优势，深化珠澳海洋经济合作，引进澳门海洋资源开发、海洋经济管理、海洋科技创新的先进经验与理念，坚持“海陆联动、优势集群”原则，与澳门共同打造开放的海洋科技创新体系，通过海洋生物制药、海洋生物育种、海洋工程装备、海洋环保、海洋清洁能源等高技术产业的迅速发展形成新的竞争优势。2018 年珠海市海洋产业总产值 1429. 3 亿元，同比增长 14. 87%，海洋经济总量创历史新高，珠海海洋油气业、海洋化工业、海洋工程装备制造业与滨海旅游业成为珠海海洋产业超百亿元产值的“四巨头”。

珠海市持续深入实施海陆一体化战略部署，成立了珠海市海洋工作领导小组，编制完成《珠海市特色海洋经济发展规划（2013 年 – 2020 年）》《珠海市海洋经济发展“十三五”规划》，进一步明确珠海市海洋经济发展方向，定位为 21 世纪海上丝绸之路建设排头兵、粤港澳海洋经济合作先行区、临海临港工业绿色发展基地、国际滨海旅游休闲度假区、海洋科技成果高效转化先导区、涉海金融改革创新试验区、海洋生态文明建设示范区，充分发挥海洋经济的引擎作用，将珠海打造成为珠江西岸海洋经济龙头城市。

（三）汕头：依托“21世纪海上丝绸之路”重塑海洋经济新优势

汕头素享“楼船万国”“百载商埠”之美誉，适宜建港的自然深水岸线有 28 公里，拥有建设深水大港的优良自然条件，汕头港历来是粤东、赣东南、闽西南的重要出海口，汕头经济特区“因侨而立、因港而兴”。但由于既无辐射带动的发展引擎，又无依托发展的腹地推力，汕头海洋经济的发展能力相对较弱。随着国家建设 21 世纪海上丝绸之路的提出，汕头背靠珠三角、联通东南亚、华侨遍南洋的独特地理、人文优势使其区位战略价值凸显，从过去远离中心城市的“走廊经济区”变成“海丝前沿区”，汕头海洋经济的发展获得更多体制机制创新先行先试的权力，从“左右不靠”变成

“左右逢源”，重新集聚国内外海洋经济各种高端资源和发展要素，在规划政策保障下重塑海洋经济新优势。

为推动海洋经济发展，汕头市在海洋经济“十三五”规划中提出，海洋生产总量年均增长10%左右、到2020年海洋经济总值力争达到680亿元的发展目标，要以“一带一路”建设为契机，以海洋产业健康发展与生态文明建设为主线，以海洋科技创新为支撑，以深化改革开放为动力，以依法治海为保障，努力将汕头建设成为海上丝绸之路“门户城市”、国家海洋经济创新发展示范城市、东南沿海重要枢纽城市、广东临港产业创新发展区。汕头市海洋经济“十三五”规划为进一步开发利用海洋资源，调整优化海洋产业结构和空间布局，促进陆海统筹和区域协调发展，构筑大汕头湾城市格局指明了方向。

（四）厦门：依托“一带一路”建设提升经济特区辐射带动能力

厦门作为经中央批准的唯一自由港和海峡货运直航城市，海洋利用与管理基础框架完善，开发环境与利用策略优势突出。厦门港海岸线蜿蜒曲折，是海峡性的天然良港，港区外岛屿星罗棋布，港区内群山四周环抱，港阔水深，在历史上就是我国东南沿海对外贸易的重要口岸。作为“21世纪海上丝绸之路”重要支点城市，厦门在“一带一路”建设实施过程中，首先加快建设港口码头的加快建设，依托航空、高铁、口岸的相互作用及海洋交通运输业的良好基础，以基础设施的互联互通实现海洋高端生产要素的自由流动；其次通过加强与中西部地区以及沿海城市之间海洋经济领域的合作发展，逐步改善海洋产业结构不合理的现状，强化优势产业，淘汰落后产能，实现产业链条化集群式发展；最后通过拓展海外市场，强化与沿海、沿线国家的双边经贸关系，并通过营造自由便利的贸易环境与发展战略相互对接，促进资金、技术、商品、信息、人才等生产要素的优化组合，有效提升厦门的海洋经济区域竞争力和辐射带动力。2018年厦门市海洋产业总产值2514.85亿元，2019年增长为3711亿元。

厦门市以培育海洋战略新兴产业为重点，以海洋科技发展为支撑，以深化改革创新为动力，着力打造海洋经济千亿产业链，海洋生物医药与制品业、现代海洋渔业、现代海洋科技文化服务业等战略性新兴产业快速发展，产业链不断完善，逐渐成为拉动全市海洋经济发展的重要力量。厦门在其海洋经济“十三五”规划中提出要打造国家级海洋高技术产业基地、国家重要的海洋科教基地和国内外有影响力的海洋文化名城，使海洋经济成为厦门未来经济发展的重要增长极。

二　深圳海洋经济发展历程及特征

深圳海洋经济发展在四个经济特区中具有一定的代表性。作为位于南海之滨的超大经济中心城市，深圳因海而生，因海而兴，40 年的开放型海洋经济发展从本质上讲就是工业化进程的发展史，海洋经济发展助推深圳充分利用国内国外两个市场，整合国内国外两种资源，发展外向型经济。从 20 世纪 80 年代、90 年代依托深圳港盐田港集装箱码头大力发展港口物流业，确立华南地区远洋主枢纽港口地位，到 2017 年《全国海洋经济发展“十三五”规划》中首次提出，推进深圳建设全球海洋中心城市，深圳海洋经济实现了从量到质的飞跃，经历了从港口设施依赖型比较优势到科技创新引领型竞争优势的转变，凭借高端的海洋产业、开放的产业集群、优越的信息共享、便利的营商环境、领先的综合管理，海洋经济成为深圳特区经济发展的新增长点，也成为深圳工业化进程由发挥比较优势向培育竞争优势、深化竞争优势迈进的重要支撑。

深圳海洋经济发展历程大致可划分为双港起飞、海洋立市、创新引领三个阶段。

（一）1980～2000年：工业化初期的“双港齐飞”，港口物流主导发展阶段

深圳自 20 世纪 80 年代以来，依靠经济特区政策红利，凭借临港比较优势，由小渔村逐步进入工业化初期发展阶段，海洋经济得到一定发展，初步形成了以海洋交通运输业、滨海旅游业、海洋渔业、海洋油气业和滨海电力为主体的海洋产业。2000 年深圳海洋产业总产值为 366.6 亿元，占 GDP 约为 24.8%。20 世纪 90 年代初，深圳市委、市政府确定了“双港齐飞”的发

展战略，深圳港盐田港区二期集装箱码头于2000年6月竣工。深圳以港口物流为主的海洋交通运输业迅猛发展，2000年海洋交通运输业增加值为106.2亿元，约为1995年的2倍。深圳集装箱吞吐量3993千TEU，位于全球第11位，在国内仅次于香港、上海。

（二）2001～2010年：工业化中期的海洋立市，都市海洋产业特色发展阶段

在国家政策的引导与支持下，深圳首次召开全市海洋工作会议，确立了海洋立市战略，制定了《深圳市海洋经济发展“十一五规划”（2006－2010）》《关于加快海洋产业发展，建设海洋经济强市的若干意见》等政策文件，提出重点发展海洋油气业、港口交通业、海洋旅游业、临海工业、远洋渔业、海洋生物产业等六大行业。海洋油气业继续快速增长，港口交通业实现由岸线依托型向综合服务型转变，海洋旅游业保持稳定发展，临海工业实现集群式发展，远洋渔业实现跨越式发展，海洋生物产业取得突破性进展。

2001～2010年，深圳的工业化进程开始由要素驱动转向投资驱动和创新驱动的中期阶段，都市型海洋产业发展特色明显，临海的区位优势转化为现实的海洋产业竞争优势。2010年，深圳海洋总产值约为887亿元（见表8－2），占GDP的比重约为9.3%，是2001年的3倍。全市海洋三次产业结构比例调整为0.6∶42.7∶56.7，海洋经济中服务业的比重持续增加，海洋产业结构不断趋于高级化、合理化，呈现较为明显的都市型海洋产业特色，初步形成了以海洋交通运输业、滨海旅游业、海洋油气业为主的三大优势海洋产业，（占海洋产业总产值95%）及以海洋渔业、海洋设备制造为主的两大特色海洋产业（见表8－2），海洋生物医药产业也依托龙岗海洋生物产业园开始起步发展。全市海洋经济呈现高度集群化、都市化、国际化特征。集群化特征表现在已形成海洋油气业、海洋工程业、海洋交通运输业、海洋商务服务业、滨海清洁能源产业等类型各异的高密度海洋产业集群，产业链的抗风险能力明显提升；都市化特征表现在海洋经济与城市协同发展，融合共生；全球前五大石油服务公司聚集蛇口赤湾、外籍海员来往不断、各种海洋国际会议会展相继举行，国际影响力和知名度正逐步显现。

表 8－2　2006～2010 年深圳海洋生产总值及各产业增加值

单位：亿元

行业	三大优势海洋产业			两大特色海洋产业		海洋生产总值
年份	海洋交通运输业	滨海旅游业	海洋油气业	海洋渔业	海洋装备制造业	
2006	273.74	117.27	415.51	6.75	14.85	833.04
2007	311.01	130.05	411.74	5.16	18.14	882.88
2008	328.60	131.76	485.31	6.59	17.19	981.25
2009	301.22	138.48	297.52	5.17	3.34	762.13
2010	343.73	159.79	339.40	4.93	15.22	887.70

数据来源：根据相关资料整理。

（三）2011年至今：工业化后期的创新引领，海洋新兴产业全面发展阶段

党的十八大以来，中国逐渐进入了经济发展新常态，呈现“转方式、调结构”的特征，经济增长方式由粗放型转变为集约型，产业结构得到调整，实现经济发展的全面协调可持续。同样，海洋经济的发展也进入了新常态。

2011 年之后，深圳开始步入工业化后期，创新驱动成为经济增长的主要动力，海洋新兴产业开始引领海洋经济发展。深圳市先后制定了《深圳市海洋经济发展“十二五”规划》《深圳市海洋产业发展规划（2013－2020年）》《深圳市海洋经济发展“十三五”规划》《深圳市创建全国海洋经济科学发展示范市实施方案》《深圳市海洋综合管理示范区建设实施方案》《关于勇当海洋强国尖兵加快建设全球海洋中心城市的决定》等政策文件（李伟舜，2019），强调创新引领的重要作用，进一步完善产学研用创新体系与合作平台，出台“创新链＋产业链”融合专项扶持计划，全面推进国家海洋经济创新发展区域示范项目建设，海洋经济进入全面发展阶段。

2018 年深圳海洋生产总值约 2327 亿元，占 GDP 比重为 9.6%，海洋产业总产值约为 2011 年的 2.3 倍，海洋经济已成为全市经济发展的重要支撑（见表 8－3）。海洋交通运输业、海洋油气业、滨海旅游业集聚发展，已形成招商局国际、中集集团、中海石油深圳分公司、华侨城集团等超百亿的海

洋核心企业。海洋电子信息、海洋生物、海洋高端装备等海洋新兴产业快速发展，年均增长率超过30%，成为深圳市战略性新兴产业培育的新的重要增长点。海洋交通运输业、滨海旅游业、海洋油气业等三大传统产业优势明显，在国内依然处于行业领先地位。深圳目前拥有涉海企业数千家，集聚了中集、招商、盐田港等一批涉海龙头企业，形成了以企业为主体的海洋创新生态，中集集团、研祥智能、云洲创新、光启等在海洋未来产业领域科技创新已走在世界前列。深圳正全力推进“十个一”工程建设，着力打造全球海洋中心城市。“十个一”建设工程包括：一所国际化综合性海洋大学、一个海洋科学研究院、一个全球海洋智库、一个深远海综合保障基地、一个国际金枪鱼交易中心、一个以“中国海工”为代表的海洋标杆企业、一家海洋开发银行、一只海洋产业发展基金、一个国际海事法院、一个中国国际海洋经济博览会（时娜，2019）。深圳正向建设全球海洋中心城市的目标定位发力，努力建成陆海融合、经济发达、科技创新、生态优美、文化繁荣、保障有力，具有国际吸引力、竞争力、影响力的全球海洋中心城市（王榕，2018）。

表8－3　深圳市海洋生产总值及各主要产业增加值（2011～2018年）

单位：亿元

行业	海洋产业						海洋相关产业		海洋生产总值
年份	海洋交通运输业	滨海旅游业	海洋油气业	海洋船舶工业	海洋生物医药业	海洋渔业	海洋设备制造业	涉海产品及材料制造业	
2011	347.27	188.64	414.71	10.07	—	4.92	16.44	16.37	998.42
2012	353.00	224.00	420.30	25.43	14.34	1.88	13.77	0.10	1052.82
2013	364.00	244.00	431.50	24.50	19.04	3.54	23.06	0.12	1109.76
2014	375.87	247.93	355.00	31.73	24.64	4.12	29.85	0.31	1069.45
2015	336.5	527.0	274.9	15.4	26.6	5.1	177.0	0.2	1399.6
2016	364.8	577.2	205.1	7.5	76.8	2.9	311.7		2011.9
2017	391.5	625.4	243.8	7.1	85.4	3.3	339.3		2224.1
2018	548.4	553.5	198.3	6.6	60.2	5.0	330.2		2327.0

数据来源：根据相关资料整理。

三　深圳海洋经济发展主要成效

深圳海洋经济40年来始终保持稳定增长的良好势头，从海洋经济总量、海洋产业空间布局、海洋新兴产业发展、海洋科技创新、海洋制度创新、海洋生态文明等多个维度而言，海洋产业发展取得显著成效，有力地推动了深圳的工业化由比较优势向竞争优势全面迈进的进程。

（一）海洋经济总量稳定增长

40年来，深圳市海洋生产总值从2000年的366.6亿元增加到2018年的2327亿元，增长5.3倍，年均增长约10.8%。2018年海洋生产总值占全市生产总值的比重为9.6%（见图8-2）。海洋交通运输业、海洋油气业、滨海旅游业高度集聚，已形成招商局国际、中集集团、中海石油深圳分公司、华侨城集团等一批年营业额超百亿的海洋核心企业。以海洋电子信息、海洋生物、海洋高端装备等为代表的海洋未来产业快速发展，年均增长率超过30%。

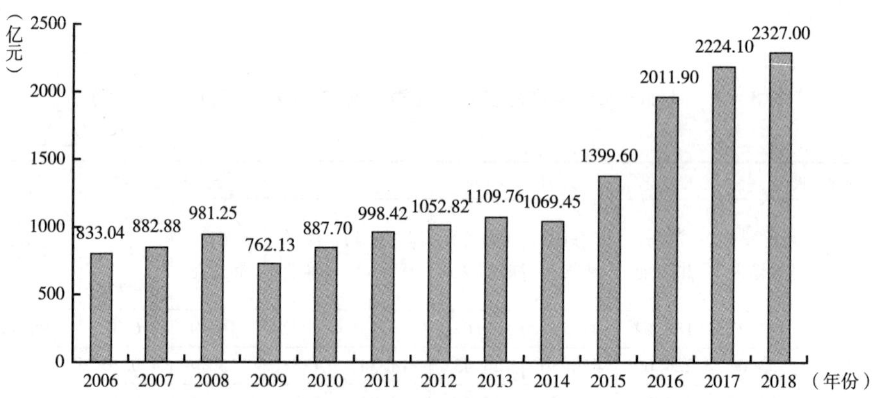

图8-2　2006~2018年深圳市海洋生产总产值增长情况

资料来源：根据相关资料整理。

（二）海洋产业空间格局优化

深圳海洋产业集聚发展趋势明显，已形成总部型园区、都市型园区、科技型园区、滨海型园区等多元化海洋产业载体，逐步实现从海港区位、港口区域工业化发展到港口区域一体化的进程，推动了港口经济和城市发展的有效融合。前海海洋现代服务业集聚区以前海为核心，打造海洋企业总部云集的具有国际领先地位的海洋现代服务业创新示范区。大铲湾都市型海洋经济综合体发展海洋经济高端业态和海洋企业总部，着力打造滨海都市型海洋经济综合体。大空港半岛区海洋新兴产业基地构建具有国际影响力的海洋产业研发制造和服务创新中心。立新湖海洋电子产业园建设海洋产业协同创新示范园区。国际生物谷坝光核心启动区实现海洋生物产业集聚发展。大鹏海洋生物产业园着力形成集研发、中试、产业化于一体的海洋生物新兴产业基地。深圳海上运动基地打造集旅游、健身、休闲和海上观光于一体的综合性海上运动中心。盐田游艇展销及配套服务区打造游艇展销及配套服务基地。

（三）海洋新兴产业贡献提升

海洋新兴产业在海洋经济中的地位和贡献不断提升，成为深圳市海洋经济发展与工业化进程新常态下的亮点。海洋电子信息产业链条逐步延伸，依托国家特种计算机工程技术研究中心，积极拓展船舶电子技术研究和应用示范，船载高性能计算平台、船载显示控制平台、船舶监控平台、加固计算机产品、无人船设备等已实现产业化应用。海洋观测和探测设备方面，海洋漂流浮标和海洋漂流浮标监测系统，可对海洋环境进行实时监控。开展全自动水底地貌测绘机器人系统和全自动水质采样监测无人船研发，实现水质采样、在线监测、地貌测绘等功能。空中云平台“云端号”已进入商用阶段，将来可以为港口提供近海船舶监控、管理和运营服务，实现海事移动通信、智能船舶指挥、气象观测预警、海洋渔业监控等功能。海洋生物产业研发创新驱动明显，大鹏海洋生物产业园正打造集研发、中试、产业化为一体的海洋特色产业园区，园区已落户海洋生物能源开发、海洋生物育种等 30 多个优质企业和项目，总产值约 2.6 亿元，已初步形成了集聚效应。海洋高端装备产业科技研发引领，深圳市海工装备设计正逐步从以海工平台设计为主向多元化产品设计转型，水下机器人研发力度加大，国产化和产业化进度加快，成为深圳市海洋高端装备产业发展的新亮点。邮轮游艇产业发展空间快速拓展，以太子湾邮轮母港和游艇公共码头开发为重点，全力打造集旅游运营、餐饮购物、免税贸易、酒店文娱、港口地产、金融服务等于一体的邮轮产业链，打造南中国最大的邮轮母港和通连全球的“海上门户”，促进深圳市高端滨海旅游产业发展。

（四）海洋科技创新全国领先

深圳市形成了以企业为主体的海洋创新生态，目前海洋产业领域已建成省市级重点实验室 8 个、工程实验室 15 个、工程中心 5 个、公共技术服务平台 4 个，集聚了近千名海洋领域高级研究人员，科技成果转化能力突出，为海洋科技创新和产业化提供了重要保障。深圳市在布局海洋产业链的过程中，以创新为发展驱动力，以重点企业和机构为龙头，围绕海洋电子信息、海工装备及海洋生物等新兴产业链布局创新链，已形成以惠尔海工、中集集团、招商重工等企业为上游，赤湾胜宝旺、汇川技术等企业为中游，百勤石油等企业为下游的海洋高端装备产业链；以东方红海特卫星为上游，研祥智能、邦彦技术、中兴仪器、金证科技等企业为中游，云洲创新科技、朗诚科技、宇星科技等企业为下游的海洋电子信息产业链。

（五）海洋制度创新优势明显

深圳市在海洋经济领域制定了《深圳市海洋产业发展规划（2013－2020 年）》《深圳市创建全国海洋经济科学发展示范市实施方案》《深圳市海岸带综合保护与利用规划（2018－2035）》等政策文件，设立了每年 2.5 亿元的未来产业发展扶持资金，推进国家海洋经济创新发展区域示范项目。2016 年制定了《深圳市海洋综合管理示范区建设实施方案》，为深圳市海洋经济综合管理和海洋经济科学发展提供重要指引。2018 年制定的《关于勇当海洋强国尖兵加快建设全球海洋中心城市的决定》，成为指导深圳市海洋发展的纲领性文件。决定涵盖海洋产业、科技、空间、生态、文化和全球治理等领域，从规划、政策、计划等方面进行系统谋划，确定了三个阶段发展目标，力争到 21 世纪中叶，实现海洋发展达到全球一流水平，全面建成全球海洋中心城市，成为彰显海洋综合实力和全球影响力的先锋，为深圳未来 30 年海洋发展指明了方向（徐强，2018）。深圳市建立深圳市海洋产业协会、深圳市海洋石油服务企业协会、深圳市水产行业协会、深圳市邮轮游艇产业促进会和深圳市休闲船艇协会等一批行业社会组织，为深圳市海洋产业链上下游的紧密连接、产学研密切合作提供了重要平台。

（六）海洋生态文明成效显著

大鹏新区成功申报国家级海洋生态文明示范区并有效探索海洋生态文明改革试点，开展海洋资源调查并编制大鹏半岛海洋资源资产负债表，形成了海洋生态资产清单和管理数据库，为实施海洋生态环境动态监测、海洋生态文明建设考核等奠定了基础。

四　从“港口强市”到“湾区极核”全面竞争优势

深圳作为经济特区、全国经济中心城市和国家创新型城市，具备集聚高端生产要素和高级城市形态的重要功能，始终发挥着辐射带动与引领作用，为优化海洋经济产业空间结构、拓展对外开放的广度和深度、培植经济特区工业化新的经济增长点提供了重要支撑。

尤其在发展海洋经济的过程中，深圳主动融入“一核一带一区”区域发展新格局，坚持以全面创新为引领，强化沿海经济带发展中枢的功能支撑和综合服务能力，集聚整合高端要素资源，加快构建开放型区域创新体系和高端高质高新现代产业体系，在海洋产业发展、功能布局、土地开发等方面形成“自贸试验区＋滨海新区＋产业集聚区”一体化联动、差异化发展的格局，加强与珠三角其他城市合作，推进“深莞惠＋河源、汕尾”一体化，积极谋划一批重大项目和重要战略通道，向东连接粤东地区及东南沿海地区，向西连接粤西地区及西南地区，向南连接港澳，向北连接粤北地区及中南地区，推动与粤东西北地区基础设施互联互通、要素高效便捷流动。在深化深港澳更紧密更务实合作、提升重大战略平台发展能级、打造“一带一路”重要支撑区等方面持续发力，打造粤港澳大湾区核心引擎。面向全球集聚海洋经济高端要素资源，以海洋经济开放式发展服务海洋强国和“一带一路”建设，率先形成以海带陆的全方位带动力、对粤港澳大湾区海洋经济的整体支撑力和对21世纪海上丝绸之路沿线国家的远程辐射力。

在广东打造海洋经济强省、打造“一核一带一区”区域发展新格局、粤港澳大湾区、深圳建设中国特色社会主义先行示范区、打造全球海洋中心城市等一系列海洋经济战略导向下，深圳正在实现由华南地区主枢纽港口向粤港澳大湾区增长极核的华丽蜕变，以深圳海洋科技创新和海洋战略性新兴产业发展为主体的海洋经济，将引领广东 14 个沿海城市的工业化发展与一体化发展，携手港澳和其他大湾区城市共建最具活力和国际竞争力的一流湾区，共同打造世界级海洋都市圈，形成新的发展载体和海洋城市形态。

第三节　全球资源整合下深圳海洋经济高端发展重点领域

一　海洋经济全球发展机遇

深圳海洋经济发展正面临“一带一路”拓展海洋合作新空间、中国制造 2025 聚焦海洋产业新领域、南海开发提升海洋战略新价值、全球海洋中心城市确立海洋城市新形态、自由贸易区强化海洋经济新优势等难得的全球化发展新机遇。

（一）“一带一路”拓展海洋国际合作新空间

“一带一路”倡议进一步明确了国家全面开放的重点区域和重要领域，深圳作为我国重要的海洋城市，必然在 21 世纪海上丝绸之路桥头堡建设中凸显海洋经济的地位和作用。面向东盟和南太平洋岛国扩大海洋合作领域，加强渔业、油气开采、深海矿产开发及海洋联合监测预报；面向南亚、中东、非洲航线重要节点布局港口园区，拓展海洋经济发展空间；面向欧美海洋强国，搭建海工装备、海洋电子、海洋生物人才交流与技术合作平台，增强海洋未来产业科技研发水平。

（二）中国制造2025聚焦海洋产业转型新领域

“中国制造 2025”将“海洋工程装备及高技术船舶”作为突破发展的重点领域之一，深圳也将海洋高端装备作为未来产业重点领域之一，在大力发展深海探测、深海资源开发利用、海上作业保障装备及其关键系统和专用设备，搭建海洋工程装备综合试验、检测与鉴定平台等领域必将发挥先行示范作用。

（三）南海开发提升深圳海洋城市战略新价值

深圳具备南海开发的优越区位条件和综合经济优势，需要抓住南海开发机遇，主动对接国家战略，将海洋发展置于城市和经济发展的核心位置，以科技发展为支撑，以改革创新为动力，以培育海洋科技和海洋服务业为重点，聚焦海洋金融、南海事务服务和涉海管理，全面提升利用和管控海洋的综合能力。

（四）建设全球海洋中心城市提升深圳全球地位

近年来，中共中央、国务院对深圳“海洋城市”发展寄予极高期望。2011 年，深圳被确定为国家海洋经济科学发展示范区；2016 年，深圳成为全国首个海洋综合管理示范区；2017 年，《全国海洋经济发展“十三五”规划》中首次提出推进深圳建设全球海洋中心城市；2019 年，《中共中央、国务院关于支持深圳建设中国特色社会主义先行示范区的意见》提出“支持深圳加快建设全球海洋中心城市”。从“海洋经济科学发展示范区”到“全球海洋中心城市”，不仅要求深圳打造一流的滨海城市，还要求深圳在我国的“海洋强国”战略、“21 世纪海上丝绸之路”建设、南海共同开发等重大海洋战略实施的过程中更好地发挥先锋引领作用。

（五）前海蛇口自贸区强化海洋经济新优势

广东自贸试验区其中之一的深圳前海蛇口片区重点发展金融、现代物流、信息服务、科技服务等现代服务业，致力于建设我国金融业对外开放试验示范窗口、世界服务贸易重要基地和国际性枢纽港。自贸试验区将产生强大的产业外溢效应，可为深圳海洋经济发展汇聚高端要素资源，提供国际化、市场化、法治化营商环境，同时为深圳海洋企业“走出去”提供接轨国际的产业服务平台。

二　推动基于全球生态链条的海洋科技创新

开放的海洋科技创新体系是推动海洋产业升级，实现工业化由比较优势向竞争优势转变的持续动力。培育发展新动能的关键是构建良好的基于全球创新链条的创新生态系统。对海洋科技而言，构建完善“基础研究 + 技术攻关 + 成果产业化 + 科技金融”全过程创新生态链，在产业链 + 价值链 + 创新链的多位融合视角下，如何依托广深港澳科技创新走廊突破海洋经济发展中的“卡脖子”技术，明确深圳在全球海洋科技创新链条中的重要节点位置和影响力，通过发展海洋教育研究机构、集聚海洋领域专业人才、提升企业自主创新能力、规划建设海洋科技创新高地等措施，推动海洋技术从科技前端研究到后端成果转化，大力提升深圳海洋科技在全球的地位就显得尤为重要。

（一）提高基础研究能力

结合海洋产业需求，引进具有一定影响力的海洋科研单位核心业务或分支机构落地深圳。支持在深高校科研院所与国内外海洋大学、研究机构合作，设立一批重点实验室、工程实验室、企业工程中心等创新载体，申报一批国家重大科技专项、国家海洋公益项目、极地科考项目和国际大洋合作项目，提高前沿基础领域研究能力。依托中集等龙头企业搭建开放的资源整合平台，聚集挪威船级社、美国船级社和中国船级社的海工技术中心，与西门子、Aker Kvaerner MH（挪威）等国际顶级设备商共建实验室，提升海洋科技基础研究能力。

（二）加强重点技术领域攻关

依托广深港澳科技创新走廊，支持涉海企业与高等院校、科研机构、上下游企业、行业协会等共建海洋研发平台和技术创新战略联盟，围绕深圳海洋新兴产业发展需求，加快关键技术应用研究，加快突破可燃冰开发、深海勘察和开发设备、深水钻井设备、水下机器人、海洋能源开发设备、深海养殖与捕捞设备制造技术，尽快突破深海开发中所需要重大装备关键技术，为海洋工程装备、海洋电子信息、海洋生物医药、海洋新能源等海洋高端产业发展提供核心技术支撑。

（三）强化科技成果转化能力

强化企业科技成果转化，支持企业在深设立海洋科研机构，积极开展产业共性技术、关键核心技术研发，促进海洋产业化应用开发创新突破。鼓励科研机构和科技人员采取技术转让、成果入股、技术承包、创办技术开发实体和科工贸企业等形式，推动海洋科技成果转化。搭建海洋创新合作平台，组建一批产学研基地及公共技术服务平台，合作开展产业共性技术和关键技术的研究与应用，支持企业联盟承担重大科技项目、编制海洋产业技术路线图。

（四）构建海洋科技金融体系

加快海洋科技创新资源与产业资本、金融资本的融合，打造“创新链”“产业链”与“资本链”三链融合的海洋“创新生态链”。构建涵盖种子基金、天使基金、创业投资、担保资金和政府创投引导基金等在内的全链条海洋科技金融服务体系，引导社会资本加大对海洋高新技术研发及海洋新兴产业的投资。鼓励银行等金融机构加大对海洋科技重点领域、重点项目、重点企业的信贷资金投放力度，积极探索担保融资、科技保险、知识产权质押、企业 IPO 等新型海洋科技金融工具，创新海域使用权抵（质）押贷款制度。

（五）构建海洋科技服务体系

建立以市场为导向的海洋技术服务体系，在仪器装备租赁、技术服务、投融资、人才激励、知识产权保护、技术转移和产业化、开放合作、运行管理等方面，建立起服务效率高、示范意义大的机制和政策支持体系，初步建立起具有深圳特色的海洋科技创新体系和海洋科技服务体系。

（六）强化海洋人才支撑能力

加快培育海洋高科技人才，依托国家海洋重大项目和国家海洋局“双百计划”，搭建一批海洋创业创客创新平台，培养海洋科研专业人员与海洋科技特色人才。规划建设深圳海洋职业教育院校，加快培养海洋应用型和技能型人才。加强海洋高端人才引进，在海洋电子信息、海洋生物、海洋高端装备等领域积极引进一批海外高层次人才，培育一批创新人才队伍。

（七）加强技术人才国际交流合作

以联合办学、合作培训的形式引进国内海洋强市教育、培训资源，打造海洋专业人才培养与交流合作的支撑平台。扩大与东盟海洋合作交流，依托

“深港创新圈”，与香港的大学和科研机构联合开展海洋重点领域科研和人才培养。开展对外人才交流合作，与美国、挪威、丹麦、日本、新加坡、韩国、俄罗斯等海洋科技发达国家开展海洋科研教学机构合作与人才联合培养。

三　推动基于智能化的海洋新兴产业发展

新兴产业是海洋经济转型升级的方向与重点，也是经济特区工业化新的经济增长点。要加快推动海洋电子信息、海洋生物医药、海洋高端装备、邮轮游艇、海洋金融等海洋战略性新兴产业发展，促进海洋资源要素集聚，推动海洋产业集群集约发展，提升海洋经济在全球的影响力。

（一）推动海洋电子信息融合发展

着力提升船用电子设备和海洋工程电子设备研发制造水平，开展船载智能终端等军民两用高端海洋电子设备及系统研制开发。推动海洋人工智能产业发展，加快动力定位系统、动力设备、控制系统和循环系统等配套产品设计与开发，抢占领海洋人工智能技术和产业制高点。

（二）推动海洋生物医药重点突破

实施重点突破专项计划，加大对海洋生物基因、海洋水产品功能性食品、药品等重点领域的研究开发力度，带动相关产业链发展。延伸远洋捕捞—深海养殖—精深加工高增值产业链条，重点开展海洋生物功能活性物质研究和南极磷虾油的提取及应用研究，开发高附加值的海洋生物营养品、功能食品、保健品和新型营养源等，开展海洋医用材料、创伤修复产品的研发与产业化。

（三）加快海洋高端装备转型升级

推动海工装备产业向设计研发转型，加快研发新型海工装备与特种船舶，提升深远海装备的总装研发能力和设计建造能力。支持中建钢构、惠尔海工、海斯比开展远海大型浮式结构物及浮式围堤等海上平台、人工岛项目研发。以无人船、无人机、潜水器为突破口，推动人工智能技术在海洋的应用和发展，打造海洋人工智能装备产业集群。

（四）推动邮轮游艇新兴业态发展

构建邮轮游艇产业体系，推动游艇设计、培训、交易、展示、金融保险等高端游艇服务业发展。将太子湾邮轮母港纳入前海保税港区的扩区方案中，建设国际游艇帆船展示交易中心和配套服务基地。推动海上丝绸之路邮轮旅游合作，试点推动中资外籍邮轮开展以深圳为母港的国内航线，打造海上丝绸之路的邮轮枢纽中心。推动公务艇、特种船舶的研发制造。支持深圳湾游艇保税仓、翡翠岛—避风塘湾区游艇展销服务配套基地的市场化运作，逐步将深圳国际游艇展打造成国家级会展，构建游艇产业生态圈。依托前海邮轮游艇融资租赁、金融交易平台，提供邮轮融资、保险、结算、基金、信托、证券等相关金融服务。

（五）加快培育海洋金融服务业

发挥海洋产业发展基金引导作用，积极引进海洋新兴产业创业投资基金，瞄准海洋电子信息、海洋高端装备、海洋生物医药等海洋新兴产业领域，发掘和培育海洋新技术。打造海洋要素交易平台，探索“互联网＋海洋科技＋金融”模式，为海洋新兴产业金融资产提供资产交易、流通、变现和退出的渠道和平台，整合和配置产业链资源。创新保险产品类型，为海洋电子信息、海洋高端装备制造、海洋生态环保、海洋新能源等行业提供多种保险服务。积极推进海洋知识产权质押融资、产业链融资、海域使用权质押贷款等，把深圳打造为有国际影响力的海洋金融中心。

四　推动基于开放包容文化的全球海洋中心城市建设

海洋文化引领是海洋产业高端发展的隐形动力，国家赋予深圳建设全球海洋中心城市的重要使命，“全球海洋中心城市”不仅有硬实力，也具备足够强大的文化软实力。全球海洋中心城市的竞争力更多体现在政策框架、产业集群的开放度和信息共享度、营商便利度、城市的创新能力和企业家精神、国际化的优良生活环境等驱动因素。深圳要通过落实海洋生态文明理念，促进陆海文化融合，强化海洋管理的新理念、新方法，构建绿色活力海岸带、彰显海洋文化特色、建设国际滨海旅游城市，突出深圳海洋城市特色，才能更好地提升深圳海洋文化影响力和辐射力，努力建设生态优美、文化繁荣、保障有力，具有国际吸引力、竞争力、影响力的全球海洋中心城市，实现工业化与城市化的良性互动。

（一）塑造海洋城市景观

以国际一流滨海城市为标杆，根据不同滨海自然条件和发展定位，合理布局城市功能，调整岸线功能布局，优化岸线开发强度和梯次，以国际一流水准提升重点湾区、重点组团的规划设计水平，彰显国际滨海城市风貌。打造西部前海湾、宝安珠江口东岸产城融合景观带，中部深圳湾国际大都会景观带，东部大鹏湾、大亚湾现代化海港风貌和滨海生活景观带。

（二）构筑世界级绿色活力海岸带

建设“全球最美都市海岸线”，对海岸带进行生产岸线、生活岸线和生态岸线的主体功能分区，用“滨海绿道”将海岸串成一线，以蓝海、白云、青山、绿岛、潮汐等滨海自然景观结合路、桥、船、楼等人工景观，配以当地的历史文化、民俗风情、特色建筑，由蓝色生态景观带、蓝色城镇居住带和蓝色产业带共同构成以海洋文化和海洋生态为主要特征的富有独特滨海风情的“蓝色印象带”（向晓梅，2011）。

（三）营造国际化海洋城市文化氛围

加大海洋文化宣传力度，向全民灌输海洋意识，普及海洋知识，树立新的海洋价值观、海洋国土观、海洋经济观。定期举办全球海洋城市文化论坛，高标准建设深圳海洋博物馆和海洋科技馆等各类主题博物馆，发展海上运动旅游特色产品，提升深圳海洋城市的海洋文化国际形象，打造世界一流的“蓝色文化”品牌，营造国际化海洋城市文化氛围。

第四节　深圳建设先行示范区海洋经济体制机制创新

经济特区要打造我国海洋经济高质量发展的高地，必须在海洋经济发展的体制机制方面更加大胆创新突破。本节基于经济特区海洋经济发展的体制机制短板，结合深圳打造全球海洋中心城市和建设中国特色社会主义先行示范区的制度需求，指出经济特区海洋经济体制机制创新的方向。

一 构建国际海洋金融要素集聚机制

（一）推进发展海洋金融产业

加快海洋金融创新，鼓励发展海洋特色贷款产品，大力引导银行类金融机构加大对海洋经济重点产业和重大项目的信贷支持，鼓励金融机构采用银团贷款、金融租赁等方式为涉海企业提供融资支持。支持符合条件的海洋企业通过上市、发行债券及中长期票据等筹措发展资金。引入以海洋为特色的专业金融机构，鼓励国内外大型金融机构在深圳设立海洋金融服务事业部，以前海为核心，争取设立以蓝色经济为主题的国家金融改革试验区。

（二）加强海洋金融人才交流与培养

大力培养和引进复合型海洋金融人才，加强海洋金融类人才的国际化培训，提高海洋金融从业者的国际竞争力。建设海洋金融类人才数据库和人才市场。加大人才引进政策的宣传力度，利用深圳的优惠政策吸引境内外高素质海洋金融专业人士，实现粤港澳海洋金融人才市场的互通（冯猜猜等，2019）。

（三）设立政策性国际海洋开发银行

利用国家给予深圳探索“设立国际海洋开发银行”的政策红利，将国际海洋开发银行打造成为中国参与海洋全球治理的新型国际金融平台。在经营模式上，可以采用以中国政府出资为主，适度吸纳外资和民营资本参与的混合所有制模式，提升人民币国际地位，推动“海洋强国”战略。

二 构建海洋政策创新机制

（一）创建中国涉海制度创新示范区

充分发挥自贸区和保税区作用，实施区域港口资源整合，面向对外开放进一步优化深圳航运发展中的口岸通关、外汇管理等政策，落实“境内关外”等政策。探索设立“蓝色投资基金”和蓝色投资平台，通过国家支持、地方引导、社会企业共同参与的形式，支持创新的海洋经济，打造海洋利益共同体，释放海洋经济潜力。发挥香港英美法系的纽带作用，探索建立适宜我国海洋经济发展，与国际海事规则充分衔接的中国涉海管理制度创新区。

（二）依托自贸区优势助推航运服务业发展

建立更加自由开放的航运制度，研究建立自贸区航运经营管理体制及海员管理制度，进一步放宽航路航权限制，优化航运路线，增开航线航班。[①]积极探索在航运保险、船舶融资、船舶租赁、船舶管理等航运服务领域进行更多的制度开放，取消船舶境外融资限制，探索以保险方式取代保证金。在海事咨询、法律仲裁等领域探索依托前海合作区积极引进香港规则，为深圳航运服务业发展奠定坚实的基础。

（三）积极探索自由港政策

借鉴香港自由港制度，探索适合深圳的自由港政策，构建自由开放的国际贸易环境；制定优惠政策和奖励机制，鼓励跨国公司在深圳设立全球总部或地区总部；建立良好的市场营商环境，吸引外资进入。同时，采取财务、融资便利等措施协助本地企业向海外发展。

（四）推进海关签证制度改革

参照国际惯例，简化出入境游艇海关查验方式，探索建立深港游艇两地牌制度；申请放宽中国公民在境内登船搭乘国外邮轮的管理限制，简化邮轮陆上补给、维修等通关程序（秦正茂、周丽亚，2017）。

三　构建“一带一路”海洋公共事务处理机制

（一）积极参与“一带一路”海洋治理的制度设计

积极参与“一带一路”海洋环境制度、海洋安全制度、海洋法律制度的设计与重构。与“一带一路”沿海国家共同建立海洋环境区域合作关系和机制，制定保护和保全海洋环境的规则、标准和建议。加强与“一带一路”沿海国家的海上安全磋商与对话，进一步制定或完善有关海上安全的

① 国务院：《海南自由贸易港建设总体方案》，2020 年 6 月 1 日。

具体规则和操作程序。

（二）积极构建“一带一路”海洋公共事务处理平台

加强海洋基础信息系统建设，与“一带一路”沿海国家加强在海洋观测和预报、海洋搜救、海上防灾减灾、海洋灾害预警、海洋环境保护等领域的合作，建设相关领域的公共服务平台，共享海洋信息，共同维护“一带一路”海洋经济稳定、航行安全、生态安全（陈时傲，2016）。

（三）大力推动与“一带一路”沿海国家海洋经济交流合作

结合“一带一路”海洋科技重点需求，推动形成“一带一路”海洋科技产业联盟，支持海外联合实验室建设，开展海洋与气候变化研究及预测评估合作。与“一带一路”沿海国家开展涉海职业培训合作、涉海资格互认。推动建立并完善海洋科技教育合作机制，组织筹备海洋科技论坛，联合举办各类海洋教育培训班。探索建立海洋部门的多边联席制度，共同处理各类海洋公共事务。

四　构建广深联动海洋中心城市建设机制

（一）推动海洋重大平台建设

充分发挥广深“双核联动、双轮驱动”作用，重点搭建国际科创中心、全球科技海洋成果转化中心和湾区人才高地等海洋经济重大平台。其中，广州发挥科技教育人才资源优势，深圳占据创新企业集聚高地，共同建立广深科创走廊创新协调体系，实施跨区域海洋产业空间规划，打破海洋经济合作发展的要素流动壁垒，加快劳动力、技术、知识、资本等要素在广深之间的合理流动和优化配置，推动航运物流、港口联盟、海洋科研等方面的深度融合交流，共建具有国际竞争力的现代海洋产业体系，形成一体化联动、差异化发展的海洋经济格局。

深圳进一步加快深港科技创新合作区建设，以制度创新为核心，不断提升对港澳开放水平，推进深莞惠联动发展，促进珠江口东西两岸融合互动，创新完善、探索推广深汕特别合作区管理体制机制。广州依托南沙片区“双区”叠加的政策优势，加强南沙粤港澳全面合作示范区和前海深港现代服务业合作区的合作，以南沙新区及自贸片区为重大引领平台，与深圳海洋科技及产业进行对接，积极探索深圳创新海洋科技与广州金融服务资源全面结合的新机制和新模式。广深合作搭建海洋人才合作互动平台，畅通人才培育交流渠道，促进人才资源互补、智力成果互通共享，同时推动周边地区海洋产业转型升级、高端发展，积极引导周边城市上下游产业与之对接，共同做大做强海洋经济。

（二）统筹广东沿海经济带布局

广深联动打造全球海洋中心城市，需要广东 14 个沿海城市联动发展，形成由沿海岸线、港口和其他交通运输枢纽连接起来的带状空间经济体，打造强大的滨海产业集聚带，为其提供广阔的海洋经济发展腹地。首先，以深圳为主体推动海洋高端装备产业转型升级与智能化，争创海洋工程领域国家级制造业创新中心，依托轨道交通和高等级公路串联起珠海横琴新区、中山翠亨新区、江门大广海湾经济区、阳江滨海新区，辐射带动珠江西岸海洋先进装备制造产业带；同时，促进海工装备业与海洋油气业深度融合，推进南海油气开采。其次，推动深圳海洋电子信息产业向产业链高端延伸，带动广州、东莞、惠州、汕尾，辐射带动珠江东岸高端海洋电子信息制造产业带。再次，以深圳港为依托，串联起广州、湛江、珠海、汕头等主要港口，打造布局合理、分工明确、功能完善、运作高效的世界级港口群，按照国际化标准进一步提升港口技术装备和管理服务水平，形成更具影响力的港口联盟和国际物流中心。最后，在深圳推动组建“中国海工”龙头企业，并在 14 个沿海城市设立企业分部，集聚当地最具优势的海工企业，打造具有全球影响力的创新型海洋企业集群。

（三）打造世界级海洋经济枢纽

通过与港澳的融合，加强与英语系、葡语系国家的联系，并加强对泛珠区域、东南亚国家、南太平洋岛国的海洋产业和海洋资本输出，树立开放包容、互利共赢的现代海洋发展理念，进一步深入全球海洋经济，突出合作优势，着重加强海洋资源开发利用、海上互联互通、海洋科技、海上公共服务等领域的深度合作，以构建“全球海洋开放合作中心”为目标，拓展蓝色经济发展空间。

重点聚焦打造世界级枢纽港区，完善广深到海上丝绸之路沿线港口的国际航运网络，增强近远洋航线密度，深化港口基础设施建设合作，争取国际航运保险增值税免税政策落地，借此提升深圳港、广州港的辐射力。积极推进国际航运网络建设，加强与共建“一带一路”国家的经贸合作，探索建立海洋能源、海洋科技研发等多个合作平台，搭建中国—东盟海洋投资促进平台，优化海洋资源要素化配置。大力支持海洋产业领军企业在前海设立总部，借助于“广州—深圳—香港—澳门”科技创新走廊建设的有利契机，大力发展涉海总部企业集聚基地，引进海洋产业世界500强企业的区域和国际总部，打造全球化的海洋创新中心。

五　构建海洋经济空间拓展机制

（一）建设海陆关联产业集聚区

统筹协调海陆产业在海岸带的合理分布，推动海陆产业良性互动发展，是深圳中国特色社会主义先行示范区实现海洋经济持续健康发展的关键。围绕海洋生物医药、海洋生物育种、滨海旅游、海水利用等海陆关联度较高的产业，配套发展其前后关联的海洋产业，促进海洋产业链条与陆地产业链条的对接，实现海洋经济与腹地经济的良性互动发展，充分发挥关联产业之间的协同效应，形成产业链长、辐射带动能力强的海陆产业集聚区，利用其集聚功能和资源要素配置效率高的优势，推动深圳海洋产业结构向高层次、外向型、辐射型的产业体系演进，促进海洋经济与深圳城市功能融合。

（二）积极探索发展沿海“飞地经济”

总结推广深圳—汕尾特别合作区建设发展经验，在粤东粤西沿海地区选取地理距离相近、海洋资源丰富、有一定合作基础的市（如阳江、揭阳等），进行“海洋飞地”试点，以合作共建方式实行“共同出资、合伙运营、共享收益、共担风险”模式，完善GDP核算、税收分成、环境容量核定等制度，发挥“海洋飞地”对粤东粤西的统筹带动作用，拓展深圳海洋经济腹地，促进广东沿海经济带区域协调发展。

参考文献

蔡宁、黄纯，2019，《自由港与海洋新兴产业发展研究》，浙江大学出版社。

陈明宝，2018，《要素流动、资源融合与开放合作——海洋经济在粤港澳大湾区建设中的作用》，《华南师范大学学报》（社会科学版）第4期。

陈时徽，2016，《构建合作网络是海上丝绸之路核心区发展的必由之路》，《发展研究》第2期。

陈咏梅、郑慧芬、石建辉，2019，《海洋经济背景下邮轮旅游发展环境的优化——以厦门为例》，《湖北经济学院学报》（人文社会科学版）第8期。

冯猜猜、胡振宇，2019，《海洋金融助力深圳全球海洋中心城市建设研究》，《特区经济》第9期。

高曦，2019，《蓝色经济在厦门的发展实践探究与展望》，《现代经济信息》第6期。

国家发展和改革委员会、自然资源部，2019，《中国海洋经济发展报告2018》，海洋出版社。

何国勇、徐长生，2004，《比较优势、后发优势与中国新型工业化道路》，《经济学家》第5期。

洪伟东，2017，《深圳市海洋生态经济发展空间布局研究》，博士学位论文，吉林大学。

胡瑞山、沈山，2006，《港城一体化战略研究进展》，《中国水运（学术版）》第12期。

朗宇、黎鹏，2005，《论港口与腹地经济一体化的几个理论问题》，《经济地理》第6期。

李乃胜等，2015，《经略海洋（2015）》，海洋出版社。

李伟舜，2019，《深圳全力推进海洋强市战略的现实挑战与对策》，《特区经济》第1期。

李易珊，2018，《深圳湛江将建成“国字号”海洋经济发展示范区》，《海洋与渔业》第12期。

林毅夫，2002，《发展战略、自生能力和经济收敛》，《经济学季刊》第2期。

林毅夫、蔡昉、李周，1999a，《比较优势与发展战略：对“东亚奇迹”的再解释》，载林毅夫等主编《中国经济研究》，北京大学出版社。

林毅夫、蔡昉、李周，1999b，《中国的奇迹：发展战略与经济改革》（增订版），上海三联书店、上海人民出版社。

刘大海、何广顺、王春娟等，2019，《国家海洋创新指数报告（2019）》，科学出版社。

刘容子，2012，《中国区域海洋学：海洋经济学》，海洋出版社。

马仁峰、侯勃、窦思敏，2017，《中国海洋经济演变及其区域比较》，经济科学出版社。

马翔，2018，《金融支持国家海洋经济发展示范区建设研究》，人民出版社。

秦正茂、周丽亚，2017，《借鉴新加坡经验，打造深圳全球海洋中心城市》，《特区经济》第10期。

任淑华等，2011，《海洋产业经济学》，北京大学出版社。

申勇，2017，《湾区经济的形成机理与粤港澳大湾区定位探究》，《特区实践与理论》第5期。

时娜，2019，《深圳加快建设全球海洋中心城市涉“海”上市公司积极参与》，《上海证券报》8月22日。

王敏旋，2012，《发达国家海洋经济总体发展趋势》，《理论参考》第3期。

王榕，2018，《深圳出台〈决定〉加快建设全球海洋中心城市》，《中国海洋报》10月24日。

王泽宇、孙才志、韩增林等，2018，《中国海洋经济可持续发展的产业学视角》，科学出版社。

习近平，2019，《习近平致2019中国海洋经济博览会的贺信》，《光明日报》10月16日。

向晓梅，2011，《启动南海战略，加快蓝色崛起》，《新经济》第12期。

向晓梅，2013，《加快制定“深蓝科技计划”创新引领海洋强省建设》，《广东经济》第11期。

向晓梅，2014，《“向海而兴”破解广东陆域发展瓶颈》，《广东经济》第6期。

肖刚，2011，《经济特区是中国走向海洋强国的核心地缘支撑》，《国际经贸探索》第9期。

谢启标，2018，《“一带一路”背景下厦门建设海洋经济强市的对策思考》，《厦门特区党校学报》第2期。

徐强，2018，《深圳加快建设全球海洋中心城市》，《深圳特区报》12月29日。

徐志斌、朱毓政，2004，《关于港口经济和港城一体化的理论分析》，《湛江海洋大学学报》第5期。

杨明，2019，《全球海洋中心城市评选指标、评选排名与四大海洋中心城市发展概述》，《新经济》第10期。

张春宇，2017，《如何打造“全球海洋中心城市”》，《中国远洋海运》第7期。

周乐萍，2019，《中国全球海洋中心城市建设及对策研究》，《中国海洋经济》第1期。

朱富强，2020，《产业竞争优势的动态演变：基于新结构经济学拓展的战略模式》，《社会科学研究》第1期。

Suykens, F. 1989. “The City and Its Port – An Economic Appraisal.” *Geoforum* 20: 437–445.

Taaffe, E. J., R. L. Morrill, P. R. Gould. 1963. “Transport Expansion in Underdeveloped Countries: A Comparative Analysis.” *Geographical Review* 53: 32–49.

Zhang, W., J. S. L. Lam. 2013. “Maritime Cluster Evolution Based on Symbiosis Theory and Lotka-Volterra Model.” *Maritime Plicy & Management* 40: 161–176.

第九章
走向竞争优势的经济特区：历史跨越与未来展望

改革开放40年来，以深圳为代表的中国经济特区勇当体制改革“试验田”、对外开放“先行地”、现代化建设“排头兵”和经济增长“领头羊”，向世界展示了中国特色社会主义的生动范例和璀璨蓝图。习近平总书记指出：“经济特区要坚持摸着石头过河，逢山开路，遇水架桥，在实践中求真知，在探索中找规律，不断形成新经验、深化新认识、贡献新方案。”回望历史，中国经济特区40年工业化跨越式发展的历程，正是不断在改革实践中求索前行、在开放兼容中扬长避短，为“中国道路”不断总结经验、深化认识的同时，也为全球后发地区实现赶超贡献了“中国智慧”和“中国方案”。展望未来，中国经济特区将进一步发挥改革先锋、开放先行、创新先发的优势，奋力打造以深圳为代表的中国特色社会主义先行发展示范区，以海南为代表的中国特色自由贸易港等，从而引领中国工业化深化进程，为“中国之治”探索新路，为“中国共识”谱写新篇。

第一节　中国经济特区40年发展的五大历史性跨越

目前世界上有一千多个经济特区，如美国硅谷“科技特区”、韩国仁川的“国际商业都市特区”等，各有特色，但都具有国家战略功能。中国经济特区肩负“改革开放、先行先试”的历史使命，始终坚持基本国情与普遍规律创造性结合，以社会主义市场化改革为方向，以工业化为先导、信息化为龙头、创新为引擎，走中国特色新型工业化道路，努力从基于要素禀赋的比较优势转向基于价值创造的竞争优势，率先实现“五大跨越”，创造了世界历史上工业化、信息化、城市化、现代化的奇迹。

一　从计划经济到社会主义市场经济的跨越

在西方经济学中，经济自由主义反对微观层次和宏观层次的政府调控，鼓吹市场万能，认为只有靠市场机制，才能使资源配置达到最优状态。所谓“华盛顿共识”，是指20世纪90年代所出现的一整套针对拉美国家和东欧转轨国家的新自由主义政治经济理论，其基本原则简单地说就是“三化”：自由化、私有化和市场化，认为离开市场就谈不上经济，就无法有效配置资源，反对任何形式的国家干预（中国社会科学院课题组，2014）。但新自由主义理论政策在世界范围内推行所造成的种种灾难性后果，使世界人民日益看清了新自由主义理论本质。其表面上是市场与政府作用的边界问题，实质上是适应国家垄断资本主义向国际垄断资本主义转变要求的理论思潮、思想体系和政策主张。

中国经济特区成功探索了一条适合本国国情的市场化道路。经济特区成立之初，坚持以开放促改革，以改革促发展，勇于突破传统经济体制束缚。以价格改革为突破口，率先实现了价格形成机制的市场化转变；以流通体制改革为着力点，率先冲破计划经济统购统销的僵化流通体制，实行国有、集体、私营商业相结合，内外贸相结合，农工商、农工贸相结合，建立起“三多一少”（多种经济成分、多种经营方式、多种经营渠道，少环节）的新流通体制；以企业改革为攻坚战，建立“产权明晰、权责明确、政企分开、管理科学”的现代企业制度和“自主经营、自负盈亏、自我约束、自我发展”的经营机制，一步步从“计划经济为主、市场调节为辅”到“公有制基础上的有计划的商品经济”（袁晓波，2011），到明确建立“社会主义市场经济体制”，极大地解放和发展了生产力，快速推动了特区的经济发展。然而，发挥政府调控能力，弥补市场失灵，同样是市场经济有效运转必不可少的制度保障。发展中国家由于市场体系完备程度不及发达国家，又面临着来自发达国家技术领先优势挤压，更需要有效的政府协同。深圳之所以能够从一个加工贸易区发展成为全球创新城市，最早的推动力除了来自市场化改革，政府的作用同样居功至伟。有为政府和有效市场相辅相成，通过一系列积极的财政政策、产业政策、人才引进政策和创新政策，为市场有效运作和企业创新提供了充足的公共品，大大加快了产业集聚进程和产业配套体系的完备。习近平总书记指出："决不能不克服市场的盲目性，也不能回到计划经济的老路上去。要努力将市场的作用和政府的作用结合得更好一些，这是一个止于至善的过程"。可见，跨越"华盛顿共识"，正确处理政府和市场关系，把"看不见的手"和"看得见的手"的作用都发挥好，正是中国特色社会主义市场经济体制取得成功的关键所在。

二　从农业社会到工业社会的跨越

自 1848 年欧洲革命失败后，生产力高度发达的欧美国家阶级矛盾暂趋缓和，资本主义进入了一个相对稳定的发展时期，于是马克思和恩格斯把目光投向东方社会。19 世纪 70～80 年代，马克思和恩格斯指出，如果具备相应的历史条件，像俄国这样经济社会发展相对落后而又有自己独特优势的国家是可以跨越资本主义制度的"卡夫丁峡谷"而走上社会主义道路的，从而形成了跨越资本主义制度的"卡夫丁峡谷"理论。在此基础上，毛泽东从中国具体的历史条件出发，创造性提出了新民主主义革命理论以及中国化的跨越"卡夫丁峡谷"理论，为半封建半殖民地的落后中国跨越资本主义社会提供了理论依据。中国化的跨越"卡夫丁峡谷"理论是指导中国跨越资本主义社会实践的理论武器，是马克思主义普遍原理与中国实践相结合的过程，对于中国根据自己的国情走中国特色社会主义建设道路具有重要的方法论意义（袁江华，2009）。

"跨越卡夫丁峡谷"理论对于指导后发国家或地区实现弯道超车或跨越式发展具有十分重要的意义。中国经济特区尤其是深圳 40 年的发展历程，则是一例典型的中国特色工业化"跨越卡夫丁峡谷"式的成功实践，验证了一个小渔村从相对落后的农业社会直接跨越到工业社会的发展奇迹，也带动和引领中国从一个农业国迅速成长为世界第一工业大国和制造大国。深圳、珠海、厦门、汕头是中国最早的四个经济特区城市。除厦门之外，其他三个特区城市在成立之初，其工业基础都相当薄弱，甚至完全没有工业基础。特区成立后，通过发挥本地低成本劳动力充裕的比较优势，积极参与国际分工，探索出了一条“产业构成以工业为主、资金来源以外资为主、产品市场以外销为主”的“三来一补式”工业化模式，在很短时间内，就建设成国外资本集聚、经济快速增长的工业化新城。同时，特区没有停留在依靠要素禀赋比较优势的初级工业化阶段上，在度过了早期“三来一补”阶段后，通过大力推动技术进步，不断提高工业效率和促进工业结构高级化，依靠创新带动制造业部门向高科技方向升级，成功打破全球价值链“瀑布效应”，建立起参与全球产业链、价值链分工的竞争优势，逐步实现工业化深化与升级。

三　从工业化到信息化的跨越

20 世纪 90 年代以来，信息化浪潮席卷全球，通过信息技术和知识创造价值的“新经济”成为一种“富国现象”。少数发达国家特别是美国搭上了信息革命的头班车，在“知识权力”集中过程中，通过技术创新、产业重组和全球垄断获取“先行优势”，牢牢占据了信息革命和知识经济的制高点。而广大发展中国家尚处于工业化阶段，部分国家尚处于农业经济向工业经济转型时期，信息革命和知识经济的到来，使发展中国家肩负双重发展重任，部分国家不堪重负，逐渐被边缘化，形成“数字鸿沟”。如何充分利用信息与通信技术革命，缩小与发达国家的数字鸿沟，迎接新经济带来的机遇，也成为当时尚处于工业化进程的中国必须面对的重大课题。

中国经济特区创造性地走出了一条以信息化带动工业化、以工业化促进信息化的新型发展道路，实现了社会生产力的跨越式发展。一是积极推动经济社会信息化建设，并大力发展信息产业。深圳早在 1999 年就制定出台了全国第一部信息化地方性法规《深圳经济特区信息化建设条例》，并先后编制出台了《深圳市信息化建设“九五”规划》、《深圳市信息产业规划》、《深圳市国民经济和社会信息化“十五”规划》等相关规划，提出了“通过信息应用工程实施，推动信息基础设施建设，牵动信息产业发展，带动产业结构升级换代；用大联合的精神和方式，调动一切积极因素，建设汇集国内外资源的大信息、互联互通的大网络、国际规模的大产业”的总体思路（周理、李俊文，2002），建立以政府资金为引导的风险投资基金，85%投资于以信息产业为主的高新技术产业，极大地推动信息产业成为深圳国民经济的支柱产业。公共服务信息化、企业信息化、社区信息化水平也取得进步，信息服务业不断向纵深发展，软件和系统集成业呈现蓬勃发展生机，信息化已经成为深圳市经济发展和社会进步以及率先基本实现现代化的加速器。二是用以信息技术为代表的高新技术和先进适用技术来改造制造业和其他传统产业，促进信息化与工业化融合。当时深圳市一些传统制造业如服装、珠宝首饰、钟表、玩具、家具、印刷等已在全国甚至全世界都有很高的市场份额，通过信息化改造，提高了技术水平、生产效率和服务水平，从而保持并提升了产品竞争力。三是大力发展数字经济，进一步提升信息化层次和水平。得益于技术创新的不断驱动，深圳数字经济发展成绩斐然，在5G、智慧城市、AI（人工智能）、智能可穿戴设备等新一代信息技术应用领域已经处于全球领先地位。

中国经济特区成功跨越“数字鸿沟”，实现工业化与信息化融合发展的实践表明：当今世界正迎来新一轮信息革命浪潮，处于以信息化全面引领创新、以信息化为基础重构国家核心竞争力的新阶段。新一轮信息革命带来产业技术路线革命性变化和商业模式突破性创新，使社会生产呈现生产方式智能化、产业形态数字化、产业组织平台化的新特征（刘殿锋，2020）。后发国家或地区必须抓住信息化发展历史机遇，主动顺应和引领新一轮信息革命浪潮，就可以成功实现追赶甚至超越。

四　从人口红利到人才红利的跨越

从1978年的改革开放将农村富余劳动力转移到城市，最终转变为经济发展源泉，中国资本积累的巨大贡献来自人口红利。2010 年之后，中国的劳动年龄人口出现负增长，导致传统的经济增长源泉发生了变化。此时，劳动力不再无限供给，剩余劳动从此消失，中国迎来了“刘易斯拐点”，人口红利也趋于消失（蔡昉，2007）。随着“刘易斯拐点”的来临，支撑我国几十年制造业发展的廉价劳动力优势将不复存在，大量规模小、低技术、低附加值、分布散的劳动密集型企业，必然面临转型阵痛和产业深度调整。

纵观中国经济特区 40 年的工业化进程，从最开始依托充裕而廉价的劳动力资源比较优势，大力发展纺织服装、食品、玩具等劳动密集型产业，一举成为“世界工厂”，充分享受到了巨大的人口红利。但随着劳动力人口数量开始下降，劳动力成本不断攀升，低端制造业的国际竞争力趋于下降，依赖劳动密集型产业驱动经济增长的历史发展模式难以维系，特区政府认识到必须从“人口红利”转向以“人才红利”，重塑经济增长内驱力。为此，特区政府率先启动“人才强市”战略，早在 1987 年，深圳就出台全国首个鼓励高科技人员以技术专利、管理等要素入股的政策。2001 年，深圳提出“人才特区”工程，2003 年出台“深圳市海外留学人才居住证”政策；2006 年出台《关于实施自主创新战略建设国家创新型城市的决定》，进一步放宽创新型人才的入户政策。2007 年又出台了《深圳市个人申办人才引进实施办法》，首次开辟人才引进的个人申办渠道。2008 年出台了《深圳市引进人才实施办法》，将高技能人才首次纳入享受政府特殊津贴人员选拔范围。珠海、厦门、汕头等也是我国最早大规模、大力度引进人才的城市，一度是各类人才向往的乐土，在重奖高科技人才、人才居住证制度、人才评价机制等多方面率先突破，极大提升了经济特区的人才竞争力，为推动经济转型升级提供了坚实的人才基础。同时，经济特区也是实施“创新驱动”发展战略的先行示范区。深圳在全国率先提出了由“深圳速度”向“深圳质量”转变的发展理念，大力开展创新型城市建设，制定了一系列鼓励自主创新、推动科技进步、促进产学研结合的政策措施，实现了从“山寨之都”到“设计之都”再到“创新之都”的三级跳。2000 ~ 2010 年短短 10 年间，在高素质人才的支撑以及“创新驱动”的引领下，深圳新一代信息技术、新能源技术、智能制造、生物技术等战略性新兴技术与产业异军突起，华为、中兴、华大基因、比亚迪、大疆等一批本土企业成长为全球行业领先企业，深圳依靠人口红利做大城市，依靠人才红利做强城市，依托“创新驱动”，一跃成为首个国家创新型城市和首个以城市为基本单元的国家自主创新示范区。

五　从比较优势到竞争优势的跨越

跨越“中等收入陷阱”是世界上所有发展中国家或地区在转型时期都面临的经济、社会和政治结构调整的战略性难题。2006 年世界银行提出了“中等收入陷阱”，指的是“一个中等收入经济体在迈向高等收入经济体过程中，无法有效摆脱现有发展模式，经济发展出现停滞和反复，人均国民收入无法达到高等收入水平”。2007 年世界银行对该概念进一步进行了阐述，“中等收入国家容易受到低收入国家低人力成本竞争和高收入国家高创新竞争，双重挤压下经济发展放缓并出现一系列社会问题”（崔俊富、陈金伟、崔伟，2020）。落入“中等收入陷阱”最为典型的国家有拉美地区的巴西、阿根廷和墨西哥。这些国家在 19 世纪六七十年代经济腾飞时就成为中等收入国家，但是历经几十年的跌宕起伏，人均国民总收入曾一度跌落至 7000 美元，如今还始终徘徊在 10000 美元左右，彻底落入“中等收入陷阱”。继“拉美陷阱”之后，东南亚地区一些国家也相继落入了“中等收入陷阱”，其中较为典型的国家包括曾被誉为“亚洲四小虎”的泰国、菲律宾和马来西亚。“中等收入陷阱”困境已经成为他们未来发展的最大障碍（陆善勇、叶颖，2019）。从上面分析可以看到大多数低收入国家和中等收入国家主要遵循比较优势理论发展经济，即利用资源禀赋、廉价劳动力等比较优势，发展以产品附加值较低的初级产品和劳动密集型产品为主的工业。然而以比较优势理论为基础的战略容易使一国或地区陷入“比较优势陷阱”之中，引起贸易福利不均衡分配，并且会造成一国的产业结构不能升级，固化其原有的产业分工，使这些中低等收入国家长期处在国际分工的不利地位。因此，如何实现从比较优势到竞争优势的升级，是跨越“中等收入陷阱”的本质动因和关键。

中国经济特区立足于自身的比较优势，从“三来一补”加工贸易起步，利用跨国公司、国际直接投资等吸引要素跨国流动，通过将外部高级要素与特区未被有效配置的劳动力、土地、技术、资本等闲置要素相结合，发挥要素的集聚效应、溢出效应和关联效应，快速实现了初级工业化和经济高速发展。但特区始终努力从基于要素禀赋的比较优势转向基于价值创造的竞争优势。进入工业化中期，通过“引进→消化→吸收→再创新”的模式，经济特区实现了从加工贸易向高技术产业的转变，成功跨越比较优势陷阱，逐步实现经济的内生增长和经济社会发展的迅速赶超。当前，中国经济特区进入工业化后期，经济由高速增长转向高质量发展阶段，通过以高新技术产业为主导，吸引各种国际高端要素资源快速聚合，推动产业跃向全球创新链的顶端，从跟随式发展转向引领式发展，大力推动特区制造向特区创造、特区速度向特区质量、特区产品向特区品牌转变，促进实现比较优势到竞争优势的转化，从而为跨越拉美式的“中等收入陷阱”打下坚实的基础。

第二节　中国经济特区发展趋势与未来展望

一　特区使命再升华：从“改革开放先行先试区”走向“中国特色社会主义先行示范区”

经过40年奋斗，以深圳为代表的中国经济特区实现了经济社会发展质量全面提升，为全国改革开放和社会主义现代化建设进行了有益探索，发挥了先行先试的先锋作用。当前中国特色社会主义进入新时代，面临新挑战，国家将赋予经济特区新的历史使命。40年前，深圳历史性地担负起改革开放先行先试的历史使命，也历史性地担负起探索由传统计划经济向市场经济转型的使命。40年后的今天，在中国深化改革进程中，在创新型国家建设中，在社会主义先行示范区建设当中，深圳担负中国社会由政策开放走向制度开放，由外向型经济走向开放型经济转型使命（陶一桃、张超，2019）。在坚持和完善中国特色社会主义制度、推进国家治理体系和治理能力现代化上先行探索、走在前列，努力创建社会主义现代化强国的城市范例。

中共中央、国务院《关于支持深圳建设中国特色社会主义先行示范区的意见》明确指出深圳的定位为：高质量发展高地、法治城市示范、城市文明典范、民生幸福标杆、可持续发展先锋。发展目标设定为到 2025 年，建成现代化国际化创新型城市；到 2035 年，成为我国建设社会主义现代化强国的城市范例；到 21 世纪中叶，成为竞争力、创新力、影响力卓著的全球标杆城市。由此可见，经济特区的最终发展目标是打造全球标杆城市。中国经济特区最终将代表中国特色的城市范例参与全球城市竞争，将更能体现制度优越性和发展的公平性，为实现中华民族伟大复兴的中国梦发挥先锋示范与引领带动作用。

二　经济发展再提质：从“城市经济”走向“湾区经济”

湾区经济是当今国际经济版图的突出亮点，也是世界一流滨海城市群和经济带的显著标志。国际一流湾区如纽约湾区、旧金山湾区、东京湾区等，以开放、创新、宜居和国际化为其最重要特征，具有开放的经济结构、高效的资源配置能力、强大的集聚外溢功能和发达的国际交往网络，已成为带动世界经济发展的重要增长极、核心动力源和引领技术变革的领头羊（袁邈桐，2019）。发展湾区经济对我国转变发展方式、优化经济结构、转换增长动力和实现高质量发展，均具有十分重要的现实和战略意义。而以深圳为代表的经济特区作为我国滨海城市的最前沿，率先提出要打造产业发达、功能强大、开放互动、区域协同的湾区经济，在更大范围、更高层次参与全球经济竞争合作，实现更高质量、更高层级的发展。

2019 年 2 月 18 日，中共中央、国务院印发了《粤港澳大湾区发展规划纲要》，明确提出以“9 +2”城市为基础，把粤港澳大湾区建成充满活力的世界级城市群和宜居宜业宜游的优质生活圈，从而构建起“一个国家、两种制度、三个独立关税区、四个核心城市”的独特大湾区经济形态。而深圳作为粤港澳大湾区 GDP 最高、创新能力最强的城市，当之无愧将发挥湾区龙头作用，与广州、香港、澳门一道，共同打造国际创新科技中心和创新产业策源地。深圳从城市经济主动拥抱湾区经济的事实表明：中国经济特区已经从过去的“引进来”资源吸聚者角色主动转向区域协同发展的辐射带动者、创新引领者和产业协作者角色，并将逐步成长为中国参与全球竞争合作的“走出去”领路人和世界级城市群超级合伙人。

三　创新驱动再定义：从“国际化大都市”走向“全球中心城市”

全世界大约有 3000 个城市，在网络空间的资源配置过程中，根据城市等级的高低、能量的大小、联系的紧密程度，把城市分成不同层次的节点，其中对全球政治经济文化或全球资源配置起到关键作用的主要节点城市，就叫作全球城市。全球城市也就是全球城市网络体系中的重要节点。美国著名智库布鲁金斯学会 2013 年发布了全球城市的 10 个特征，包括：具有国际视野的领导层、面向全球的传统优势、具有全球竞争力的专长、对全球变化的适应能力、注重知识和创新的文化、吸引全球人才和公司的魅力、国际联结程度与方便性、战略重点投资能力、领导城市走向全球的政府、善于营销带来全球性声誉等（沈洁、王丰、罗翔，2014）。以国际金融中心、国际航运中心为代表的，具有全球资源配置能力和控制能力的枢纽型城市，最易率先成为全球城市，如纽约、伦敦、东京等。而在科技引领变革的时代，未来全球城市的发展将发生“创新驱动”转向，这种内生式的优势正如倡导创新理论的经济学家约瑟夫·熊彼得（Joseph Schumpeter）所论述的，“发展是一种创造性的破坏”。对于全球城市的发展而言，内生式的科技创新能力已取代传统的区位或资源优势，成为支撑其全球地位和作用的核心因素，说明新的全球城市衡量指标已从资源配置能力转向了科技创新能力。

深圳作为我国首个国家创新中心城市，是我国最早践行“创新驱动”

理念的城市之一。从最能体现国际科技创新能力的 PCT 指标来看，2019 年深圳 PCT（专利合作条约，Patent Cooperation Treaty）国际专利申请量达 17459 件，约占全国申请总量的 30.6%，占广东全省总量的 70.6%，连续 16 年居全国大中城市第 1 位，其中华为公司以 4637 件居全球企业第一。从高科技企业数量来看，2018 年深圳市国家高新技术企业数量总数高达 1.44 万家，位居全国城市第二，仅次于北京，而以华为为代表的众多本土科技企业已经成长为世界级的龙头企业；从科技产业产值来看，2019 年，全市战略性新兴产业增加值 10155.51 亿元，按可比价计算，增长 8.8%。其中，新一代信息技术产业增加值 5086.15 亿元，增长 6.6%；数字经济产业 1596.59 亿元，增长 18.0%；高端装备制造产业 1145.07 亿元，增长 1.5%；绿色低碳产业 1084.61 亿元，增长 5.3%；海洋经济产业 489.09 亿元，增长 13.9%；新材料产业 416.19 亿元，增长 27.6%；生物医药产业 337.81 亿元，增长 13.3%，为深圳打造国际科技、产业创新中心，建设全球海洋中心城市奠定了良好基础。随着创新能力的不断提升，以深圳为代表的中国经济特区将不断提升在全球创新链中的地位，不断增强对全球科技创新的吸引力和引导力，从全球创新节点走向全球创新中心，率先从国际化大都市走向真正意义的全球中心城市。

四　改革开放再出发：从“经济特区”到“自由贸易试验区”

改革开放 40 年后再出发，以自由贸易区为提升开放经济为切入点，全面改革政府管理体制，突破体制机制束缚，探索更加开放、更有活力的市场机制。设立并拓展自由贸易试验区是中国顺应全球经贸发展新趋势，实行更多依靠制度变革和创新而非优惠政策的重大举措。尤其是随着中美贸易摩擦的进一步加剧，面对更加复杂、多样的国内外新局势，中国需要进一步提升对外开放格局（罗清和、张畅，2020）。而进一步深化 FTA（自由贸易协定，Free Trade Agreement）战略的实施有助于加快构建开放型经济新体制，并以实际行动推动和维护国际多边贸易体制，也是中国积极参与全球经济治理的新思路的表现之一（李计广，2013）。

中国经济特区在新的时代背景下又将被赋予建设自贸试验区的新使命。以经济特区为主体的国内 18 个自由贸易试验区在促进国内相关制度改革，并显著推动中国与国际规则的接轨融合的同时，也被赋予了更高层次的功能，即作为中国扩大开放、深化改革、转变政府职能的综合实验区，具有可复制、可推广的战略价值。“制度创新”是自贸试验区的核心使命。深圳前海蛇口自贸片区自成立以来，始终瞄准各领域改革的难点、堵点和痛点问题，通过开放倒逼改革，通过改革激发市场活力，构建起“制度创新 +”的前海模式，实现跨越式高质量发展。尤其在金融创新领域，前海率先在全国推动实现跨境双向股权投资、跨境资产转让、跨境人民币贷款、跨境双向发债和跨境双向资金池“五个跨境”。中山大学发布的“2017—2018 年度中国自由贸易试验区制度创新指数”显示，前海蛇口自贸片区制度创新总指数在全国自贸片区中排名第一。2020 年 6 月 1 日，中共中央、国务院印发了《海南自由贸易港建设总体方案》（简称《方案》），标志着中国最大的经济特区海南开启了新特区的历史新使命，《方案》明确指出在海南建设自由贸易港，是推进高水平开放，建立开放型经济新体制的根本要求；是深化市场化改革，打造法治化、国际化、便利化营商环境的迫切需要；是贯彻新发展理念，推动高质量发展，建设现代化经济体系的战略选择；是支持经济全球化，构建人类命运共同体的实际行动。提出要对标国际高水平经贸规则，聚焦贸易投资自由化便利化，建立与高水平自由贸易港相适应的政策制度体系，建设具有国际竞争力和影响力的海关监管特殊区域，将海南自由贸易港打造成为引领我国新时代对外开放的鲜明旗帜和重要开放门户（《人民日报》，2020）。由此可见，从经济特区到自贸试验区，是中国经济特区在中国特色社会主义新时代改革开放再出发、先行先试再探索的生动写照。正如习近平总书记所说：“经济特区要不忘初心、牢记使命，把握好新的战略定位，继续成为改革开放的重要窗口、改革开放的试验平台、改革开放的开拓者、改革开放的实干家。”

参考文献

蔡昉，2007，《中国劳动力市场发育与就业变化》，《经济研究》第 7 期。

崔俊富、陈金伟、崔伟，2020，《中国必将跨越“中等收入陷阱”的原因分析》，《管理现代化》第 5 期。

李计广，2013，《世界贸易组织多哈回合谈判与中国的选择》，《世界经济与政治》第 5 期。

梁文森，1988，《中国经济特区的今昔和未来》，香港经济导报社。

林丽妮，1991，《世界经济特区概述》，海天出版社。

林毅夫，2010，《中国经济特区具有重要的现实和理论意义》，《中国经济特区研究》第 1 期。

刘殿锋，2020，《推进提质增效、降本增效，促进公司高质量发展——中国移动河北公司降本增效实践》，《通信企业管理》第 4 期。

陆善勇、叶颖，2019，《中等收入陷阱、比较优势陷阱与综合优势战略》，《经济学家》第 7 期。

罗清和、张畅，2020，《深圳经济特区四十年“四区叠加”的历史逻辑与经验启示》，《深圳大学学报》（人文社会科学版）第 4 期。

《人民日报》，2020，《海南自由贸易港建设总体方案》，6 月 2 日。

沈洁、王丰、罗翔，2014，《建设全球中心城市：国际趋势与上海前景》，《上海城市规划》第 12 期。

谭刚，2019，《深圳建设中国特色社会主义先行示范区发展目标研究》，《特区实践与理论》第 10 期。

陶一桃、张超，2019，《从经济特区到中国特色社会主义先行示范区》，中国社会科学网，12 月 24 日，http：//www. cssn. cn/jjx_ yyjjx/yyjjx_ gzf/201912/t20191224_5064329. html？COLLCC = 3388460080&。

俞可平，2000，《国外学者论中国经济特区》，中央编译出版社。

袁江华，2009，《跨越“卡夫丁峡谷”理论发展及其中国化的历史飞跃》，《社科纵横》第 3 期。

袁邈桐，2019，《创新引领，深度合作：粤港澳大湾区发展政策梳理与阅读》，《商业文化》第 12 期。

袁晓波，2011，《我愿景中的“中国‘现代’文学史”书写》，《中国现代文学研究丛刊》3 月 15 日。

曾凡益，1990，《世界经济特区与发展战略》，中山大学出版社。

曾牧野，1991，《迈向九十年代的经济特区》，海天出版社。

中国社会科学院课题组，2014，《新自由主义研究》，《经济学家》第 2 期。

钟坚，1995，《大试验：跨世纪的中国经济特区》，武汉出版社。

钟坚，2006，《世界经济特区发展模式研究》，中国经济出版社。
钟坚，2010，《中国经济特区创办与发展30年历史回顾与展望》，载钟坚主编《中国经济特区发展报告（2010）》，社会科学文献出版社。
周理、李俊文，2002，《深圳经济发展与社会进步的加速器》，《特区理论与实践》第10期。

后　记

《中国经济特区四十年工业化道路——从比较优势到竞争优势》一书终于付梓了，这是广东省社会科学院为庆祝中国经济特区建立 40 周年而撰写的学术专著。课题组在打好抗击新冠肺炎疫情人民战、总体战、阻击战的同时，利用已有研究基础，紧张协同会战大半年时间攻坚撰成。

课题组由广东省社会科学院党组书记郭跃文和副院长向晓梅担任组长，成员由经济研究所、企业研究所、财政金融研究所和港澳台研究中心的 20 余位学者组成。循学术专著编撰之规范，先由课题组组长统筹谋划、顶层设计，再由核心团队骨干成员详细梳理文献，精心研究确定本书的研究思路、框架、理论体系，提炼出从比较优势到竞争优势这一理论假设，即中国经济特区工业化发展是一个不断培育动态竞争优势的过程，而特区文化是竞争优势的重要方面；然后具体确立了竞争优势演化和工业化深化两个概念内涵并做深入拓展分析，从而奠定了经济特区工业化理论的研究分析框架，即从中国经济特区工业化总体发展，到具体的贸易结构、产业升级、创新发展、金融支撑，再延伸到工业化与城市化融合的大都市圈发展、海洋城市和海洋新兴产业以及中国特色社会主义道路探索的中国方案，由此形成了一个完整的研究体系。

全书由绪论和九章共十个部分组成，由郭跃文书记和向晓梅副院长对全书进行统稿和文字审定。各章节的主要内容及写作分工如下：绪论是全书的理论导引，主要阐释本书的选题背景和研究意义，概述全书的理论构架、主要内容及创新之处。绪论由郭跃文、向晓梅、万陆负责撰写。第一章是全书的理论分析基础，立足于全球工业化发展新挑战，再到中国经济特区工业化成就，提出了从比较优势到竞争优势的工业化优势演化的理论假说，并深入中国经济特区进程中分析竞争优势形成的特征等，具体构建了中国经济特区的竞争优势钻石模型，为全书工业化深化发展分析奠定了理论基础。本章由万陆、向晓梅、林正静负责撰写。第二章具体就工业化理论及中国经济特区工业化发展的竞争优势演化理论进行深入分析，特别就中国经济特区工业化钻石模型内在机理进行剖析，并在比较国际上其他国家工业化发展基础上描述了中国经济特区工业化发展阶段及成就。本章由向晓梅、吴伟萍、林正静、杨娟、胡晓珍负责撰写。第三章从中国经济特区工业化最早启动的对外贸易角度，分析了中国经济特区工业化发展从起步到深化的各个阶段在对外贸易高质量发展上的问题。本章由梁育民、左晓安、刘作珍、陈茜、任志宏、郭楚、黎紫涵负责撰写。第四章从中国经济特区工业化直接体现的产业转型升级入手，考察了工业化各个阶段产业升级特征、模式及未来方向。本章由吴伟萍、陈世栋、林正静、童玉芬、胡晓珍、杨娟负责撰写。第五章从中国经济特区 40 年创新发展各个阶段考察了工业化深化中的推动力问题。本章由李源、陈志明、龙建辉、高怡冰、刘城负责撰写。第六章从金融支持实体经济角度分析了中国经济特区工业化进程中的金融助力问题。本章由刘佳宁、王茜、梁德思负责撰写。第七章从工业化与城市化融合角度，结合中国经济特区特别是深圳城市发展特征，分析了工业化发展中深圳大都市圈发展问题。本章由万陆、宋宗宏、曹佳斌、范西斌、杨秀琴、刘冬平负责撰写。第八章结合中国经济特区沿海城市特质，分析了工业化深化中的空间拓展即海洋城市和海洋新兴产业发展问题。本章由胡晓珍、张拴虎、吴伟萍负责撰写。第九章从中国经济特区的中国特色社会主义道路探索角度进行具体总结，指出中国经济特区率先实现了五大跨越，成功实现了由工业化到城市化、信息化、现代化的跨越，为发展中国家工业化提供了经验和“中国方案”。本章由郭跃文、燕雨林、向晓梅、吴伟萍负责撰写。此外，经济研究所陈小红也参与了全书排版校对及课题协调管理工作。

本书的一个重要特点是，考察中国经济特区 40 年工业化道路主要以深圳为实证研究样本，从多角度对深圳工业化发展历程做了研究，分析资料翔实，集中展现了以深圳为代表的中国经济特区工业化的历史画卷。

本书是广东省社会科学院 2020 年的重点课题之一。课题组成员以高度的使命感和责任感，倾注了大量心血。每一章都由一个组长牵头，吸收有关科研人员参与。大家边研阅海量文献资料，边搭建写作框架，边梳理章节结构，边进行文字打磨，精益求精，九易其稿。可以说，本书是集体劳动成果，展示了课题组的学科优势和学术积累。本书写作既是一次团队培养锻炼过程，也是一次学科建设的实践，还是一次成功的学术协同。

在本书撰写过程中，原深圳市委书记、市人大常委会主任、市长厉有为同志审阅了书稿并欣然作序，为本书增色不少，给课题组以巨大鼓舞。广东省社会科学院副院长赵细康、丁晋清同志审看了部分章节，并提出了宝贵意见，科研处负责具体组织和联系出版社等工作。社会科学文献出版社的编辑们从框架思路到内容文字都给予了悉心指导，确保了本书出版的学术质量。在此谨致谢忱。

理论研究无止境。经济特区工业化是一个宏大的理论命题，我们将以此书为起点，在特区工业化理论上不断探索，并继续结合海南、上海等省市特区建设的新实践进行拓展深化研究。当然，由于编撰人员水平有限，书中难免有不少纰漏，诚请读者们批评指正。

广东省社会科学院课题组
2020 年 6 月 30 日

图书在版编目（CIP）数据

中国经济特区四十年工业化道路：从比较优势到竞争优势 / 郭跃文等著. -- 北京：社会科学文献出版社，2020.8

ISBN 978-7-5201-6917-2

Ⅰ. ①中… Ⅱ. ①郭… Ⅲ. ①经济特区-工业化进程-研究-中国 Ⅳ. ①F127.9

中国版本图书馆 CIP 数据核字（2020）第 128078 号

中国经济特区四十年工业化道路
——从比较优势到竞争优势

著　　者 / 郭跃文　向晓梅 等

出 版 人 / 谢寿光
责任编辑 / 宋月华　孙以年

出　　版 / 社会科学文献出版社·人文分社（010）59367215
地址：北京市北三环中路甲 29 号院华龙大厦　邮编：100029
网址：www.ssap.com.cn
发　　行 / 市场营销中心（010）59367081　59367083
印　　装 / 天津千鹤文化传播有限公司

规　　格 / 开　本：787mm × 1092mm　1/16
印　张：29　字　数：450 千字
版　　次 / 2020 年 8 月第 1 版　2020 年 8 月第 1 次印刷
书　　号 / ISBN 978-7-5201-6917-2
定　　价 / 198.00 元